康 德

純粹理性之批判

上

牟宗三　譯註

臺灣學生書局印行

上冊二版改正誌言

此書上冊初版後，我從頭仔細檢閱一遍，曾發見有若干是錯者，復有是小差謬者，復有不算錯而只是不好者（其實亦未必不好），復有缺少注明者，共列爲十七條，一一皆予以改正或重修或補明，而附於下冊之首以告讀者（因下冊於一年後始出版）。今乘此二版之機，將那十七處一一皆就原譯予以改正或重修或補明，而將列於下冊之首之十七條改正文取消，只將其中第二條之改正並討論錄於此以告讀者，其餘則只隨文改之，不須錄出指明。總之，希讀者以此第二版爲準。

案 110 頁(A12，B26頁)：

　　因此，這樣一種批判，如若可能時，乃實是一種工具學之預備；而假若作爲工具學之預備終於不是可能的，則這樣一種批判至少亦可是〔純粹理性〕底綱紀之預備（案此句有問題，見改正誌言），依照此綱紀，在適當的行程中，純粹理性底哲學之完整的系統（不管這完整的系統是依純粹理性底知識之擴張而言者抑或是依其限制而言者）可以分析地以及綜和地被展示出來。

案此是此二版之改正文。初版之譯文則如下：

　　因此，這樣一種批判，如若可能時，乃實是一工具學之預備，而假若作為工具學之預備終於不是可能的，則這樣一種批判至少亦可是<u>這種預備底綱紀之預備</u>（<u>此依原文譯，三英譯皆誤</u>），依照此綱紀，……。

案此譯文中"這種預備底綱紀之預備"，此語經細案後仍誤。括弧中注明三英譯皆誤亦非。英譯不誤。該語之所以誤乃由於<u>肯·斯密士</u>只譯爲"至少亦可是一綱紀之預備"（Max Müller 譯亦如此），而未表明是什麼東西底綱紀之預備，然而原文是"Wenigstens zu einem Kanon derselben"，Kanon 後有 derselben 一字，這表示是什麼東西底綱紀之預備。"derselben" 這個陰性所有格的指示代詞是指什麼說呢？<u>肯·斯密士</u>略而未譯，光說"綱紀之預備"，人不知是什麼東西底綱紀之預備。工具學前文已有說明，而"綱紀"一詞則在此爲首次出現，又無說明。Meiklejohn 則譯爲"純粹理性底綱紀之預備"。 以"derselben"指純粹理性，在語法上隔的太遠（在此第Ⅶ節文首段之首句），人不易找得那麼遠，因此，我以其如此譯而又馬上想到他是根據超越的方法論中第二章"純粹理性底綱紀"而譯的。但查該處言綱紀（法規，準繩）云："所謂綱紀（準繩），我理解之爲某種一定的知識機能之正確的使用底諸先驗原則之綜集"。該處又表示說：普通邏輯依其分解部而言是"知性與理性一般"之綱紀；超越的邏輯之分解部是純粹知性之綱紀；純粹理性之思辨的使用完全是辯證的，無綜和知識可成，因而亦無綱紀可言，只其實踐使用始有綱紀可言。若如此，則這裏說"這樣的批判至少亦可是純粹理性底綱紀之預備"便有頂撞，因爲這裏說"批判"是指"純粹理性之批判"而言，並未涉及理性之實踐的使用。然則這裏究竟有沒有純粹理性底綱紀可言呢？這裏所說的"純粹理性之批判"純是就其思辨使用而言。這裏若說有綱紀，則是就超越邏輯之分解部而言；但就此而言，則綱紀是純粹知性之綱紀，而不是純粹理性之綱紀。這便麻煩了。而此整句後之下句說"這樣的完整系統之可能"也是就知性之先驗知識而說，並未就純粹理性之先驗知識而說。如是，我便覺得譯爲"純粹理性底綱紀之預備"也未見得對。如是，我便以爲"derselben"那個字是指"工具學之預備"中之預備說。照顧到"至少"之語氣，如此譯亦覺得很合理。但經細案，又覺得如此譯嫌重沓而無多大意義；貫穿下文"依照此綱紀"云云而觀，此恐非康德原文之本意。蓋下文只說依照此綱紀純粹理性底哲學之完整系統可以被展示，並未說工具學之預備可以被完成。但康德原文亦實表達的有毛病，因爲此中有許多分際與限制，若只籠統地譯爲"純粹理性底綱紀之預備"，則不免時有相頂撞處。我再仔細看此處之文段，從上文說"工具學"是那"可以使吾人獲得一切純粹先驗知識"的諸原前之綜集起，一直看下來，並與方法論中"純粹理性之綱紀（法規，矩矱或準繩）"章合看，覺得康德此句之表達固有毛病，但若照其有毛病的表達之語意而譯，仍以譯爲"純粹理性底綱紀之預備"爲是，惟須在譯文外加以限制與說明。因此，那個整句若詳細而明白地並諦當無誤地譯出來當該是如此：

因此，〔純粹理性底批判〕這樣一個批判實是〔純粹理性底〕一個工具學之預備，如若這是可能的時；而假若這終於不是可能的，則這樣的批判至少亦可是純粹理性底綱紀（法規，矩矱，準繩）之預備，依照此綱紀(準繩)，在適當的行程中（順次及時而進），純粹理性底哲學之完整系統（不管這完整系統是存於純粹理性底知識之擴張抑或只存於純粹理性底知識之限制）可以分析地以及綜和地被展示出來。（再接下文"這樣一個完整的系統是可能的"云云）。

說明，限制，與討論:

案康德在此含混而籠統的表達中，說"依照此綱紀（準繩），在適當的行程中（順次及時而進），純粹理性底哲學之完整系統可以分析地以及綜和地被展示出來"，而此所謂完整系統乃是那不管其是"存於純粹理性底知識之擴張"者，抑或是"只存於純粹理性底知識之限制"者。問題就出在這"不管"句。因為若如是，則依照此綱紀（準繩）而成的"純粹理性底哲學之完整系統"是包括純粹理性底知識之擴張與純粹理性底知識之限制這兩方面俱在內而言的，至少不限於理性知識之限制，亦可擴及其擴張。但"純粹理性之批判"是單就純粹理性之思辨使用而言，因此，它單只說明純粹理性底知識之 "限制"一面，並不說明其"擴張"一面，因為理性之思辨使用不能有純粹理性底知識之擴張（其擴張純粹是辯證的，不能算是擴張），有之者只是理性之實踐的使用。因此，說純粹理性底批判至少可以是純粹理性底綱紀(準繩)之預備，這所預備的綱紀（準繩）之所規範的是只能就 "純粹理

性底知識之限制”而說的可能經驗範圍內的並內在於純粹知性的
"純粹理性底知識之完整系統"，那就是說，只能是純粹理性底思
辨使用之限制方面的系統，因而這所預備的綱紀只是分解部中純
粹知性之綱紀，而不是含有擴張與限制這兩面俱在內的純粹理性
底哲學之完整系統之綱紀。因此，這含混而籠統的表達中的純粹
理性（其知識之擴張與限制這兩面俱在內的純粹理性）是與 "純
粹理性之批判" 中的純粹理性相頂撞的。這所說的太多太廣，與
前文說工具學時說的太多太廣同。 前文說："純粹理性底一個工
具學必應是「一切種純粹先驗知識所依照以被獲得以及實際地被
產生」的那些原則之綜集。這樣的一個工具學之窮盡的應用必引
生一純粹理性之系統。但是，由於此必應是要求的太多，又由於
我們的知識之擴張在這裏是否可能以及在什麼情形下可能，這猶
仍是可疑的，是故我們可把純粹理性底純然考察之學問，純粹理
性底發端（發源）與範圍（限度）底純然考察之學問，視爲純粹
理性底系統之預備。卽如其爲一預備而觀之，此門學問須被名曰
「純粹理性之批判」，而不應被名曰「純粹理性之正論」(doctrine
of pure reason)。此門學問底功用，在思辨中（在關於思辨方
面），恰當地說，只應是消極的，它不是要去擴張我們的理性，
但只是要去釐清我們的理性，並去使我們的理性免於錯誤——這
免於錯誤早已是一很大的收穫了"。這是 "純粹理性底批判" 這門
學問之正義、本義。既然如此，則前文工具學擴及一切種先驗知
識，此一切種先驗知識自應包括理性知識之擴張在內，此旣太多
太廣，則這裏綜結說這樣的批判只是純粹理性底一個工具學之預
備，假若這不可能，至少亦是純粹理性底一個綱紀（準繩）之預

備，這綱紀何以又規範及理性知識之擴張？此獨無可疑乎？這又是頂撞。若說純粹理性之批判是包括擴張在內的純粹理性底工具之預備或至少是包括擴張在內的純粹理性底綱紀之預備，則這批判應是純粹理性之思辨使用以及其實踐使用兩面俱在內的全面純粹理性之批判，但這不是上面說"純粹理性之批判"這門學問之本義正義。上面說純粹理性之批判正是只限於純粹思辨理性（純粹理性之思辨使用）之批判，不包括實踐理性（純粹理性之實踐使用）在內，因而亦不能有純粹理性底知識之擴張方面之綱紀。

（又上面說工具學既擴及一切種先驗知識，因此又須擴及分析的先驗知識，此亦太廣博，就批判之目的而言，此不必要。但此一點不重要，重要者只在擴張一面。）

說綱紀時說的那麼廣，包括理性知識之擴張亦在內，可是當下文說明依照此綱紀所成的這樣的完整系統是可能的時，則又只就知性之先驗知識說，這正好又是只縮到純粹理性底知識之限制面而不及其擴張面。這又是不一致。

因此，我可斷定說：康德這個含混而籠統的表達是說的太多太廣，因此有許多頂撞處。這個句子如想明白而無頂撞地說出來，似當如下那樣來重寫：

因此，純粹理性底批判這樣一個批判乃實是"純粹理性底思辨使用之限制"這一方面底一個工具學之預備，或亦可說是這一方面底一個綱紀（準繩）之預備，依照此工具或綱紀（準繩），關於純粹理性底思辨使用之限制這一方面的哲學之完整系統可以分析地以及綜和地被展示出來。（下接"這樣一個完整系統是可能的"云云)。

如此重寫出來,則上下文便完全一致而無頂撞,而且亦與超越的方法論第二章"純粹理性底"綱紀(法規,準繩)中之所說無頂撞。

在此重寫文中,純粹理性是就其思辨使用之限制而說者,而工具或綱紀亦是就其限制中之知識而說者,而其擴張方面之綱紀則就其實踐的使用說, 此則應見之於"實踐理性之批判"。 在此重寫文中, "如若可能", "假若不可能,至少"等字俱刪。工具與綱紀雖有時有異,如在論普通邏輯中之"辯證"時,工具卽與綱紀(準繩)不同, 見下 A61, B85, 但在此就"純粹理性之批判"而說工具或綱紀(準繩)便無甚異, 而在此方面, 依康德之解說,兩者亦無什麼差別,是故在此說那種抑揚的話頭實無必要,徒增讀者無謂的疑慮, 蓋因爲在此已有了限制而並無辯證故"。(辯證是純粹理性之虛幻。純粹理性之思辨使用想有所擴張,但擴張不成,只成辯證。辯證不能算是擴張,不能達成綜和知識,因而在此不能有綱紀,更不能說工具。但經過批判,辯證解消,則純粹理性之知識已被限制而並無辯證可言,故純粹理性在其限制中有效,因而遂可於此說工具或綱紀,而此兩者亦無大異,卽使說工具較爲積極一點,亦仍可說之而無妨碍,故在此那種抑揚不必要。)康德此處上文說工具(或工具學)云: "純粹理性底一個工具必應是一些原則之綜集,依照這些原則,一切種純粹先驗知識能被獲得, 而且能現實地被產生出來"。 而在超越的方法論第二章"純粹理性之綱紀(準繩)"中說綱紀(準繩)云:"所謂綱紀(準繩)，我理解之爲某種一定的知識機能之正確的使用底諸先驗原則之綜集"。 此豈非兩者無甚異乎？ 故在此那種抑揚的表示實無必要。

A12, B26 頁中那個句子，肯·斯密士所譯無誤。我之原譯雖誤， 然所以誤是因原文 "derselben" 一字來得太突兀， 其所指者在語句上隔的太遠故（雖一氣讀下按理當可追索到之。說工具之預備可省純粹理性，說綱紀之預備，當然亦可省之，此兩英譯之所以畧而不譯也。）由我之誤以及原文 "derselben" 一字之突兀， 遂使我仔細檢查那個句子，覺得康德的表達除含混而籠統不詳明外， 還有一根本的毛病，即對於綱紀（準繩）說的太多太廣 （孤立地說自可如此說， 但在此不是孤立地說， 乃是只就"純粹理性（思辨理性）之批判"說，是故那樣說便太多太廣），因而有許多頂撞，故提議當重寫如上。

兹再附錄超越的方法論中第二章純粹理性之綱紀（準繩）開首三段文於下以供讀者之合看：

> 說 "人類理性在其純粹使用中實達成不了什麼（實無所達成）， 而且實在說來它實有需於一種訓練以便去制止它的誇奢， 並去使其免於從那誇奢而發生的欺騙"， 這樣說之實是對於人類理性的貶抑或降低。但是另一方面， 若依據見到 "人類理性其自身實能適用此種訓練，且亦必須適用此種訓練" 而言， 並依據見到 "人類理性並不是被請求去服從任何理性外的檢閱者之檢閱" 而言， 則人類理性却又是重新被保證了的，而且它又得到了自信；而且又有進者， 即：那種限

制，即"理性被迫著去把它安置於其思辨使用〔之誇張過實的要求〕[1]上"的那種限制，同樣亦限制了〔其誇張過實的要求之〕[2]一切敵對方之假合理的虛僞要求（不合理的驕橫僭越），因而那限制當然亦能確保那"可以由人類理性先前誇張過實的要求而剩留下來（經過限制而剩留下來）"的任何東西以對抗（阻止）一切攻擊。因此，一切純粹理性底哲學之最大的用處而且或許亦是其唯一的用處便只是消極的；因為一切純粹理性底哲學並不足充當爲純粹理性底擴張之工具，但只足充當爲「純粹理性底限制之訓練」[3]，而且復由於它不足以發見眞理，是故它只有"防禦錯誤"這種防禦之謙遜的（平穩的）功績 (modest merit, das stille Verdienst)。

〔註(1)〕：乃譯者所補，原文無，英譯亦無。

〔註(2)〕：亦譯者所補，原文無，而肯·斯密士之譯只於此補一"其"字（未標補號），如是只成"其一切敵對方之假合理的虛僞要求"。"其"字指理性言，理性底敵對方是什麼呢？這便更糊塗。Max Müller 之譯亦如之。只 Meiklejohn 譯如原文，反好。如補便須詳補。

〔註(3)〕：原文是"但只足充當爲「純粹理性底範圍決定」之訓練"。

但是，兹必須存有某種根源，此某種根源乃即是那"屬於純粹理性之領域"的諸積極知識之根源，而此屬於純粹理性之領域的諸積極知識或可只由於誤解而引起錯誤，雖可這樣引起錯誤，然而事實上它們又形成"理性導引其努力"所朝向的目標。若無此所說之某種根源，我們如何能有別法說明我們的不可消滅或不可遏抑的渴欲以去在經驗範圍外的某地方尋找穩固的立足地呢？理性對於某些對象有一預感（presentiment），其所對之有預感的諸對象對於它具有一種很大的利益（興趣）。但是，當它遵循純粹思辨之途徑以便去接近那些對象時，那些對象在它面前卻又飛走了（飄颺了，消失了）。大約它可以依那唯一其他途徑尋求其較好的運氣，所謂那唯一的其他途徑乃是那仍然可以留給它的那途徑，此途徑即是實踐使用之途徑。

所謂綱紀（準繩），我理解之為某種一定的知識機能之正確的使用底諸先驗原則之綜集。這樣，普通邏輯，依其分解部而言，便是"知性與理性一般"底一個綱紀（準繩）；但是只就知性與理性之形式而說普通邏輯是"知性與理性一般"之綱紀（準繩）；普通邏輯抽掉一切內容。超越的分解亦同樣曾被展示為是純粹知性之綱紀（準繩）；因為單只是知性始能有真正的諸先驗的綜和知識。但是，當沒有一知識機能之正確使用是可能的時，茲便沒有綱紀（準繩）可言。現在，通過純粹理性（即依其思辨使用而言的純粹理性）而來的一切綜和知識，如曾因著所已給與的證明而被展示者，是完全不可能的。因此，茲並沒有理性之思辨使用之綱紀（準繩）可言；這樣的使用完全是辯證的。一切超越的邏輯，在此方面，簡單地說來，只是一種訓練。結果，如果茲存有純粹理性底任何正確的使用（在此情形中茲必存有其使用之綱紀），則此使用中之綱紀將不是處理"理性之思辨的使用"，而是處

理"理性之實踐的使用"。此"理性之實踐的使用"，我們現在
將進而去研究之。

讀者讀此三段文便知 A12，B26 頁那個句子中 "綱紀之預
備" 以及 "不管" 云云之有問題了。

以上表明翻譯那個句子之經過，並因而發見那個句子之不妥，
藉此可以了解 "純粹理性之批判" 之性格。人們讀康德書是很少
注意到這種地方的。翻譯不易，理解亦難。吾之此譯亦只期望逐
漸修改免於寡過而已。

譯者之言

譯 者 之 言

康德純粹理性之批判一書，英譯有三：

1. J. M. D. Meiklejohn 譯，出版於1855年，此只爲第二版之譯文，第一版者未譯。

2. F. Max Müller 譯，出版於 1881 年，此以第一版爲基準，將第二版者譯出作附錄。

3. Norman Kemp Smith 譯，出版於1929年，此以第二版爲基準，隨時附之以第一版之文。

時下公認 Kemp Smith （肯·士密斯）譯爲最佳，英語世界講康德者大體皆據之。前幾年有一位德國學哲學者（忘其名）來新亞作了幾次講演，講費息特之學，他也認爲肯·士密斯之譯爲最好，但也有錯誤。像這樣一部複雜而大量的鉅著，譯成他文，要想完全無錯誤，幾乎是不可能的；但主要處不要有錯誤，或至少也要盡量使其減少錯誤。此書雖複雜而量大，然畢竟純是概念義理思辨之文，很少寫意抒情輕妙飄忽之筆，故若精熟義理，期譯解無誤，此並非完全不可能。吾玆譯是根據肯·士密斯之譯而譯成，但同時亦比對其他兩譯。其他兩譯於理解文句上並非無助。肯·士密斯之譯有好多句子讀起來很順，但譯成中文又覺於義理不通或不甚順適，比對結果乃發見有誤，其誤大體是在代詞之所指，當然也有其他，關此吾皆於譯文中隨時注明。有時吾亦查質康德原文，此則鄺錦倫與胡以嫻兩同學幫忙甚大。吾於譯文

幾乎每句每字皆予以考量，務使其皆通過吾之意識而能達至表意
而且能站得住而後可。若稍有模糊或我自己亦未能明者，吾必比
對其他兩譯並最後查質原文而使之明。若有錯誤，必亦是清楚的
錯誤。吾之比對當然只對校肯‧士密斯之譯文，並非說其他兩譯
卽無誤。旣公認肯‧士密斯之譯文爲最好，則其他兩譯雖儘有佳
處，相對而言，亦必毛病更多，但我不能再對校其他兩譯之誤。

　　肯‧士密斯之翻譯下工夫甚深，參考專家校刊亦多，彼於譯
時皆有注明，吾譯亦皆照錄（但有時甚瑣碎者亦略），且附加吾
譯文之注語。除譯文注語外，吾亦隨時附加關於文段之疏解語，
以期讀者能了解此文段之義理。關此，感性論中尤多，否則，卽
使譯出亦無用。

　　如此整治太費工夫，亦費精力。吾現在只先整治成上冊，至
分解部而止，下冊爲辯證部，亦期繼續整出。但超越的方法論則
不想再譯，期來者續成。

　　康德此書號稱難讀。嚴格講，須每句講解，始能明白。但講
者亦須自己先懂得始能講解無謬，而說到懂得亦非容易，一需要
有學力，二需要有識見。康德書行世至今已二百餘年，西方講康
德者多矣，凡讀哲學者幾無人不讀康德，或無人不稍涉獵康德，
然而真相應者有幾？康德說形而上學是爭辯不休之戰場，迄無定
論，彼欲另覓途徑期形而上學歸於定論，然而彼之新途徑復又成
爲爭辯不休議論不息之新戰場，於以見解人之難也。康德後直接
繼承康德而發展者，如費息特，如黑格爾，如謝林，皆可各有弘
揚，而不必真能相應康德之問題而前進。二十世紀之新康德派亦
非內在於康德學本身而予以重新之消化與重鑄者。英美學者大抵

不能相應固無論矣。故吾嘗謂康德後無善紹者。吾很少看康德學專家之文，吾亦不欲亦無能作康德學之專家。專家大抵皆流於瑣碎而無通識，趨於考據而遠離哲學。康德學是哲學，而哲學仍須哲學地處理之。康德學原始要終之全部系統雖在基督教傳統制約下完成，然而其最後之總歸向卻近於儒家，擴大言之，近於中國儒釋道三教傳統所昭顯之格範。故吾可謂內在於康德學本身予以重新消化與重鑄而得成為善紹者將在中國出現。此將為相應之消化。有人譏吾所講者決非康德學，然是否是康德學，是否相應或不相應，決非欺詐無實之輩所可妄言。實理總是如此，智慧總是如此。若康德學是真理，是智慧，是理性決定，而非氣質決定，是造道之言，而非興會之文，是有格範法度之學，而非遊談無根之爛漫之論，則其總歸於儒學，總歸於與中國傳統所昭顯之格範相融洽，亦宜矣。是康德，非康德，相應或不相應，非無實者所能知也。

先有一完整而可理解之譯文置於此，讀者從康德此書之序文起，一一逐句讀下去，讀此書之引論，讀此書之超越的感性論（超越的攝物學），讀此書之超越的邏輯（超越的辨物學），往復讀之，始可真知西方哲學之寶藏，而於讀時亦必須有基本之訓練與相當之學力始能入，復亦必須有超曠之識見始能悟其歸向，蓋因為此書決非一通俗之書。讀此書已，再進而讀道德底形上學之基本原則與實踐理性之批判，此則必須先精熟於儒學，然後始能照察出雙方立言之分際與異同。如此往復讀之，必可得康德學之要領而知其歸向矣。

吾今只將純粹理性之批判以及關於道德哲學的兩書譯出以饗

國人，至於第三批判，則吾以爲美學雖可獨立地講，然如<u>康德</u>那樣想藉該批判以溝通兩界，則吾以儒學衡之，認爲此無必要，故吾亦無興趣於此矣，且吾亦無精力再進至於此矣，期能者繼續譯出，以使國人得窺<u>康德</u>學之全貌。

中華民國七十年八月牟宗三誌於九龍

純粹理性之批判

上　冊

目　　錄

I

超越的成素論

第 一 部

超越的攝物學

第 二 部

超越的辨物學

上册目錄至此止

第一版 序 言

人類理性在其知識之一目裡有此特殊之命運，卽：它爲一些問題所苦惱，這些問題，由於爲理性自身之本性所規定，所以它不能不去理會它們，但是又由於它們超越人類理性底一切能力之外，所以它又不能去解答它們。

人類理性所這樣陷入的困惑並不是由於它自己底任何錯誤。它開始於一些原則，這些原則，除在經驗底行程中去使用之外，它沒有選擇之餘地，而此經驗同時又大量地（充分地）證明它在使用這些原則中爲正當。以這些原則之助，它上升到高而又高，遼遠而又遼遠的條件上去（因爲它是爲其自己之本性所決定，決定其要如此上升的），如是，它卽刻覺察到：在此路數中——問題從未停止——它的工作必總仍舊是不完整的；因而它見出它自己被迫着要去依靠這樣一些原則，卽：這些原則乃是越過一切可能的經驗使用之外的原則，然而它們卻似乎又是如此之不可反對的原則以至於卽使是通常的意識也很容易承認它們。但是，依此程序，人類理性遂使其自己僵滯於黑暗與矛盾中；而雖然它實可猜想這些矛盾必是在某種路數中，由於隱藏的錯誤而然，可是它卻又不能够去檢查出這些錯誤。蓋因爲它所使用的那些原則超越了經驗底範圍，是故它們不再服從任何經驗的考驗。這些無止境的爭辯之戰場卽被名曰形而上學。

形而上學曾經一時被稱爲一切科學之女王；而如果 "意願"

被認爲是"事實"，則其所接受的工作之特別重要實可使她有一切權利享此榮譽之稱號。但是，現在，已經變了的時風只帶給她以譏諷；一個被逐出並被遺棄的婦人，她像海古巴（Hecuba）那樣哀悼着說：　"直至現今以前，　我是一切中最偉大者，　在吾族萬民之上，　我是如此之有權力者，　但是現在我被拖曳着像一個流犯，　可憐的人"。（拉丁文："Modo maxima reram, tot generis natisque potens — nunc trahor exul, inops"。英譯："Until recently, I was the greatest of all things, so powerful over the great number of our race, but now I am dragged as an exiled, miser"。意大利友人梅文健先生代譯。）

　　她的政府，在獨斷主義者底管理之下，其初原是專制的。但是因爲立法仍帶有古代野蠻之痕迹，是故她的帝國經由內戰漸漸崩解而爲無政府之狀態；而懷疑論者，一種遊牧民（流浪人），憎惡一切定居的生活方式者，　則時時打散了一切城市的　（文明的）社會。幸而他們爲數甚少，而且他們亦不能阻止城市社會之被重建，雖然其被重建並不是依據劃一的與自身一致的計劃而被重建。近時，通過一種對於人類知性底生理檢查——大名鼎鼎的陸克底檢查工作，　這看起來好像是對於 這一切爭辯 作了一個結束，而形而上學底要求似亦接受了最後的判斷。但是這已被證明完全不如此。因爲不管怎樣試想藉着把這設想的女王底族系追溯到起源於通常的經驗這種庸俗的起源，來對於這設想的女王之虛僞的要求加以懷疑，這種族譜事實上是虛構地被捏造成的，而她亦仍然要繼續去高舉她的要求。依此，形而上學又退回而跌入了

Aix

Ax

那古代陳舊的獨斷主義，因而又遭受了"它所耍脫離"的那種貶視。現在，在"大家相信一切方法皆被試過而又見其爲不適用"之後，流行的心情便是厭倦與完全的淡漠，這厭倦與淡漠，在一切學問中，是混沌與黑暗之母，但是幸而卽在此混沌與黑暗之情形中，厭倦與淡漠又是"一切學問底接近改革與恢復"底根源，卽不說是根源，至少也是"一切學問底接近改革與恢復"底序幕或前奏。因爲這厭倦與淡漠至少可以使那種"曾把一切學問弄成這樣黑暗，混亂，而不堪用"的"惡劣應用的勤勉"(ill-applied industry) 歸於結束。

　　但是,對於這樣的研究,卽"其對象對於我們人類的本性從不能是不相干的"。這樣的研究，去假裝不相干（淡漠),這是無謂的。實在說來，這些僞裝的淡漠者，不管他們如何想藉着"以通俗的音調代替學院底語言"來僞裝他們自己，只要當他們眞要作思考，他們便不可避免地又墮回到那些"他們裝作十分去輕視之"的形而上的肯斷。可是縱然如此，這種淡漠，由於它於學問繁興之際表示它自己，而且它確然也影響了那些學問，這些學問底知識，如果是可得到的，我們必不能輕易廢除之，由於是如此云云，所以這種淡漠亦是一種"需要注意與反省"的現象。此種淡漠顯然不是輕率底結果，而是時代底成熟判斷[a]之結果，此中所謂時代乃是拒絕再以虛幻的知識來敷衍或推宕的時代。此種淡漠對於理性是一種喚醒，喚醒理性重新去作一切它的工作中之最困難者，卽去作"自知"之工作，並且要去設立一個法庭，此法庭將對於理性保證其合法的要求，並遺除一切無根據的虛僞要求，其遺除之不是以專制的命令來遺除之，而是依照法庭自己所有的

Axi

Axii

永恒而不可改變的法律來遺除之。這個法庭不是別的，不過就是
"純粹理性之批判"。

(a) 關於 "時代底成熟判斷"，康德有底注云：

我時常聽到關於"我們的時代中的思想浮淺"之怨言以及關
於"健全學問底必然隨衰"之怨言。但是我沒有看到那些 "基於
安全基礎上"的學問，例如數學、物理學，等學問，絲毫應受
此責難。正相反，它們應得其舊有的"堅實性之聲譽"(Ruhm
der Gründlichkeit, reputation for solidity)，而就物理
學而言，它甚至勝過其舊有的堅實性之聲譽。同樣的精神（卽
如在數學與物理學中被證明為有效果者這同樣的精神）必會在
其他種知識中被證明為有效果(1)，只要當此其他種知識底原則
之如何被正確化已首先被慮及時(2)。直至此點被作成以前，淡
漠，懷疑，以及在最後的結局中，嚴厲的批判，其自身就是一
種徹底的"思想方式"(3)（或"心態"）之證明 (Beweise einer
gründlichen Denkungsart)。我們的時代特別是一批判底
時代，而每一東西皆必須交付於批判。宗教經由其神聖性，以
及立法經由其莊嚴性，可以想去使其自己豁免於批判。但是若
這樣，它們正好豁醒了懷疑，而且它們亦不能要求有真誠的尊
敬，理性只能把真誠的尊敬給與於那 "能够去護持自由而公開
的考察之檢驗"者。

[註(1)]: 案此句依康德原文譯。肯·士密斯譯爲 "同樣的精神必會
在其他種知識中成爲主動的"，"成爲主動的"不達。康德原文是

"wirksam beweisen"（被證明爲有效果）。*Max Müller* 譯爲 "同樣的精神必會在其他種知識中顯示其自己"。此稍好。*Meiklejohn* 譯爲： "其他種知識亦必會同樣是如此"（即情形亦必會與數學物理學同）。此是意譯，甚達。但康德原文實有"同樣的精神"字樣 (derselbe Geist)。

〔註(2)〕：案此句亦依康德原文譯。肯·土密斯譯爲:"只要當注意已首先被引至此其他種知識底原則之決定時。"此譯迂曲而不顯，但顧到原文之"被慮及"。*Max Müller* 譯爲:"只要當此其他種知識底原則已首先恰當地被決定時"；Meiklejohn 譯爲： "只要當此其他種知識底原則已首先堅固地被確立時"。三譯重點皆落在原則之決定。實則康德原文意自顯明，重點是在"原則之如何被正確化"。此一整句所示之義，康德在此注文中略提一下，說的較含混。其心中所想者，詳細展示見第二版序文。讀者讀過第二版序文後，卽可豁然明白此一整句所說之義。

〔註(3)〕：依康德原文當該是"徹底的思想方式"（或徹底的心態），而肯·土密斯則譯爲"深刻的思想習慣"（*Meiklejohn* 譯同)，"習慣" (habit) 字不達。*Max Müller* 譯爲" 誠實的思想"較好。

所謂 "純粹理性之批判" 我並不是意謂書籍與系統之批判，乃是意謂 "理性機能一般"（一般的理性能力）之批判，就理性機能獨立不依於經驗所可追求的一切知識而言的"理性機能一般"之批判。因此， "純粹理性之批判" 將對於 "形上學一般" 之可能或不可能有所裁決，它將決定形上學底來源，形上學底範圍，以及形上學底限制──它之作如此裁決與決定皆依照原則而作。

我已走上這個途徑──這個唯一不曾被展露過的途徑──並自詡依此途徑我已發現了一種辦法足以預防一切錯誤，所謂一切錯誤就是"迄今以往它們已把理性（在其非經驗的使用中的理性）置於自相矛盾之境"的那些錯誤。我並不曾因着辯訴人類理性之不足用（無能）而逃避人類理性之問題。反之，我正依照原則已把這些問題窮盡地詳列出來；並且在把這點位，卽"理性經由誤解在其上陷於自相衝突"的那個點位，定好以後，我已把這些問題解決至使理性完全滿意之境。對於這些問題的解答實在說來並不曾像"獨斷而狂想的渴望於知識"(dogmatisch schwärmende Wissbegierde)這種渴望所可引導我們去期望的那樣的解答——那樣的解答只有通過一種魔術的手法始能被烹調成，但我卻並不擅長於這種手法。這樣的"解答問題"之路實在說來並不存在於我們的理性之自然構造底意向之內；而旣然這些解答問題之路在誤解中有其根源，則去抵制它們的欺騙性的影響便是哲學底義務，不管那令人稱賞與愉悅的夢想可因此而被喪失。在這個研究中，我已使完整性成爲我的主要目的，並且我敢冒險說：沒有一個形而上學的問題不曾被解決，或不然，至少亦可說：沒有解決之鑰匙不曾被供給。純粹理性實在說來是如此完整的一個統一體以至於如果它的原則眞不足以解決它自己所生出的一切問題，甚至不足以解決此一切問題中一個問題，則我們除去否決這原則外，並沒有別法，蓋因爲旣不足以解決此一問題，則在處理其他問題中的任何一個時，我們必不再能把盲目的信賴置於這原則上（必不再能盲目地信賴這個原則）。

Axiii

　　當我正說這些話時，我同時亦能想到：我在讀者底面孔上察看出一種 "混合有輕蔑" 的憤怒之表情，憤怒於我這些看起來似乎太過自大自誇的宣說。可是我這些宣說比起一切那些作家們底

Axiv

宣布， 卽 "他們依通常的規路公然自認要去證明靈魂底單純性
或世界底一個第一開始底必然性"，這樣的一些作家們底宣布，
是無比地更爲溫和的（謙虛的）。因爲當這些作家們發誓要去擴
張人類的知識以越過可能經驗底一切限制時，我卻謙遜地承認這
是完全超乎我的力量之外的。我只要去處理理性自身以及理性底
純粹思考，除此以外，我並不要去處理任何別的事；而要去得到
理性自身以及理性底純粹思考之完整的知識，茲並不需要迷茫地
走得很遠的，因爲我在我自己的 "自我" 之內就可碰見理性自身
以及理性底純粹思考。普通邏輯可提供一個範例，卽關於 "理性
底一切單純動作如何能完整地而且系統地被列舉出來" 這問題的
一個範例。「本研究底主題是[與這問題爲相類似的]問題，卽：
當一切材料以及經驗底幫助皆被移除時，我們因着理性所能希望
去達成的有多少」。[依康德原文，此句似當如此：「只是在本研
究中，這要解答的問題乃是： 當一切材料以及經驗底幫助皆被移
除時，我們因着理性所能希望去達成的有多少」。*Max Müller*
譯爲：「只是在普通邏輯與我的工作之間存有這差異，卽： 我的
問題乃是： 當一切材料以及經驗底幫助皆被移除時，我們因着理
性所能希望去達成的是什麼」。]

關於每一問題底決定中的"完整性"以及我們所要處理的一切
問題底決定中的 "窮盡性" 已說得不少了，不必再說了。這些問
題不是隨意地選出來的； 它們是因着知識自身之本性而被規劃給
我們，規劃給我們以爲我們的批判研究底"題材"。

關於我們的研究之"形式"，確定性與清晰性是兩個基要的必
備條件，這是任何一個 "膽敢想冒險去從事於如此精微的一種工

作"的人所必要正當地被要求去具備之的。

關於"確定性"，我曾規定給我自己以如此之格言，即：在此種研究中，去容納"意見"，這決不是可允許的。因此，每一東西，它若有點相似於一假設，它即須被視爲違法的；這樣的違禁品不是可以擺出來出售的，甚至不可以最低價出售，它一旦被檢查出來，即刻被沒收。任何知識，它若表示是先驗地有效者，它即宣告它自己須被視爲絕對地必然的。此義且更可應用於一切純粹先驗知識底任何決定，因爲這樣的決定必須充作一切必然的（哲學的）確定性之尺度，因而也就是說，充作一切必然的（哲學的）確定性之〔最高的〕範例。（案此所謂純粹先驗知識是意指數學知識說）。在我所承擔去作的事情中，我是否已經成功，這必須一概留給讀者來判斷；著者底工作只是要去引出根據，不是要去說及"這些根據在那些要作判斷的人身上所必有之"的那結

Axvi　果或影響。但是著者爲的要想表示他本人，無罪地，可不是"使他的論證有任何弱點"之原因，他可被允許去指出某幾段文字令人注意，這幾段文字，雖然只是偶然的（附帶的），但亦可以引起某種疑惑。這種隨時的介入（介入注意之介入）可以用來去**抵抗**那種影響，即"關於這些枝節處（次要處）之懷疑，甚至是完全不明確的（模糊的）懷疑，所可表現於讀者的關於主要論題的態度上"的那種影響（這些枝節處如不隨時注意即可引起疑惑，其所引起之疑惑即可影響讀者關於主要論題之態度。）

在展露我名之曰知性的這個機能上，以及在決定這個機能底使用之規律與範圍上，我知道沒有研究再比我所組織於超越分解底第二章標題曰"知性底純粹概念之推證"中的那些研究爲更重要

者。那些研究也就是那些"費了我最大勞力"的研究，這種勞力，
如我所希望，不是無酬報的。此"推證"之研究是植基很深的，
它有兩面。一面是涉及純粹知性之對象，而且是想去展示"純粹
知性底先驗概念之客觀妥效性"並使此爲可理解。另一面則想去
研究純粹知性之自身，研究純粹知性底可能性以及純粹知性所基　Axvii
依的諸認知機能；　這樣，　這是依純粹知性底主觀面討論純粹知
性。雖然此後一種解釋（主觀面的解釋）對我的主要目的而言，
是十分重要的，可是它並不形成我的主要目的之一本質的部分。
因爲主要的問題簡單地說總只是這個問題：知性與理性離開一切
經驗能够知道什麼呢？並能知道多少呢？而並不是這個問題：思
想機能自身如何是可能的呢？此後一問題好像是去尋求一所與的
結果之原因，因此，它是有點假設性的（雖然如我將在別處所要
展示的，它實際上不是如此）；而我亦必似乎只取得表示一"意
見"之自由，在此種情形下，讀者也必有自由去表示另一不同的
"意見"。爲此之故，我必須因着指出以下一點而預先止住讀者之
批評，卽：縱使我所作的"主觀的推證"不能產生我所希望的完
整說服力，可是我在此所主要關心的"客觀的推證"定能保持其
充分的力量。關於此事，92—93頁（第一版的頁次）上所說的必
無論如何卽以其自身而足够。

　　關於"清晰性"，讀者有權利首先去要求一種通過概念而成
的"辨解的（邏輯的）清晰性"，其次，要求一種通過直覺，卽
通過例證以及其他具體的說明，而成的"直覺的（感觸性的）　Axviii
清晰性"。　就第一要求而言，　我曾充分地作了準備。　第一要求
所要求的"辨解的清晰性"對於我的目的是本質的；　但它同時

亦成了 "我之所以未能公平對待第二要求" 之偶然的原因， 這第二要求縱使不是十分迫切的，但卻也是完全合理的。在我的工作之進程中，我幾乎總是繼續不斷地在遲疑我應如何進行此事。例證與說明似乎總是必要的，因此，在我的初稿裏，由於需要，是曾經有這些例證與說明的。但我不久卽知道了我的工作之龐大以及我所必要去處理的題材之繁多；而由於我已覺察出卽使以乾燥無味的純經院的方式去處理之，這所得之成果其自身在體積上早已是十分够大的，所以我見出若再進而通過例證與說明來擴大它，這乃是不適宜的。例證與說明是只從一通俗的觀點看才是必要的；而此書卻決不能使之成爲可適合於通俗的胃口的。這樣的幫助並不是眞正研究學問的人所需要的，而且這樣的幫助，雖然它總是令人愉悅，然而它很可以在此令人愉悅之情形中已成了其結果上的"自我挫敗"（意卽意在幫助人明白結果反使人不明白，蓋具體的例足以干擾並誤引人故）。阿保特·泰洛生 （ Abbot Terrason ） 曾說過：如果一本書之大小不是因着它的頁數而被衡量，而是因着在掌握它時所需要的時間而被衡量，則對於好多書我們可以這樣說，卽： "此書必會更短一點，如果它不曾這樣短"。另一方面，如果我們籌劃或思量思辨知識底一個全部系統之可理解性（此一全部系統雖然列次甚繁，然而卻有從原則底統一性而來的一貫性），則我們可同樣公平地說： "好多書必已是更爲清楚，如果它不曾作這樣的努力使之成爲清楚。"因爲對於清晰性 所作的那些幫助， 雖然它們 在關於細節上可以有助，然而它們卻亦時常干擾了我們的對於全體之把握。讀者並非被允許很快地就去達到對於全體有一概觀；說明的材料之鮮明的顏色渲

Axix

染參加進來足以覆蓋並隱蔽這系統底關節與組織，而這關節與組織卻正是我們所主要關心的，如果我們要想能夠去判斷這系統底統一性與堅實性時。

我必可斷定，當著者，依照此處所提議的計劃，依一完整而持久的樣式，是這樣致力於進行一大而重要的工作時，讀者將感覺到這決不是一種很小的引誘（吸引），引誘着去產生其意願的合作。形而上學，依據我們現在所採用的看法而言，它是一切學 Axx 問中唯一的一個如下所說的那樣一種學問，卽：此學問膽敢許諾通過一種很小而集中的努力，它將在一很短的時間中卽可達到這樣的完整，卽如它將無工作可以留給我們的後繼者那樣的完整，所謂它將無工作可以留給我們的後繼者，意卽它除"我們的後繼者依照他們自己的喜愛，依一種教導（說敎）的樣式，無須他們之能夠去把任何東西增加到它的內容上，而卽可去適用之"，這種適用之的工作外，它將再無任何其他工作可以留給我們的後繼者。因爲此門學問不過就是一切我們的通過純粹理性而有的，系統地被排列起來的所有物之"清列"。在此門學問之領域內，沒有什麼東西能夠逃避我們。理性完全由它自己所產生的任何東西決不能被隱蔽，一旦公共原則已被發見，它卽被理性自己所暴露。此種知識底完整的統一性，以及這一事實，卽：「此種知識只從概念而被引生出，完全不爲經驗所影響，或完全不爲這樣的特種直覺，卽如那"可以引至任何決定性的經驗以擴大或增加這種知識"，這樣的特種直覺所影響」，這一事實，便可使這個不被制約的（絕對的）完整性不只是爲可實行的，而且亦爲必然的。"（請留在家中），注意你自己，你將知道你的糧秣（儲備物）是如何地限制了的"。(拉丁文："Tecum habita, et noris quam sit tibi curta supellex。"英譯： "(Be at home), take heed to yourself, amd you will realize how limited are your provisions。"梅文健先生代譯。案關於此義，請參看引論Ⅶ，A13, B26）。

Axxi　　這樣一個"純粹的（思辨的）理性之系統"，我希望我自己在"自然之形上學"這個題稱下去把它產生出來。它將不及此部"批判"書之一半，但是在內容方面它卻是比本"批判"書爲無比地更豐富的，本"批判"書其首要的工作就是必須去發見它⑴的可能性之根源與條件，而且好像是去清理並去剷平那迄今以往已成荒地者。在本"批判"書這部工作上，我對於我的讀者期望忍耐並期望一公正無私之裁判；而在代表一純粹思辨理性之系統的自然之形上學"這部書之工作方面，我將期望一位合作者之善意與幫助⑵。因爲不管那"系統"底一切原則是如何完整地已被呈現於本"批判"中，而那"系統"底完整性自身也同樣需要無一引申的概念有缺漏。這些引申的概念不能因着任何先驗的計算而被列舉出來，而是必須逐步地被發見的。因此，當在本"批判"中，全部的"概念之綜和"已被窮盡時，玆將仍然存留有進一步的工作以使"概念底分析"爲同樣地完整的，而這一部工作勿寧是一種娛樂，而不是一種辛勞。

　　〔餘關於校印以及關於"背反"之所以那樣排列有所說明，此無甚意義，略。〕

　　〔註⑴〕：這個"它"卽指"純粹的思辨理性之系統"爲"自然之形

上學”所代表者而言，而肯・士密斯之譯則實指地譯爲“這樣的批評”，如是便成爲“去發見這樣的批評底可能性之根源與條件”。“這樣的批評”是指本“批判”書之批判說。這樣便成不通。這是一種莫明其妙的錯指。原文只是個所有格的代詞（ihrer），其所指甚顯。Max Müller 卽如原文譯爲“它的”。Meiklejohn 則實指爲“這種知識”，卽“純粹思辨理性之系統”這種知識，此亦不誤。

[註(2)]：案依康德原文是“善意與幫助”（die Willfährigkeit und den Beistand），其他兩英譯皆如此譯，肯・士密斯則譯爲“仁慈的幫助”（benevolent assistance）。

第二版　序　言

　　像處於理性範圍內的這樣的知識之處理是否是遵循着抑或不是遵循着一門學問底確當途徑而進行，這是很容易從成就上而被決定的。因爲如果這樣的知識之處理，在常常重新來過的苦心經營的預備之後，正當它接近它的目標時，它突告停止；又如果它時常被迫着去回顧它的步驟而要重新開始某種新的路線；或又如果許多參與硏究者不能同意於任何共同的進行計劃：如果有如此之種種情形，則我們可以確定說：這樣的知識之處理實根本未走上一門學問底確當途徑，而且實是一純然地胡亂摸索。在這些情況下，如果我們在發見這途徑，卽"理性能安全地旅行於其上"的這途徑中，眞能成功，則我們將有益於理性，縱使結果有好多"被包含於我們的未經反省而被採用的元初計劃中"的東西可當作無收成者而須被放棄——縱使是如此，我們亦將有益於理性。

　　邏輯，從最早的時候，卽已在此確當的途徑上進行，這是由以下之事實卽可被證明，卽：自從亞里士多德以來，它不曾需要去重新回顧一步，除非我們有意想去把某些不必要的細微末節之移除，或那已被承認了的義旨之更淸楚的解釋，算作改進，否則它連一步都不需要重新回顧，而適所說之不必要的細微末節之移除或已被承認了的義旨之更淸楚的解釋這種潤飾實只有關於這門學問底雅緻而並無關於這門學問底確定性。又，直至今日，這個邏輯學不曾能前進一步，因此，就所能見者而言，它顯然地是

一封閉而完整了的系統，這一點亦是可注意的。如果某些現代的
人想去擴大它，因着引進一些心理學的章數以討論知識底不同機
能（如想像、機智等）而擴大它，或因着引進一些形而上學的章
數以討論知識底起源，或依對象中的差異而討論各種不同的確定
性（觀念論、懷疑論等），而擴大它，或因着引進一些人類學的
章數以討論偏見以及偏見之原因與偏見之修正而擴大它，這種想
法只能從他們的對於邏輯學底特性之無知而發生。如果我們允許
各種學問去互相侵入別的學問之領域，我們並沒有擴大學問，但
只模糊了學問。邏輯底範圍是完全準確地被限定了的；它唯一所
關心的事便是要去對於一切思想底形式規律給一窮盡的解釋以及
給一嚴格的證明，不管這思想是先驗的抑或是經驗的，不管這思
想底根源或這思想底對象是什麼，亦不管這思想在我們心中所可
遭遇的是什麼障碍，是偶然的障碍抑或是自然的障碍。

Bix

　　"邏輯已如此成功"，這是一種利益（好處），邏輯把這利益
完全歸於它的限制（它的範圍之準確的限定），因着這限制，邏
輯很有理由把知識底一切對象以及對象底差異皆抽掉——實在說
來，它是在分定責成下要把這些皆抽掉——抽掉後，它可讓知性
除處理知性自己以及知性之形式外，不處理任何別的事。但是就
理性而言，"要去走上學問之確當途徑"，這自然比較甚為困難，
因為理性不單只處理它自己，而且也要處理對象。因此，邏輯，
當作一種預備學問看，它好像是只形成各種學問之走廊；而當我
們論及各種特殊的知識時，雖然邏輯實是被預設了的，卽在對此
各種特殊的知識作任何批評的估量中實是被預設了的，然而就這
各種特殊的知識之實際獲得而言，我們卻須去正視那些學問，卽

恰當地而且客觀地所謂之"學問"。

現在，如果理性須成爲這些學問中的一個因素，則這些學問中的某種東西必須是先驗地被知的，而此種知識可依以下兩路中之此一路或另一路關聯到它的對象，卽，它或者如"它只是決定那必須從別處被供給的對象以及這對象之概念"那樣而關聯到其對象，或者如"它不只決定對象，且亦要使對象成爲現實的"那樣而關聯到其對象。前者是理性之理論的（知解的）知識，後者是理性之實踐的知識。在這兩種知識中，那一部分，卽"理性於其中完全先驗地決定其對象"的那一部分，卽是說，那純粹的一部分（不管這一部分所可含有的是多或少），必須首先而且各別地被處理，免致它與來自其他根源的東西相混雜。因爲如果我們把收入的款項盲目地支付出去，而當收入延滯不及時，我們又不能分辨出那一部分收入能證明開銷爲正當（能擔負開銷），以及在那一方面我們必須節約，則那必是一種很壞的管理。

Bx

數學與物理學這兩門科學（在此兩科學中，理性產生出知解的知識）必須先驗地去決定它們的對象，前者是完全純粹地先驗地決定其對象，後者則須計算到，至少要部分地計算到，理性外的知識來源。

在人類理性底歷史所延展到的那最早時期，數學在那奇特的民族希臘人之間，早已走上學問底確當途徑。但是我們決不要設想："去發見那尊貴的道路，或勿寧說去爲其自己建設那尊貴的道路"，這在數學方面之容易就像在邏輯方面那麼容易（在邏輯中，理性須只處理其自己）。正相反，我們相信：數學是長

Bxi

期地停留在摸索的階段中， 特別是在埃及人之間是如此， 而且
我亦相信： 轉變必是由於一種革命而然， 這一種革命是因着一
獨個人底幸運思想而被引起，此一獨個人所設計的試驗標識出數
學所必走的途徑，而由於遵循此途徑，那通貫一切時代的安全進
步， 而且是在無止境的 擴張中的安全進步， 是確實地被保證了
的。此種知識革命之歷史（此知識革命較繞過好望角的航道之發
見更爲重要）以及此 革命底幸運的 肇造者之歷史 不曾被保存下
來。但是，"第昂琴尼斯來秀斯"（Diogenes Laertius）在其傳
下這些事之記述中，他說出了那些 "號稱爲作者" 之名，卽甚至
在幾何的證明中間甚不重要的證明，這種證明之作者之名，甚至
那些在普通意識上不需要有這樣的證明［而竟有這樣的證明］的
東西之作者（號稱爲作者）之名，這一事實至少表示出爲這新途
徑底首次瞥見所引起的革命之記念，在數學家看來，必有這樣特
出的重要， 如是遂致此革命之記念 逃脫遺忘之浪潮 而尙留存下
來。一種新的靈光閃到第一位 "證明等腰三角形底性質" 的人之
心靈上（不管這人是塔利斯抑或是別人）。如是， 他見到眞正的
方法不是去檢查他在圖形中或在圖形之赤裸的概念中所辨識的東
西， 復從此所辨識的東西中好像是要去閱悉此圖形之諸特性；而
是要把那"必然地函蘊於這些概念中"的東西去抽引出來，這些東
西是他自己所已先驗地形成的，而且是他在這構造中所已置於這
圖形中的，所謂這構造乃卽是"他所因以把這圖形呈現給他自己"
的那構造。如果他要想以先驗的確定性去知道任何東西，則除了
那些東西， 卽 "必然地從他自己依照他的概念所已置於這圖形中
的東西而推出"的那些東西外， 他必不可把任何別的東西歸給這

Bxii

圖形。

自然科學在其走上學問底大路上是甚爲更長期的（案意卽較數學更爲長期）。 實在說來， 這只是自 倍根 起約略一世紀半的事， 倍根，因着他的天才性的（精巧的）建議，他一部分肇始了這種發見， 一部分鼓舞了那些 早已向這發見走的人之 新鮮的生氣。在這種情形裏，這發見也能被解說爲是一種知識的革命之驟然的成就。在我現在的解說中， 我涉及自然科學是只就其基於經驗的原則上而涉及之。

當伽里略（Galileo）使球從一斜面上下滾（球之重量是他自己事前早已決定好的）； 當陶利塞利（Torricelli）使空氣（風力）運送一重量（此重量是他事前早已計算好使之等於一特定水量之重量）； 或在更近時， 當斯塔勒（Stahl）因着抽出某種東西把金屬變爲氧化物，然後又因着把某種東西置回原處把氧化物變爲金屬[a]： 當這些人作這些試驗時， 一道曙光突然現於一切研究自然者之面前。 他們知道： 理性只能洞悟 "它依照它自己的計劃所產生" 的那東西， 並且知道： 理性必不可讓它自己好像是被拘禁於自然之領導線索中 （爲自然所領導）， 而是它必須它自己以 "基於固定法則上" 的判斷之原則來展示出道路，迫使自然對於其自己的 決定所決定成之問題 給出答覆。 偶然的觀察，不遵循事前想好的計劃而被作成者，決不能被致使去產生一必然的法則，單只是此必然的法則才是理性所想要去發見的。理性， 卽"一方面它持有它的原則，只有依照這些原則，一致的現象才能被承認爲等值於法則，而另一方面，它復持有它依照這些原則所設計的試驗"， 這樣的理性，它要想爲自然所敎導，它自

Bxiii

必須接近自然。但是，它必不可依這樣一個小學生，即 "專聽敎師所喜歡 去說的每一東西" 這樣一個 小學生之性格 而去接近自然，而須依這樣一個被任命的法官，即 "他迫使證人去答覆他自己所已形成的問題" 這樣的一個被任命的法官之性格而去接近自然。 因此， 卽使是物理學， 它也把它的觀點上之有利的革命完全歸功於這幸運的思想， 即： 當理性必須在自然中尋求這樣的什麼東西， 即 "這東西由於其不是通過理性自己之辦法而卽爲可知， 是故如若它畢竟須被學習， 它卽須只從自然而被學習" 這樣的什麼東西，而不是把這樣的什麼東西虛構地歸給自然，當理性是如此云云時，它必須在如此尋求中，採用它自己所已置於自然中者作爲它的指導。只有這樣，自然底研究，在 "好多世紀不過是一純然地胡亂摸索之過程" 之後，才走上一門學問底確當途徑。

Bxiv

(a)處，康德作底注云：

　　在我的事例之選擇中，我不是追尋試驗法底歷史之準確的經過；實在說來，對於試驗法底第一開始，我們並沒有十分準確的知識。

　　形而上學是理性底一門完全孤離的思辨學問，此思辨的學問高聳於經驗底敎訓之上，而在此思辨的學問中，理性實在說來是被意謂爲它自己的學生（爲專研究其自己者）。形而上學單只基於概念，不像數學那樣，基於概念之應用於直覺。但是，雖然它比一切其他 學問爲古老， 而且縱使一切其他學問 都被呑沒於那

"毀壞一切"的野蠻之深淵中，它亦會留存下來，然而它卻不曾有好運以走上學問之確當途徑。因爲在這門學問內，理性永遠要被帶至僵滯之境，縱使那些法則，卽"理性想對之（如其所自承）有一先驗的洞見"的那些法則，卽是那些爲我們的最通常的經驗所穩固的法則，它也要永遠被帶至僵滯之境。我們一次復一次地須去回溯我們的步驟，此蓋由於這些步驟在我們所欲去的方向上不足以引導我們。又，形而上學底研究者在他們的爭辯中是如此之難於展示一種無異議的一致（距離展示一致是如此之遠），以至於形而上學遂勿寧被視爲是一個戰場，一個"特別適宜於這樣的一些人，卽想在演習戰爭中練習其自己，這樣的一些人"的戰場，而在此演習戰爭中，沒有一個參與者能在得到甚至像一寸領土這麼多的領土中曾經成功，卽或得之，至少亦不是依這樣的樣式而得之，卽如"確保他永遠佔有之"這樣的樣式而得之。此毫無疑問地表示說：形而上學底進行程序迄今仍猶是一純然地胡亂的摸索，而且是一切摸索中最壞的一種摸索，在純然的概念間的一種摸索。 Bxv

然則，在這領域內，達到學問之境的確當道路迄今不曾被發見，其所以然之故是什麼呢？或許那是不可能去發現之的嗎？如眞不可能，大自然爲什麼一定要以"不停止的努力"降給我們的理性，我們的理性因着此不停止的努力總是去尋求這樣一種途徑，好像這途徑是理性之最重要的關心事之一似的？不，復次，如果在一個"我們對之衷心想有知識"的諸最重要的領域中之一領域內，理性不只使我們失敗，且繼續以欺騙性的許諾誘惑我們，而最終又背棄了（或辜負了）我們，如是，則我們所有的足使我們信託理性的原因（根據）又是如何地少！ 或不然， 那也只是如此，即：我們迄今以往已不能找出這真正的途徑，那麼，有否任何指示足以去證成這希望，即，"因着重新的努力，我們可有更好的運氣，即比那曾降到我們的前輩身上者為更好的運氣"這樣的希望呢？

Bxvi 　　數學與自然科學俱因着一種簡單而驟然的革命始變成它們現在之所是者，此例在我看來似乎很足以啟示我們去考慮那在改變了的觀點中可以是本質的特徵者，須知因着那改變了的觀點，此兩門科學俱已大得利益。此兩門科學之成功必可引使我們，至少依試驗之辦法， 引使我們去傚效 它們的進行程序， 我們之可如此去傚效是當一種類比（作為理性知識之一種的那類比）可允許我們去傚效時，此所謂類比即是那兩門科學所堪示與於形而上學者。

　　"一切我們的知識皆必須符合於對象"，這是迄今以往已被假定了的。但是，依據這假定，一切試想去擴大我們的"對象之知識"，即因着"就對象，憑藉概念，而先驗地建立某種東西"這種辦法而去擴大 我們的對象之知識， 這一切試想皆 終歸於失敗。因此，我們必須試一試，是否我們在形而上學底工作中不可有更多的成功，如果我們假定：對象必須符合於我們的知識。這個假定必更契合於那所欲者， 即是說， "先驗地有對象之知識，就着對象先於對象之 被給與而決定 某種東西"， 這必 應是可能的。這樣，我們一定要準確地依哥白尼的基本假設（第一思想）之路線而前進。哥白尼由於在依據 "一切天體皆環繞觀察者而旋轉" 這個假設以說明天體底運動中 無滿意的進步， 所以 他試一

試: 如果他使觀察者旋轉而讓星球不動, 他是否不可以有更好的　Bxvii
成功。就對象之直覺而言, 一個與這類似的試驗亦可在形而上學
中被試一試。

　　如果直覺必須符合於對象之組構 (本性), 則我看不出我們
如何能先驗地知道對象之任何事; 但是, 如果對象 (由於是感取
之對象) 必須符合於我們的直覺機能之組構(本性), 則我在思議
這樣一種可能性 (即先驗地知道對象之可能性) 中便無什麼困難
可言。現在, 因為如若這些直覺要成為被知的 (要成為知識),
我便不能靜止於這些直覺中而不進, 我且必須把這些直覺當作表
象關聯到那作為這些表象底對象的某種東西上去, 並且我必須通
過這些表象來決定這對象, 因為是如此云云, 所以我必須或者假
定: 概念 (藉賴着概念, 我得到這種決定, 即決定對象之決定)
符合於對象, 或者假定: 對象, 或與對象為同一事者, 即經驗
(只有在此經驗中, 對象, 當作所與的對象看, 始能被知), 符
合於概念。如果我假定 "概念符合於對象", 則我復陷於這同樣
的困惑, 即如 "我如何能就對象先驗地知道任何事" 這同樣的困
惑。可是如果我假定"對象符合於概念", 則前景是較有希望的。
因為經驗本身 即是知識之一目, 此一目知識即 包含有知性於其
中; 而知性又有一些規律, 我必須預設這些規律為先於 "對象
之被給與於我" 而存在於我之內者 (存在於我心中者), 因而也
就是說, 我必須預設這些規律為先驗的者。這些規律在先驗的概
念中找到表示 (意即被表示於先驗的概念中), 經驗底一切對　Bxviii
象皆必然地符合於這些先驗的概念, 而亦必須與這些先驗的概念
相契合。 就那樣的一些對象即 "它們只通過理性而被思, 而且

實在說來，亦當作必然的而被思，但它們卻從不能被給與經驗中
（至少亦不是依"理性所依以思考它們"的那樣式而被給與於經
驗中）"，這樣的一些對象而言，這試想去思考它們之試想（因
爲它們必允許被思想）將供給一優異的試金石，即關於那"我們
所採用之以爲我們的新的思想方法"者之試金石，此新的思想方
法即是：我們關於事物只能先驗地知道那我們自己所置放於事物
中者。[a]

(a)處，康德作底注云：

　　這個方法，即模倣自然底研究者之方法而成的方法，即存
於尋求純粹理性之成素中，即在那因着試驗而允許"確立或駁
斥"者中尋求純粹理性之成素。現在，純粹理性底命題，特別
當它們冒險超出可能經驗底一切限制之外時，是不能够連同它
們的對象通過任何試驗而被置於考驗之下的，就像在自然科學
中那樣。在處理那些"我們所先驗地採用之"的概念與原則中，
一切我們所能作的便是去籌劃這一點，即：這些概念與原則可

Bxix　被用來依兩不同的觀點看對象——一方面，在與經驗相連繫
中，視對象爲感取之 對象與知性之對象，而另一方面，對那
"努力想去超越一切經驗之限制"的那孤立的理性而言，視對
象爲只是被思的對象。如果，當事物是從此雙重立場而被觀
時，我們便見有一種契合，即與純粹理性底原則相契合之契
合，可是當我們只從一個觀點看事物時，我們便見理性是被纏
繞於不可免的自我衝突中，如果有如此云云之兩種情形時，則
這試驗（即關於新的思想方法之試驗）便於維護此兩觀點之區

分之正確有所裁決（意卽便裁決了此兩觀點之區分之正確）。

　　這個試驗其成功一如其可被願望那樣而成功，它並且以一學問之確當途徑許諾 給形而上學， 在形而上學之 第一部分中許諾之， 此第一部分卽是從事於那些先驗的概念的那一部分，此所謂先驗的概念卽是 "相應的對象，與之同量相稱的對象，能夠在經驗中被給與於它們" 的那些先驗的概念。因爲這新的觀點能使我們去說明如何能有先驗的知識； 此外， 它又能使我們對於那 "形成自然 （視作經驗底對象之綜集的自然） 之先驗基礎" 的法則去供給滿意的證明——此兩種成就， 依據迄今以往所遵循的程序而言， 沒有一種是可能的。 但是， 此一推證， 卽對於我們的 "先驗地認知" 之能力之推證（卽書中關於範疇之超越的推證之推證）， 在形上學底第一部分中， 有一種後果出現，此一後果是足令人驚異的， 而且它對於形上學底全部目的有一種高度不利的現象， 此如在第二部分中（ 卽超越的辯證那一部分中 ）所討論者。因爲我們是被帶到這結論， 卽: 我們從不能超越可能經驗底界限， 雖然這越界確是 這門學問所特別想去達到之者。 但是， "不能越過可能經驗底界限" 這情況正好產生了這試驗 （ 卽我們所說的新的思想方法之試驗）， 因着這試驗， 間接地， 我們能够去證明這首次估計卽對於我們的 "先驗的理性知識" 之首次估計之眞理性， 卽是說， 這樣的知識只有關於現象，而且它必須讓物自身之爲眞實， 實在說來， 是 "以其自身存在着" 而爲眞實的， 雖讓它"以其自身存在着"而爲眞實的， 但卻必須讓它爲不爲我們所知者。因爲那 "必然地迫使我們去超越經驗底界域以及一

Bxix

Bxx

切現象底界域"者便是這無條件者（不被制約者），這無條件者
乃是理性依必然性並依權利在物自身中所要求之者，因為要想去
把條件之系列完整起來，這無條件者是必要的。如是，如果，依
據"我們的經驗知識符合於當作物自身看的對象"這假設，我們
見出：這無條件者不能被思想而無矛盾，並且亦見出：另一方
面，當我們假設：我們的"事物之表象"，（由於這些事物是被給
與於我們者），實並不如"這些事物存在於其自身"那樣而符合
於這些事物，但卻正相反：這些對象，由於是現象，它們必須符
合於我們的"表象之模式"，當我們如此假設時，矛盾即消失；
因而，又，這樣說來，如果我們見出：當我們知道事物時，即是
說，當事物是被給與於我們時，這無條件者不是可以在這樣的事
物中被發見的，但只當我們不知道這些事物時，即是說，只當這
些事物 是物自身時， 這無條件者始可在此物 自身之事物中被發
見：通過以上兩層的 "如果"云云，如是，則我們很有理由歸結
說： 我們初時為試驗之目的 所假定者現在 是很確定地被穩固了

Bxxi　　的。[a]

　　[a]處，康德作底注云：

　　　這種純粹理性之試驗與那在化學中有時被名曰"還原之試
驗"或更經常被名曰"綜和的歷程"者有極大的類似性。形上
學家底分析把純粹先驗知識分成兩個十分異質的成素，即"當
作現象看的事物"之知識以及"事物之在其自己"之知識；他
的辯證法復又把這兩個成素結合起來，以與理性所要求的 "無
條件者"之必然的理念相諧和，並見到：這種諧和除通過以上

的區分外決不能被得到，因此，以上的區分必須被承認。

　　但是，當"超感觸者"底領域中的一切前進在思辨理性上皆已這樣被否決時，我們仍然可以去研究：在理性之實踐的知識中，是否"論據"（data）不可以被發見出來足以去決定理性之"無條件者之超絕概念"，因而足以使我們，依照形上學底願望，並藉賴着那先驗地可能的知識（雖然這先驗地可能是只從一實踐的觀點而爲先驗地可能），去越過一切可能經驗底界域。這樣，思辨理性至少已爲這樣一種擴張留有餘地；而雖然它同時必須讓這種擴張爲空虛，可是縱然如此，我們仍然有自由，實在說來，我們是被召請來，經由理性之實踐的論據去佔有（去塡滿）這種擴張，如果我們能時。(a)

Bxxii

　　(a)處，康德作底注云:

　　同樣，天體運動底基本法則已把"建立起的確定性"給與於哥白尼初時所只預定之爲一假設者，並且同時亦對於不可見的力（牛頓所說的吸引力）給出證明，此不可見的力乃維持宇宙於一起者。如果哥白尼不曾敢於依一"違反於感取但却是真的"之樣式，不在天體方面，但却在觀察者方面，去尋求這被觀察的運動，則那不可見的力必永遠存留在那裏而爲不被發見的。類比於這個假設的那觀點中的改變，在本"批判"中所展示者，我先只把它當作一假設陳述於此"序文"中，我之所以如此作，目的是想要引起注意，注意於這樣一種改變之首次嘗試之性格，這首次嘗試開始時總是假然的。但是，在這"批判"

本身中，這"觀點中之改變"將依我們的空間與時間之表象之本性以及依知性之基本概念而為必然地被證明了的，而不是假然地被證明了的。

試想去更變那"迄今以往已流行於形而上學中"的進行程序，卽依照幾何學家與物理學家所置下的例子，因着完全改革那進行程序，而去更變之，這種試想之嘗試，實在說來，實形成這部"純粹思辨理性之批判"之主要目的。這部批判實是一論方法的論著，而不是這門學問（形上學）本身底一個系統。但是同時它亦標出這門學問底全部計劃，就它的範圍以及就它的全部的內在結構這兩方面而標出其全部計劃。因為純粹思辨理性有這種特殊性，卽：它能依照"它所依以選擇其思考之對象"的不同路數而衡量它的能力（此為第一點），並且它亦能對於"它所依以提出它的問題"的種種不同的路數給一窮盡的列舉，因而它是能够，不，它是必須去追溯出一形上學系統之完整的綱要（此為第二點）。就第一點說，在先驗知識中，除那些"能思的主體從其自身所引生出"的東西外，再沒有什麼東西能够被歸給對象；就第二點說，純粹理性（就其知識之原則而論）是一完全各別的自存的統一體，每一分子在此統一體中就像在一有機體中那樣皆為每一其他分子而存在，而一切分子亦皆為每一分子而存在，這樣，便沒有一個原則能安全地在任何一個關係中被取用，除非一個原則在其**關聯**於純粹理性底全部使用這種全部關聯中曾被研究過。結果，形而上學亦有這種獨特的利益，就像那不能落在處理對象的其他科學之命數上這樣的獨特的利益（說處理對象

Bxxiii

的其他科學，表示不說邏輯，因爲邏輯只有關於"思想一般"之
形式），這獨特的利益即是這一點，即：通過這部批判，如果形
而上學可被置放於一門學問之確當途徑上，則它是能够獲得它的
全部領域之窮盡的知識的。形而上學只須處理原則以及這些原則　　Bxxiv
底使用之範圍（爲這些原則自身所決定的範圍），因此它能完
成它的工作，而且它把這工作當作一種不能再有增益的資產遺留
給後人。因爲它是一基本的學問，它是分定要去達到這種完整
性的。關於形而上學，我們必須能够去說：　"直至你將有某
事去作時，否則你不要認爲你曾作了任何事"（"nil actum
reputans, si quid superesset agendum.":"Don't deem you
did any thingyet, until you shall have something to do。"
康德原文爲拉丁語，由意大利友人梅文健先生代譯爲英文。）

　　但是，人們可問：我們提議去遺留給後人者是一種什麼寶藏
呢？那被斷定爲因着批評而這樣純淨化了的，而且是一建永建地
而被建立起來的形而上學其價值是什麼呢？依據對於本批判書之
一粗略的觀察而言，本批判書似乎可以是這樣的，即：它的成果
只是消極的，它警告我們說：我們必不可以思辨理性冒險越過經
驗底範圍。事實上，此義實是它的根本用處。但是此義亦可即刻
獲得一積極的價值，當我們知道以下之義時，即：思辨理性所用
以冒險越出其恰當範圍的那些原則在結果上實並沒有擴大理性底
使用，而卻是，如我們依仔細的檢查所見者，不可免地縮小了它
的使用。那些原則恰當地說來實 ［並不屬於理性，但只］屬於感
性，而當它們這樣被使用時（即用之以越過經驗底範圍時），它
們勢必要去使感性之範圍與"眞實者"同其廣延，因而勢必要去　　Bxxv

排擠掉理性之純粹的 （實踐的） 使用。 因此，當我們的這部 "批判"書限制了思辨理性時， 此 "批判"書實是消極的； 但是，因爲它因此限制作用而移除了一種障礙（此障礙阻礙了實踐理性之使用，不， 乃是勢必要去毀壞實踐理性之使用）， 是故它實際上實有一積極的而且是十分重要的用處。至少一旦我們確信： 玆實有純粹理性底一種絕對必然的實踐使用卽道德的使用時（在此實踐的使用中， 純粹理性不可 避免地要越出 感性之範圍）， 本 "批判"實有一積極的而且是十分重要的用處。雖然［實踐的］理性， 在其越出感性之範圍中， 並不需要有來自思辨理性方面之幫助，但它亦必須被確保足以對抗其反對面， 卽， 理性決不可被致使陷於自身衝突之境。這樣， 若去否決本 "批判"所供給的服務在性格上是積極的， 這必恰如說： 警察沒有積極的利益，因爲警察底主要職務只是去阻止公民相互間所恐懼的侵犯， 阻止之， 以便使每一個人可以在和平與安全中追求他的職業。

空間與時間只是感觸直覺之形式，因而亦只是當作現象看的

Bxxvi 事物之存在之條件； 又， 除當直覺能被給與， 給與來以相應於知性之概念， 我們便沒有知性之 概念可言， 結果亦就是說， 沒有 "事物之知識" 上的成素可言； 因此， 我們不能有任何當作物自身看的 對象之知識， 但只當這對象是 感觸直覺底一個對象時， 卽， 只當它是一現象時， 我們始能有對象之知識——凡此一切皆已在此 "批判"底分解部分中被證明。這樣，理性之一切可能的思辨知識皆只限於經驗之對象，這實是隨以上所說諸義而來者。但是，我們的進一步的爭論點亦必須正當地（適時地）被記於心中， 卽： 雖然我們不能知道這些作爲物自身的對象，可是

至少我們必須猶能去思考這些作爲物自身的對象[a]；非然者，我
們必陷於這悖謬的結論中，即：能有現象而卻無任何"在顯現着"　　　Bxxvii
的東西。

(a)處，康德作底注云：

　　要想去知道一個對象，我們必須能够去證明它的可能性，
或是從它的現實性如爲經驗所證實者而證明之，或是因着理性
而先驗地證明之。但是我能思我所欲的任何東西，只要我不自
相矛盾，即是説，只要我的概念是一可能的思想。這一點對概
念之可能性而言是足够的，縱然我不能擔保在一切可能者底綜
集中實有一個對象與此概念相應。但是，在我能把客觀妥實
性，即，真實的可能性，歸給這樣一個概念之前，某種更多的
東西是需要的；前一種可能性只是邏輯的。但是，這某種更多
的東西不須要在理論的（知解的）知識資源中被尋求；它可以
處在那些實踐的知識資源中。（此注屬 Bxxvi）

　　現在，讓我們假設事物之作爲經驗底對象與此同一事物之作
爲物自身，這兩者間的區別（我們的 "批判" 已表示此區別爲必
然的）不曾被作成。在此情形下，一切事物一般，當它們是有效
的原因時，它們必爲因果性原則所決定，因而亦就是說，必爲自
然之機械性所決定。因此，我們不能對於同一存有，例如人的靈
魂，說 "它的意志是自由的，而卻又服從自然之必然性，即不是
自由的"，而無顯明的矛盾。因爲在 "人的靈魂底意志是自由的"
與 "人的靈魂底意志服從自然之必然性" 這兩個命題中，我已依

同一意義而理解靈魂，卽是說，理解之爲"一物一般"，卽理解之爲"一物之在其自己"；而且除藉賴着一種先行的批判外，我亦不能不這樣理解之。但是，如果我們的批判在其教告這一義，卽："對象是依兩層意義而被理解，卽被理解爲現象以及被理解爲物自身（物之在其自己）"，這一義中，並無錯誤；又，如果知性底概念之推證是妥實的，因而因果性原則只能應用於依前一意義而被理解的事物，卽是說，只當事物是經驗底對象時，因果性原則始可應用於事物（此同一事物(1)，若依另一意義而被理解，則不是服從此原則者）：如是，則在以下之設想中，卽設想

Bxxviii
"同一意志，在現象中，卽在它的可見的活動中，是必然地服從自然法則者，而至此爲止，它亦不是自由的，然而由於它屬於一物之在其自己，它卻又不是服從那自然法則者，因而它又是自由的"，這樣的設想中，卻並無矛盾可言。我的靈魂，若自後一立場而觀之，它實不能因着思辨理性而被知（更不能通過經驗的觀察而被知）；而因此，作爲一存有之一特性的自由（所謂一存有是這樣的一個存有，卽"我可把感觸世界中的結果歸屬於它"這樣的一個存有，作爲這樣一個存有之一特性的自由）亦不是依任何這樣的樣式（思辨理性之樣式）而爲可知的。因爲，設若它是可依任何這樣的樣式而爲可知的，則我一定須去知道這樣一個存有，卽如："在其存在方面爲被決定者，而卻又不在時間中爲被決定者"這樣一個存有——這樣一個存有是不可能的，因爲我不能以任何直覺來支持我的概念。但是，雖然我不能知道自由，我猶可思維自由；那就是說，自由之表象至少不是自相矛盾的，設若對於我們的兩種表象模式間的批判的分別，卽感觸的表象模式

與理智的表象模式這兩種表象模式間的批判的區別，有一適當的論述，並且對於知性底純粹概念之終局性的限制以及從這些概念而來的原則之終局性的限制亦有一適當的論述時。

[註(1)]："此同一事物"，康德原文是個"dieselbe"，當該指"事物"說，肯·士密斯譯爲"此同一對象"，指對象（"當事物是經驗底對象時"語中之"對象"）說，此便不順。

如果我們假定：道德必然地預設自由（嚴格意義的自由）以爲我們的意志之一特性，那就是說，如果我們假定：道德給出實踐的原則（根源的原則，適當於我們的理性者）以爲理性底先驗與料（先驗故實 apriori data），並假定：除依據自由之假設，道德之給出實踐的原則必應是絕對不可能的；而如果同時我們又假定：思辨理性已證明這樣的自由不允許被思想（意卽根本不可能，實則並不如此）：如是，則前一假設（卽在道德方面所作的假設）必要讓位於或屈服於這另一爭論（卽 "自由不允許被思想，根本不可能"，這一爭論），這另一爭論之反面（卽自由可被思想這一面）含有一顯明的矛盾（不允許被思想而思之，則思之必矛盾），「如是，則自由，以及與此自由相連的道德，必要投降於"自然之機械性"，[而成爲"道德之否定"]⑴，蓋因爲只有依據自由之假設，道德底否定始含有矛盾（始不可能，如若自由根本不可能，不能被假設，而投降於自然之機械性，則道德底否定卽不含有任何矛盾，卽是說，是很可能的。）」⑵

Bxxix

[註(1)]：爲譯者隨文所補。原文無。

[註(2)]：此一 全語參照 其他兩譯而譯， 肯·士密斯譯表達的不清楚， 故不從。 （ ） 號中語則是譯者隨文所加之注語或補充語或明說語，於原文意無增損。

實在說來，道德並不需要： "自由"一定可被理解（可被知解），它只需要："自由"一定不要自相矛盾，因而"自由"一定至少可允許被思想，而且它亦需要： 當"自由"這樣被思想時， "自由"對於這樣一種自由的活動，卽 "若以另一種關係（卽自然因果之關係）視之，同樣亦符合於自然之機械性"這樣的一種自由的活動，亦決不置有任何障碍。因此，道德論與自然論可各得其所而不相悖。但是，此一義其爲可能是只當一種"批判"已把我們的對於物自身之不可免的無知早已事先建立好，並且已把一切我們所能理論地（知解地）知之者皆限於純然的現象時，才是可能的。

關於 "純粹理性底批判性的原則之積極的利益"的討論亦可同樣地就上帝之概念以及我們的靈魂底單純本性之概念而被發展出來；但是爲簡單之故，這樣的進一步的討論可以略去。〔從上面所已說過的，那是顯然的， 卽：〕甚至上帝， 自由， 以及靈魂不滅之假定（如在我的理性之必然的實踐使用方面所作者）亦不是可允許的，除非同時思辨理性亦被使脫掉其虛僞要求——要求於 "超絕的洞見 "之要求 。 （案意卽把思辨理性之虛僞要求， 要求於超絕的洞見之要求剝奪掉， 那些假定始可以說， 否則連那些假定 亦不可以說）。 〔何以故要 把那虛僞的 要求剝奪掉？〕因爲要想去達到這樣一種洞見，思辨理性必須使用一些如

Bxxx

下所說那樣的原則，卽，這些原則事實上原只擴展於可能經驗底對象，而如果它們亦被應用於那不能是經驗底一個對象者，它們實在總是也把這一個對象變成一個現象，這樣，它們便使純粹理性底一切實踐的擴張成爲不可能。〔因爲是如此云云，所以那要求於超絕的洞見之要求必須被剝掉，剝掉已，然後上帝之假定，自由之假定，靈魂不滅之假定，始是可允許的。〕因此，我已見到：要想爲信仰 (faith, Glaube) 留餘地，"去否決知識"這乃是必要的。〔依康德原文直譯："因此，要想爲信仰留餘地，我必須揚棄知識"。〕形上學底獨斷主義，卽"沒有一種先行的純粹理性之批判而卽在形上學中去前進"這一種專擅（擅斷），是一切那些敵視道德的 無信仰的思想（ 總是十分獨斷的 無信仰的思想）之源泉。

依是，雖然"去把一個系統的形上學，依照一純粹理性之批判而被構造起者， 這種遺產 留給後人"，這或可不是 十分困難的，然而這樣一種禮物亦決不可被輕估。因爲不只是理性將能遵循一門學問底確當途徑而前進，而不是如迄今以往那樣胡亂地在摸索， 而無細心的檢查或自我批評； 亦不只是我們的從事研究 Bxxxi
的青年人將可更有利地去耗費其時間，卽比在通常的獨斷主義中耗費其時間爲更有利地耗費其時間，我們的這些從事研究的青年人因着獨斷主義是甚早而且是大大地被鼓勵着去耽溺於輕易的玄想，卽關於那些 "他們對之一無所知"的事物之輕易的玄想，關於那些 "旣非他們亦非任何別人可有任何洞見以悟入之"的事物之輕易的玄想——實在說來，是被鼓勵着去發明（去捏造）一些新的觀念與新的意見，而卻忽略了對於較好建立起的諸學問之研究。不只是如上所說云云，而且除以上所說云云，最要者，玆還有一種不可估計的利益，卽：一切對於道德與宗教的反對將永遠沈寂下去，而這沈寂下去又是依蘇格拉底的方式而沈寂下去，卽是說，因着對於反對者之無知之最清楚的證明而沈寂下去。在世界中，總已存在着，而且將總是繼續存在着某種形而上學以及與此形而上學相連的那種“辯證”，卽對於純粹理性而言是“自然的”那種辯證。因此，一下子斷然去使形而上學脫掉其有害的影響，卽因着在形而上學底錯誤底根源上打擊其錯誤而使之脫掉其有害的影響，這乃是哲學之第一而且是最重要的工作。

不管學問領域中的這種重大的改變，亦不管思辨理性所必須忍受的其幻想財產（所有物）之喪失，一般的人類關心之事仍處於迄今以往相同的特許地位而不變，而人世間迄今以往從純粹理性底教告中所引生出的那些好處亦總不會被減少。“喪失”只影響學院研究者底獨占，決不影響人類底關心之事。我請問最頑固的獨斷主義者，死後我們的靈魂底繼續存在之證明，從本體底單純性而引生出者，或“相反於一普遍的機械性”的意志自由之證明，通過主觀的與客觀的“實踐的必然性”之間的那種精微而無效果的區別所達至者，或上帝底存在之證明（可變者底偶然性以及一元動者底必然性之證明），如由一“最高眞實的存有”（ens realissimum）之概念而推演出者，凡此諸證明，於其從學院研究者傳出來之後，（於其被學院研究者發出之後），在達到公衆的心靈上或在表現些微影響力於公衆的信服上，是否曾經成功？那是從來未見發生過的，而依普通人類理解之不適宜於這樣精微的思辨而觀，那亦是決不應當被期望的。這

Bxxxii

· 46 ·

樣廣泛地被執持（被懷有）的信念，當其基於合理的根據時，是
完全由於其他的考慮。一"未來生命"底希望是在我們的本性底那
種可注意的品質中，卽從來不能被那短暫的者所滿足，這種可注
意的品質中，有其根源（因爲那短暫的者對於我們的本性底全部
使命之容量爲不足够故）；"自由"之意識是專基於那些"相
反於性好之一切要求"的義務之淸楚的展示；相信一明智而偉大
的"世界之創造者"這種信仰是只因着在自然中到處被展示的燦
爛秩序，美，以及神意而被產生。當諸學院研究者已被致使去
承認：他們對於一種普遍的人類關心之事並不能要求有更高的與
更充實的洞見，卽比那同樣亦在大衆所及之範圍之內的洞見爲更
高並更充實的洞見（大衆所及之範圍之內的洞見向來爲我們所極
度尊重），並承認：作爲哲學底學院研究者，他們一定要把他
們自己限於那些普遍地可理解的東西之研究，以及爲道德的目
的，證明底充分根據之研究，當他們被致使去承認此所云云時，
則"未來生命"之希望，"意志自由"之意識，"世界創造者"之
信仰，這些所有物不但不曾被騷擾，而且通過此事實（卽上說之
承認這一事實）它們尙可獲得更大的可靠性（有可資以被承認的
根據，可憑以取信的仰仗）。改變（意卽學問方法上的改變）只
影響諸學院研究者底狂妄自大的虛僞要求，這些學院研究者必衷
心願意被視作是這樣的眞理之唯一的發明者與得有者（實在說
來，他們之衷心願意如此就像在好多其他知識部門中他們能正當
地聲稱是如此者），他們把鑰匙（眞理之鑰匙）保存於他們自
己，而只把鑰匙之使用（由使用而獲得之眞理）[1]傳達給公衆。
（古語有云："因爲他不知跟我在一起，他只想求着去知道"。拉

Bxxxiii

丁語： "quod mecum nescit, solus vult scire videri。"
梅文健先生代譯爲英文： "Because he does not know with
me, he only wishes to appeal to know。"）同時， 對於思
辨哲學家底較溫和的要求則予以適當的注意。在關於一門 "有利
於公衆而不須公衆知之"的學問， 卽"理性底批判"這門學問中，
思辨的哲學家仍然保有唯一的權威（可靠性，可仰仗性，是這門
學問底唯一設置者）。那種 "批判" 從來不能成爲通俗的， 而實
在說來， 茲亦不需要： 它一定要成爲通俗的。因爲恰如在維護有
用的眞理中的那些精緻的旋轉交織的論證不需訴諸一般的心意，
所以那些 "能够被發出來以對抗這些論證"的精微異議亦不需訴
諸一般的心意。可是， 另一方面， 它們雙方皆不可避免地要把它
們自己呈現給任何一個達至高度思辨的人； 而因此， 因着一種對
於思辨理性底權限之通貫的研究， 一下子斷然地去阻止那可恥之
事， 這便是學院研究者底職責（義務）， 那可恥之事遲早一定要
爆發， 甚至爆發於大衆之間， 當作爭辯之結果 而爆發於大衆之
間， 所謂爭辯卽是 "形上學家們（而卽如此，因而最後亦是牧師
們，神學家們）所不可避免地要捲入其中"的那種爭辯，爭辯之
結果遂至於他們的教旨（主張）之濫用。只有批判始能截斷唯物
論， 命定論， 無神論， 自由思考（free-thinking 放縱不羈的思
考）， 盲信， 以及迷信之根， 這一切能是普遍地有害的； 並亦
能截斷觀念論與懷疑論之根，此兩者主要地是對於學院研究者爲
有危險， 它們是很難被傳給大衆的。如果政府認爲去干涉學問之
事爲適當， 則 "去維護這樣的批判之自由（只有因着這樣一種批
判， 理性底辛勞始能被建立在一穩固的基礎上）"， 這必應是與

對於學問以及對於人類的明智的關注更爲相一致，卽比 "去支持那些學院研究者底可笑的專制獨斷" 更爲與對於學問以及對於人類的明智的關注相一致。那些學院研究者發出一種大聲的呼叫，呼叫公衆的危險， 危險至於蜘蛛網之破壞。 實則對於這種蜘蛛網，大衆從未予以任何注意，因此，那蜘蛛網之喪失，大衆亦從不能感覺到。

[註(1)]: *Max Müller* 只譯爲 "只把鑰匙之使用"，此不甚通；而肯·土密斯則譯爲 "只把它們的使用"，鑰匙是單數，不能用 "它們" 以代之，如果這個多數的所有格代詞是 "他們的" (指諸學院研究者說) 則更不通，因此，此恐是不小心的錯誤。但康德原文有 "使用" 字樣。因此，參照 *Meiklejohn* 之譯， 而補之以 "由使用而獲得之眞理"。*Meiklejohn* 只譯爲 "把眞理傳給大衆"，此雖通順，然無 "使用" 字。故如此補之始圓足。

本 "批判" 並不相反於 "理性在其純粹知識方面之斷然程序" (作爲學問看的斷然程序)，因爲那種程序總是斷然的， 卽是說，它必須從可靠的先驗原則產生出嚴格的證明。本 "批判" 只相反於獨斷主義， 卽是說， 只相反於這種擅斷， 卽： "依照原則，單從概念 (哲學的概念) 去進行純粹知識，就像理性曾經長期所慣作的那樣去進行純粹知識"， 這是可能的，這種擅斷；並亦相反於這種擅斷， 卽： "沒有先研究 依什麼路數， 以什麼權利，理性可得有這些概念，便以爲只從概念去進行純粹知識是可能的"， 這種擅斷。這樣說來，獨斷主義乃是純粹理性底斷然程

序而卻沒有對於純粹理性自己的能力作事前的批判者。在對抗獨
斷主義中， 我們必須不要讓我們自己 去縱容那種 喧鬧譁衆的淺
Bxxxvi 陋， 此種淺陋自許以通俗之名， 亦不要縱容懷疑論， 此懷疑論
足以破壞一切形上學。 反之， 這樣的批判 （事前批判的批判）
是一徹頭徹尾有根據的 形上學之必要的預備， 此一形上學， 當
作一門學問看， 必須必然地依照系統之最嚴格的要求， 依這樣
的樣式， 卽如 "並不是要去滿足一般的大衆， 但只是要去滿足
學院研究者之需要" 這樣的樣式， 而斷然地被發展出來。 因爲
那學院研究者之需要乃是如此之一種要求， 卽 "形上學須對之作
保證" 的一種要求， 而且亦是形上學所不可忽略的一種要求， 此
一種要求卽是： 形上學須完全先驗地進行其工作， 進行至思辨理
性底完全滿意之境而止。 因此， 在施行這批判所規劃的計劃中，
卽是說， 在未來的形上學之系統中，我們必須去遵循那鼎鼎大名
的吳爾夫（一切獨斷哲學家中之最偉大者）之嚴格的方法。吳爾
夫是首先用範例（而因着他所用的範例， 他豁醒了那在德國向未
絕迹的通貫精神）去展示： 一門學問底安全前進如何只通過 "原
則之有秩序的建立， 概念之清楚的決定， 堅持於證明之嚴格， 以
及冒進之避免， 我們的推理中的不鄰次的步驟之避免" 而卽可被
達到。 這樣， 如果他曾想到： 事前因着一種機能之批判， 卽純粹
理性自身之批判， 而去預備好這根據， 則他是特別適宜於去把形
上學升舉到一門學問之尊嚴者。 對其未能這樣作而責難， 這責難
Bxxxvii 不應過分歸於其自己， 而實應歸於那流行於他的時代中的獨斷的
思考路數， 而以這獨斷的思考路數而言， 他那個時代底哲學家，
以及一切前時底哲學家， 是沒有權利互相責備的。 那些 "既反對

吳爾夫底方法又反對一種純粹理性底批判之程序"的人其所能有
的目的沒有別的，不過是去搖落學問底拘束（意卽學問底法度），
因而也就是想去把工作變成遊戲，把確定變成意見，把哲學變成
武斷（Philodoxy，愛意見，愛獨斷，把愛智慧變成愛意見愛獨
斷）。

現在，就此第二版而言，我已儘量利用這機會（由於這是適
宜的機會）以便去移除（只要是可能的）那些困難與隱晦，這些
困難與隱晦(或許並非沒有我的錯誤)足以引起許多誤解，甚至敏
銳的思想家在對於我的書作判斷時亦不免陷入於這些誤解中。在
諸命題本身以及此諸命題之證明方面，又亦在[建築]計劃之形式
與完整方面，我不見有什麼可更變處。所以如此，這一方面是由
於"在把它們供獻給公衆之前，我已使它們受長期的考驗而然"，
一方面亦是由於我們所要處理的題材之本性而然。因爲純粹思辨
理性有這麼一種結構，卽，在此種結構中，每一東西是一"機
件"，全體是爲每一部分而存在，而每一部分亦是爲一切其他部
分而存在，是故卽使是最小的不圓滿，不管它是錯誤，抑或是缺 Bxxxviii
陷，亦必不可避免地在使用中洩露其自己。這個系統，如我所希
望，將盡未來世保持此不可更變性。此不是自滿自大使我有理由
如此確信，而是通過"結果之同等"而實驗地得到的明據使我有理
由如此確信，所謂"結果之同等"卽是不管我們從最小的成素進到
純粹理性底全體，抑或是逆反之，從全體（因爲這全體亦是通過
理性之實踐的東西之範圍中的最後目的而被呈現給理性）進到每
一部分，結果皆相同之謂。任何試想去更動一部分，甚至是最小
的部分，必卽刻發生矛盾，不只是在系統中發生矛盾，且亦在人

類理性一般中發生矛盾。

另一方面，關於"解釋之模式"，仍然留有好多事須要去作；而在此第二版中，我已試求去作改進，此等改進於移除以下四處之毛病必有幫助，即：第一，於移除關於感性論（攝物學），特別是關於"時間之概念"之誤解有幫助；第二，於移除"知性底概念之推證"之隱晦有幫助；第三，於移除純粹知性底原則之證明中的充分證據之一設想的缺無有幫助；最後，第四，於移除所置於"誤推"（歸咎於理性心理學的那些誤推）上的錯誤的解釋有幫助。改進只改進至"誤推"這一點，即改進至超越的辯證底第一章之結束，而止。在此以外，在解釋之模式上，我未曾作任何改變。(a)

Bxxxix
Bxl

　(a)處，康德在此有一很長的底注云：

　　嚴格地所謂唯一新加者，（雖然是一個"只影響證明底方法"的新加者），便是對於心理學的觀念論之新的反駁（B274-275，肯·士密斯譯244頁），一個對於外部直覺底客觀實在性之嚴格的證明（如我所信，亦是唯一可能的證明）。[見B275-276]。就形上學底本質目的而言，觀念論不管怎樣可被視為無害（雖然事實上它並不是這樣的無害），可是它對於哲學以及對於人類理性一般仍然是一醜聞（可恥之事，不光彩之事），這一醜聞是這樣的，即：在我們以外的事物之存在（從這些事物裏，我們引生出知識底全部材料，甚至我們的內部感取上的知識之全部材料）其被承認必須只基於"信仰"而被承認，而如果任何人想去懷疑在我們以外的事物之存在，我們也不能以任何滿意的證明去對抗他的懷疑。 因為用在那個證明 （B275-276） 中的辭語, 從第三行到第六行 （B275）, 其中有點隱晦, 所以我想把那幾行文更改如下: 「但是, 此持久常住者不能是在我之內的一個直覺。因為 "我的存在" 底決定底一切根據, 在我之內被發見者, 皆是表象; 而由於這一切根據皆是表象, 是故它們自身即要求一 "不同於它們" 的持久常住者, 在關聯於這持久常住者中, 它們的變化, 因而亦就是說, 我的時間中的存在 （時間就是 "它們於其中變化" 的那時間）, 可被決定。」說到 "外部直覺底客觀實在性之證明" 這個證明 （見 B275-276）, 它或可被反對說: 我是直接地只意識到那 "只是在我之內" 的東西, 即是說, 只意識到我的 "外部 事物底表象"; 因而結果亦就是可被反對說: 在我以外是否有任何東西以與這 "表象" 相對應, 這必須仍然是不確定的。它雖可如此被反對, 但是通過內部經驗, 我意識到我的時間中的存在 （因而亦意識到 "我的存在" 之在時間中的可決定性）, 而此即比 "只意識到我的表象" 為更多一點。"我意識到我的時間中的存在" 是與 "我的存在之經驗的意識" 為同一的, "我的存在之經驗的意識" 是只有通過 "關聯於某物" 始為可決定的, 此所關聯到的 "某物", 雖是與 "我的存在" 緊繫於一起的, 卻是在我以外的。"我的時間中的存在" 之意識, 依 "同一性" 之方式, 是與 "關聯於在我以外的某物" 之意識緊繫於一起的, 因此, 那不可分離地把此在我以外的某物連繫於我的內部感取者乃是經驗, 而不是發明（揑造）, 是感取, 而不是想像。因為外部感取其自身早已是這麼一種關聯, 即 "直覺之關

Bxl

聯於在我以外的某種現實的東西"這麼一種關聯，而外部感取底實在性（依此外部感取之有別於想像而言）是只基於那"在這裡被見為要發生"的東西上，即是說，只基於"此外部感取之不可分離地與內部經驗緊繫於一起"上，內部經驗是此外部感取底可能性之條件。如果在"我在"這個表象中，（"我在"這個表象伴同着我的一切判斷以及我的知性之一切活動），我能同時通過智的直覺把"我的存在"之一決定連繫於我的存在之智的意識，則"關聯於在我以外的某物"這一種關聯之意識必不是被需要的。但是，雖然那種智的意識實是首先來到者（由"我在"這個表象而首先來到　vorangeht），可是內部直覺（只有在此內部直覺中我的存在始能被決定）却是感觸的，而且是與時間之條件緊繫於一起的。但是，此種決定（即在內部直覺中我的存在被決定之決定），因而也就是說，內部經驗自身，却是依靠於某種持久常住的東西上的，此某種持久常住的東西並不是在我之內者，因而也就是說，它只能存在於某種在我以外的東西中，我必須視我自己為與此某種持久常住的東西有關係者。這樣，外部感取底實在性是必然地與內部感取之實在性⑴緊繫於一起的，如果"經驗一般"畢竟要成為可能的時；此即是說，我確然意識到有些東西在我以外，這些在我以外的東西是和我的感取有關聯的，我之確然如此意識，其為確然恰如"我意識到我自己的我其存在着是如其在時間中被決定那樣而存在着"之為確然。要想去確定⑵外於我的對象實際上相應於一些什麼樣的所與的直覺，因而也就是說，想去確定這些什麼樣的所與的直覺是屬於外部感取的（這些什麼樣的所與的直覺是要被歸屬於外部感取，而不是要被歸屬於想像之機能），我們必須在每一獨個情形中訴諸規律，依照這些規律，經驗一般，甚至內部的經驗，即可與想像區別開——蓋由於這命題，即"茲實有像外部經驗這樣的一種東西存在着"這命題，總是被預設故。又或可再加上這一點解說，即：存在中的"某種持久常住的東西"之表象並不同於"持久常住的表象"。因為雖然某種持久常住的東西之表象這一"表象"可是十分流轉的而且是可變的，就像我們的一切其他表象一樣，即物質底諸表象亦不例外，可是它却涉及某種持久常住的東西。因此，此某種持久常住的東西必須是一外在的東西而不同於我的一切表象，而它的存在亦必須被包含在我自己的存在之決定中，而且它的存在連同着我自己的存在之決定除只構成一個整一的經驗外亦無所構成，此一整一的經驗，設若它不同時一部分亦是外部的，它甚至亦必不能內部地發生起。這如何必是可能的，我們很少能有再進一步的解明，一如我們說明我們之能够去思考時間中的常住者，我們如何必能思考時間中之常住者，這亦很少能有再進一步的解明。時間中之常住者與遷轉者之共在產生更變（變化）之概念。

[註(1)]："內部感取之實在性"，肯・士密斯只譯爲"內部感取"，略"之實在性"字樣，原文有，其他兩英譯亦有，當補。

[註(2)]："去確定"，肯・士密斯譯爲"去決定"，當依原文及其他兩英譯改。

[案]：此一長注是關於第二版所增加的"對於觀念論之反駁"以及

其中之一"證明"（卽外部直覺底客觀實在性之證明）之注說。依康德意，此所增加者乃是嚴格地所謂增加者。至於此序文中所提到的那些關於四處之毛病的改進亦只是大體地略說，詳情如書中正文可見。

Bxli

時間太短，不允許再有進一步的改變；此外，在有資格而公平的評論者中，我亦不曾發見有對於其餘諸節的任何誤解。雖然我將不冒昧用這些評論者所應得的稱贊去說出他們的名字，可是

Bxlii

我對於他們的評解所付的注意將很容易在［上面所提到的新的］文段中被看出來（被察覺出來）。但是，這些改進（新文中的改進）包含有小小的節損（此節損是不得已的，否則將使此書卷帙太大），卽是說，我已略去或刪節某幾段文字，此所略去者，雖然對於全體底完整性實不是重要的（本質的），可是猶可被許多讀者記塈爲在其他方面爲有幫助的（爲有用的），而不願其不被見到。只有如此節略，我始能爲那"現在，如我所希望，是一較爲更可理解的解釋"者得到空間（餘地），這較爲更可理解的解釋，雖然它在所提出的"命題之基要"方面，或甚至在"這些命題底證明"方面，絕對沒有改變什麼事，然而它到處與先前的處理方法違離得如此之遠，以至於就第一版文只作字裡行間的插入修改這並不能被致使爲足夠於它。此種"小小的而且可因着參閱第一版而被補救"的節損，我希望，將因着此第二版之新文(1)之較大的清楚而得補償。

[註(1)]：案此所謂"新文"以及前句中所謂"那是一較爲更可理解的解釋者"卽指此第二版所重述的"範疇之超越的推證"（分解部中者）

以及所重述的 "純粹理性之誤推"（辯證部中者）而言。此等所重述之
新文，其基本義理雖與第一版者並無差別（即絕無任何改變），然而其
處理問題之方法卻與第一版者相差甚遠，因此，若只就第一版文只作字
裡行間的插入修改，這自不能達成此 重述之新文，即於此重述爲不足
够。因此之故，關於此等處，康德遂覺有重述之必要。

我以愉快而感謝的心境，在已出版的各種作品中（批判性的
評論以及獨立的論文），已觀察到：通貫底精神在德國並不是
絕迹的，但只是已因着一種虛僞地自由的 "思考之樣式" 之流 Bxliii
行而暫時地成爲被遮蔽了的；並已觀察到："批判" 底荆棘路
並未曾使有勇氣而且清晰的思想家在使他們自己去掌握我的這部
"批判" 書上已喪失勇氣——我的這部 "批判" 書乃是這樣一
部作品，即它足以引至一有組織的純粹理性之學問，而此有組織
的純粹理性之 學問即只如 其爲有組織的， 也是一種能持久的學
問，因而也是最必要的學問：我的這部"批判"書就是一部 "能引
至這樣云云的純粹理性之學問" 的作品。（案這有組織的，能持
久的，因而也是最必要的純粹理性之學問就是所謂代表 "一純粹
理性之系統"的學問，因而也就是所謂"自然之形上學"與"道德
之形上學" 這兩門學問。這兩門學問就是純粹理性之系統，而此
"批判"書則是其 "預備"，是純粹理性之批判，而不是純粹理性
之系統。）我把這圓滿之的工作，即把那 "在我的這部作品中所
有的解釋方面到處 仍多或少 是有缺陷的"者圓滿起來 使之無缺
陷，這種圓滿之的工作，留給這樣一些卓越而值得尊重的人，即
那些 "能很愉快地 把洞見之通貫性 和一種流暢的 解釋上的才能

（我不能認爲我自己爲具有這種才能者）結合於一起"這樣的一些值得尊重的人；因爲就我書中的解釋而言，危險不是"被反駁"之危險，而乃是 "不被理解"之危險。從現在起，雖然我不能允許我自己去參與爭辯，可是我亦將對於一切提示，不管這些提示是來自朋友或來自敵人，皆予以小心的注意，我之這樣注意這些提示乃是爲將來的使用，即依照此部"預備"工作，在未來進一步的 "系統之努力"中的使用，而注意這些提示。由於在這些操勞之經過中，我已先花了 相當多的年月 （本月我卽屆我的 64 歲之年），所以如果我想要去進行我所擬議的計劃，卽 "供給一自然之形上學與一道德之形上學"這種供給之計劃，我必須節省我的時間 （我所要供給的那兩種形上學將穩固我的兩領域中的"批判"之眞理性， 卽思辨理性之領域與 實踐理性之領域 這兩領域中的"批判"之眞理性）。 因此， 把本書中的諸隱晦使之明朗（在一種新的事業中，隱晦是很難被避免的），並把本書作爲一全體而維護之，這種 "使明朗"與 "維護"之工作，我必須把它留給那些 "已以我的主張作爲其自己的主張"的人（值得尊重的人）來擔負。一部哲學的著作並不能全部皆武裝起來，就像一數學的論文那樣，因此，它在此方面或彼方面或可被反對(或可被刺劖)；但是系統底結構， 自其統一性 而觀之， 卻並不是絲毫可被危及的。很少人有心靈底通變性去使他們自己熟習於一新的系統；而由於一般人皆厭惡革新之故，所以更少有人願意或喜歡去熟習一新的系統。如果我們摘取某幾段文字，從它們的全文係絡中支解出來，並把它們互相對較，則表面的矛盾多分不會缺少，特別是在"以辭語自由寫成"的作品中爲然。在那些 "信賴旁人底判斷"

Bxliv

的人們之眼中，這樣的矛盾可有"把作品置於一不利的場所"之結果；但是這些矛盾是很容易為那些"已掌握住整全之觀念"的人們所化解。如果一個學說其自身有穩固性，則這些壓力與扭曲[1]，初看似乎對於此學說極有威脅的作用者，實則在時間之經過中，久之只足以去磨平此學說之不平坦處；而如果公正無偏，有洞見，而且有眞正的通俗力之人致力於此學說之解釋，則此學說亦可在一短暫時間中為其自己獲得陳述上之必要的高雅。<u>空尼斯堡</u>，四月，1787（案康德是年四月滿64歲）。

[註(1)]：案康德原文為"Wirkung und Gegenwirkung"，直譯為"作用與反作用"，<u>肯・士密斯</u>意譯為"壓力與扭曲"（Stresses and Strains）。

第二版 引論

I

純粹知識與經驗知識
間的區別

一切我們的知識皆開始於經驗，玆不能有疑。因爲倘若影響我們的感取的那對象不曾一方面以其自身產生表象，一方面又引起我們的知性之活動以去比較這些表象，並因着結合這些表象或分離這些表象，去把 感觸 印象底粗料 轉成那"被名曰經驗"的"對象之知識"，那麼我們的知識機能如何定會被喚醒而進入活動中呢？因此，依時間底次序而言，我們沒有先於經驗的知識，而一切我們的知識皆開始於經驗。

但是，雖然一切我們的知識皆開始於經驗，可是我們不能因此便說：我們的知識盡皆

第一版 引論

I

超越的哲學之
理念

經驗，無疑地，是我們的知性在炮製感觸印象之粗料中所產生的第一產品。因此，經驗是我們的第一教導，而且在其進程中，它在新報告方面是如此之不可窮盡，以至於在一切未來世代底交互相連繫的生命中，人們將決不缺乏這樣被聚集起來的新知識。可是縱然如此，經驗卻決不是我們的知識所被圍限到的那唯一領域。實在 說來， 經驗實 告訴我們"一物存在着"(what is, was dasei)， 但它卻並不告訴我們 "一物必須必然地如此存在着，而不是依別樣而存在着"。因此，經驗不能給我們以眞正

發生自經驗。因為那很可是這樣的，即：甚至我們的經驗知識也是以"我們通過印象所接受"的東西以及以"我們自己的知識機能（感觸的印象只充作引起此知識機能這引起之之機緣）從其自身所提供"的東西而被構成。如果我們的知識機能作出任何這樣的增益，則情形很可以是這樣的，即：我們一時尚不能去把這知識機能所作之增益與那粗料區別開，除非等到以長期的注意之訓練我們已能够把這所作之增益與那些粗料區別開為止。

依是，以下所說之問題是一個"至少要求密切的考察而且不允許有任何隨便的答覆"的問題，即：是否有任何知識它是這樣地獨立不依於經驗者，而且甚至是獨立不依於一切感取之印象者。這樣的知識被名曰先驗的知識，而且是與

B2

的普遍性；而因此，理性，即"如此堅執於這種知識（意即這種具有真正普遍性的知識）"的那理性，便寧只是為經驗所激起，而並不是滿足於經驗。這樣的普遍性的諸知識(1)，同時亦有內在的必然性之性格者，必須以其自身，獨立不依於經驗，即為清楚的與確定的。因此，它們被名曰先驗的知識；而同時，另一方面，那"只從經驗而借得來"的東西，如我們通常所說，只是後天地或經驗地被知者。

A2

〔註(1)〕：肯·土密斯注云：在英文，"知識"（knowledge）一詞不能有多數，故以"modes of knowledge"（諸知識）譯德文之"Erkenntnisse"（多數的知識），"modes"在此無實義，只表示多數義。諸知識亦可說各種知識。

經驗的知識有別的，此經驗的知識有其後天的 根 源， 卽 是說，有其根源於經驗中。

但是，"先驗"一詞尚不能以充分的準確性指示我們的問題之全幅意義。因為甚至關於好多是從經驗的根源而引生出的知識我們亦習慣於去說：我們先驗地有之，或我們能夠先驗地有之，我們 以 此 所 謂 "先驗地有之"意謂我們不是直接地從經驗中而引生之，而是依一普遍的規律而引生之，但是，這一普遍的規律其自身卻是被我們從經驗中所假借得來者。這樣，對於一個 "掘了他的房子之基礎"的人，我們必會說：他先驗地可知道這房子必塌落，卽是說，他不須等待 "這房子之實際塌落"之經驗而卽可知其必塌落。但是，雖然如此，他仍然不能完全先驗地知道這房子必塌落。因為他須要首先通過經 驗 去 知 道：

現在，我們見到這一點，那特別值得注意的一點，卽：甚至玆有這樣的一些知識，卽 "這些知識必須有其先驗的根源，而且它們或許只足以去把一種通貫性給與於我們的感取底諸表象"[1]，這樣的一 些 知識，進入於我們的經驗中。因為縱使我們從經驗中把那 "屬於感取"的每一東西皆消除，玆仍存有某種根源性的概念以及某種 "由此根源性的概念而引生出"的判斷，這些概念與判斷必須早已完全先驗地，獨立不依於經驗地，發生出，因為它們能夠使我們關於那 "現於感取上"的對象去說，或至少引我們去相信我們能說：那比純然的經驗所敎導者為更多的東西，卽去說那 "把眞正的普遍性與嚴格的必然性給與於肯斷"的東西，而這眞正的普遍性與嚴格的必然性卻就是那純然的經驗知識所 不 能 供 給

"物體有重量，因而，當物體之支持者被抽掉時，物體即降落"。

因此，依以上所說，我們將理解所謂先驗知識不是"獨立不依於這個經驗或那個經驗"的知識，而是"絕對地獨立不依於一切經驗"的知識。相反於此先驗的知識者便是經驗的知識，此經驗的知識是那"只是後天地可能的"一種知識，即是說，是那"通過經驗而為可能的"一種知識。諸先驗知識，當沒有任何經驗的東西之混雜時，便被名曰純粹的知識。這樣，舉例來說，"每一更變（變化）皆有其原因"這一命題，它雖是一先驗的命題，但卻不是一純粹的命題，因為"更變"是一個"只能從經驗而被引生出"的概念。

者。

[註(1)]："感取底諸表象"，德文是"Vorstellungen der Sinne"，肯·士密斯 譯為"Sense-representations"，此等於"representations of sense"。"Sense"我譯為"感取"，後正文有說明。

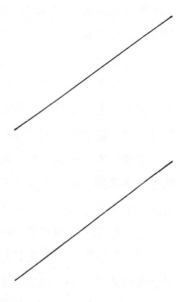

Ⅱ

我們實有一些先驗的知識，甚至通常的理解亦決不能沒有之

　　我們這裏所需要的是一個如此之判準（Criterion, Merkmal），即"因之得以確定地去區別純粹知識與經驗知識間之不同"的一個判準。經驗敎告我們說："一物是如此如此"，但它不能敎告我們說："一物不能不如此"。依是，第一、如果我們有一命題，其命題在其被思中是當作"必然的"而被思，則它是一先驗的判斷；如果，除它當作"必然的"而被思外，它復不從任何其他命題而被引申出，除只從一個"亦有一必然判斷之妥效性"的命題而被引申出，則它是一絕對地先驗的判斷。第二、經驗

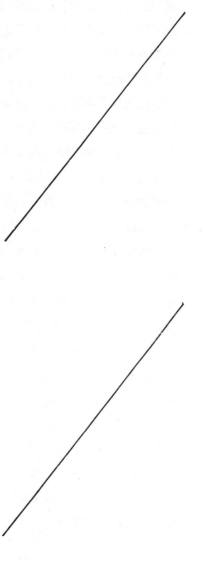

從未以眞正的或嚴格的普遍性
賦與於其判斷，但只通過歸納
以一假定的而且是比較的普遍
性賦與於其判斷。因此，我們
只能恰當地說：就我們迄今以
往所已觀察者而言，玆並沒有
對於這個或那個規律的例外。
如是，如果一個判斷是以嚴格
的普遍性而被思， 卽是說，
是依這樣式， 卽 "沒有例外
可被允許 爲是可 能的" 這樣
式，而被思，則它便不是從經
驗而被引生出的，它乃是先驗
地絕對有效的。經驗的普遍性
只是一個"合用於好多情形(事
例) 中"的妥效性之隨意的擴
張，擴張到一個 "合用於一切
情形中"的妥效性，例如"一
切物體皆有重量"，在這個命
題中， "一切"所示之普遍性
（經驗的普遍性）卽是如此擴
張成者。另一方面，當嚴格的
普遍性對於一判斷 是 本 質 的
時，則卽此一點意思卽足指示

B4

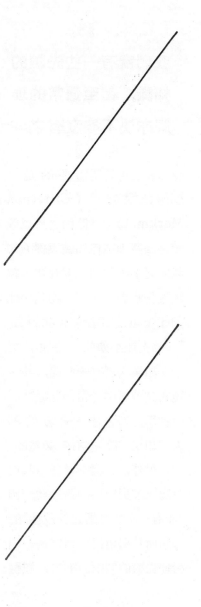

一特殊的"知識之根源"，卽
是說，指示一"先驗知識之機
能"。這樣，必然性與嚴格的
普遍性便是先驗知識底確實判
準，而且它們兩者是不可互相
分離的。但是，因為在這兩個
判準底使用中，「判斷底偶然
性（非必然性），有時比判斷
底經驗的限制性（非普遍性）
較容易被表示」[1]，或，如有
時亦發生者，判斷底無限制的
普遍性能比判斷底必然性更可
令人信服地被證明，是故"去
分別地使用這兩個判準"這是
適當的，蓋由於此兩判準之每
一個，以其自身而言，卽是確
實無誤的。

　　[註[1]]：肯·土密斯注云：
康德原文是"判斷底經驗的限
制性有時比判斷底偶然性較容
易被展示"。依 *Vaihinger,*
倒過來。

現在，"在人類知識中，實有一些判斷它們是必然的而且是最嚴格意義的普遍的，而因此它們亦是一些純粹的先驗判斷"，這一點是很容易去展示的。如果一個從科學而來的例證要被欲求，我們只須去注意數學命題中底任一命題；如果我們要尋求一個"從完全普通使用中的 知 性 而 來"的 例證，則"每一變化必須有一原因"這一個命題將可適合我們的目的。在此後一情形中，實在說來，就是"原因"這一個概念它是如此顯明地含有"與一結果相連繫"底必然性之概念並如此顯明地含有規律底嚴格普遍性之概念，以至於如果我們想，如休謨之所為，從"那發生者與那先行者"底重複聯想中去引生出"原因"這個概念，並從"連繫諸表象"這種"連繫之"之習慣中去引生出"原因"這個概念（習慣是

B 5

那 "發源於重複聯想中" 的習
慣，因而亦是 "構成一純然地
主觀必然性" 的習慣），則此
一原因之概念必完全被消滅
（被毀壞）。卽使不訴諸這樣
的例證「以證明我們的知識中
的純粹先驗原則之眞實性」[1]，
"去表示這些純粹的先驗原則
對經驗底可能性而言是不可缺
少的，因而去證明這些原則底
先驗的存在性"，這也是可能
的。因爲，如果一切規律（依
照這些規律，經驗始能進行）
其自身總是經驗的，因而亦總
是偶然的，則 "經驗" 從什麼
地方能引生出其確定性呢？這
樣的經驗的而且是偶然的規律
很難被看成是第一原則（基本
而首要的原則）。但是，在現
在，我們可以滿足於已建立起
這事實，卽 "我們的知識機能
實有一純粹的使用" 這事實；
並可以滿足於已表示出 "什麼
是這一種純粹的使用之判準"。

[註(1)]: 肯·士密斯譯漏
掉或有意略去此句。康德原文
有，不可略去，茲據補。

這樣的先驗的根源在某一
些概念中是顯然的，其在概念
中為顯然並不亞於其在判斷中
為顯然。即使我們從我們的一
個物體之經驗的概念中，把那
"在物體中只是經驗的者"的每
一特徵，如顏色，硬或軟，重
量，甚至不可入性，一一皆移
除，茲仍然存留有物體（現在
已完全消滅了的物體）所佔有
B6   的空間，而此空間並不能被移
除。又，即使我們從我們的
任何對象（色體的或非色體的
對象(1)）之經驗的概念中，把
經驗所已教告我們的一切特性
皆移除，然而我們卻不能把那
種特性，即"對象所經由之
以被思為本體或被思為附着一
本體"的那種特性，亦移除（雖

然此本體之概念比"一對象一般"之概念是更為決定的)。因此，由於這必然性，即"此本體之概念所用以把它自己強加於我們(強使我們接受此本體之概念)"的那必然性，由於這種必然性之故，我們除去承認此本體之概念在我們的"先驗知識之機能"中有其座位以外，並無其他選擇之餘地。

〔註(1)〕"色體的或非色體的對象"即 corporeal or incorporeal object, 有形的或無形的對象，物質的或非物質的對象，用佛家語譯為"色體的或非色體的對象"倒反方便。

Ⅲ

哲學需要有一種學問此一學問將決定一切先驗知識底可能，原則與範圍

但是，那「比一切上面所

…………「——　——」

說的」更爲特別者便是這一點，   ....

即：某些知識離開了一切可能 A3

經驗底領域，並且它們有 "擴   ....

張我們的判斷之範圍以越過一   ....

切經驗底限制" 這種 "擴張之"   ....

之現象，而這種擴張是藉賴着   ....

這樣的諸概念，即 "在經驗中   ....

並無相應的對象可被給與於它   ....

們" 這樣的諸概念，而作成。   ....

B7

    我們的理性進行這樣的一   ....

些研究，即 "由於這些研究底   ....

重要之故，我們認這些研究比   ....

知性在現象領域中所能得知的   ....

一切東西是遠爲優越的，而且   ....

依這些研究底目的而言，我們   ....

亦認這些研究比知性在現象領   ....

象中所能得知的一切東西是遠   ....

爲崇高的"，這樣的一些研究，   ....

我們的理性進行這樣的一些研   ....

究，這確然是藉賴着上文所說   ....

的那些知識，即 "離開一切可   ....

能經驗底領域並有擴張我們的   ....

判斷之範圍以越過一切經驗底   ....

限制這種擴張之之現象" 的那   ....

些知識，在一個越過"感取界"
的領域中（在此一領域中，經
驗既不能給出指導，亦不能給
出糾正），來進行這樣的一些
研究。實在說來，我們寧願去
冒錯誤底危險而不願依據這些
急切的研究之可疑的性格，或
緣由輕蔑與冷淡，來中止或放
棄這些急切的研究。「這些 "
為純粹理性所安置" 的不可免
的問題就是 "上帝存在，意志
自由，以及靈魂不滅" 諸問
題。這樣一種學問，卽 "此學
問，連同着一切它的預備，在
其最後的意向中，只指向於這
些問題之解決"這樣的一種學
問，就是形而上學；而這樣一
種學問之程序其初是獨斷的，
卽是說，它極自信而獨斷地把
其自身置於此種工作中而並無
任何事先的考察，考察理性在
如此偉大的一種工作上之能勝
任或不能勝任。」

　　現在，這看起來似乎實是

很自然的，卽：一旦我們離開 ············
了經驗底根據，我們一定要， ············
通過小心的研究，在關於"我 ············
們所想要去建立"的任何大厦 ············
之基礎這方面，確保我們自己 ············
不要使用我們所有的任何知 ············
識，設未首先決定這知識從何 ············
處來，亦不要信任原則，設不 ············
知這些原則之根源。那就是 ············
說，"知性如何能達到一切這 ············
些先驗的知識，這些先驗的知 ············
識可有什麼範圍，什麼妥效 ············
性，什麼價值，這類問題一定 ············
要首先被考慮"，這似乎是很 ············
自然的。實在說來，再沒有什 ············ A4
麼東西能是更為自然的，如果 ············
所謂"自然的"一詞，我們以 ············
之意指那適宜地而且合理地應 ············
當發生者。但是，如果我們 ············
以"自然的"一詞意謂那通 ············
常或大抵發生者，則正好相 ············
反，再沒有什麼比"這種研究 ············
曾長期被忽略"這事實為更自 ············
然而且為更可理解。因為這些 ············

先驗知識底一部分，卽數學的……………
知識，長期以來早已有建立好……………
的可信賴性，而因此，所以關……………
於其他一部分也引起一可期望……………
的（順利的）預定，然而這其……………
他一部分卻可是完全不同性質……………
的。此外，一旦我們超出經驗……………
底範圍，我們又能確保不爲經……………
驗所矛盾（經驗從不能使我們……………
有矛盾）。"擴大我們的知識"……………
這種擴大之魔力是如此之大，……………
以至於除遭遇一直接的矛盾……………
外，沒有什麼東西能够在我們……………
的行程中阻止我們；而這種矛……………
盾又是可避免的，如果我們謹……………
愼於我們的虛構時──可是，……………
縱然如此，虛構將仍然是虛……………
構。數學給我們以很好的範……………
例，卽關於"獨立不依於經驗，……………
我們在先驗知識中能前進至如……………
何遠"之範例。實在說來，數……………
學是這樣地從事於對象以及從……………
事於知識，卽只當此對象與知……………
識可被展示於直覺中時，它始……………

從事於對象並從事於知識。但
是這情況卻很容易被忽略，因
爲這種直覺其自身能先驗地被
給與，所以它亦很難與一赤裸
而純粹的概念區別開。爲這樣
一種證明卽"理性底力量"之
證明「所誤引」，"要求知識
之擴張"這種要求遂不承認有
任何限制（見不到有任何限
制）。輕妙的鴿子，當她依其
自由的飛翔衝破空氣而於空氣
中前進，而且感覺到空氣之阻
力時，她可想像她的飛翔在空
的空間中必是更爲容易。那
正是這樣，遂使柏拉圖離開了
感取世界（因爲此感取世界
「把一太過狹隘的範圍置於知
性」），並且依理型之雙翼，越
出了感取世界，而冒險於純粹
知性之空的空間中。他不曾覺
察到以一切他的努力，他亦並
未曾前進一步──蓋由於他並
沒有遇見阻力，此阻力似乎可
以充作一支持點，在此支持點

B9

....
....
....
....
....
.... 「所鼓勵」............
....
.... A5
....
....
....
....
....
....
....
...... 「置放了這樣多的阻碍於
知性之路中」.................
....
....
....
....
....
....

上，他可以稍作停息，立定腳
跟，他並可應用他的力量於此
支持點上，這樣，他可以使他
的知性在推動（他可以推動他
的知性）。實在說來，"首先
儘快地去完成人類理性底思辨
的結構，只此後始去研究基礎
是否可靠"，這是人類理性底
"通常命運"（常然）。如是，
一切種的原諒（託辭）將被請
求，這樣便可重新保證我們以
基礎之穩定（堅固），或「實
在勿寧說」，這樣便能使我們
全然去免除這樣晚臨與這樣危
險的一種研究。但是，正當
現實建造之時，那"使我們免
於一切顧慮與懷疑並以貌似的
通貫性來諂媚我們"者乃是這
其他一種情況，此即：我們的
理性底事業底大部分，或可說
最大的部分，乃存於概念之分
析，這些所分析的概念乃是我
們早已有之於對象者。這種分
析以大量可觀的知識供給我

們，這些大量的知識，當其不
過是那"早已被思於我們的概
念中（雖然是在一混闇的樣式
中而被思於我們的概念中）"
者之說明或申明，卻又被評價
為新的洞見，至少就其形式而
言，被評價為新的洞見。但是
就材料或內容而論，茲實不曾
存有任何擴張，卽對於"我們
早已有了的概念"之任何擴
張，但只有概念之分析。因
為此種分析之程序給出眞實
的先驗知識，此先驗知識是在
一安全而有用的樣式中進展，
是故理性遂被誤引，甚至偸偸
地（不自知其是如此）去引出
一些屬於完全不同層序的肯
斷，「在這些完全不同層序的
肯斷中，理性把其他"完全外
於所與的概念"的東西粘附於
這些所與的概念上，並且進一
步把它們先驗地粘附於這些所
與的概念上。」但是"理性如
何能去作這一步"，這卻是不

A 6

「在這些完全不同層次的
肯斷中，理性把其他"完全外
於所與的概念"的東西先驗地
粘附於這些所與的概念上」。

被知的。這樣一種問題甚至是　…………
從未被思及的。因此，我將卽　…………
刻進而去討論這兩種知識(1)間　…………
的差別。　…………

　　［註(1)］：案"這兩種知識"
　卽是概念底分析這種"分析的
　知識"與那把一些外來的東西
　粘附於所與的概念上這種"綜
　和的知識"。

IV

分析判斷與綜和判斷
間的區別

　　在這樣的一切判斷中，卽　…………
"一主詞之關聯於謂詞於其中　…………
被思"的那一切判斷中（在此　…………
我只考慮肯定判斷，至於繼而　…………
應用於否定判斷之應用是很容　…………
易被作成的），此主謂之關聯　…………
是依兩不同的路數而爲可能。　…………
或是謂詞Ｂ隸屬於主詞Ａ，其　…………
隸屬於主詞Ａ是當作某種"被　…………

含於（倒轉地被含於）此概念 ....

A中"的東西而隸屬於主詞A； ....

或是 B 處於概念 A 之外，雖 ....

然它實是處於與A相連繫中。 ....

在前一種情形中，我名這判斷 ....

曰分析的判斷， 在後 一 種情 ....

形中，我名這判斷曰綜和的判 A7

斷。因此，分析判斷(肯定的) ....

就是這樣的一些判斷，卽在這 ....

些判斷中，謂詞與主詞底連繫 ....

是通過同一性而被思的；至於 ....

那些判斷，卽 "在其中此主謂 ....

之連繫之被思是沒有同一性而 ....

被思"的那些判斷，則必須被 ....

名曰綜和的判斷。前者（卽分 ....

B 11　　析判斷）， 由於它通過謂詞 ....

並沒有什麼東西增加到主詞之 ....

概念上， 它但只 是把主詞打 ....

開解散成那些作爲構成成分的 ....

概念，這些作爲構成成分的概 ....

念一直皆已被思於 主 詞 概 念 ....

中，雖然是含混地被思於主詞 ....

概念中， 由於它是如此云云， ....

是故它亦可被 名 曰 "解 釋 的 ....

（說明的）判斷"。另一方面，
後者（卽綜和判斷）把一謂詞
增加到主詞之概念上，此所增
加之謂詞乃是那"無論如何不
曾被思於主詞概念中"者，而
且它亦是那"沒有一種分析能
可能地把它從主詞概念中抽引
出"者；因此，綜和判斷可被
名曰"擴張的(增益的)判斷"。
舉例言之，如果我說："一切
物體皆是有廣延的"，則此判
斷是一分析判斷。因爲要想去
找出與"物體"緊繫於一起的
"廣延"，我並不需要去走出那
概念卽"我把它拿來與「物體」
相連繫"的那個概念（卽物體
概念）之外。要想去發見"廣
延"這個謂詞，我只須去分析
"物體"這個概念卽可，卽是
說，我只須去意識到那雜多卽
"我總是思之於物體概念中"的
那雜多，「使之對於我自己成
爲清楚的」，卽可。因此，"一
切物體皆是有廣延的"這個判

「"物體"這字」

斷是一分析的判斷。但是當我說"一切物體皆是有重量的"，則"有重量的"這個謂詞卻是某種"完全不同於那「我思之於物體一般之純然概念中」的任何東西"之東西；因此，這樣一個謂詞之增加便產生一綜和判斷。

「經驗判斷（Erfahrungsurteile），卽如其為"經驗的"而觀之，盡皆是綜和的判斷。因為去把一個分析判斷基於經驗上，這必是荒謬的（悖理的）。因為，在構成一分析判斷中，我必須不要走出我的概念之外，是故玆並沒有必要在此分析判斷之支持上去訴諸經驗之證明。"一物體是有廣延的"，這是一個"先驗地成立的，而且不是經驗的"這樣的一個命題。因為，在訴諸經驗以前，我在物體之概念中早已有了我的判斷上所需要的一切條件。我只須依照矛盾原則

B12

············
············
············
············
············
············
············
············

「這樣說來，這是顯明的，卽：1.通過分析判斷，我們的知識無論如何不是被擴張了的，我早已有之的那概念只是被明示出來，並且只是被使為對於我為可理解的；2.在綜和判斷中，我必須於主詞概念之外有某種別的東西(X)，知性可依靠此某種別的東西X，如果它要想去知道：一個謂詞雖不含於此概念中，可是卻又隸屬於此概念。

在經驗性的判斷或屬於經驗之判斷之情形中，就遇見這種要求（卽要求有某種別的東西X之要求）而言，玆並無什

A8

去從物體之概念中抽引出這所
需要的謂詞卽可，而在如此抽
引中，我同時亦能意識到這判
斷之必然性——而這必然性就
是經驗所從來不曾能教告我們
者。另一方面，雖然我不能在
"一物體一般"之概念中包含
有"重量"這個謂詞，可是縱
然如此，此"物體一般"之概念
通過其諸部分中之某一部分實
指示一"經驗之對象"，而我
亦能把此同一經驗底其他諸部
分增加到那某一部分上，而這
樣，那些其他部分便可一起皆
相屬而與此物體一般之概念聚
合於一起。從開始起，我先能
通過廣延，不可入性，圖形等
標識或性質（凡此皆被思於物
體之概念中），分析地來了解
此物體之概念。但是，現在，
由於回顧於經驗（從此經驗我
已引生出此物體之概念），並
由於見出重量是不變地（經常
地）與上列諸標識或性質相連

麼困難。此 X 就是"我通過概
念 A 而思之"的那個對象之完
整的經驗，所謂概念 A 就是那
"只形成此完整經驗之一部分"
的一個概念。因爲雖然在"一
物體一般"之概念中，我並不
包含有"重量"這謂詞，可是縱
然如此，這"物體一般"之概
念卻仍然通過此完整經驗底諸
部分中之某一部分而指示這完
整的經驗；而因爲此某一部分
隸屬於這完整的經驗，所以我
能把這同一經驗底其他部分加
到這某一部分上。因着先行的
分析，我能通過廣延，不可入
性，圖形等標識或性質（凡此
皆被思於物體之概念中）來理
解物體之概念。如此分析已，
要想去擴張我的知識，如是我
再回顧那"我曾由之以引生出
此物體概念"的經驗，並且我
見到"重量"總是與上說的諸標
識或性質相連繫。這樣說來，
經驗就是處於概念 A 以外的

繫，所以我把這重量當作一謂
詞附着於物體之概念上；而在
作此步時，我是綜和地把重量
附着於物體之概念上，因而我
是擴張了我的知識。這樣說
來，"重量"這個謂詞與"物
體"之概念這兩者底綜和之可
能性是基於經驗上的。雖然此
兩者中之任一概念並不含於其
他一概念中，可是此兩者卻又
互相隸屬，雖然只是偶然地互
相隸屬，其互相隸屬是作爲一
全體底部分而互相隸屬，卽是
說，作爲一經驗底部分而互相
隸屬，此經驗其自身卽是諸直
覺底一種綜和的結合。」

　　但是，在先驗綜和判斷
中，此種幫助是完全缺無的。
〔在這裏，我不能有環顧於
經驗領域之利益。〕然則，
當我想去走出概念Ａ之外，並
想去知道另一概念Ｂ與此概念
Ａ相連繫時，我依靠什麼呢？
這綜和通過什麼東西被弄成是

X，而"重量"這個謂詞(B)與該
物體概念(A)底綜和之可能性卽
基於此 X 上。」

A9

可能的呢？“每一發生的東西
皆有其原因”，讓我們以此命
題爲例。在“某物發生”這個
概念中，我實能思維一存在其
前有一先行的時間等等，而從
此概念中，諸分析判斷亦可被
得到。但是一個"原因"之概念
卻「完全處於“某物發生”這
個概念之外，而且它」指表某
種東西不同於"那在發生者"，
因此，它無論如何亦不能被含
在"那在發生者"之表象中。然
則我如何能關於"那在發生者"
去謂述之以某種完全不同的東
西，並如何能去理解：原因之
概念，雖不含於"那在發生者"
中，然而卻又隸屬於“那在發
生者”，而且實在說來，是必
然地隸屬於“那在發生者”？
當知性相信：它能在概念Ａ之
外發見一外於此概念Ａ的謂詞
Ｂ，此謂詞Ｂ雖外於概念Ａ，
可是知性同時又認它與概念Ａ
相連繫：當知性如此相信時，

那 "給知性以支持點" 的 "那不
被知者＝Ｘ" 在這裏是什麼呢？
它不能是經驗，因為這所提示
的原則已使這第二表象（謂詞
Ｂ）與第一表象（概念Ａ）相
連繫，其使之與第一表象相連
繫不只是以較大的普遍性使之
與第一表象相連繫，且亦以必
然性之性格使之與第一表象相
連繫，因而亦就是說，它完全
先驗地而且基於純然的概念上
使之與第一表象相連繫。一切
我們的先驗的思辨知識最後
（終極地）皆必須基於這樣的
綜和的即擴張的（增益的）原
則上；分析的判斷自是十分重
要的，而且實在說來，亦是必
要的，但其為重要而必要只是
為得到那種概念中的清晰性而
然，此清晰性是這樣一種確實
而廣濶的綜和所需要者，所謂
這樣一種確實而廣濶的綜和即
如那 "將引至一眞正地新的增
加，即對於一切先前原有的知

A 10

B 14

識而爲一眞正地新的增加"那
樣的綜和。

‥‥‥‥‥
‥‥‥‥‥

〔此下 A 版有一段文並
注，略去，見右。Ⅴ、Ⅵ兩整
段皆爲第二版所加，第一版
無。〕

Ⅴ
先驗綜和判斷是當作
原則而被含於理性底
一切知解的學問中

1.一切數學的判斷，無例
外，皆是綜和的。此一事實，
雖然它是不可爭辯地確定的，
而依其後果而言它又是十分重
要的，然而迄今以往它卻逃避
了那些"致力於人類理性之分
析"的人們之注意（意卽未爲
那些人所注意），而且實在說
來，此一事實亦是直接地相反
於那些人之猜想的。何以故如
此，這是因爲以下的緣故而

「在這裏存有某種被隱蔽
起來的神秘東西[a]；只有依靠
此神秘的東西之解答，"進入
純粹知性所產生的知識底無限
制的領域"之進入始能被使成
爲確實的而且是可靠的。我們
所必須要作的就是充分普遍地
去發見先驗綜和判斷底可能性
之根據，去洞見到那"使這樣
的判斷底每一種成爲可能"的
諸條件，並且去標出此等知識
之一切（此等知識其自身卽形
成一類），去標出之不是在任
何粗略的大綱中標出之，而是
在一系統中，完整地而且依一
對於任何使用爲足夠的樣式，
依照這樣的知識之根源，區
分，範圍與限制，而標出之。
關於那"在綜和判斷中是特殊
的"者暫時只說到這裡爲止，
不須再說。

然，即：由於"一切數學推理
皆依照矛盾原則而進行（一切
必然的確定性皆需要此矛盾原
則）"這點已爲人們所發現，
所以人們遂設想：這門學問底
基本命題其自身能够通過那個
原則而被知爲是眞的。這是一
個錯誤的想法。因爲雖然一綜
和命題實可依照矛盾原則而被
辨識，可是其如此被辨識是只
當另一綜和命題被預設時，而
且只當如此預設已，此一綜和
命題能被理解爲從那所預設的
另一綜和命題而推出時，它始
能如此被辨識；它決不能在其
自身而且以其自身即可如此被
辨識。

首先，須知數學命題，嚴
格地所謂數學命題，總是先
驗的判斷，並不是經驗的判
斷；因爲它們隨身帶有必然
性，此必然性不能從經驗引生
出。假若這一點猶有可猶豫
處，我情願把我的陳述限於純

(a)處，康德作底注云：

如果"甚至去提出這問
題（不是說去解答之）"這
一點曾發生到任何古人身上
（任何古人曾想及之），則
此問題（即先驗綜和判斷之
問題），直至我們自己的時
代，其自身必已是一很有力
量的影響力足以對抗一切純
粹理性之系統，並且必能使
我們免於那些無效的嘗試，
這些無效的嘗試曾盲目而無
知地被人着手去從事，所謂
無知意即無"那需要被作成
者是什麼"之知識，人們對
於那需要被作成者是什麼都
無知識，便盲目地從事那些
無效的嘗試。」

粹的數學，卽此純粹數學之概
念卽函着說它不含有經驗的知
識，但只含有純粹先驗的知
識。

其初我們實可設想"7＋5
＝12"這個命題是一純然地分
析的命題，而且是依矛盾原則
從7與5底加和之概念而推演
出。但是如果我們更密切地來
看，則我們見出7與5底加和
之概念除兩數之合成一數外實
不含有任何事，而在"兩數之
合成一數"中沒有思想可被認
爲是有關於那結合兩數的那個
獨一數可是什麼數。"12"之概
念決無法在只思維此7與5之
和中而早已被思；而且我可儘
我所願來分析我的"這樣一個
可能的加和"之概念，無論我
怎樣分析，可是我將仍然不能
於這可能的加和之概念中找到
12。我們必須要走出這些概念
（如7，5，以及加和這些概念）
之外，而且我們必須要求助於

那 "相應於這些概念中之一概
念" 的直覺，舉例來說，求助
於我們的五個指頭，或如塞格
奈爾 (Segner) 在其數學書中
所爲者，求助於五個點，把這
給與於直覺中的五個單位，一
個一個地加到 7 之概念上。因
爲既先開始於數目 7，而於 5
之概念既又求助於我的手之五
個指頭以爲直覺，所以我現在
把那 "我事先集之於一起以形
成數目 5" 的那五個單位一個
一個地加到數目 7 上，而且以
那圖形（手之圖形）之助，我
邃見到數目 12 有其存在（出
現於我的眼前）。 "5 定須被
加到 7 上"，這一點我實早已
思之於 "一加和 = 7 + 5" 之概
念中，但是 "這個加和等值於
數目12" 這一點，我卻並未早
已思之於 "一加和 = 7 + 5" 之
概念中。因此，算數學的命題
總是綜和的。如果我取一較大
的數目爲例，其爲綜和的仍然

B 16

更爲顯明。因爲在那種情形
下，這是十分顯然的，卽：無
論我們如何旋轉捻搓我們的概
念，我們決不能只因着這些概
念之純然的分析，而無直覺之
助，便可發見那作爲和數者是
什麼數。

　　純粹幾何學底任何基本命
題亦同樣不是分析的命題。
"兩點間的直線是最短線"，
這是一個綜和的命題。因爲我
的"直"之概念並不含有什麼
屬於量的東西，但只含有屬於
質的東西。"最短"之概念全然
是一增加，而且它不能通過任
何分析之過程，從直線之概念
中而被引申出。因此，在這
裏，直覺必須被求助；只有
因着直覺之助，綜和才是可
能的。「在這裏，那通常使
我們去相信"這樣的必然判斷
之謂詞早已被含於我們的概念
中因而此判斷是分析的"者只
是這所使用的詞語之歧義的性

格。我們需要在思想中去把某
一謂詞聯接到一所與的概念
上，而此必然性是附着於概念
自身中者。但是問題不是我們
在思想中所應當去聯接之於所
與的概念上者是什麽，而是我
們於所與的概念中所實際地思
之者（縱使只是隱晦地思之
者）是什麽；如是，那是顯然
的，即：雖然謂詞實是必然地
被附着於概念上，然而其必然
地被附着於概念上是因着一個
"必須被加到概念上"的直覺
而然，而不是如其被思於概念
自身中那樣而然。」[1]

[註(1)]：案從"在這裏"
到"而然"，此段文，如 *Vaih-
inger* 所已指明，與下文倒。
肯·土密斯譯移置於前。

「有若干基本命題，爲幾
何學家所預設者，實在說來，
實是分析的，而且是基於矛盾

原則上的。但是，這幾個命題，由於它們是一些同一性的命題，它們只可充作方法底鍊索中的連鎖物，而並不是可充作原則者；例如"a＝a"，一整全等於其自己（一整全自身相等），或"(a＋b)＞a"，全體大於其部分：卽是這類的命題。而卽使是這類的命題，雖然它們是依照純粹概念而爲妥當的，然而它們之在數學中被承認，是只因爲它們能够被展示於直覺中始在數學中被承認」(1)。

　　[註(1)]：案此段文原在上註明之文之前，今移置於後。

　　2.自然科學（物理學）含有先驗綜和判斷以爲原則。我只須引兩個命題爲例卽可，此卽：在物質世界底一切變化中，物質之量不變；在一切運動之傳達中，與動與反動必須

B 18

總是相等的。顯然，此兩命題
不只是必然的，因而亦不只是
依它們的根源而言是先驗的，
且亦是綜和的。因為在物質之
概念中（就首一命題而言），
我實 並不想 物質之 常住 不變
性，但只依物質所佔有的空間
而想物質之現存性。我走出而
且越過物質之概念之外，我把
那 "我不曾於物質之概念中思
之" 的那某種東西先驗地連接
到物質之概念上。因此， "在
物質世界底一切變化中，物質
之量不變" 這個命題不是分析
的，而是綜和的，然卻又是先
驗地被思的；自然科學底純粹
部分中之其他命題亦同樣是如
此。

3.形而上學，縱使我們視
之為迄今以往在一切關於此門
學問的努力中皆已是失敗了的
（視之為迄今以往只是一試探
性的學問），可是，由於人類
理性底本性，它卻仍是一完全

不可缺少的學問，而且它亦應
當含有先驗的綜和知識。因爲
它的工作不只是去分析那些概
念，卽“我們爲我們自己對於
事物所先驗地造成的”那些概
念，不只是去分析這樣的諸概
念，並因着此種分析，去分析
地釐清此諸概念，而且亦要去
擴大我們的先驗知識。而爲此
目的，我們必須使用這樣的一
些原則，卽“這些原則能把某
種不曾含於所與概念中的東西
增加到所與的概念上，並且通
過先驗的綜和判斷，它們亦能
冒進至如此之遠以至於經驗完
全不能去跟隨我們（完全跟隨
不上）”這樣的一些原則，例
如，在“世界必須有一第一開
始”這個命題中，以及在與此
相類的諸命題中，我們卽須使
用如上所說那樣的一些原則。
這樣說來，形而上學，至少依
其意向而言，完全是以先驗的
綜和命題而組成。

VI

純粹理性底
一般問題

　　如果我們能够把許多研究
置於一簡單問題底程式之下，
這必可獲益甚多。因爲這樣，
我們不只是已減輕了我們自己
的工作（因着準確地界定我們
自己的工作而減輕之），而且
對那些想考驗我們的成果的他
人而言，我們亦可使 "去判斷
我們在我們所要着手去作的事
中是否已經成功" 這一點較爲
容易。現在，純粹理性底恰當
問題是含在這發問中，卽：先
驗的綜和判斷如何才可能呢？

　　形而上學迄今以往已停在
如此踟躕不決的一種不確定與
矛盾之狀態中，其所以如此，
這完全是由於以下之事實，卽
「"先驗綜和判斷如何可能"這
一問題從來不曾事 先 被 考 慮

過，或許甚至分析判斷與綜和
判斷間的區別亦從來不曾事先
被考慮過」，這一事實而然。
形而上學底成功或失敗是依靠
於："先驗綜和判斷如何可能"
這一問題之解答，或這樣一種
充分的證明，卽證明此問題所
想要去說明的可能性事實上畢
竟不存在，這樣一種充分的證
明。（案此句意卽形而上學底
成功是依靠於此一問題之解
答，而其失敗則是依靠於先驗
綜和判斷之不可能性之證
明。）在許多哲學家中間，大
衞休謨差不多已正視了此問
題，但是他仍然遠不足以以充
分的確定性與普遍性來思量此
問題。他專致力於這綜和命
題，卽關涉於"一結果與其原
因相連繫（因果原則）"的那
綜和命題，而且他相信他自己
已證明了這樣一種先驗命題是
完全不可能的。如果我們接受
了他的結論，則一切我們所叫

B 20

做形而上學者不過是一純然的
虛幻，憑藉此種虛幻，我們幻
想我們自己對於那"事實上只
從經驗假借得來，並且在習慣
底影響下已取得了必然性之虛
幻的相似（幻似的必然性）"
的東西有了合理的洞見。如果
他已依我們的問題之普遍性來
正視我們的問題，他決不會以
此陳述，因而以破壞一切純粹
哲學，而得罪。因為如果他
依我們的問題之普遍性來正視
我們的問題，他必已承認：依
照他自己所有的論證，純粹數
學，由於確然包含有先驗的綜
和命題，必亦應不是可能的；
而他的敏識亦必能使他免於
"因果綜和不可能"這樣的一
種肯斷。

在上說問題之解答中，我
們同時關於純粹理性底使用之
可能性，卽在"建立並發展一
切那些含有對象之知解的先驗
知識的學問"中的純粹理性底

使用之可能性，亦要有裁決，
而因此，我們亦必須去答覆以
下之問題，卽：

純粹數學如何可能？
純粹自然科學如何可能？

因爲這兩種科學實際上是
存在着的，所以"去問它們如
何可能"這是完全適當的；因
爲"它們必須可能"這一點是
爲"它們實存在着"這一事實
所證明。(a)

B21

(a)處，康德作注云：

關於純粹的自然科學，
好多人仍然有懷疑。但是，
我們只須去考慮那"被發見
於恰當地所謂的物理學（經
驗的物理學）底開端"的種
種命題，例如那些"關涉於
物質之量中的常住不變性"
的命題，"關涉於墮性"的命
題，"關涉於與動與反對之

相等"的命題，以及關涉於
其他等等者，我們只須去考
慮這些命題，這樣便可立即
使我們確信：這些命題可構
成一純粹的或理性的物理
學，此純粹的或理性的物理
學，當作一獨立的科學看，
很值得就其全部範圍，不管
這範圍是廣或狹，各別地被
處理。

但是，就形上學而言，這
貧乏的進步，即"迄今以往在
形上學中所已被作成"的那貧
乏的進步，以及這一事實，即
"沒有一個已被提出的系統，
就形上學之本質的目的而觀
之，能被說是真實地存在着"
這一事實，卻使每一人有充分
的根據以對於形上學底可能性
起懷疑。

但是，依某義而言，這一
種知識亦須被視爲"被給與了
的"；那就是說，形而上學是

實際地存在着的，縱使不是當
作一學問而存在着，仍然猶可
當作自然的傾向（自然的傾向
於形上學之傾向）而存在着。
因為人類的理性，它並非只為
空虛的願望，"願望於知識之
廣濶與多樣"，這種空虛的願
望所推動，它實是為一內部的
需要所驅迫，被驅迫着猛烈地
向這樣的問題，卽如"不能為
理性底任何經驗使用所解答，
或不能為由此經驗的使用而引
生出的原則所解答"這樣的問
題，而前進。如是，在一切人
們中，只要一旦他們的理性在
思辨上已成熟，玆總是已存在
有而且將繼續去存在有某種形
而上學。因此，我們遂有這問
題，卽:

　　形而上學，當作自然的傾
　　向看，如何可能?

B 22

卽是說，遂有這問題，卽:

"純粹理性所提給其自己，而且亦因着其自己之需要它被迫着盡其所能以去解答之"的那些問題如何可從普遍的人類理性之本性中而發生出？

但是，因為迄今以往所已被作成的一切試想，試想去解答這些自然的問題（例如"世界是否有一開始抑或沒有開始而是自無始以來就永恒存在着"這類的自然問題），這一切試想總是遭遇了不可免的矛盾，所以我們不能以"純然的自然傾向——傾向於形上學"為滿足，卽是說，不能以純粹的理性機能自身為滿足（某種形上學，不管它是什麼形上學，總是從此純粹理性機能自身而發生出）。以下所說，對理性而言，必須是可能的，卽："去確定我們是否知道或不知道形而上學底對象，卽是說，或就形而上學底研究之對象，或就着理性對於這些對象能或不能去作任何判斷，來作一裁決，這樣裁決之，我們便可或者很有把握地（很自信地）擴大我們的純粹理性，或者把一確實而決定的限制置於純粹理性上"這對於理性而言必須是可能的。此一最後之問題，從上面所提的那個一般的問題（卽"先驗綜和判斷如何可能"一問題）而發生出者，正當地說之，可如此，卽：

形而上學，當作一學問看，如何可能？

這樣，理性底批判，最後，必然地引至科學性的知識（學問性的知識卽學問 Wissenschaft），而另一方面，理性底獨斷的使用卻使我們陷於這樣一些獨斷的肯斷，卽"其他肯斷，同樣似是而非者，總是能相反於它們"，那樣的一些肯斷，此卽是說，理

B 23

性底獨斷的使用使我們陷於懷
疑論。

　　"理性底批判"這門學問不
能有任何十分可怕的冗長，
因爲它並不須去處理理性底對
象，此對象底變化是無窮盡
的，它但只須去處理理性自
身，以及去處理這樣的一些問
題，卽"這些問題完全是從理
性自身內而發生出，並且它們
是因着理性自己的本性而被安
置於理性上，而並不是因着那
不同於理性的事物（對象）之
本性而被安置於理性上"，這
樣的一些問題。當理性一旦已
完全習知就那些"能够在經驗
中被呈現給它"的對象去理解
其自己的力量時，則它亦必很
容易地能够以完整性與確定性
去決定其"超出一切經驗底界
限之外"的試想的使用之範圍
與限制。

　　如是，我們可以，實在說
來，我們必須把迄今以往所已

作成的那一切嘗試，嘗試獨斷
地去建立一形而上學，這一切
嘗試視爲無效的（流產的）。
因爲任何這樣嘗試的系統中的
分析部分，卽那些"先驗地附
着於我們的理性中"的諸概念
之純然的分析這一部分，決不
是形而上學當身之目的，但只
是形而上學當身之一預備，所
謂形而上學當身卽是意指其先
驗綜和知識之擴大而說。對於
其先驗綜和知識之擴大這樣一
個目的而言，概念底分析是無
用的，因爲概念底分析只展示
" 那 含在這些概念中者 是 什
麼"，但卻並不能展示"我們
如何先驗地達到這些概念"。
"如何先驗地達到這些概念"這
一問題之解答是需要的，解答
之，我們便可就"一切知識一
般"底對象能够去決定這樣的
一些概念之妥當有效的使用。
過甚的自我否定亦並不是被需
要的，需要之以便去放棄這些

B 24

要求，即，由於見到：＂理
性自身之不可否認的矛盾，
而在理性之獨斷的程序中亦是
不可避免的矛盾，這樣的矛
盾，自好久以來，即已傷害了
已被提出的每一形而上學系統
之威權＂，由於見到這一點的
緣故，這亦並不需要有過甚的
自我否定以去放棄這些要求。

（案意即由於見到這一點的緣
故，這自需要有一批判的反
省，但卻並不需要有過甚的或
太多的自我否定以去放棄這些
要求。）如果我們要想不因着
內部的困難以及外部的反對
（或抵阻 den Widerstand
äußerlich）而妨碍了努力，
妨碍了通過一種＂完全不同於
任何迄今以往所已使用者＂的
方法之應用而來的努力，最後
並想去把一門對於人類理性為
不可缺少的學問帶至一豐富而
有成果的生長之境（這一門學
問即是其每一支流可被截去而

其根不能被毀壞的一門學問），
如果我們要想如此云云，則較
大的堅定將是需要的。

Ⅶ
在"純粹理性之批判"
之題稱下
一門特殊學問之
理念與區分

由以上那些考慮而觀，我們
達到了一門特殊學問之理念，
此特殊學問可被名曰"純粹理
性之批判"。*因為理性是那
"供給先驗知識之原則"的機
能，所以純粹理性就是那含有
"我們所因以知道任何絕對先
驗的東西"的原則的那種機
能。純粹理性底一個工具學必
應就是那些原則底綜集，即
"依照這些原則，一切種純粹
先驗知識能被獲得而且能現實
地被產生出來（能充分地被建
立起來）"，這樣的一些原則

B25

············
············
············

…「任何知識，如果它不被
混雜以任何外來的東西，它卽
被名曰"純粹的知識"。但是，
知識，如果沒有經驗或感覺
（不管是那一種）與之相混合，
因而如果它是完全先驗地可能
的，則它卽可更特別地被名曰
"絕對純粹的知識"。」（此兩
句，第二版略去，直接說"因
為理性"云云。在第一版，此
兩句下才是"因為理性"云云，

之綜集。這樣一個工具學之窮盡的應用（完整的應用）必引生一"純粹理性之系統"。但是由於此一純粹理性之系統必是有過多的要求，又由於"我們的知識之任何擴大在這裏是否可能以及在什麼情形下可能"這仍然是可疑的，所以我們可把純粹理性底純然考察之學問（純粹理性底發源與範圍底純然考察之學問）視為"純粹理性底系統"之預備。卽如其為一"預備"而觀之，此門學問須被名曰"純粹理性之批判"，而不應被名曰"純粹理性之正論"(doctrine of pure reason)。此門學問底功用，在思辨中，恰當地說，只應當是消極的，意卽不是去擴張我們的理性，但只是去釐清我們的理性，並使我們的理性免於錯誤——此免於錯誤卽已是一很大的收穫了。

「一切知識，其從事於對

全同第二版。）　*因為理性…

…………
…………
…………
…………
…………
…………
…………
…………
…………
…………
…………
…………
…………
…………
…………
…………
…………
…………
…………
…………
…………

A11

「一切知識，其從事於對

象不若其從事於我們的對象底
知識之樣式那樣多（只要當此
"知識之樣式"是先驗地成爲可
能的），我卽名這樣的一切知
識曰"超越的知識"。」這樣的
諸概念底一個 "系統" 可被名
曰"超越的哲學"。（案依上句
之修改，此句當改爲 "這樣的
一切知識底一個系統可被名曰
超越的哲學"。）但是在現階
段，這仍然是一種太大的工
作。因爲這樣一種 "超越的哲
學" 之學問必須以完整性含有
兩種先驗知識，分析的先驗知
識和綜和的先驗知識必須同樣
被含在內，所以這樣一種學
問，就我們現在的目的而論，
是太過廣博的（其所包括的是
太多了的）。須知我們須去進
行分析，是只當 "要想依先驗
綜和之原則之全部範圍去了解
這些先驗綜和之原則（僅此等
先驗綜和之原則才是我們所須
要去處理之者），這分析是不

象不若 其從事 於 我們的 關於
對象 一般之 先驗的 概念 那麼
多， 我卽 名 此一 切 知 識 曰
"超越的知識"。」

A 12

B26

可缺少地必要的＂時，我們 ············
始須去進行分析。可是我們 ············
現在所要致力的卻正是這些先 ············
驗綜和底原則之研究，此步 ············
研究決不可被名曰一＂正論＂ ············
（a doctrine），但只可被名 ············
曰一＂超越的批判＂。此步研究 ············
底目的不是要去擴張知識，但 ············
只是要去糾正知識，並且要去 ············
對於一切先驗知識之有價值或 ············
無價值供給一試金石。因此， ············
這樣一種批判，如若可能時， ············
乃實是一種工具學之＂預備＂； ············
而假若作爲工具學之預備終於 ············
不是可能的，則這樣一種批判 ············
至少亦可是［純粹理性］底綱 ············
紀之預備(案此句有問題，見改 ············
正誌言)，依照此綱紀，在 ············
適當的行程中，純粹理性底哲 ············
學之完整的系統（不管這完整 ············
系統是依純粹理性底知識之擴 ············
張而言者抑或是依其限制而言 ············
者）可以分析地以及綜和地被 ············
展示出來。這樣一個完整的系 ············

· 110 ·

統是可能的，而實在說來，這 ⋯⋯⋯⋯

樣一個系統可不至是這樣大的 ⋯⋯⋯⋯

一種範圍就像要去使我們截斷 ⋯⋯⋯⋯

"完全完整之"之希望這樣大的 ⋯⋯⋯⋯

範圍（意卽這樣一個系統雖大 ⋯⋯⋯⋯

亦可完整之不至大到完全不能 ⋯⋯⋯⋯

完整起來之境），這一點早已 ⋯⋯⋯⋯

可從以下之事實而被推想出， ⋯⋯⋯⋯

卽：在這裏，那構成我們的主 ⋯⋯⋯⋯

題者並不是事物之本性（事物 ⋯⋯⋯⋯

之本性是不可窮盡的），而是 ⋯⋯⋯⋯ **A 13**

那 "對於事物之本性作判斷" ⋯⋯⋯⋯

的知性；而此知性復又只是就 ⋯⋯⋯⋯

其先驗知識而說的知性：卽由 ⋯⋯⋯⋯

於這一事實，我們可推想 "這 ⋯⋯⋯⋯

樣一個完整的系統是可能的， ⋯⋯⋯⋯

而這樣一個系統亦實可完全被 ⋯⋯⋯⋯

完整起來"。知性底這些先驗 ⋯⋯⋯⋯

的所有物，因爲它們不須從外 ⋯⋯⋯⋯

面被尋求，所以它們不能隱藏 ⋯⋯⋯⋯

在那裏而不爲我們所見到，而 ⋯⋯⋯⋯

且它們大概在範圍上是很够小 ⋯⋯⋯⋯

的，以至於可允許我們之依它 ⋯⋯⋯⋯

們的完整性而理解之，可允許 ⋯⋯⋯⋯

B 27

關於其有價值或無價值來作判斷，因而亦可允許來正當地評估之。「讀者在這裏更不可期望一 "書籍之批判" 以及一 "純粹理性底系統之批判"；我們只關心於 "純粹理性機能自身之批判"。只當我們基於這個基礎上，我們始有一可靠的試金石以去評估此領域內舊作品以及新作品之哲學的價值。非然者，不够資格的歷史家或評論家不過是藉賴着其自己的同樣無根據的肯斷來評判他人的無根據的肯斷而已。」

…………
…………
……………………… （"讀者" 以下至段末，無。為第二版所加。）

Ⅱ
超越的哲學之區分

「超越的哲學只是這樣一門學問，即 "純粹理性底批判須為之置下完整的建築計劃"，這樣的一門學問之理念。」那就是說，超越的哲學必須，如從原則而來者那樣，去保證這

「超越的哲學，如這裏所涉及的，只是這樣一個理念，即 "純粹理性底批判須為之置下完整的建築計劃" 這樣的一個理念。」………………

結構在其一切部分方面之完整
性與確定性。「超越的哲學
是 純粹理性底 一切原則之 系
統。」而如果此 "純粹理性之
批判" 其自身不被名曰一 "超
越的哲學" 那只是因為: 系
統要想成為一完整的系統, 它
必亦須去包含 "人類的先驗知
識底全部之一窮盡的分析"。
實在說來, 我們的這部批判必
須對於那些 "要去構成這樣的
純粹知識" 的一切基本概念供
給一完整的列舉。但是 "去對
於這些基本概念給一窮盡的分
析" 這卻不必要, 而 "對於那
些可從這些基本概念而引申出
的概念去給一完整的照察" 這
亦不必要。這樣的一種要求必
是不合理的, 其不合理, 一方
面是因為這種分析並不適宜於
我們的主要目的, 因為在關於
分析中, 茲並無這樣的不確定
性就像我們在綜和之情形中所
遭遇者那樣的不確定性, 而我

B 28

A 14

們的這全部批判之所以作卻單
只是爲了綜和情形中的不確定
性之故而作；而另一方面，則
是因爲當依我們的目的而觀，
我們可免於作此分析工作時，
則"去認定要對於這樣一種分
析與引申之完整性負責"這必
是與我們的計劃之統一性不一
致。但是，這些先驗概念（此
後在正文中我們將要去列舉之
者）之分析以及"從這些先驗
概念而引申出其他概念"之引
申能够很容易被弄成完整的，
當一旦這些先驗概念已如其窮
盡了綜和之原則那樣而被建立
起來時，而且當在此基要方面
（卽在窮盡綜和之原則方面）
它們中一無缺少時。

　　因此，純粹理性之批判將
含有一切"在超越哲學中是基
要的東西"者。雖然它是超越
哲學之完整的理念，然而它卻
並不等於超越的哲學這門學問
本身；因爲它進行分析是只當

這分析對於那種 "是先驗的而 ·············
又是綜和的" 知識之完整的考 ·············
察爲必要時始進行分析。 ·············

　　在"純粹理性之批判"這樣 ·············
一門學問之區分中，那主要地 ·············
須被注意者便是: 沒有這樣的 ·············
概念， 即 " 在其自身中含有 ·············
任何是經驗的東西" 這樣的概 ·············
念，可被允許闖進來，或換言 ·············
之， 便是: 這門學問之區分只 ·············
存於全然純粹先驗的知識中。 ·············
依此而言，雖然道德底最高原 ·············
則與基本概念是先驗知識，然 ·············　　　　　　　A 15
而這些原則與概念在 "超越的 ·············
哲學"中卻並無地位，「因爲， ············· 「因爲快樂與痛苦之

B 29　　雖然它們並不把快樂與痛苦之 概念，欲望與性好之概念，自
概念， 欲望與性好之概念， 等 由意志等等之概念，須被預設
等（凡此皆是屬於經驗的起源 故。」╱　　╱　　╱
者） 拿來 作爲 道德[1] 底訓令
（ 箴言 precepts, Vorsch-
riften ） 之基礎，然而在一純
粹道德學底系統之構造中，快
樂與痛苦，欲望與性好等經驗
的概念卻必須必然地要被帶進

義務之概念中，此蓋由於此等
經驗概念或表象一障碍（此爲
我們所要克服者），或表象一
誘惑（此則必不可被使成爲一
動力）故。」因此，超越的哲
學是一 "純粹的而且是純然地
思辨的理性之哲學"。凡是實
踐的者，當其含有動力時，皆
關聯於情感，而情感皆屬於知
識之經驗的資源。

　　[註(1)]：案"道德"，康德
原文是 "ihrer"，是個所有格
的代詞。*Meiklejohn* 把它譯
爲"its"，單數，指"道德"說，而
肯·士密斯把它譯爲"their"，
多數，是指原則與概念說。案
指 "道德" 說爲是。蓋說 "道
德底訓令（箴言）" 於義理爲
通，若說 "這些最高原則與基
本概念底訓令箴言" 則於義理
不通。從 "因爲" 到 "故"，
此一整句是第二版的修改文，
Max Müller 依第一版文譯，
此修改句未譯。

　　「如果我們要想對於"我們
現在所正要致力以呈現之"的
學問(純粹理性批判)作一系統
性的區分，則此門學問必須首
先有一"純粹理性之成素論"，
其次，須有一"純粹理性之方
法論"。」[1] 此兩種主要的區
分底每一區分將皆有其副屬的
區分，但是這些副屬區分之根
據，我們在這裏尚不能去說明
之。經由引論（導言）或預測
（預告）之辦法，我們只需說：
茲 有人類 知識底兩 個支幹，
卽 感性與知性， 此兩支幹 或
許是從一個 "共同而卻不被知
於我們" 的根而發生出。通過
感性，對象被給與於我們；通
過知性，對象被思想。現在，
當感性可被見其含有先驗的表
象， 這些先驗的表象構 成 那
"在其下對象被給與於我們"的
條件，當感性是如此云云時，
感性將屬於 "超越的哲學"。
而因爲那些 "單在其下人類知

B 30

A 16

識底對象始被給與"的條件必 ············
須先於那些"在其下對象被思 ············
想"的條件，所以"超越的感 ············
性論"將構成成素底學問之第 ············
一部。 ············

　　〔註⑴〕：案此一整句肯·
士密斯譯略有調整與簡略。依
康德原文直譯當如下："如果
我們想從一系統一般之普遍的
觀點來對於這門學問（純粹理
性批判）作一區分，則此一學
問，我們現在所正要致力以呈
現之者，它必須首先含有一純
粹理性之成素論，其次須含有
一純粹理性之方法論"。

超越的成素論

第 一 部

超 越 的 攝 物 學

不管一種知識依何樣式以及以何辦法關聯於對象，直覺是知識所經由之以直接關聯於對象者，而且是作為一種工具的一切思想所指向者。但是直覺之發生是只在"對象給與於我們"這限度內始能發生。而對象之給與於我們復又僅是，至少對人而言[1]，在"心靈依一定路數被影響"這限度內始是可能的。通過"我們所依以為對象所影響"的模式以接受表象，這"接受之"之能（接受性）被名曰"感性"。對象是因着感性而被給與於我們，而單只是這感性始供給我們以直覺；對象是通過知性而被思，而概念則是從知性而發生。但是，一切思想必須「因着某種一定的記號」[2] 直接或間接地最終關聯於直覺，因而也就是說，就我們人類而言，關聯於感性，因為一個對象不能依任何其他路數（除感性外）而被給與於我們。

[註(1)]：肯・士密斯注云：此片語為第二版所加。

[註(2)]：肯・士密斯注云：此片語為第二版所加。

B34
A20

　　就我們爲對象所影響而言，一對象之作用於表象底機能上之結果卽是“感覺”。“通過感覺而關聯到對象”的那種直覺被名曰“經驗的直覺”。一經驗直覺底未決定的對象則被名曰“現象”（顯現者）。

　　那在現象中相應於感覺者我名之曰現象底“材料”；但是那“如此決定現象之雜多以至使此雜多可被排列於一定關係中”者我名之曰現象底“形式”。那個東西卽“只有在其中諸感覺始能依一定的方式而被置定並被排列”的那個東西，其自身不能再是感覺；因此，當一切現象底材料只是後天地被給與於我們時，現象底形式卻必須爲感覺而準備好而先驗地處於心靈中，因而也就是說，它必須允許離開一切感覺而被思量。

　　我名一切這樣的表象，卽“在其中沒有什麼東西是屬於感覺者”這樣的表象曰“純粹的表象”（純粹是超越意義的純粹）。“感觸直覺一般”之純粹形式（在此形式中，一切直覺底雜多皆在一定的關係中被直覺）必須先驗地被發見於心中。感性底此種純粹

B35

形式其自身亦可被名曰“純粹的直覺”。這樣，如果我從一物體之表象中取去那些“知性在關於此物體中所思之”的東西，如本體、

A21

力、可分性等等，並同樣亦取去那些“屬於感覺”的東西，如不可入性、堅硬性，以及顏色等等，則某種東西仍然可以從此經驗直覺中留存下來，此卽廣延與圖形。廣延與圖形屬於純粹直覺，此純粹直覺，卽使無任何現實的“感取(1) (senses) 之對象 ”或“ 感覺之對象 ”，它亦必作爲 “感性之一純然的形式” 而先驗地存在於心中。

[註(1)]: "感取" 德文是 "Sinne"，英文譯爲 "senses"。"感覺"
(sensation, Empfindung) 與 "感性" (sensibility, Sinnlich-
keit) 上文俱有解說；"感取" (senses) 在此出現，無有解說。下 §2
中正式提出"外部感取" (outer sense)，"內部感取" (inner sense)，
略有解說。此詞要想與 "感覺" 及 "感性" 分別開，在中文是很難造一
個詞的。普通都是渾淪混雜地隨便譯；我想了很久，特造 "感取" 一詞
以譯之。下 §2 中提出 "外部感取" 一詞時，康德繫之以解語云 "此是
我們的心靈之一特性"。什麼特性？說的亦太簡略。窺其意，此詞似是
表示由感而取，有取卽有著，卽取著於對象，故於感取說對象，外部感
取之對象，或內部感取之對象。此與感覺及感性當然不同。故譯爲 "感
取" 當可合其義，此卽是心靈之隨感性而取著或撲捉或攝取一對象之特
性也。接受性名曰 "感性"，一對象影響於表象機能所產生之結果名曰
"感覺"，根據感性與感覺而取著對象則名曰 "感取" ——此是一個有指
向作用的字。

先驗感性底一切原則之學我名之曰"超越的攝物學"[a] 。玆必   B36
須有這樣一種學問， 此學問形成超越的成素論之第 一 部分， 以
與 "討論純粹思想之原則並且被名曰超越的邏輯" 的那一部分區
別開。

因此， 在超越的攝物學中， 我們首先因着從感性中取去知   A22
性通過其概念所思的每一東西而孤離起感性， 這樣， 除經驗直
覺外， 便沒有什麼東西可以被遺留下來。其次， 我們亦將把那
屬於感覺的每一東西與此經驗直覺分離開， 這樣， 除純粹直覺以
及現象底純然形式外， 亦沒有什麼可以留存下來， 而此所說的現
象底純然形式便是感性所能先驗地供給的一切。在此種研究之行

程裏，將見有感觸直覺底兩個純粹形式，它們可用來充作先驗知識之原則，此卽空間與時間。我們現在將開始進行此兩個純粹形式之考論。

(a)處，康德有底注云:

只德國人通常使用 "aesthetic" 一詞以指表其他國人所叫做"趣味(審美)之批判"者。這種使用法肇始於 Baumgarten (1) 那位可欽佩的有分析力的思想家所作的無效果的嘗試，嘗試着想去把"幽美底批判討論"置於理性的（合理的）原則之下，因而想去把此批判討論之規律升格而為一門學問。但是這樣的努力是無收穫的。這所說的規律或判準，就其主要的(2)來源而言，只是經驗的，因而亦從不能用來充作決定性的(3)先驗法則，卽我們的 "趣味（審美）判斷" 必須為其所指導的那些先驗法則。反之，我們的審美判斷却正是那些規律底正確性之適當的考驗。為此之故，以下所說是適宜的，卽:或者(4)放棄依此"趣味（審美）批判"之意義而使用 "aesthetic" 這個名稱，而為感性論保留此名稱(此感性論是一真正的學問)——這樣，可接近古人底語言與意義，古人是［以此詞表感性的知識而］把知識區分為感性的（知覺的）知識與理智的知識的，這個區分是有名的區分——或不然，則當與思辨哲學共用之，一方面依超越的意義而使用之，一方面依心理學的意義而使用之(5)。

［註(1)］: 肯·土密斯注云: *A. G. Baumgarten* (1714-62)，著有"美學"(1750)。

［註(2)］：肯·士密斯注云："主要的"一形容詞為第二版所加。

［註(3)］：肯·士密斯注云："決定性的"一形容詞為第二版所加。

［註(4)］：肯·士密斯注云："或者"一詞為第二版所加。

［註(5)］：肯·士密斯注云："或不然"至整句尾為第二版所增加。

［譯者案：康德此處使用 "aesthetic" 一詞明言不取其 "趣味（審美）批判" 即美學之意義，而是取其 "感性論" 之意義，此則較近古，古人即以此詞表感性的知識（或云知覺的知識）。（注文原有希臘字，略）。依此，若當作一學名看，在此我提議譯為 "攝物學"，而於 Transcendental Aesthetic" 則譯為 "超越的攝物學"，此是 "先驗感性底一切原則之學"，即是 "超越的感性論"；而後文第二部分 "超越的邏輯" 則當譯為 "超越的辨物學"，因與普通邏輯不同故也。感性是經由 "感取" 以攝取外物，由此遂生感觸的直覺；知性則是用概念以思辨外物，由此遂形成辨解的思想。］

超越的攝物學

第 一 節

空 間

§ 2

此概念之形上的解釋

（此標題為第二版所增加）

藉賴着外部感取（感取是我們的心靈之一特性），我們把對象表象給我們自己為外於我們者（在我們之外者），而且一切無例外皆是在空間中者。在空間中，它們的形狀，量度，以及其互相間的關係皆是決定了的或是可決定的。內部感取（藉賴着此內部感取，心靈直覺到心靈自己或心靈之內部狀態），實在說來，實

不能給出關於作為一對象的靈魂自身之直覺；但是，縱然如此，這裏也有一決定性的形式，此即時間，單只在此時間中，內部情態底直覺才是可能的，因而也就是說，凡屬於內部決定的那每一東西皆是被表象於時間底關係中者。時間不能外部地被直覺，空間亦同樣很少能當作某種在我們之內的東西而被直覺。然則空間與時間是什麼呢？它們是眞實的存在嗎？它們只是事物底諸決定或諸關係，但其是事物之諸決定或諸關係卻是這樣的，卽如縱使它們不被直覺，它們亦必仍屬於事物本身，它們只是事物之這樣的底諸決定或諸關係嗎？抑或空間與時間是這樣的，卽：它

們只屬於直覺之形式，因而也就是說，只屬於我們的心靈之主觀構造，離乎此心靈之主觀構造，它們不能被歸給任何東西，不管是什麼東西，它們是這樣的嗎⑴？要想明白這些問題，讓我們首先「對於空間之概念作一解釋⑵」。「所謂解釋，吾意是對於那屬於一概念的東西之清楚的表象，雖不必然是窮盡的表象：一種解釋，當它含有那"展示一概念爲先驗地給與者"的東西時，此解釋便是"形而上的解釋"。」⑶

〔註⑴〕：此兩問，肯・斯密士譯略有改動而不甚適當。依原文及其他兩譯，此兩問當如此譯：抑或空間與時間固僅是事物之諸決定或諸關係，然而此諸決定或諸關係卻猶仍是這樣的，卽：縱使它們不被直覺，它們亦必屬於事物之自身：空間與時間是這樣的嗎？抑或空間與時間固只是事物之諸決定或諸關係，然此諸決定或諸關係卻實是這樣的，卽：它們唯只附着於直覺之形式，因而亦就是說，唯只附着於我們的心靈之主觀構造（主觀的如此這般之本性 subjektiven Beschaffenheit），設無此主觀構造，空間與時間之謂詞決不能被歸屬於（被添附於）任何東西上：空間與時間是這樣的嗎？

〔註⑵〕：肯・士密斯注云：此爲第二版文，第一版是："讓我們首先來考慮空間"。

〔註⑶〕：肯・士密斯注云：此一整句爲第二版所增加。

1.空間不是"從外部經驗而被引生出"的一個經驗的概念。因爲要想使某些一定的感覺可涉及某種在我之外的東西（卽是說，涉及某種東西在另一空間區域中，此另一空間區域乃不同於"我於其中發見我自己"的那區域者），並且同樣要想我能表象某些

・125・

一定的感覺爲互相外在而且互相鄰接者，因而也就是說，表象它們不只是爲不同的，而且是爲在不同的地位中的，則空間底表象必須被預設。因此，空間底表象不能從外部現象之關係中而經驗地被得到。反之，此外部經驗其自身畢竟只有通過那空間之表象才是可能的。

A24
B39
2.空間是一必然的先驗表象，此一先驗的表象形成一切外部直覺之根據。我們從不能把"空間之不在"（把"沒有空間"）表象給我們自己，雖然我們很能想空間爲空無對象者。因此，空間必須被看成是現象底可能性之條件，而不能被看成是"依靠於現象"的一種決定。空間是一先驗的表象，此一先驗的表象必然地形成外部現象之根據。（案第一版此下復挿入一第3條，見下附錄Ⅰ）。

A25
3.空間不是"事物一般"底關係之一辨解的，或如我們所說，一般的概念，而是一純粹的直覺。因爲，首先，我們只能將一整一空間表象給我們自己；而如果我們說及種種不同的空間，則所謂種種不同的空間我們只意謂其是那同一整一空間之部分。其次，這些部分不能先於那整一而無所不攝的空間，好像是要成爲"那整一空間所由之以被構成"的構成成分；反之，這些部分只能被思爲在那整一空間之內。空間本質上是一；其中的雜多，因而也就是說，諸空間底一般概念，只依於限制［之引出］。因此，隨之可說：一個先驗的，而不是一個經驗的，直覺實爲一切空間概念之根據。依同樣的理由，幾何命題，例如"在一三角形中兩邊之和大於第三邊"這個命題，從不能從線與三角形之一般概念中而被引生出，但只能從直覺中而被引生出，而此直覺實是先驗的，而且具有必然的確定性。（案此條在第一版爲第4條）。

4.空間是被表象爲一無限性的所與的(旣成的)量度。現在，每一概念必須被思爲是如此之一種表象，卽此表象是被含在一無窮數的不同的可能表象中爲它們的公共特性（記號），因而也就是說，此表象含有此無窮數的不同的可能表象於其自己之下；但是，卻沒有一個概念，如其爲概念而觀之，能被思爲含有一無窮數的表象於其自己之內。但是，空間之被思卻正是依此後一路數而被思；因爲空間底一切部分是無限地共在的。因此，空間之根源的（元初的）表象是一先驗的直覺，而不是一概念。（案此條乃第二版所改寫，第一版文，作爲第5條者，見下附錄Ⅱ。）

B40

[附錄Ⅰ]：在第一版中2條下插有如下之論證而爲第3條：

3.一切幾何命題底必然確定性，以及此諸幾何命題底先驗構造之可能性，皆是植基於空間底這種先驗的必然性。假定空間底表象是一後天獲得的概念，而且是一"從外部經驗一般而被引生出"的概念，則數學的決定底諸首要原則必不過只是一些知覺。因此，它們一切必亦分得知覺底偶然性；而"兩點間只有一條直線"必不會是必然的，它但只是經驗所常常教告者。那從經驗而被引生出的東西只有比較的普遍性，卽通過歸納而被得到的那普遍性。因此，我們只能說：就迄今已往所已觀察者而言，沒有"有多過三度"的空間曾被發見。（案：此義是屬於"超越的解釋"者，故第二版刪去之，另立一"超越的解釋"一專段以吸收之，此卽下正文§3。）

[附錄Ⅱ]：第一版第5條如下：

5.空間是被表象爲一無限性的所與的（旣成的）量度。一個一般性的"空間之概念"，如在一英尺以及在一古英尺（＝45吋）所同樣見到者，在關於量度中，不能決定任何事。如果在直覺底進程中不能有那"無限制性"，則沒有［空間］關係之概念能够產生出一個關於"此空間關係底無限性"之原則。

§3

空間概念之超越的解釋

所謂"超越的解釋"，我理解爲是對於這樣一個概念之說明，卽此概念可以作爲一原則，從此原則，其他先驗綜和知識底可能性可被理解。對此目的而言，以下兩點是必要的，卽：(1)這樣的知識實是從此所與的概念而流出，(2)此種知識只有依據"說明這概念"這說明之之特定模式之假定才是可能的。（案："這說明之之特定模式"或"特定的說明之之模式"卽是此"超越的解釋"這模式。此解釋模式之可能是根據"形而上的解釋"而來。凡不能對之作形而上的解釋者，卽那概念不是先驗地被給與者，卽不能對之作超越的解釋。）

幾何學是一種"綜和地然而卻亦是先驗地決定空間之特性"的科學。然則要想使關於空間底這樣的知識可以是可能的，我們的空間之表象必須是什麼呢？它必須在其根源上是直覺；因爲從一純然的概念裏，沒有"越出那概念之外"的命題，如在幾何中所見者，能被得到（引論，V）。復次，這種直覺必須是先驗

B41

的；　即是說，　它必須先於一個對象底任何知覺而卽在我們之內被發見，　因而也就是說，　它必須是純粹的直覺，　而不是經驗的直覺。因爲幾何命題盡皆是必然的，即是說，它們是與 "它們的必然性" 之意識緊緊於一起的；例如：空間只有三度。這樣的諸命題不能是經驗的命題，或換言之，不能是經驗底判斷，它們也不能從任何經驗底判斷而被引申出或被推演出（引論，Ⅱ）。

　　然則，　在心靈中如何能存有一外部直覺，　此外部直覺先於諸對象本身而存在，而且在此外部直覺中這些對象之概念又能先驗地被決定 —— 如何在心靈中能存有這樣一種外部直覺呢？　顯然，　這除以下所說，　沒有別法可使之存有於心靈中，　卽：　只有當這直覺只在主體中有它的座位，其在主體中有座位是由於它是主體之形式性格 (formal character, die formale Beschaffenheit)而然，藉賴着此形式性格，於主體爲對象所影響時，此主體卽得到對象之直接表象，卽是說，得到對象之直覺：只有當是如此云云時，外部直覺始能先於對象本身而存有於心靈中；因而也就是說，只有當這直覺只是 "外部感取一般" 之形式時，外部直覺始能先於對象本身而存有於心靈中。

　　這樣，我們的說明是 "使作爲一堆先驗綜和知識的幾何學底可能性爲可理解" 的唯一說明。任何 "不能作到這一點" 的其他說明模式，（雖然在其他方面它似乎可以有點類乎我們的說明），皆可依此判準以最大的確定性與我們的說明區別開。

從以上諸概念（諸義）而來的

結　論

(a)空間並不表象"事物在其自己"(things in themselves, Dinge an sich) 之任何特性，亦不依"事物在其自己"之互相關係而表象此"事物之在其自己"。那就是說，空間並不表象任何這樣的決定，卽此決定附着於對象自身，而且卽使當直覺底一切主觀條件皆被抽去時，此決定仍然留存下來。因爲沒有決定，不管是絕對的抑或是相對的，能夠先於此諸決定所屬的"事物之存在"而被直覺，因而也就是說，沒有決定能夠先驗地被直覺。

(b)空間不過是外部感取底一切現象之形式。它是感性底主觀條件，只有在此主觀條件下，外部直覺對於我們才是可能的。依是，因爲主體底接受性，卽主體底那"爲對象所影響"的容受力，必須必然地先於這些對象底一切直覺而存在，所以那是很容易被理解的，卽："一切現象底形式如何能先於一切現實的知覺而被給與，因而先驗地存在於心靈中"，這是很容易被理解的，而且"這形式，卽作爲一純粹直覺，一切對象必須在此純粹直覺中被決定，這樣的形式，它如何能先於一切經驗而含有那'決定這些對象底關係'的諸原則"，這也是很容易被理解的。

因此，我們能說及空間，說及廣延的事物等等，這只是從人類的立場而說及。如果我們離開了這主觀條件（只有在此主觀條件下我們始能有外部直覺），卽是說，離開了"可爲對象所影響"的這"可受影響性"，空間之表象不代表任何東西不管是什麼東西

（即什麼也不是，是無）。空間這個謂詞只有當事物顯現給我們
時始能被歸屬給事物，即是說，它只能被歸屬給感性之對象。我
們所名之曰感性的這種接受性之定常形式就是那一切關係即"對
象在其中能被直覺為外於我們者"的那一切關係之必要條件；而
如果我們抽去這些對象，那定常形式即是一純粹的直覺，而且它
得名曰空間。因為我們不能視感性底特殊條件為事物底可能性之
條件，但只能視之為事物底現象底可能性之條件，所以我們實能
說：空間總攝一切"顯現給我們而為外在者"的那些事物，但卻
不能說空間總攝一切"事物之在其自己"（所謂"事物之在其自
己"即是不管它們為什麼主體所直覺，亦不管它們是否被直覺抑
或不被直覺，不管這一切而說的事物即是"事物之在其自己"。）
因為就其他有思想的存有之直覺而言，我們不能判斷他們是否也
為那些像"限制我們的直覺而且對於我們是普遍地有效的"那樣
的條件所限制。如果我們把一種限制加到一個判斷底主詞之概念
上（此判斷即在此所加的限制下被作成），則這判斷便是無條件
地妥當有效的。"一切事物皆在空間中相鄰接"這個命題是在這限
制即"這些事物須被看成是我們的感觸直覺之對象"這限制下而有
效。現在，如果我們把這限制條件加到主詞之概念上而說：　"一
切事物，當作外部現象看，皆在空間中相鄰接"，則這規律便是
普遍地有效的而且是無任何限制的。因此，就那"能够外在地被
呈現於我們而為對象"的任何東西說，我們的解釋建立空間之"實
在性"，即空間之客觀有效性，但是，就事物當其通過理性，即
是說，不管我們的感性之構造，而即依其自身而被考量時說，我
們的解釋同時亦建立空間之"觀念性"。依是，就一切可能的外

部經驗說，我們肯斷空間之"經驗的實在性"；而同時我們卻亦肯斷空間之"超越的觀念性"——換言之，我們肯斷說：一旦我們拉掉以上所說的條件，卽拉掉把空間限制於可能經驗這種限制，因而遂把空間視爲某種"居於物自身之下而爲其底據"的東西（視爲某種"爲物自身所依靠"的東西），則空間便什麼也不是，是無。

空間是唯一的例外，除空間外，再沒有主觀的表象，涉及某種外部的東西者，能［同時］被說爲是客觀的［而且是］先驗的。因爲* 再沒有其他主觀的表象我們可由之引生出先驗的綜和命題，就像我們能從空間中的直覺而引生出之那樣（§3）。因此，嚴格地說，這些其他［主觀的］表象並沒有"觀念性"，雖然它們在以下所說的方面與空間之表象相契合，卽：它們只屬於我們的感性底樣式之主觀構造，例如，就像在顏色、聲音、冷熱底感覺之情形中，視聽觸底樣式之主觀構造，而顏色、聲音、冷熱等感覺，因爲它們是純然的感覺，而不是直覺，所以它們實不能以其自身產生任何對象之知識，尤其不能產生任何先驗的知識*。

案兩*號間之文是第二版之文，第一版中者如下：

因此，一切外部現象底這個主觀條件不能與任何其他主觀條件相比論。酒底味道並不屬於酒底客觀決定，縱使作爲一對象的酒，我們意謂之爲現象，酒底味道亦不能屬於酒這現象底客觀決定，它但只屬於嘗之之主體中的那感取之特殊構造。顏色並不是物體之特性（它們附隨於關於那些物體底直覺上），但只是視覺底感取之變形，此視覺底感取就是依一定的樣式爲光所影響者。可是另一方面，空間，由於它是外部對象底條件，

是故它必然地屬於外部對象之現象或外部對象之直覺。味道與
顏色並不是這必要的條件，即"單在其下對象始能對我們而為
感取底對象"的那必要的條件。它們是只當作這樣一些結果，
即偶然地為感官底特殊構造所加上去的一些結果，而與現象相
連繫。因此，它們不是先驗的表象，但只基於感覺，而實在說
來，在味道之情形中，這味道甚至是基於情感（苦與樂），即
作為感覺之一結果的那情感 (feeling, Gefühl)。復次，沒有
人能夠先驗地有一顏色之表象或任何味道之表象；可是，因為
空間只有關於直覺之純粹形式，因而它並不含有任何種感覺，
不管是何種，而且亦不含有任何經驗的東西，所以空間底一切
種類與決定能夠而且必須先驗地被表象，如若圖形之概念以及
圖形底關係之概念要發生時。只有通過空間，"事物必對於我
們而為外部的對象"，這才是可能的。

以上的解說只意在使人不要設想如在這裏所肯斷的"空間之
觀念性"能夠為如顏色臭味等這樣完全不適當的例子所說明。因
為顏色臭味等這一切實不能正當地被視為事物之特性，但只應被
視為主體中的一些變化，這些變化實在說來可以因人之不同而不
同的。在如顏色臭味等這樣的例子中，那根源上其自身只是現象
者，此譬如說，一枝玫瑰，卻被經驗的知性視為"一物之在其自
己"，縱然如此，此被誤視為"在其自己"之一物，就其顏色而言，
能不同地顯現到每一觀察者。另一方面，空間中的現象之"超越
的概念⑴"是一批判的提醒，提醒說：沒有在空間中被直覺的東
西是"一物之在其自己"，並提醒說：空間並不是一個"附着於

物之在其自己而爲其固具的特性"的形式，並提醒說："對象之在其自己"是完全不被知於我們的，並提醒說：我們所叫做外部對象者不過只是我們的感性之純然的表象，而我們的感性之形式則是空間。感性底眞正相關者⑵，卽物之在其自己，並不是通過這些表象而被知的，而且也不能是通過這些表象而被知的；而在經驗中，沒有問題曾就這眞正的相關者（物之在其自己）而被問及。

[註⑴]："現象之超越的概念"意卽對於現象之超離的概想，超離乎感性或可能經驗而想之。如此想之，現象什麽也不是，是無，此與說"空間之超越的觀念性"同。故云"現象之超越的概念是一批判的提醒"。此與康德所主張的"超越的觀念論"（函着經驗的實在論）有關。參看我的現象與物自身一書中第六章附錄：超越的觀念論釋義一文。

[註⑵]："感性底眞正相關者"，此所云"眞正相關者"既指"物之在其自己"而言，當該是"超離的相關者"（Transcendent Correlate）。嚴格言之，"感性底眞正的相關者"當該是現象，卽"內處的相關者"（Immanent Correlate）才是"感性底眞正的相關者"。康德在此用"眞正"一詞是不很妥當的，至少是不夠的，須加限制才行。

超越的攝物學

第 二 節

時 間

§ 4

時間概念之形而上的解釋

（此標題為第二版所增加）

1.時間不是一個"從任何經驗中而被引生出"的經驗概念。因為無論共在或相續，如果時間底表象不曾被預設為先驗地處在基礎之地位而為它們之根據，則它們俱不能進入我們的知覺之內。只有依據時間之預設，我們始能把一些就像"在同一時間內（同時地）存在着或在不同時間內（相續地）存在着"那樣的事物表象給我們自己。

2.時間是那"處在一切直覺之基礎地位而為其根據"的一個必然的表象。 在關於現象一般中， 我們不能把時間自身移去，雖然我們很能想時間為空無現象者。因此，時間是先驗地被給與的。只有在時間中，現象底現實性才是可能的。現象可盡皆消滅；但是時間（由於是現象底可能性之普遍條件）其自身不能被移除。

3.有關於時間關係的那些必然性的原則之可能性，或時間一般底公理之可能性，也是基於此先驗的必然性上的。時間只有一度；不同的時間不是同時的，而是相續的（恰如不同的空間不是相續的而是同時的）。這些原則皆不能從經驗中而被引生出，因為經驗既不能給出嚴格的普遍性，亦不能給出必然的確定性。我們必只能夠去說：共同經驗告訴我們"這是如此"；但卻並不能夠去說：共同經驗⑴告訴我們"這必須是如此"。這些原則作為規律是妥當有效的，只有在這些規律之下，經驗才是可能的；而這些原則是在關涉於⑵經驗中而教導我們，但卻不是藉賴着經驗而教導我們。

[註⑴]："共同經驗"康德原文是"共同知覺"（ die gemeine Wahrnehmung），三譯俱改為"共同經驗"。

[註⑵]：肯·士密斯注云：依第三版改 vor（在前）為 von（在關涉於）。*Max Müller* 譯為"在經驗之前"，是依"vor"而譯的，此不甚通，改之為是。

案此第 3 條當屬"超越的解釋"，亦如空間處之第 3 條當被略去，移在下文超越的解釋中。

4.時間不是一辨解性的或所謂一般性的概念，它但是感觸直覺底一純粹形式。諸不同的時間只不過是那同一整一時間底部分；而那"只能通過一獨個的對象而被給與"的表象就是直覺。復次，"不同的時間不能是同時的"這一命題並不是從一般性的概念中而被引生出。這個命題是綜和的，而且它不能只在概念中有其根源。它是直接地被含在"直覺與時間之表象"中。

5.時間之無限性不過是指表：每一決定性的時間量度是只有

通過那 "爲其根據" 的獨個整一時間之限制才是可能的。因此，這根源的表象，即這時間，必須當作 "無限制的" 而被給與。但是，當一個對象是如此之被給與（即當作無限制的或當作一整全而被給與），以至于此對象底部分以及此對象底每一量度只有通過限制始能決定地被表象，當一個對象是如此云云時，則那整全的表象（即對於那當作無限制的而被給與的一個對象之整全的表象）便不能通過概念而被給與，因爲概念只含有部分性的（或偏面的）表象[1]；反之，這樣的概念其自身卻必須基於直接的直覺上。

[註(1)]：　"因爲概念只含有部分性的表象"，肯·土密斯注云：此句在第一版是：　"因爲在概念之情形中，部分性的表象是先來者"。

§5
時間概念之超越的解釋
（此整段爲第二版所加）

在此，我可提及 §4 第3條，在那第3條處，爲簡單之故，我曾把那恰當地說是超越的解釋者置於形而上的解釋之題稱下。在此我可於那第3條所說者之外，再加上這意思，即：變化之概念，以及與變化相連的運動之概念（運動是地位之更變），只有通過時間之表象，而且亦只有在時間之表象中，才是可能的；並加上這意思，即：如果此時間之表象不是一先驗的（內部的）直覺，則沒有概念，不管此概念是什麼概念，能使 "一變化底可能性”爲可理解，卽是說，能使“在同一對象中的矛盾地相反的謂詞底結合之可能性”，例如“在同一地位中的同一事物底有與非有底結合之可能性”，爲可理解。只有在時間中，兩個矛盾地相反的謂詞始能相會合於同一對象中，卽是說，此在彼後地（相續地）相會合於同一對象中。這樣，我們的時間之概念說明了那“顯示於運動通論中”的一些先驗綜和知識底可能性，而這一些先驗綜和知識決不會是無收成的。

§6

從以上諸概念（諸義）而來的

結 論

(a)「時間不是這樣的某種東西，卽“它以其自己而存在着，或附着於事物而爲一客觀的決定，因而當抽掉事物底直覺之一切主觀條件時，它仍可留存下來”這樣的某種東西[1]」。假定時間眞是自存的，它必應是這樣的某種東西，卽“它必是現實的但却又不能是一現實的對象”這樣的某種東西。假定它眞是“附着於事物本身”的一種決定或秩序，它便不能先於對象而爲對象之條件，而且也不能因着綜和命題而先驗地被知或被直覺。但是，如果時間不過只是這樣的主觀條件，卽“單在其下直覺始能在我們之內發生”這樣的主觀條件，則“它先於對象而爲對象之條件而且因着綜和命題而先驗地被知或被直覺”這是完全可能的。因爲時間旣然不過只是那樣的主觀條件,則此一形式（卽其爲內部直覺底形式之這一形式）自能先於對象而被表象，因而也就是說，它自能先驗地被表象。

　　〔註(1)〕：案這一整句是依康德原文語法譯。 *Meiklejohn* 及 *Max Müller* 皆如此譯。肯・土密斯譯則稍變語法如下： 「時間不是某 種 "以其自己而存在着" 的東西，或某種 "附着於事物而爲一客觀的決 定" 的東西，因此，當抽掉 "它的直覺" 底一切主觀條件時，它便不 能留存下來。」這樣變換一下亦無不可。但是語中 "它的直覺"（its intuition）是什麽意思呢？康德原文"直覺"後跟有"derselben"一字， 此字在文法上可兩指，一指事物說，此指爲是，一指時 間 說，此 指 爲 非。肯・土密斯以 "its"（它的）譯之，如是逐成爲 "它的直覺"。"它 的"之它單數卽指時間說。"它的直覺" 卽是時間之直覺，卽對於時間底 直覺，但若如此，在此不通。何忽於此說對於時間底直覺？若是時間所 發的直覺，但時間不能發直覺。若是時間所領有的直覺，此則不是 "時 間之直覺" 一語之通常義；而且若如此解在此亦不通，因爲時間所領有 的直覺是內部直覺，何忽於此說內部直覺而限於內部直覺？ "它的直覺 "若改爲 "它們的直覺"，則人知 "它們的" 是指 "事物" 說。此或是 肯・土密斯之不愼寫爲 "它的"，或是錯解，以 "derselben" 指時間。 *Meiklejohn* 意譯爲 "事物底直覺" 是對的，甚 通 順 而 明 白。 *Max Müller* 則於 "derselben"一字略而未譯，如是則該句只成爲 "當抽掉 直覺之一切主觀條件時" 云云，此亦可也。本譯文是依康德原文語法如 *Meiklejohn* 之譯而譯。若用肯・土密斯譯，則於 "它的直覺" 當改爲 "它們的直覺"。

　　(b)時間不過是內部感取底形式，卽是說，不過是 "直覺我們 自己" 以及 "直覺我們的內部情態" 這直覺之形式。它不能是外

B50

部現象底一種決定；它既與形狀無關，亦與位置無關，但只與我們的內部情態中的諸表象之關係有關。正因為這種內部直覺不能給出形狀，所以我們努力想藉賴着類比之辦法去彌補這種缺無。我們藉賴着一條"進至無限"的線來表象"時間承續"，在那"進至無限"的一條線中，雜多構成"只是一度"之系列；而且我們從這條線底諸特性來推想時間底一切特性，但只有一點是例外，即：當這條線底部分是同時的時，而時間之部分卻總是相續的。「而亦依這一事實，即：一切時間底關係皆可被表示於一外部直覺中，這一事實，"時間之表象其自身即是一直覺"這亦是顯然的。」⑴

[註⑴]：案此一整句，依康德原文是如此："依乎此（即依上句所說藉賴着一條線而表象時間承續這層意思），這也是很清楚的，即：時間之表象其自身即是一直覺，此蓋因為一切時間關係皆可被表示於一外部直覺中之故"。

A34

(c)時間是一切現象（不管是內部的抑或是外部的）底先驗的形式條件。空間，由於它是一切外部直覺底純粹形式，是故它一往是有限制的；它只充作外部現象底先驗條件。但是，因為一切表象，不管它們是否有外部事物以為它們的對象，它們自身，當作心之決定看，總皆屬於我們的內部情態；而又因為此內部情態是處於內部直覺底形式條件之下的，因而也就是說，是屬於時間的，是故時間是一切現象（不管是內部的抑或是外部的）底一個先驗條件。它是內部現象（我們的靈魂底內部現象）底直接條

件，而因此，它也就是外部現象底間接條件。正恰如我能先驗地　　B51
說：一切外部現象皆存在於空間中，而且是依照空間之關係而先
驗地被決定，所以依內部感取底原則，我也能說：一切現象，不
管是內部的抑或是外部的，即是說，一切感取底對象，皆存在於
時間中，而且皆必然地處於時間關係中。

　　如果我們抽離了我們的"內部地直覺我們自己"之模式——藉
賴着此種直覺之模式，我們同樣亦可把一切外部直覺一起皆收攝
於我們的表象能力中(in der Vorstellungskraft zu befassen)
——因而遂如 "對象在其自身所可是者"那樣而理解對象，則時
間什麼也不是，是無。時間只在關涉於現象中始有客觀的妥實
性，此所謂現象就是我們視之爲我們的感取之對象者。如果我們
抽離了 "我們的直覺"之感性，即是說，抽離了那"專屬於我們"　　A35
的那種表象之模式，而只說及 "事物一般"，則時間便不再是客
觀的（意即不再有客觀妥實性）。因此，時間是 "我們（人類）
的直覺"之一純粹地主觀的條件（我們人類的直覺總是感觸的，
即是說，是就 "我們爲對象所影響"而說的），而若離開主體，
而以其自身而言，它便什麼也不是，是無。縱然如此，可是在關
涉於一切現象中，因而也就是說，在關涉於那 "能進入我們的經
驗中"的一切事物中，它卻必然地是客觀的。我們不能說："一切　　B52
事物皆存在於時間中"，因爲在這 "事物一般"之概念中，我們
是抽離了"直覺此諸事物"這種直覺底每一模式，因而也就是說，
是抽離了那種條件，即 "單在其下對象始能被表象爲存在於時間
中"的那種條件。但是，如果這條件已被加到事物之概念上，而
且我們說： "一切事物當作現象看，即當作感觸直覺之對象看，

皆存在於時間中”，則這命題便有合法的客觀妥效性與先驗的普遍性。

因此，我們所要執持的是時間之經驗的實在性，卽其在關涉於那一切“可被給與於我們的感取”的對象中的客觀的妥效性。而因爲我們的直覺總是感觸的，所以沒有對象它不符合於時間之條件而可在經驗中被給與於我們。

另一方面，我們否決對於時間要求絕對實在性這一切要求；卽是說，我們否決：時間，作爲事物之條件或特性，獨立不依於任何涉及——涉及我們的感觸直覺之形式這任何涉及，而絕對地隸屬於事物；屬於“物自身”的那些特性從不能通過感取而被給與於我們。依此，這一點卽是那構成時間之“超越的觀念性”者。我們因着“時間之超越的觀念性”這一詞語所意謂者乃是這個意思，卽：如果我們抽離了感觸直覺之主觀條件，時間便是無，而且它亦不能依“自存”或“附着”之路數而被歸屬給“對象之在其自身”（卽對象之離開其關聯於我們的直覺）。但是，此觀念性，就像空間底觀念性，必不可“因着虛假的類比類比於感覺[(1)]”而被說明，因爲若是以類比於感覺來說明，則“現象，感觸的謂詞所附着於其中者，其自身有客觀實在性”這是已被假定了的。可是在時間之情形中，這樣的客觀實在性是完全消失而不見的，除當此客觀實在性只是經驗的，卽是說，除當我們視對象本身只爲現象。關於這點，讀者可參看前節末所已說者（B45）。

[註(1)]：肯・士密斯注出康德原文是 “mit den Subreptionen

der Empfindung in Vergleichung zu stellen"，並意解之云：
此卽是說："時間與空間之觀念性必不可與歸給感覺的觀念性相混"。案
Max Müller 依康德原文如此譯："但是，此觀念性，就像空間底觀念
性，必不可與感覺底欺騙性相混，因爲在感覺之情形中，我 們 總 是 假
定：現象，感觸謂詞如聲色臭味這類的謂詞所附着於其中者，有客觀實
在性"。案如此譯亦甚通。因爲在 B45 關於空間之觀念性處，康德已明
言聲色香臭等感覺嚴格講並不是事物之特性，但只是主體中 的 一 些 變
化。但人們可誤視爲事物之特性，此卽是感覺之欺騙性。因此，當我們
一說到感覺時，我們總是假定聲色臭味這類感覺謂詞所附着的事物（現
象）有客觀實在性。感覺純是主觀的，它與客觀的現象相對而言。空間
與時間也純是主觀的，但是我們不能於說主觀的空間時間時，先假定它
的客觀實在性，先假定有個客觀實在的空間與時間。它的客觀實在性只
是其作爲直覺之形式條件，作爲現象之形式條件，不離感性時才有。若
一旦離感性，依"自存"或"附着"之路數而被歸給"對象之在其自己"，
則它便是無，此卽是其超越的觀念性。因此，此種觀念性不能用感覺這
類不適當的例子來說明。

　　若如肯・土密斯譯，就感覺說觀念性，不可以此觀念性來說明時間
空間之觀念性，此固不能算錯，但恐是推進了一步。因爲由此我們可想
到經驗的觀念論（包括巴克萊的獨斷的觀念論和笛卡爾的存 疑 的 觀 念
論）。我們當然也不能用巴克萊或笛卡爾就感覺現象所辯說 的 觀 念 性
（因而成爲經驗的觀念論）來說明時空之觀念性。但康德在 此 未 說 及
此，他只說感覺謂詞並不是事物之特性，只是主體中的一些變化，是以
當說感覺時，我們總是假定了此等感覺謂詞所附着的事物（現象）有客
觀實在性，此是就現象而說的 "經驗的實在論"，此不是經驗的觀念論
所能肯斷者。因此，當一說感覺，卽假定了"現象有客觀實在性"，此是
康德自己系統內所主張的客觀實在性，並不是笛卡爾的存疑 的 觀 念 論

（經驗的觀念論）中所肯定的"超越的實在性"，此後者並不是康德所許可的。若用肯·士密斯的譯法，人們可想現象所有的客觀實在性是笛卡爾經驗的觀念論中所肯定的"超越的實在性"，此則便成誤解。

又現象雖有客觀實在性，然既是現象，它必須是感觸直覺之所及，是在可能經驗中。若一離感性而單通過理性而思之，那便是"現象之超越的概念"，而此是一批判的提醒，此如前節末（B45）最後一句之所說。

此一複雜問題，我曾詳釋之於超越的觀念論釋義一文（現象與物自身第六章附錄）。

§7

說　明

〔關於時空底超越的觀念性之說明〕

對這學說，即承認時間之經驗的實在性，但否決它的絕對而超越的實在性，這學說，我曾聽見有才智的人是如此之異口同聲地發出一種反對，以至於我必須設想這種反對是要自發地發生於每一讀者，即"此種思維路數對之爲不熟習"的讀者身上。這反對是這樣的：　變化是眞實的　（此點已被我們自己的表象之遷轉所證明，　縱使一切外部現象，　連同此外部現象底變化，　皆被否決）。現在，變化只在時間中才是可能的，因此，時間是某種眞實的東西。在答覆此種反對上，這並沒有什麼困難。我承認這全部的論證。時間確然是某種眞實的東西，即是說，是內部直覺之眞實形式。因此，在關涉於內部經驗中，時間有主觀的實在性；

即是說，我實有時間之表象以及我的時間中的諸決定之表象。因 B54
此，時間須被視爲眞實的，實在說來，不是當作對象看而被視爲
眞實的，而是當作那作爲對象的"我自己"底表象之模式看而被
視爲眞實的。如果沒有這種感性之條件我卽能直覺我自己，或卽
能被另一其他存有所直覺，則這同樣的諸決定，卽"我們現在把
它們當作變化而表象給我們己"的這同樣的諸決定，必產生出這
樣一種知識，卽"時間底表象，因而也就是說變化底表象，皆無
法進入其中"這樣的一種知識。這樣說來，經驗的實在性須被允
許給與於作爲一切我們的經驗之條件的時間；依據我們的學說，
那須被否決的只是時間之"絕對的實在性"。時間不過是我們的
內部直覺之條件[a]。 如果我們從我們的內部直覺中把我們的感性 A38
之特殊條件拉掉，則時間之概念亦隨之而消失；時間並不附着於
對象，但只附着於那"直覺這些對象"的主體。

(a)處，康德有底注云：

　　我實能說我的諸表象彼此相隨而來；但這只是說我們意識
到此諸表象爲在一"時間承續"中者，卽是說，意識到它們爲與
內部感取之形式相契合者。因此，時間不是某種在其自身的東
西（案意卽不是自存的東西），它亦不是"附着於事物"的一種
客觀的決定。

　　但是，爲什麼這種反對（反對時間之觀念性反對否決時間之
絕對實在性之反對）是如此異口同聲地爲人所極力宣稱，而且亦
爲那些"沒有什麼很足以說服人的理由來反對空間之觀念性之主 B55

張"的人們所極力宣稱，其理由是如下文之所說。他們不期望能夠必然地去證明空間之絕對的實在性；因爲他們遭遇了觀念論，觀念論主張外部對象底實在性並不允許有嚴格的證明。另一方面，我們的內部感取底對象之實在性（我自己以及我的情態之實在性），〔他們辯說〕，是通過意識而直接地顯明的。前者可以只是一種幻像；而後者，依他們的看法，則不可否認地確然是某種眞實的東西。但是，他們所不能認知的乃是這一點，卽：這兩者實是在同一地位的，無論前者或後者，當作表象看，它們的實在性皆不能有疑問，而且在前者以及在後者這兩種情形中，它們皆只屬於現象，而這現象總有兩面，一面是"對象所依以在其自身而且卽以其自身而被觀看"的一面（其如此被觀看是不顧"直覺之"之模式，因此，其本性總仍舊是或然的），另一面是"這對象底直覺之形式所依以被計算在內"的一面。此形式（卽直覺之形式）不是要在"對象之在其自身"中被尋求，而是要在"對象所顯現到"的主體中被尋求；縱然如此，它實是而且必然地是隸屬於此對象之現象。

因此，時間與空間是知識底兩個來源，好些先驗綜和知識能從這兩個來源裏被引生出來。（純粹數學是這樣的知識之一顯著的例子，特別就空間以及空間底關係說的幾何知識是如此）。時間與空間，一併說來，是一切感觸直覺之純粹形式，因而也就是說，是那"使先驗綜和命題爲可能"者。但是，這兩個先驗的"知識來源"（由於只是我們的感性之條件）恰因以下之事實而決定了它們自己的範圍，卽：它們應用於對象是只在"對象被視爲現象"這限度內始應用於對象，而且它們並不能呈現事物是如"事物存

A39
B56

在於其自身"那樣而呈現之。此現象之領域是它們的妥效性之唯一的領域；假如我們越過這領域，則沒有客觀的使用能由它們而被作成。但是，空間與時間底這種"觀念性"[1] 可以讓"經驗知識底確定性"不受影響，因爲我們同樣能確保此經驗知識底確定性不管這兩個形式是必然地附着於"事物之在其自身"，抑或只是附着於我們的"直覺事物"之直覺中。（案卽使是附着於"事物之在其自身"，若以超越的觀念性視之，則於經驗知識底確定性亦無影響。但若以超越的實在性卽絕對實在性視之，則有影響。下文卽就絕對實在性說。案此整句吃緊在"觀念性"一義，"不管"句是多餘的，徒增無謂的麻煩。）

[註(1)]: "觀念性"肯•士密斯注云: 原文是"實在性"（Realität），依 *Laas, Adickes,* 及 *Vaihinger* 等改爲"觀念性"（Idealität）。

另一方面，那些"主張空間與時間之絕對實在性"的人們，不管其視時間與空間是當作"自存者"而視之，抑或是當作"附着者"而視之，他們必至與經驗自身底原則相衝突之境。因爲如果他們同意前一說法（此前一說法一般言之大抵是自然之數學的研究者所取的看法），則他們必須承認兩個永恒而無限的自存的"非實物"（空間與時間），這兩個"非實物"存在在那裏（但卻不是任何眞實的東西）只是爲的好去把那一切是眞實者包括於其自身中。如果他們採用後一說法（此如某些"自然之形而上的研究者"所宣稱者），而且視空間與時間爲現象底關係，卽相鄰或相續的現象之關係（這些關係是從經驗中抽象出的，而在此抽象之孤離

A40

B57

中，亦是混闇地被表象的），則他們便要被迫着不得不去否決先驗的數學陳說在關涉於眞實的事物中（例如在關涉於空間中的眞實事物中）可有任何妥效性，或至少也要去否決它們的必然的確定性。因爲這樣的確定性並不是可被發見於經驗命題（後天的東西 the a posteriori）中者。依此看法，實在說來，空間與時間之先驗的概念只是想像之產物，此想像之產物其來源實須在經驗中被尋求，因爲想像是從"抽自經驗"的關係裏架構起某種東西，其所架構起的這某種東西實可含有那"在這些關係中是一般性的東西"者，但它之存在着卻並不能沒有"自然所曾粘附之於這些關係上"的那種限制而存在着。前一派人（卽自然之數學的研究者）至少得有這利益，卽：他們把現象領域開放給數學命題。可是一方面，他們又卽因着那兩個條件〔卽永恒，無限，而自存的空間與時間這兩個條件〕而極端地困窘了他們自己，當他們努力想以其知性走出這現象領域之外時。後一派人（卽自然之形而上的研究者）實在說來，在以下一點上亦有一種利益，卽：空間與時間之表象並不阻碍他們的前途，如若他們想去判斷對象不是當作現象而判斷之，但只依其關聯於知性而判斷之。但是，因爲他們不能訴諸一眞正而客觀地妥當有效的先驗直覺，所以他們既不能說明先驗的數學知識之可能性，復亦不能使經驗底命題與此先驗的數學知識必然地相契合。依據我們的關於感性底這兩個根源形式底眞正性格之學說，那兩組思想家所有的困難皆可被移除。

A41
B58

　　案：此評兩派得失，文太簡，人不易懂，須略加疏釋。持

"自存"說者大體是科學家（自然之數學的研究者），當時是意指牛頓以及其追隨者而言。此一派人"至少得有這利益，即：他們把現象領域開放給數學命題"。此是説，在永恒無限而自存的時空上所成立的數學命題可以在現象領域中應用而有效。"可是另一方面，他們又即因着那兩個條件［即永恒無限而自存的空間與時間這兩個條件］而極端困窘了他們自己，當他們努力想以其知性走出這現象領域之外時"。此是説：當吾人越過現象領域而進至超絶領域而説及上帝時，吾人如何能擺脱那兩個永恒無限而自存的 "非實物" 之實有？上帝是無限的實有，時空又是兩個自存的無限實有，這兩方的關係又如何呢？這很足使他們困窘的。此義見下§8一般省察中最後一段所説。案康德是向超絶領域方面説他們的困難。這裏當然亦可説有困難，可是這樣的困難科學家很可不意識到，或他們可根本不管，這只是哲學家的問題，這與他們的宗教信仰亦可無關，我只於時空這樣説罷了。若然，我們仍可回來看他們的"得"，究竟"得"到什麼程度。他們可把現象領域開放給數學命題，可是當數學命題應用於現象時，他們亦並不基於客觀有效的先驗直覺，蓋因為他們主張時空是自存的絶對實有，有絶對實在性，即牛頓所謂絶對的，數學的時空。若如此，則有絶對實在性的時空上的數學命題與現象還是隔而不通的，這很可如愛因斯坦之所説："數學當其不關於實物時（不應用時）是確定的，當其有關於實物（應用）時是不確定的"。（此義自相對論與數理邏輯出現後大體為近人所共許）。然則其"得"之函義只如此，則亦同樣"不能説明先驗的數學知識之可能性，亦不能使經驗底命題與此先驗的數學知識必然地相契合"。自存的時空上的數學命題很可自成一套，亦很可不是康德所說的先驗的數學知識（根本不是知識），而只是一套概念底遊戲，甚至亦無所謂概念，亦無所謂時空，而只是一套無意義的符號遊戲，此則終歸於形式主義的數學論，此不能說錯，只是與應用於經驗無關。然則到應用於現象時，還是靠經驗與歸納，此即成愛因斯坦所謂不確定的。其自身為確定的，只是套套邏輯地確定的。落到自存的時空上，此亦即是康德所說此自存說"必至與經驗自身底原則相衝突"（不落到自存的時空上，只就套套邏輯說，則只是不相干，亦無所謂衝突）。康德只說"把現象領域開放給數學命題"這好處，此實說的含混而不盡。開放是開放了，但其歸結却是另一套思想。如果康德的主張是必然的（至少他自己認為是必然的），則此亦不能算是一種"得"。此句無多大實義，如此說他們的好處只為的要說他們走出現象領域以外時之困難。

至於持"附着"說者大體是哲學家（自然之形而上的研究者），康德心目中是指來布尼兹及其追隨者而說。持此"附着"說者"在以下一點上亦實有一種利益，即：空間與時間之表象並不阻碍他們的前途，如若他們想去判斷對象不是當作現象而判斷之，但只依其關聯於知性而判斷之。"此是說，當對象不關聯於感性（此即不是一現象），但只關聯於知性（此則便只是知性之所思），則空間與時間之表象於他們並無阻碍。但此無阻，只表示這種表象只是知性概念之所思，而並沒有接觸到具體的真實物，因而對於對象亦無具體的表象，即是說，無有直覺性的表象。如此，雖不為碍亦無用，因為這只是概念之遊戲。而一旦當具體地接觸到對象時，則時空之表象又只是經驗的，從其所附着之事物之關係中抽象出來，由想像而構成。如是，此附着說便"不能說明先驗的數學知識之可能性，亦不能使經驗底命題（經驗上的數學命題）與此先驗的數學知識必然地相契合（在必然的契合中）"。此卽是"否決先驗的數學陳說在關涉於空間中的真實事物中可有任何妥效性，或至少也要去否決它們的必然的確定性"，此亦卽是"與經驗自身底原則相衝突"。

最後，超越的攝物學除含有空間這與時間兩個成素外，不能再含有更多的成素。這一點從以下之事實看來是顯明的，卽：一切其他"屬於感性"的概念，甚至運動之概念（在此運動之概念中，時間與空間這兩個成素被統一起來），皆預設某種是經驗的東西。運動預設"某種可運動的東西"底知覺。但是，在空間這一方面，若就其自身而思量之，其自身中卻並沒有什麼可運動的東西。（案意卽空間自身不會運動）。結果，可運動的東西必須是某種"只通過經驗而被發見於空間中"的東西，因此，它必須是一經驗的與料。依同樣的理由，超越的攝物學也不能把變化之概念計算於其先驗的與料間。時間自身並不起變化，但只是某種"存在於時間中"的東西才會起變化。這樣，變化底概念預設"某種存在着的東西"底知覺以及"此存在着的東西底諸決定底相續"之知覺：那就是說，它預設經驗。

B59

§ 8

對於超越的攝物學之一般的省察

I. 要想避免一切誤解，則盡可能清楚地去說明關於"感觸知

A42 識一般"底基本構造我們的看法是什麼，這是必要的。

我們所要想去說的是：一切我們的直覺不過是現象之表象；
我們所直覺的物並不是在其自身就像我們直覺之為"存有"者那
樣(1)，它們的諸關係也不是在其自身就像"它們現於我們"那樣
而被組構成(2)，而如果主體，或甚至只是感取一般之主觀構造，
被移除，則空間與時間中的對象之"全部構造與一切關係"，不，
甚至空間與時間自身，必一起皆消失。作為現象，它們不能存在
於其自身，但只能存在於我們。對象在其自身而且離開我們的感
性底這接受性它們可是什麼，這是完全不被知於我們的。我們只
不過知道我們的"覺知它們"這"覺知之"之模式——這一模式乃即
是那"特屬於我們，而且不必然為每一存有所分得，雖然確為每
一人類的存有所分得"的那種模式。我們單只是和這模式有關。

B60 空間與時間是這模式底純粹形式，而感覺一般則是它的材料。單
是前者（即空間與時間）我們始能先驗地知之，即是說，先於
一切現實的知覺而知之；因此，這樣的知識即被名曰"純粹直
覺"。後者（即感覺）是那"在我們的知識中引至知識之被名
曰後天的知識，即被名曰經驗的直覺"者。前者以絕對必然性
（或絕對必然地）附着於我們的感性中，不管我們的感覺是何種

A43 感覺；後者可存在於種種樣式中（可依種種樣式而存在）。縱使

我們能使我們的直覺達至最高度的清晰，我們也決不會因此便可更接近於"對象在其自身"之構造。我們必仍然只知道我們的"直覺之模式"，即是說，只知道我們的感性。我們實須完整地知此感性，但總只在空間與時間之條件下知之——這條件根源上是附着於主體中者。"對象在其自身是什麼"，這從不能成為可被知於我們者，縱使通過"那單是給與於我們者"之最明朗的知識，即通過"這些對象底現象"之最明朗的知識，那也從不能成為可被知於我們者。

[註(1)]：案此句是就"物"說，"我們所直覺的諸物並不是在其自身就像我們直覺之為存有者那樣"，此句若較明白地說之，當該是如此，即：我們所要去直覺之的那諸物它們之在其自身之存有並不是就像我們直覺之為現象式的存有那個樣子。頭一個動詞直覺是虛提，第二個動詞直覺是實直覺到，一旦實直覺到之，它們就成現象，"直覺之為存有"就是直覺之為現象式的存有。至於"它們之在其自身"之存有是什麼，這是完全不能成為被知於我們的；但是我們至少也知其不會像我們直覺之為現象式的存有那個樣子，即是說，其存有不是現象的存有。

[註(2)]：此句是就物之"諸關係"說。"它們的諸關係也不是在其自身就像它們現於我們那樣而被組構成"，此句若詳細說出來當該是如此，即：我們所要去直覺的那諸物之諸關係它們之在其自身也不是就像此諸關係現於我們那樣而被組構成。此說"在其自身"是就"關係"說，關係之在其自身並不是就像它們現於我們那樣而被組構成，此即等於說"諸物在其自身"底諸關係並不是就像其現於我們那樣而被組構成。此好像是說諸物之在其自己也有一套關係，此諸關係並不像其現於我們那樣。前句說物，此句說物之關係。康德依現象與物自身之超越的區分，

在此書之開始作此簡別，既於物可說物自身與現象不同，當然於關係亦可說物自身之關係與現象之關係不同，人們亦不會覺到此可有什麼問題。但若貫通全書而觀之，甚至貫通到實踐理性之批判，貫通到康德全部系統，而觀之，究竟於物自身處是否尚可以說關係，物自身是否尚可以有一套關係而不同於其現於我們者，這很成問題。不管我們人類有沒有智的直覺，物自身總是可對應智的直覺而說，譬如對應上帝的智的直覺而說。若如此，依中國的傳統，真透徹物自身與智的直覺之實義，則於物自身處實不能說關係，亦實不能說物自身尚有一套關係而不同於其現於我們那樣，如"物之在其自身"之爲存有不同於物之現於我們而爲現象式的存有。康德於此未能透徹，其在此書之開始作此簡別尚甚粗疏。

如果我們真要去承認這看法，即：我們的全部感性不過是事物之混闇的表象，此一混闇表象只含有那"屬於物之在其自身"者，但是其含有那屬於物之在其自身者是在一種"我們不能自覺地分別之"的"符號與部分表象"之集合下而含有之：如果我們真承認了這看法，則感性之概念以及現象之概念必被弄成是虛假的（作廢了的），而我們之關於感性與現象的全部主張亦必被弄成是空洞而無用的。因爲一混闇表象與一清明表象間的差異只是邏輯的，而且它並無關於內容。"正當"（right, Recht）之概念，在其常識的使用中，無疑可包含有那一切東西，即"最精微的思辨能由此概念以發展出"的那一切東西，雖然在其通常的而且是實踐的使用中，我們並未意識到那包含於此思想（即此"正當"之概念）中的雜多表象。但是，我們不能說：此通常的"正當"之概念因此（因未意識到其中的雜多表象）便是感觸的，而

B61

且它含有一純然的現象。因爲"正當"從未能是一現象；它是知　　A44
性中的一個概念，而且它表象行動底一種特性（道德特性），此
特性是屬於"行動之在其自身"者。另一方面，直覺中的一個物
體之表象並不含有什麼"能屬於一對象之在其自身"者，但只含
有某種東西底現象，並含有"我們於其中（或所依以）爲那某種
東西所影響"的模式；而我們的知識機能底這種接受性即被名曰
感性。縱使那現象對於我們能完全成爲透明的，這樣的知識也必
仍然完全不同於"對象在其自身"之知識。

　　來布尼玆與沃爾夫底哲學，依其這樣視"感觸的"與"智思的"
這兩者間之差異爲只是邏輯的而言，它對於一切關於"我們的知
識之本性與起源"的研究給了一完全錯誤的方向。此差異顯然完
全是超越的。它並不只是如此兩者之或爲清明的或爲混闇的而只　　B62
有關於此兩者之［邏輯的］形式。它有關於此兩者底起源與內容。
此差異不是說：用我們的感性，我們除依一混闇的樣式不能依任
何其他樣式知"物之在其自身"之本性；我們不能依任何樣式，
不管是什麼樣式，了解"物之在其自身"。如果我們的主觀構造被
移除，則這被表象的對象，連同"感觸直覺所賦與於這對象"的
性質，是無處可被發見的，而且它亦不可能被發見。因爲那"決
定對象之形態⑴爲現象"者正是這主觀的構造。

　　［註⑴］：形態（Form）在此不應當譯爲"形式"。若譯爲形式，人
　　可想是指時間空間說，但這是不通的。"決定對象之形態爲現象"，簡單
　　地說，即是"決定對象爲現象"。決定之爲現象者正是這主觀的構造，是
　　故若離開這主觀的構造，這對象便無處可被發見，亦即對象根本不能顯
　　現給我們，即根本不能成爲一個現象。

A45　　　通常我們在現象中把那"本質地附着於現象之直覺中而且對一切人類中的感取皆可成立"者，和那"只偶然地屬於現象之直覺，而且不是在關聯於感性一般中妥實有效，但只在關聯於一特殊的立場或關聯於此感取或彼感取中的結構之特殊性中妥實有效"者，區別開。如是，前一種知識被宣布爲去表象"對象在其自身"，後者則被宣布爲只去表象對象底現象。但是這種區別只是經驗的。如果，如一般常有的那樣，我們突然停止在此點上，而並不，如我們所應當的那樣，進而去視經驗的直覺其自身爲純然的現象，（在此經驗的直覺中，沒有什麼屬於"一物之在其自己"的東西可被發現），則我們的超越的區分便是迷失了的（或

B63　失敗了的）。如是，我們相信我們能知道"物之在其自己"，而這相信能知之是毫不管這事實的，卽：在感取之世界中，無論我們如何深入地研究此世界中之對象，我們只有事於現象。在陽光照射下的陣雨中的虹可以被叫做是一純然的現象，而雨則被叫做是"物之在其自身"。如果雨這概念是依一純然地物理的意義而被理解，則如此名之自是正確的。如是，雨將只被視爲是這樣一種東西，卽"它在一切經驗中而且在一切其關聯於感取的種種位置中是這樣地而不能有別樣地被決定於我們的直覺中"這樣的一種東西。但是，如果我們依此經驗概念之一般性格而理

A46　解之，並且不必考慮它對一切人類的感取而言是否是這同一者，而只問它是否表象"一對象之在其自己"（此所謂"對象之在其自己"我們不能意謂它是雨滴，因爲雨滴，當作現象看，它們早已是經驗的對象），則關於"表象之關聯於對象"之問題頓時變成是超越的。如是，我們見到：不只雨滴是純然的現象，而

且甚至雨滴底圓狀，不，甚至雨滴所落入的空間，亦不是什麼在其自身者，而但只是我們的感觸直覺之"變形或基本形態"（modifications or fundamental forms: Modifikationen oder Grundlagen），而"超越的對象"[1]仍然不被知於我們。

[註(1)]：案此"超越的對象"一詞是指"物之在其自己"說，與後文"範疇之超越的推證"（第一版者）中所說的"超越的對象＝x"不同。須注意。

我們的超越的攝物學之第二點重要之事就是：它決不是只當作一可稱許的假設而得到其令人贊成，它定須有那種確定性以及其可免於懷疑性，卽要求那"要充作一個工具"的任何學說所應有的那種確定性與免於懷疑性。要想使這確定性完全足以令人信服，我們將選取一例案，因着此例案，所採取的立場之妥效性將被使成為顯然的，而此例案亦將可用來去把 §3 中所已說者置於一較清楚的光線中。　　　　　　　　　　　　　　　　B64

讓我們設想空間與時間其自身是客觀的，而且是"物自身"底可能性之條件。首先，在關於空間與時間中，顯然有很多先驗地必然的而且是綜和的命題。這點在空間方面尤其如此，因此，我們的主要注意在此研究中將被指向於空間這方面。因為幾何學底命題是先驗地綜和的，而且是以必然的確定性而被知的，所以　A47我提出這問題：你從何處得到這樣的命題？知性在其努力想去達到這樣絕對地必然的而且是普遍地妥當的眞理中，它依靠於什麼東西上？這裏除通過概念或通過直覺外，這並沒有其他路數；而概念與直覺或是先驗地被給與的或是後驗地被給與的。它們若是後驗地被給與的，即是說，概念是經驗的概念，而直覺復亦是經驗的直覺，此經驗的直覺即是那些經驗的概念所基於其上者，如是，則無論概念或直覺其所產生者除其自身亦是純然地經驗的綜和命題（即亦是經驗底一個綜和命題）外，它們皆不能產生出任何別樣的綜和命題，而其所產生的那經驗的綜和命題亦正因其是經驗的之故，所以它亦從不能有必然性與絕對普遍性，此必然性與絕對普遍性乃是一切幾何命題之特徵。至於就達到這樣的知識（即有必然性與絕對普遍性的知識）之首要而唯一的辦法說，即就通過純然的概念或通過直覺依一先驗的樣式以達到之說，則顯然從純然的概念裏，只有分析的知識可被得到，並不是綜和的知

B65　識能被得到。例如，"兩條直線不能圍一空間，而單用兩條直線亦沒有圖形是可能的"，試取此命題為例，你試想從直線之概念以及數目"兩"之概念引申出此一命題。或取另一命題為例，如"設有三條直線，一圖形是可能的"，你試想依與上相同的樣式，從這命題所包含的概念引申出此命題。你這樣作，一切你的勞力俱是白廢；你見出你被迫着要回到直覺，如在幾何中所總是要如

A48　此者。依此，你在直覺中給你自己一個對象。但是，此直覺是何種直覺？它是一純粹的先驗直覺抑或是一經驗的直覺？假定它是一經驗的直覺，則沒有普遍地妥當有效的命題能從它那裏發生出來，尤其沒有一必然的命題能從它那裏發生出來，因為經驗從未能產生出這樣的命題。因此，你必須在直覺中先驗地給你自己一個對象，並把你的綜和命題基於此直覺上。如果在你之內不曾存有一種先驗直覺之力量；如果那主觀條件，就其形式而言，不同

時也就是這普遍的先驗條件，單在此普遍的先驗條件之下，這外部直覺底對象其自身才是可能的；又如果這對象（例如三角形）是某種在其自身的東西，不和你這主體有任何關聯，則你如何能說：那必然地存在於你之內而為一三角形底構造之主觀條件者必須必然地屬於那三角形之本身？如是，你不能把任何新的東西（三角形）加到你的概念（三條線之概念）上，以為某種“必須必然地在這對象中被遇見”的東西，因為〔依據那種想法卽上"如果"句所說的那種想法〕，此對象是先於你的知識而被給與的，而不是因着你的知識而被給與的。因此，如果空間（時間亦然）不是只是你的直覺之一形式，此一形式含有一些先驗的條件，單在此等先驗的條件下，事物始能對你而為外部的對象，而若無此等主觀條件，外部對象其自身便什麼也不是，是無，如果空間不是如此云云時，則就外部對象說，你不能依一先驗而綜和的樣式決定任何事，不管是什麼事。因此，「空間與時間，當作一切外部與內部經驗底必要條件看，它們只是一切我們的直覺之主觀條件，而且在關聯於這些主觀條件中，一切對象亦因而只是現象，而並不是當作“物之在其自己”而被給與於我們（此“在其自己”之物卽是依“在其自己”之樣式而存在者）」，這層意思不只是可能的或或然的，而且亦是不可爭辯地確定的。亦因此故，當關於現象之形式有好多可先驗地被說及時，但是對於“物之在其自己”卻不能有任何什麼事可被肯斷。此“物之在其自己”可以居於這些現象之下而為其底據。

B66

A49

案：第一版文止於此。此下至結論皆為第二版所增加，

Ⅰ，Ⅱ，Ⅲ，Ⅳ亦為第二版所標。

以上Ⅰ段函有兩方面的義理，一是說明"感觸知識一般"之基本性格，二是藉幾何命題說明超越的攝物學有不可懷疑的確定性。在第一方面的義理中，康德說明他所主張的"現象與物自身之分"是超越的，來布尼茲的"清明知覺與混闇知覺之分"只是邏輯的，而陸克的"第一性與第二性之分"則只是經驗的。這一些鑒別我名之曰超越的攝物學之哲學的函義，而第二方面的義理則是其數學的函義。下Ⅱ，Ⅲ，Ⅳ三段都是哲學的函義。

Ⅱ．在確立外部感取與內部感取這兩者底觀念性[1]（理念性），因而也就是說，一切感取底對象（作為純然的現象者）底觀念性（理念性），這種學說中，那特別相干的就是去觀察：在我們的知識中，凡屬於直覺的那每一東西——苦樂之感以及意志因為不是知識故除外——其所包含的除純然的關係外沒有別的；即是說，除一直覺中的地位（廣延）之關係，地位底遷轉（運動）之關係，以及"這種遷轉所依以被決定"的那諸法則（諸運動力）之關係外，再沒有別的。那現存於這個或那個地位中者是什麼，或那離開地位之遷轉而運作於物自身中者是什麼，這並不是通過直覺而被給與的。現在，"一物之在其自己"（eine Sache an sich）不能通過純然的關係而被知；因此，我們可以歸結說：因為外部感取所給與於我們的不過只是關係之表象[2]（除純然的關係表象外不給我們任何東西），所以此外部感取在其表象中只能包含有"一對象對於主體之關係"（一對象之關聯於

主體），而並不能包含有"對象在其自身"之內部特性。此義在
內部感取上亦同樣成立，其所以同樣成立不只因爲外部感取之表
象構成這適當的材料，卽"我們用之以充塞我們的心靈"的那適
當的材料，而且亦因爲時間（在此時間中，我們安置這些作爲適
當材料的表象，此時間其自身是先於"經驗中的這些表象之意識"
的，而且它形成這些表象之根據以爲"我們所依以安置這些表象
於心中"的那模式之形式條件），其自身卽含有相續之關係，共
在之關係，以及那與相續共在者，卽持久者之關係。現在，那
作爲表象而能先於"思考任何物"這種思考之任何活動以及每一
活動而存在者就是直覺；而如果那個東西所含有的不過只是關係
（除含有關係外不含有任何別的東西），則它卽是直覺之形式。
因爲這個形式，除當某種東西被置定於心中外，它不能表象任何
東西，所以它亦不過就是這模式，卽"心通過它自己的活動（卽
通過它的(3) 表象底置定這種置定活動）所依以被影響，因而亦就
是說，所依以爲它自己所影響"的那模式；換言之，此形式不是
別的，它不過就是一內部感取之在關涉於此感取之形式中（它不
過就是內部感取之就其形式說的那形式卽時間）。

B68

[註(1)]："外部感取與內部感取這兩者底觀念性，因而也就是說，
一切感取底對象（作爲純然的現象者）底觀念性"，此中所謂"觀念性"
意指"超越的觀念性"而言，與說時間空間之"超越的觀念性"同，不
是柏克來所說的"觀念"之觀念性。"外部感取與內部感取這兩者底觀
念性"是虛籠地說者，說實了卽是"一切感取底對象之觀念性"，因而
也就是"現象底觀念性"。"現象底觀念性"就是B45、 A30中所說的

"空間中的現象之超越的概念是一批判的提醒"語中的"現象之超越的概念"。因此，"現象底觀念性"意卽現象而若離開感性而視之便什麼也不是，是無，意卽只是一個空觀念或理念。此義若貫通着後辯證部所說的"超越的觀念論（或理念論）"便可明白。因此，觀念性是康德自己系統中的觀念性，是依其所說的"理念"而來的，因此也可以說理念性——超越的理念性。康德是不准就知覺現象本身說觀念（idea）的，如柏克來之使用。他使用 idea 是順柏拉圖的傳統，不過轉成理性底概念，因此曰"理念"。他所說的現象底觀念性或理念性是其超越的觀念性（理念性），是指現象離開感性，超絕地思之，而說，不是指直覺中的現象本身而說。直覺中的現象正是實在的，不是空觀念，此正是其經驗的實在性。凡此俱見超越的觀念論釋義一文（現象與物自身第六章附錄）。康德在此只說"觀念性"是很糊塗的，很容易使人用柏克來的"觀念"來想。此段文本是第二版重新反省全書後加上去的，在他本人是一貫的，而在表達上，在此開端的攝物學中不應如此簡略，好像是注語一樣，而應完整地明確地說出來。

［註(2)］："關係之表象"（Verhältnisvorstellungen），康德原文是有"表象"字的，他兩譯俱有此字，肯・士密斯譯略，是否是故意地略去抑或是一時的疏忽，不得知，因爲略而不譯亦無大影響，但譯出爲是，玆據補。

［註(3)］："它的表象"，"它的"，康德原文是 "ihrer"（它們的），肯・士密斯依 Kehrbach 改爲 "seiner"（它的）。

凡通過一感取而被表象的每一東西迄今總只是現象，因此，我們必須或者不承認有一內部的感取，或者我們必須承認：那作爲這內部感取底對象的主體能夠通過這感取只作爲現 象 而 被 表象，而不是如"如若該主體之直覺只是自我活動，即是說，只是智的直覺，則該主體必應只判斷其自己"那樣而被表象。這全部的困難就是關於"一個主體如何能內部地直覺其自己"這問題之困難；而這問題之困難也就是"公共於每一學說"的一種困難。"自我"之意識（統覺）就是"我"之單純的表象，而如果那"在主體中是雜多"的一切東西皆是因着"自我之活動"而被給與，則內部的直覺必應是智的直覺。在人這方面，此自我之意識要求對於那"在主體中先行地被給與"的雜多有內部的知覺，而"此雜多所依以在心中被給與"的那模式，當作"非自發的"看，必須被名曰感性。如果"達於一個人的自我之意識"底這機能要想去求得（去攝取）那處於心靈中者，則這機能必須影響這心靈，而亦只有依此路數，這機能始能引起一對於其自己之直覺。但是，這種直覺底形式（此形式先行地存在於心中），在時間之表象中，決定這模式，即"雜多所依以一起皆存在於心中"的那模式，既然如此，是故那機能直覺它自己不是如"如果它是直接地自我活動的，它必應只表象它自己"這種樣子而直覺它自己，而是如"它為它自己所影響"那樣而直覺它自己，因而也就是說，如"它現於它自己"那樣而直覺它自己，而不是如"它之自在"（它之所是）那樣而直覺它自己。

B69

案: 此段文原文與上文聯而為一，不分段。茲分之以便領悟。此段文函義十分精微，但表達的却又非常繳繞，須略於疏解。時間是內部感取之形式。內部感取以主體例如"我"為其對象。但在時間這形式條件下通過內部感取而表象主體，這主體是只當作現象而被表象，而不是當作"這主體之在其自己"而被表象，此即是說，我們只能以感觸直覺表象之（直覺之），而不能有他樣的直覺例如"智的直覺"以直覺之。此是此段文之總義。康德在此正式提出"智的直覺"以與"感觸直覺"相對顯。

"如若該主體之直覺只是自我活動，即是說，只是智的直覺，則該主體必應只判斷其自己"。我們先把此語句提出來視為對於智的直覺之說明。此中所謂"該主體之直覺"即是由該主體所發的直覺，即該主體所有的直覺活動。如若該主體所有的直覺只是"自我活動"，即此主體自身之"自我活動"即是它的直覺，而不是經由被影響始有直覺。此種自我活動即是直覺，此直覺即是智的直覺，而不是感觸的直覺。如若該主體的直覺只是自我活動，即只是智的直覺，則通過此直覺而有所判斷亦必只是判斷此主體自己（即此主體之在其自己），而不是判斷那主體之現象。此時無現象可言，因為智的直覺只與"一物之在其自己"如如相應，用於此主體，即與"此主體之在其自己"如如相應，此即所謂"只判斷其自己"之意，可是通過內部感取而表象主體，則那主體是只作為現象而被表象，而不是像"通過智的直覺，只判斷該主體自己"那樣而被表象。

又，"如果那在主體中是雜多的一切東西皆是因着自我之活動而被給與，則內部的直覺必應是智的直覺"。此是對於智的直覺之另一說明。智的直覺之此義尤深遠，此即是智的直覺之創造性。在智的直覺下，本無所謂雜多，無所謂要被綜和起來的雜多，但通過主體之自我活動（此即是其直覺，其智的直覺）必有種種事行被產生出來，此種種事行亦可方便說為雜多（其義不同於感觸直覺中的雜多），此即"在主體中是雜多的一切東西皆因著自我之活動而被給與"一語之意。"被給與"實即被產生，不是認識論地被給與，而是存有論地被產生，嚴整一點說，就是被創生。此義若非真切於王學不能知之。依王學，吾人之主體實可如此。依康德，吾人之主體是不能如此的，因為吾人並不能有智的直覺故，吾人的直覺只是感觸的直覺。智的直覺之創造性只可屬於上帝。但若就主體說，王學實可至此。

最後"如果達於一個人的自我之意識底這機能要想去求得（去攝取）那處於心靈中者，則這機能必須影響這心靈，而亦只有依此路數，這機能始能引起一對於其自己之直覺"。此是就吾人之內部感取以直覺心靈這個主體自己說。"達至自我意識底這機能"，"機能"德文是"Vermögen"，英文俱譯為"faculty"。那麼此所謂"機能"就是"心能"此心能要想去攝取那處於心靈中者，它必須影響這心靈。"心能"是提起來作主（作要去作攝取活動的主體）說，"心靈"是擺在那裡作客說，其實就是心靈去攝取其自己中的東西。它要想攝取其自己中的東西，它必須影響它自己。心靈感動地影響其自己，它始能直覺其自己（對於其自己引起一直覺），就是心靈感性地自己影響自己，始能直覺自己，而這樣地直覺其自己，其自己就變成現象，而不是"其自己之在其自己"（心靈這主體之在其自己）。好像一外物要為心靈主體所攝取，它必須影響這心靈主體始能被攝取，而此時它即是現象，而攝取之之主體亦即是感性的主體（即發生外部感觸直覺的主體）。心靈感性地自己影響自己而去攝取因而去直覺其自己（此時它即方便地被說為去攝取之或去直覺之之機能或心能），其自己遂變成現象（心象），而不是"心靈主體（作對象的主體）之在其自己"，而"去直覺之"之直覺亦是心靈主體（能作直覺活動的主體）所發之內部的感觸直覺，而不是智的直覺。此即如本段最後之所說云云。此義在後文第二版"範疇之超越的推證"中尤詳說。

康德只承認上帝才有智的直覺，因此，他只在概念上思考這種直覺底意義與作用。但這理境亦太深奧。我們必須通過中國哲學即儒釋道三家底奧義勝義來親切地並真切地把握此種直覺，因為中國哲學是肯定我們人類可有這種直覺的。詳見中國哲學與智的直覺，以及現象與物自身。

Ⅲ. 當我說：外部客體底直覺在空間中表象此客體，心靈主體底自我直覺在時間中表象此心靈主體，其表象之也，皆同樣是如"其影響我們的感取"那樣而表象之，即是說，如"其所現"那樣而表象之，當我如此說時，我並不是意謂說：這些對象（外部客體與心靈主體之為對象）是一種純然的幻像（illusion, Schein）。因為在一現象中，客體，不，甚至我們所歸給客體的那些特性，總是被看成是某種現實地被給與的東西。但是，因為在所與的對象之關聯於主體中，這樣的諸特性是依靠於主體底直覺之模式的，所以這個作為現象的對象是要與其自己之作為"客體之在其自身"區別開的。這樣，當我主張說：空間底性質以及時間底性質，（依照此空間與時間之性質，我既置定物體又置定我自己的

靈魂，以空間與時間底性質作為它們的存在之條件），是居於我
的直覺之模式中，而並不是居於那些"客體之在其自身"中，當我
如此說時，我並不是說物體只是似乎是存在于我之外，我的靈魂
只是似乎是在我的自我意識中被給與。如果我由那 "我應當視之
為現象" 的東西而造成純然的幻像[a]，那必是我自己的錯誤。那
種幻像並不能當作是 "我們的原則即一切我們的感觸直覺底〔超
越的〕觀念性這原則之一後果" 而被推出——完全相反：那隨我
們的原則而來者正好不是幻像，而是經驗的實在性。只有當我們
把 "客觀的實在性" （案當為超越而絕對的實在性）歸給表象底
形式（卽空間與時間）時，那才不可能去阻止每一東西之因此而
被轉成純然的幻像。因為，如果我們視空間與時間為 "必須被發
見於物自身" 的特性（如果這些特性真是可能的時），又，如果
我們反省那些悖謬，卽"我們因如此視空間與時間而被捲入其中"
的那些悖謬，卽在那兩個無限的東西中之悖謬（此兩個無限的東
西不是實體物，也不是 "現實地附着於實體物" 的任何東西，然
而它們卻又必須有存在，不，它們必須是一切事物底存在之必要
條件，而且縱使一切存在着的事物被移除，它們復亦必須繼續去
存在着），則我們便不能責怪那有德的柏克萊，卽以其把物體貶
抑到純然的幻像而責怪之。不，甚至我們自己的存在，在其被弄
成是這樣地依靠於一個 "非實物" （如時間）底自身潛存的實在
性中，亦必必然地以此非實物之自存而被轉成純然的幻像——這
一種悖謬卻是 "尚無人曾犯及之" 的一種悖謬。

B70

B71

　　(a)處，康德有底注云：

B70

　　現象底謂詞能在關聯於我們的感取中被歸給客體本身，例如紅色或香味能被歸給玫瑰。〔但是那是虛幻的東西則從不能作為謂詞而被歸給一個對象（其所以不能被歸給一個對象是因為這充分的理由，卽：它若是當作謂詞而被歸給一個對象，則我們便是把那“只在關聯於感取中，或一般言之，只在關聯於主體中，而屬於客體”的東西歸屬於“此客體之對其自己”(1)），例如以前曾被歸給土星的那兩個柄把便不能作為謂詞而被歸給土星這個對象。〕(2) 凡是這樣的東西，卽“當其與客體之表象為不可分離時，它便不是在客體之在其自身中被發見，但總是在其關聯於主體中被發見”這樣的東西，它便是現象。依此，空間與時間之謂詞是正當地可被歸給感取之對象之卽如其為感取之對象；而在此亦無虛幻可言。可是，另一方面，如果我把紅（紅性之紅）歸給“玫瑰之在其自己”，〔把兩個柄把歸給土星〕(2)，或把廣延歸給一切外部的“對象之在其自己”，而對於“這些對象之關聯於主體”這決定性的關聯却並未予以注意，而且亦並沒有把我的判斷限制於那種決定性的關聯上，則虛幻便立卽發生。

　　〔註(1)〕：康德原文是 “dem Objekt für sich”，意卽“客體之對其自己”(object for itself)。“對其自己”卽表示不對於主體，卽不關聯於主體，此與“在其自己”稍不同，但義相屬。“客體之在其自己”固與主體無關，卽“客體之只對其自己”而不對於吾人之主體亦與主體無關。肯·士密斯譯為 “the object, taken by itself”（以其自身

而觀的客體）便扣的不緊，不甚能達。後來黑格爾（Hegel）最喜歡言“在其自己”，“對其自己”，雖套在辯證歷程中言之，然辭語俱來自康德，是故不必轉換譯之，只如原文譯為“對其自己”便可明白。*Meiklejohn* 直譯為“此客體之在其自己”，雖不對應，然義近之。

〔註(2)〕：肯·士密斯注云：“我括之於〔 〕號中之文與主要的論證相衝突，此或是一較後的增文，不謹慎地插入者”。我未見有若何衝突處。此當依超越的觀念論函着經驗的實在論，而超越的實在論函着經驗的觀念論，去了解。

現象不是幻像，這是康德的“經驗的實在論”。幻像不是“感觸直覺底觀念性”這一原則之一後果，此中所謂“感觸直覺底觀念性”就等於說“現象底超越的觀念性”，此是康德的“超越的觀念論”。 超越的觀念論函着經驗的實在論。把感取底對象（現象）弄成幻像，與夢幻無以異，這是經驗的觀念論或材質的觀念論，此如柏克萊之獨斷的觀念論，或笛卡爾之之然的觀念論（亦曰存疑的觀念論）。依康德，經驗的觀念論函着超越的實在論（此當只適合於笛卡爾的或然的觀念論，因為柏克萊無“超越的實在”一義，此則康德未予指出）。只有當我們把空間與時間（再加上現象）視為有“絕對的實在性”，才不免把現象弄成幻像。此所說與第一版“純粹理性底誤推”中所說者以及“背反底解決“中所說者相同。不過此處未提出這些正式的名詞，而說的又簡略而隱晦，故極不易了解。其實，在這裡若正式嚴整地而且詳盡地擺出，當更好。

“現象底謂詞，在關聯於感取中，能被歸給客體本身，例如紅色或香味能被歸給玫瑰”。此是就“現象之經驗的實在性”而說。但是若把現象弄成幻像，則幻像卻不能當作謂詞而被歸給一個對象，此如兩個柄把終不能歸給土星。此是隱指經驗的觀念論或材質的觀念論而說。我們之所以不能把幻像當作謂詞而歸給一個對象，康德明說是因為這理由，卽：倘若把它當作謂詞而歸給對象，那我們便是把那“只在關於感取中，

　　或一般言之，只在關聯於主體中，而屬於客體"的東西歸屬於"此客體之對其自己"。只在關聯於感取或主體中而屬於客體者 固 是 現 象（表象），卽其所屬之客體亦是現象，此亦表示此客體是在關聯於感取或主體中之客體，而不是此客體之在其自己而且只對其自己之客體。客體在關聯於感取或主體中有所呈現，因而吾人把這呈現歸給此現 象 義 的 客體，此卽此注文首句所說"現象底謂詞，在關聯於感取中，能被歸給客體本身"。此所謂"客體本身"當然是指現象義的客體而言，這不是"客體之在其自己"。可是，若把這在關聯於感取或主體中呈現因而屬於現象義之客體而爲現象之謂詞者歸屬於"此客體之對其自己"，這便成錯誤。"客體之對其自己"意卽客體之關聯於其自己而不關聯於感取或主體。把那"現象之謂詞"歸屬於"客體之對其自己"，意卽好像此現象之謂詞是在客體之對其自己中（只關聯於其自己中）呈現因而逐被歸屬於"此客體之對其自己"，實卽被歸屬於"此客體之在其自己。這當然是一種誤屬。但是，客體之在其自己而且只對其自己而不關聯於感取或主體，這乃根本是超越而絕對的實在，根本不在經驗中，卽 不 在 知 識中。若現象底謂詞所屬之客體是如此之客體，則感覺中的東西（現象以及現象之謂詞）當然與如此之客體完全勾不上，因而逐塌落完全成爲幻像。旣然是幻像，當然無實在性；無實在性的幻像當然不能歸給對象，不管什麼義的對象，此如兩個柄把不能歸給土星。此明是隱指笛卡爾的經驗的觀念論函着超越的實在論而言。此與注文下文所說相符順。

　　此注文下文進而卽說明現象所以變成幻像，而歸於經驗的觀念論，卽是因爲那由誤屬而成的"超越的實在論"之故。超越的實在論「把紅（紅性之紅）歸給"玫瑰之在其自身"，（把兩個柄把歸給土星），或把廣延歸給一切外部的"對象在其自身"，而對於"這些對象之關聯於主體"這種決定性的關聯並未予以注意，而且亦並沒有把我的判斷限制於這種決定性的關聯上」，如是，落於感覺經驗上，逐把感覺現象變成純然的幻像。一方面，紅或廣延屬於"物之在其自己"，成超越的實在，一方面感覺現象卽成純純然的幻像。幻像當然不能歸給對象，不管是什麼義的對象。此與上文之解說無以異，不知何故肯·土密斯覺得此種解說與主要的論證相衝突。故他所加的〔 〕號是多餘的。恐未能握住康德之思理。紅與廣延當作現象看是實在的，歸給物自身，這是錯誤，因而它們便成虛幻的，猶如兩個柄把歸給土星。既有此誤屬與虛幻，故感覺現象亦全成幻像。幻像當然不能歸給對象。此中有兩層幻義，曲折多一點，康德只舉柄把爲例，指兩幻義，好像說明上少了一層曲折，然義相屬，說有衝突則非是。

又，德文有兩個字，英文俱譯爲 Object（對象）；一個是 Objekt,此則自同於英文的 Object ， 一個是 Gegenstand ， 此則英文亦譯爲 Object ， 英文並無另一字以譯之。在中文，前者可譯爲"客體"，後者可譯爲 "對象"。大抵說 "客體" 是比較虛泛，說 "對象" 就比較落實，是與我面對面擺在那裡者。當然若順英文俱譯爲"對象"亦能表達，無多大影響，但有時分別譯較好，如上正文開頭那一句，分別譯之則較顯明。此若嚴格執行，須一一查對德文。但恐亦不須。

Ⅳ. 在自然神學裡，我們思考一個對象（上帝），祂不只是從未對於我們而爲直覺底一個對象，而且甚至對其自己祂亦根本不能是感觸直覺底一個對象，因此，在思考這樣一個對象中，我們須留心或注意去從祂的直覺上（因爲一切祂的知識 必 須 是 直覺，而不是思想，思想總包含着限制）把時間與空間之條件移除去(1)。但是，如果我們先已使時間與空間成爲 "物之在其自身"之形式，而且這樣，由於它們是事物底存在之先驗條件，是故縱使事物本身被移除，它們亦必仍留存下來，如果是如此云云時，則我們以什麼權利能去把它們從上帝之直覺上移除去呢？由於它們是"一切存在一般"底條件，是故它們也必須是上帝底存在之條件(2)。如果我們不能這樣視它們為一切事物之客觀形式，則唯一另一可能的辦法便是去視它們為我們的內部與外部的直覺之主觀形式，此內外部的直覺被名曰感觸的直覺，而亦正因此故，它不是根源的直覺，即是說，它不是就像"直覺自身就能把直覺底對象之存在給與於我們"那樣的直覺——這樣的一種直覺，當我們能判斷之時（或當我們能理解之時），它只能屬於根源的存有（肇始萬物者 primordial being, nur dem Urwesen）。我們的內外部的感觸直覺是依靠於對象之存在的，因而亦就是說，只有當主體底表象能力（faculty of representaion, Vorstellungsfähigkeit）為對象所影響時，它才是可能的。

[註(1)]：為什麼要從祂的直覺上把時間與空間之條件移除去？因為儘管一切祂的知識皆必須是直覺而不是思想，但是祂的直覺卻不是感觸的直覺（祂根本不能對其自己是感觸直覺之一對象，意卽祂不能感觸地直覺祂自己，而祂直覺萬物也不能感觸地直覺萬物），因此，祂的直覺決不能以時間與空間為條件，是故我們必須從祂的直覺上把時間與空間之條件移除去。

[註(2)]：案此句有問題。縱使說時間與空間是"物之在其自身"之形式，因而說它們是"一切存在一般"之條件，這亦並不必然函着說"它們也必須是上帝底存在之條件"。因為說"物之在其自身"時，並不必把上帝也包含在內，因為上帝並不是一"物"，乃至一"物"之在其自己。因此，說"一切存在一般"時，也不必把"上帝底存在"包含在內。康德如此辯說是有問題的，至少是疏略，而且他常常喜歡這樣辯說。

康德可說: 如果上帝底存在不以時空爲條件, 祂如何能創造一個以時空
爲形式的 "物自身"? 如果先已視時空爲 "物自身" 之形式, 則上帝底
存在亦必須以時空爲形式, 因此我們不能從祂的直覺上把時空拉掉。如
此辯說來反證不能視時空爲 "物自身" 之形式, 這是不如理的。時空當
然不能是 "物自身" 之形式, 但如此辯說有問題。關此, 吾曾詳論之於
現象與物自身第三章 II.6 , 讀者可參看。

　　"在空間與時間中去作直覺活動" 這種直覺活動之模式不需被
限制於人類的感性。"一切有限的, 能思考的存有在這方面皆必
然地與人類相契合", 這也許或可是如此, 雖然我們不能去判斷
是否現實上是如此。但是, 不管這種感性底模式是如何地普遍
的, 它總不會因此就不是感性。它是派生的直覺, 而不是根源的
直覺, 因而也就是說, 不是一智的直覺。依上面所述的理由, 這
樣的 "智的直覺" 似乎只屬於 "根源的存有", 它從不能被歸給
一 "依待的存有", 依待是在其存在以及在其直覺這兩方面皆是
"依待的" 這依待, 而這依待的存有通過其依待的直覺 (卽派生
的, 感觸的直覺) 決定其存在是只在關聯於所與的對象中決定
之⑴。但是, 這層解說必須只被視作我們的感性理論之一說明,
而不能被視作足以形成證明之部分者。

　　[註⑴]: 肯·土密斯對此句作注云: 此句或可較自由地譯爲: "這
　　依待的存有通過其依待的直覺(卽派生的, 感觸的直覺)意識到其自己之
　　存在是只在關聯於所與的對象中意識及之"。把 "決定"改爲"意識及",
　　是較好。

B73

超越的攝物學之結語

　　如是，在這裡，在純粹的先驗直覺卽空間與時間中，我們有一個因素，此因素是超越哲學底一般問題之解決所需要的因素，此一般問題卽是：先驗綜和判斷如何是可能的？當在先驗的判斷中，我們想去走出這所與的特定概念之外時，我們在先驗的直覺中碰到了那“不能在此概念中被發見”的東西，但這東西確然是在“相應於這概念”的直覺中而先驗地被發見的，而且是能够綜和地和那概念相連繫者。但是，這樣的判斷，由於其是這樣地基於直覺上，它們從不能擴張至感取底對象之外；它們只在可能經驗底對象上才是妥當有效的。

　　[譯者案]：此超越的攝物學（超越的感性論）措辭簡練，而函義甚豐。全部系統底發展可以說盡攝於此，亦可以說此是康德的全部系統之底據：它必須有綜攝性與足够性，因此，它是如此之隱含、透射、與晦澀，以至於若不隨文疏釋簡直無法了解，尤其是§7與§8為然，卽使翻出來亦無用。

　　在第一版中，關於時空底解釋各只有五條，並未開為形上的解釋與超越的解釋。此兩題稱是第二版所增加者，而超越的解釋底全文亦是第二版所增加者。依是，形上的解釋當該只有四條，其餘一條當該屬於超越的解釋。以此兩種解釋為中心，而有由此中心概念而來的結論，進而復有說明，以及一般的省察，而此一般的省察（§8）第一版只有Ⅰ段，Ⅱ，Ⅲ，Ⅳ三段以及最後的結語皆為第二版所增加。依此觀之，第一版只是初稿，隱而未發，不整齊，不嚴整，亦不圓足。整齊，嚴整，而圓足之者是第二版。即此第二版雖整齊，嚴整，而圓足，然因太簡練，有許多詞語亦未詳解，不夠清楚與明確，特別在關於觀念性（理念性）底說明處為然。

這一個措辭簡練而函義甚豐的攝物學，其甚豐的函義可有兩方面的申展：一是數學的，一是哲學的。數學的函義俱藏在超越的解釋中，辭雖簡而義則扼要。自廿世紀以來，因為邏輯、數學、與物理學底高度發展，大家都集中在這方面攻擊康德。然在此方面，康德亦並未死去。此由現今數理哲學中的直覺主義即可證明。直覺主義底基本概念皆從康德而來。吾不以為羅素的數學論比康德的為更佳，即使是形式主義亦未始非康德的批判的考察之所鑒及，只不過他說它是概念（或符號）底遊戲而已，它並未涉及數學判斷之可能，而形式主義本亦只是符號底遊戲。義各有當，而康德則各方面皆照顧到，扼要而圓足矣。但康德的數學論亦須有予以撐開與補充處。吾以前寫認識心之批判特重此方面，其思路亦簡略地述於後來之現象與物自身中。然吾當時對於超越的攝物學中之哲學的函義並不了了。此方面是康德的哲學智慧之所在。近年來通過此書底翻譯工作，遂逐漸注意這方面。與中國哲學相比較，尤見其精要。此一智慧永遠是常新的。此一智慧中之如許函義俱集中於"說明"（§7）與"一般省察"（§8）中。總綱是現象與物自身（物之在其自身）之超越的區分，繼之而來的是感觸直覺與智的直覺之對顯，以及超越的觀念論與經驗的實在論之相函，以及這一相函與彼超越的實在論與經驗的觀念論之相函，這兩種相函之對翻。由智的直覺，吾人可通過康德的道德哲學，將此一智慧與中國哲學相比較。由超越的觀念論與經驗的實在論，吾人可了解其全部攝物學與辨物學（超越的邏輯）底精髓。經驗的實在論是積極的（正面的），超越的觀念論是消極的（負面的）。但對於此後者，康德並無清楚而明確的說明。一般只籠統作解，未見諦義。關此，吾曾詳論之於超越的觀念論釋義一文，見現象與物自身一書之第六章附錄。

超越的成素論

第 二 部

超越的邏輯

（超越的辨物學）

引 論

超越的邏輯之理念

I

一般意義的邏輯

我們的知識是從心靈底兩個基本源泉而生出；第一個源泉是
"接受表象"這"接受之"之能力（印象底接受性），第二個源
泉是"通過這些表象而知一對象"這"知之"之能力（概念底自
發性）。通過第一個源泉，一個對象是被給與於我們的；通過第
二個源泉，這對象是在關聯於那種"是心靈之一純然的決定"的
表象中而爲被思的。因此，直覺與概念這兩者構成一切我們的知
識之成素，這樣，徒概念而若無"依某路數以相應於此概念"的
直覺固不能產生知識，徒直覺而無概念亦不能產生知識。直覺與
概念這兩者俱可或是純粹的或是經驗的。當它們含有感覺時（感
覺預設對象之現存），它們是經驗的。當沒有感覺與表象相混雜
時，它們是純粹的。感覺可被名曰感觸知識底材料。因此，純粹
直覺只含有這形式，卽"在其下某種東西可被直覺"的那形式；

· 177 ·

A51　而純粹概念則只含有"一對象一般"底思想之形式。單只純粹直
覺或純粹概念才是先驗地可能的，經驗的直覺與經驗的概念則只
是後驗地可能的。

　　如果我們的心靈底接受性，即只要當心靈依某種路數（不論
什麼路數）而被影響時，心靈底"接受表象"這"接受之"之能力，
須被名曰感性，則心靈之"從其自身產生表象"這"產生之"之
能力，即知識之自發性，即須被名曰知性。我們的本性是如此之
被構造成以至於我們的直覺決不會不是感觸的；即是說，我們的
直覺只含有這模式，即"在其中我們為對象所影響"的那模式。
另一方面，那"能夠使我們去思維感觸直覺底對象"的機能便是
知性。一種偏愛或優先權既不可以被給與於這一個能力而不被給
與於另一個能力，亦不可以被給與於另一個能力而不被給與於這
一個能力。若無感性，沒有對象會被給與於我們；若無知性，沒
有對象可被思想。思想而無內容是空的，直覺而無概念是盲的。
因此，"去使我們的概念成為感觸的，即在直覺中去把對象加到
這些概念上"，此事之為必要恰如"去使我們的直覺成為可理解
的，即去把它們帶至概念下"這事之為必要。這兩種機能或能力
不能交換它們的功能。知性不能直覺任何事，感取亦不能思維任
何事。只有通過它們的聯合，知識始能發生。但是，此義決不是
B76　"把這一個底貢獻混同於另一個底貢獻"之理由；它倒是"謹慎
A52　地把這一個與另一個分別開而彰顯之"之一堅強的理由。因此，
我們把"感性一般"底規律之學，即攝物學，與"知性一般"底
規律之學，即邏輯學，區別開。

　　又，邏輯可依一雙重方式，或被視為知性底一般 使 用 之 邏

輯，或被視爲知性底特殊使用之邏輯。前者含有思想之絕對必然的規律，若無此等規律，便不能有知性底任何使用，不管是什麼使用。因此，它論知性是並沒有顧及 "知性所可被指引到" 的那對象中之差異的。知性底特殊使用之邏輯則含有關於某種對象的正確思考之規律。前者可被名曰元素之邏輯，後者可被名曰此門科學或彼門科學之工具。後者通常是在學校中當作科學之一種預備而被講授的，雖然依照人類理性底現實程序而言，它是那最後被得到者，其爲最後被得到是如此，卽當某一有關的特殊科學是早已達至這樣完整之境，卽 "它只需要些微最後的修整或潤色以便去糾正它並去圓滿它"，這樣的完整之境時，它才被得到，故它是最後被得到者。因爲在可能 "去規定規律" 以前（規律卽是 "一門關於對象底科學所依之而被達成" 的那些規律），在考慮　B 77
下的那些對象必須早已是很完整地被知了的。

　　一般邏輯（普通邏輯）或是純粹的，或是應用的。在純粹的邏輯中，我們抽掉一切經驗的條件，卽 "我們的知性在其下被運　A 53
用" 的那一切經驗的條件，卽是說，抽掉感取底影響，想像底遊戲，記憶底法則，習慣底力量，性好底力量，以及其他等等底力量，因而亦就是說，抽掉一切偏見底根源，實在說來，就是抽掉那一切原因，卽 "此種知識或彼種知識所由之以發生或似乎要發生" 的那一切原因。因爲這一切原因之有關於知性是只當知性在某種境況下被使用時，它們始有關於知性，而要想去熟習這些境況，經驗是需要的。因此，純粹的一般邏輯只有事於 先 驗 的 原則，而且它是知性底規準與理性底規準，但其爲知性與理性之規準是只在關涉於 "那在知性與理性底使用中是形式的東西者" 中而為它們底規準，至於內容可是什麼，是經驗的，抑或是超越的，則不必問。一般邏輯，當它被引向於"在心理學所討論的主觀的經驗條件下"的知性底使用之規律時，它卽被名曰"應用的邏輯"。因此，應用的邏輯有經驗的原則，雖然就其涉及知性底使用而並沒有顧及對象中之差異而言，它實仍然是一般的。結果，它既不是"知性一般"底規準，亦不是特殊科學底工具，但只是普通知性底一種"消導劑"。

因此，在一般邏輯中，那構成純粹的"理性學"（die reine *Vernunftlehre*，純粹的理性之科學，卽純粹邏輯）的那一部分必須完全與那構成"應用的（雖仍總是一般的）邏輯"的那一部分區別開。恰當地言之，單只是前者才是一門科學，雖然實是簡要而乾燥無味的，因為知性底元素論之有組織的（有法度的）解釋不得不如此故。因此，茲有兩個規律，邏輯學家在討論純粹一般邏輯時必順謹記於心。此兩規律如下：

⑴〔此純粹一般邏輯〕，由於它是一般的邏輯，是故它抽掉知性底知識之一切內容，並抽掉知識底對象中之一切差別，而且它所討論者沒有別的，不過只是思想之純然形式。

⑵由於它是純粹的邏輯，是故它無關於經驗的原則，而且它亦並不要，如有時被設想的那樣，從心理學假借任何事，因此，心理學對於知性底規準是並沒有任何影響的。純粹邏輯是一組已證明了的斷義（eine demonstrierte *Doktrin*），而且其中每一東西必須是完全先驗地確定的。

我所名曰"應用邏輯"者（此相反於此名稱之通常的意義，依通常的意義，應用邏輯須含有一些練習，純粹邏輯為此練習給

以規律）是知性底一種表象並且是知性之 "在具體中" 的必然的
使用之規律之表象（所謂 "在具體中" 意即在偶然的主觀條件之
下，此等主觀條件可以阻礙知性之應用，亦可以有助於其應用，
而且它們一切皆只是經驗地被給與者）。應用邏輯討論注意，注
意底障碍與後果，討論錯誤底來源，討論懷疑，疑慮（遲疑或猶
豫），以及信服等之狀態。純粹一般邏輯和應用邏輯之關係同於
純粹道德學（即只含有 "一自由意志一般" 底必然的道德法則的那
純粹道德學）和那嚴格言之所謂德行論 (doctrine of the vir-
tues, *Tugendlehre*) 之關係──這德行論是這樣一種學問，即
它考論這些法則（必然的道德法則）是在人們多或少所易受到的
情感，性好，以及熱情等之限制下來考論之。這樣的一種德行論
決不能供給一眞正而又是證明了的學問，因為，像應用邏輯那
樣，它是依待於經驗的而且是心理學的原則的。

II

超越的邏輯

　　一般邏輯，如我們所已表明者，它抽掉知識底一切內容，即
是說，抽掉 "知識之關聯於對象" 這一切關聯，而且它在任何知
識之關聯於其他知識中只考論邏輯形式；即是說，它討論 "思想
一般" 之形式。但是，因為，如超越的攝物學所已表明者，有純
粹的直覺並亦有經驗的直覺，所以一種區別亦可同樣地在對象之
純粹的思想與經驗的思想之間被引出。在此情形中，我們必應有
這樣一個邏輯，即在此邏輯中，我們不能抽掉知識底全部內容。

B 79

A 55

B 80

此另一邏輯，卽它必只應含有一對象底純粹思想之規律，這樣的
另一個邏輯，它必只排除那些有經驗內容的知識。此另一邏輯亦
必討論那些模式之根源， 卽 "我們於其中 （或所依以） 知道對
象"的那些模式之根源， 它討論此等模式之根源是當此種根源不
能被歸屬於對象方面時始討論之 。 可是另一方面， 一般邏輯卻
並無關於知識底根源， 它但只依照法則考論諸表象，不管這些表
象根源上是先驗地存在於我們自己之內者， 抑或只是經驗地被給
與者， 其依照法則考論此諸表象， 此所謂法則是知性所使用的法
則， 知性之使用此等法則是當其在思考中把此諸表象互相關聯起
來始使用之。因此， 一般邏輯只討論那種形式， 卽 "知性所能賦
與於諸表象"的那種形式， 至於此諸表象從何來源而發生， 則不
必問。〔案： 正因此故， 一般邏輯可名曰邏輯， 而超越的邏輯可
意解爲 "超越的辨物學"， 而不名曰邏輯。〕

　　言至此， 我須作一注說， 此注說讀者必須牢記之於心中， 因
爲它擴展它的影響力擴展至一切相隨而來的後文(alle nachfol-
gende Betrachtungen） 。 並非每一種先驗知識皆須被 名 曰
"超越的知識"， 但只是那種先驗知識， 卽 "因着它，我們可知
道： 某些表象 （直覺或概念） 能以及如何能純粹先驗地被使用，
或是以及如何是純粹先驗地可能的"那種先驗知識， 才可被名曰
超越的知識。 那就是說， "超越的"一詞只指表這樣的知識， 就
像 "有關於知識底先驗可能性或知識底先驗使用"那樣的知識。
空間固不是一超越的表象， 卽空間底任何先驗的幾何決定亦不是
一超越的表象； 那單可被名曰 "超越的"者是這種知識， 卽知道
"這些表象並不是屬於經驗的起源的"這種知識， 並且知道 "這

可能性，卽這些表象雖非屬於經驗的起源的，但卻又能先驗地關聯於對象，這可能性"，這種知識：只有這種知識才可被名曰超越的知識。空間應用於"對象一般"這應用必同樣是超越的，但是，如果空間之應用只限於感取之對象，則此應用便是經驗的。因此，超越的與經驗的間之區別只屬於"知識之批判"；它並無關於"知識之關聯於其對象"。 A57

因此，在這期望中，卽期望"或可有一些概念，這些概念先驗地關聯於對象，不是當作純粹的直覺或感觸的直覺而先驗地關聯於對象，但只是當作純粹思想之諸活動——卽當作旣非是屬於經驗的起源的，亦非是屬於感性的起源 (aesthetic origin) 的諸概念——而先驗地關聯於對象"，在期望或可有這樣的諸概念這種期望中，我們爲我們自己，因着預測，形成那"屬於純粹知性與理性"的知識之學問之理念，因着這種屬於純粹知性與理性的知識，我們思考對象是完全先驗地思考之。這樣的一種學問，卽"它須決定這樣的知識之根源，範圍，以及客觀妥效性"這樣的一種學問，必須被名曰"超越的邏輯"（超越的辨物學），因爲，它不像一般邏輯那樣，須去討論理性底經驗知識與純粹知識這兩者，它只關心知性底法則與理性底法則，其關心之是只當這些法則先驗地關聯於對象時始關心之。 B82

Ⅲ

一般邏輯之區分爲分解的與辯證的

有一個從古就有名的問題，因着此問題，邏輯學家被設想爲

被逼入於一窘境，被迫使着或者去求助於可憐的詭辯，或者去承

A 58　認他們的無知，因而也就是說，去承認他們的全部技藝之空洞，

這個問題就是：什麼是眞理？眞理底名義上的定義，卽，"眞理

是知識與知識底對象之相契合" 這個定義，是被假定爲是當然

的；可是這所問的問題乃是關於"任何以及每一知識底眞理之一

般而確實的判準是什麼"之問題。

　　"知道什麼問題可以合理地被問及（被提出）"便早已是聰明

與洞見之一主要而必然的證明。因爲如果一個問題其自身卽是悖

理的，又如果它要求一解答，但卻無一解答是所需要的，則這問

題便不只使提出此問題者感到爲可恥，且可把一不謹愼的聽者誘

B 83　陷於悖理的答覆中，這樣，它便呈現出：如古人所說，"一人在

公山羊身上擠奶，而另一人則執一篩子於其下"，這滑稽可笑的

景象。

　　如果眞理是存於知識與知識之對象之相契合，則此對象必須

因着這種契合而與其他對象區別開；因爲如果知識與其所關聯到

的對象不相契合，則這知識便是假的，縱使它含有某種東西可以

在其他對象上有效。現在，眞理底一般判準必須是這樣的，卽：

它必應是在每一知識上皆是妥當有效的，不管這些知識底對象如

何變換。但是，顯然，這樣一個判準，［由於是一般的］，並不能

A 59　計及知識（關聯於其［特殊的］對象的知識）之［種種變換不同

的］內容。但是，因爲眞理正是有關於這種內容，所以去要求關

於這樣的內容底眞理之一一般的驗證（信號(1) Merkmale, sign,

mark），這乃是完全不可能的，而且實在說來亦是悖理的。眞理

之一充足的而同時又是一般的判準(2) (Criterion, Kennzeichen)

不可能被給與。因爲我們早已名知識底內容曰知識底材料，所以
我們必須準備去承認： 對於知識底眞理， 就論及知識底材料而
言，並沒有一般的判準可被要求。這樣的一種判準，依其本性而
言，必應是自相矛盾的。

[註⑴]："信號"德文原文是 Merkmale，肯·士密斯意譯爲驗證
（test）。

[註⑵]：判準，德文原文是 Kennzeichen，肯·士密斯 以 判 準
譯之， Meiklejohn 譯爲驗證（test）， Max Müller 譯爲記號
（mark）。判準正字是 Kriterium（＝Criterion），Merkmale 與
Kennzeichen 皆是此正字之變換表示。

但是， 另一方面， 就知識之純然形式看知識 （一切內容置
諸不論）， 顯然， 邏輯， 在 "它詮表知性之普遍而必然的規
律"這限度內，它必須卽在這些規律中供給眞理之判準（Crite-
ria）。不管是什麼，凡與這些規律相矛盾者卽是假的。因 爲 那
樣，知性必被弄成與其自己的一般的 "思想之規律" 相矛盾，因
而也就是說，與其自己相矛盾。但是，這些判準只有關於眞理之
形式，卽是說，只有關於 "思想一般" 之形式；而至此爲止，它
們是完全正確的，但是它們並不是以其自身卽是足夠的。因爲雖
然我們的知識可以與邏輯的要求完全相符順，卽是說，可不與其
自身相矛盾，然而 "它可與其對象相矛盾" 這仍然是可能的。眞
理之純粹地邏輯的判準，卽知識與知性及理性底一般而形式的法
則之相契合，是一不可缺少的條件 （必要的條件 conditio sine

B84

qua non），因而亦就是說，是一切眞理之消極的條件。但是，

A60 　邏輯亦只能至乎此，它不能越乎此而再有前進。它在發見這樣的

錯誤就像“錯誤不關於形式但只關於內容”這樣的錯誤上是並沒

有試金石的。

　　一般邏輯把知性與理性底全部形式程序化解成此程序所由成

之元素，並把這些元素展示成原則，卽對於我們的知識底一切邏

輯評判之原則（直譯：展示爲“我們的知識底一切邏輯評判之原

則”）。邏輯底這一部分，（此一部分因而可被名曰“分解的”），

可以給出那“至少是眞理之消極的試金石”者。此一部分底諸般

B85 　規律，在“我們進而去決定一切知識底內容在關涉於它們的對象

中是否含有積極的眞理”之前，必須先被使用，使用之以便去考

驗並去鑑定這一切知識之形式。但是，因爲知識底純然形式，不

管其可如何完整地與邏輯法則相契合，是遠不足以去決定知識之

實際的（客觀的）眞理，所以沒有人能夠膽敢只以邏輯之助去就

對象作判斷，或去作任何肯斷。我們必須獨立 不 依 於 邏輯，首

先得到可信賴的報告；只有那樣，我們始能夠依照邏輯法則去研

究此種報告之用處以及此種報告在一貫通的全體中之連繫，或直

可說始能夠依這些法則去檢驗此報告。但是，在一種甚爲貌似的

（虛假的像有道理的）技術（技藝）之所有物中有某種東西是如

此之誘惑，所謂虛假的技術是這樣的，卽通過這種像煞有道理的

技術，我們把知性底形式給與於一切我們的知識，不管就知識之

A61 　內容說，我們是如何地實無所知，卽在這樣一種虛假的技術之所

有物中有某種東西是如此之誘惑，以至於一般邏輯，本只是評

判(1)（評論，Beurteilung）之一規準（Canon）者，已被使用

為好像是一種工具（Organon），即至少是 "貌似的客觀肯斷"
（客觀肯斷之相似者）之現實的產生之工具（即用之可以實際產
生一貌似的客觀肯斷之工具），而這樣，一般邏輯遂被誤用。一
般邏輯，當其這樣被視為一種工具時，它即被名曰 "辯證的"。

[註⑴]: 評判或評論，肯・士密斯譯為 "判斷"（judgment），易
起誤會。康德原文是 "Beurteilung"，並不是 "Urteil"。

"古人所依以使用辯證一詞以為一種學問或技藝之名稱"之意
義不管是如何眾多，有種種不同，我們由他們之現實的使用（使
用此詞之使用）可以確定地歸結說: 在他們，這門辯證學不過就
是 "虛幻底邏輯"（Logic of illusion），除此以外，從不會
是別的。 這門辯證學是這樣一種詭辯的藝術， 即「因着 "模倣
邏輯所規定的有組織的通貫性" 這詭計，以及因着 "使用邏輯的
論題以隱蔽它的虛偽要求底空洞性" 這詭計，來產生無知，實在
說來，是產生有意的詭辯，產生真理底假象（den Anstrich
der Wahrheit）」，這樣的一種詭辯的藝術。現在，以下所說
可以當作一種確實而有用的警戒而被注意，即: 一般邏輯，如果
它被視為一種工具，它總是一 "虛幻底邏輯"，即是說，它是"辯
證的"。因為邏輯並不能教給我們以任何 "關於知識底內容"的
東西， 它但只設置一些形式條件， 即 "契合於知性" 這一種契
合之形式條件；而因為這些形式條件關於有關的對象並不能告訴
我們什麼事，所以任何試想去使用邏輯為一種工具，聲言要去擴
張並放大我們的知識，這種試想或企圖結果必一無所有，不過只

B86

A62 是純然的空談——在這種空談裏，我們用某種"貌似的眞實性"（plausibility）來維持任何以及每一可能的肯斷，或不然，如須取攻擊時，我們卽來攻擊任何以及每一可能的肯斷。

這樣的敎導是完全失禮於（或不相稱於）哲學之尊嚴的（完全有損於哲學之尊嚴）。因此，"辯證"這個名稱須要當作一種"辯證的虛幻之批判"而另樣地被使用，而且須當作一種"辯證的虛幻之批判"而被指派給邏輯。此"辯證的虛幻之批判"卽是"本書中辯證一詞所依以被理解"的意義（案意卽本書中使用"辯證"一詞等於"辯證的虛幻之批判"之義）。

IV

B87
超越的邏輯之區分為
超越的分解與超越的辯證

在一超越的邏輯中，我們孤立起知性（此如上面在超越的攝物學中我們孤立起感性），從我們的知識裏，把那"只在知性中有其根源"的思想之部分分離出來。〔只在知性中有根源的那思想之部分名曰純粹的知識。〕此純粹的知識之使用是依靠於這條件，卽「"此純粹知識所能應用於其上"的那些對象須是在直覺中被給與於我們的」，這條件。若無直覺，一切我們的知識是沒有對象的，因而也就是說，完全是空的。超越的邏輯底第一部分，卽"討論爲知性所產生的純粹知識底成素（案卽概念或範疇）以及討論原則（若無此等原則沒有對象能被思想）"的那一部分，就是"超越的分解"部。這一部分是"眞理底邏輯"。因

為沒有知識能與之相矛盾而不立即喪失一切內容的，即是說，喪
失 "關聯於任何對象" 這一切關聯的， 因而亦就是說， 喪失一
切真理性的。 但是， 因為單只以 "知性底諸純粹知識以及此諸
原則" 之自身而去使用此諸純粹知識與諸原則， 且甚至是超出
經驗底範圍之外而去使用此諸純粹知識與諸原則（須知只有經驗
始能給出 "知性底那些純粹概念所能應用於其上" 的材料即對
象），這樣地去使用之是十分誘惑的，所以知性便被引導着去冒
這危險，即 "對於知性底純粹的而且是純然地形式的原則，以一
種純然的合理性之展示 (with a mere show of rationality,
durch leere Vernünfteleien)， 去作一實際的使用"之危險，
以及 "無區別地對於對象作判斷"之危險── "對於那些不是給
與於我們的對象，不， 甚至或可說， 那些無論如何總不能被給與
於我們的對象， 作判斷"之危險。因為， 恰當地言之，此 "超越
的分解"部必須只被用為一種規準，即 "對於知性底經驗使用下
判斷（下評判）"這種 "下判斷或下評判"之規準，所以如果它
被請求為一種工具，即 "知性之一般而無限制的應用"之工具，
因而結果也就是說， 如果我們只以純粹的知性便膽敢就對象一般
去綜和地作判斷，就對象一般去作肯定並去作裁決，那它便是被
誤用了的。這樣，純粹知性底使用便變成 "辯證的"。因此，超
越的邏輯底第二部分必須形成對於這種辯證的虛幻底一種批判，
而且它將被名曰 "超越的辯證"，而其如此被名不是作為一種藝
術，即 "獨斷地產生這樣的虛幻"這 "產生之"之藝術（即不幸
為形上學的玩把戲者所通常習用的一種藝術），而如此被名，
但只是在關涉於知性與理性底超經驗的使用（hyperphysical

employment）中作爲對於知性與理性底一種批判而如此被名。

它將解明那些無根據的虛僞要求之虛假的、虛幻的性格，而且它將以那"不過只是對於純粹知性底一種批判的處理藉以守護着這純粹的知性而對抗或預防那詭辯的虛幻"者，來代替那些高度的（過分的）要求，卽"要求只因着超越的原則而去發見並去擴張知識"，這樣的諸高度的要求。

超越的邏輯

第 一 分

超越的分解

超越的分解存於一切我們的先驗知識之剖解，剖解成純粹知性自身所產生的成素。在如此作剖解時，以下四點是主要的有關之點：(1)概念須是純粹的，而不是經驗的；(2)它們不屬於直覺與感性，但只屬於思想與知性；(3)它們須是基本的，而且須謹慎地與那些"是引申的或組合的"者區別開；(4)我們的概念表須是完整的，足以覆及（或籠罩）純粹知性底全部領域。當一門學問是一種"只依一試驗的樣式而被形成"的集合體 (aggregate, Aggregats)時，以上所說的那樣的完整性決不能因着任何種純然的預估而被保證。那樣的完整性只有因着為知性所產生的先驗知識底綜體之理念才是可能的；這樣一個理念能够對於組成那綜體的諸概念供給一準確的分類，遂亦足以展示此諸概念在一系統中的
互相連繫。純粹的知性不只把它自己與那"一切是經驗的東西"者區別開，而且它亦把它自己與一切感性完全區別開。純粹的知
性是一個自存自足的"統一體"，而且它不能為任何外來的添加物所增益。這樣，純粹知性底知識之綜集構成一系統，此一系統乃是為一個整一的理念所綜攝並所決定者。此一系統底完整性與關節性同時復能給出此系統底一切成分之正確性與純正性之判準。但是，超越的邏輯底這一部分，在其完整的的解釋上，需要

兩卷，一卷含有純粹知性之"概念"，另一卷則含有純粹知性之
"原則"。

超越的分解

第 一 卷

概念底分解

所謂 "概念底分解"，我並不是理解之爲概念底分析(1)，或理解之爲哲學研究中所常用的這樣的程序，卽： "剖解那可呈現其自己者那樣的概念底內容，因而可使此諸概念更爲 清 楚 而 分明"，這樣的 "剖解之" 之程序：我意不是如此，我所謂 "概念底分解"乃是意謂迄今以往很少試用的對於知性機能（Verstandesvermögens）自身之剖解，剖解之以便去研究先驗概念底可 A66 能性，卽因着 "以知性爲先驗概念之出生地，單在知性中尋求先驗概念" 而去研究先驗概念底可能性，並因着 "分析此知性機能底純粹使用" 而去研究先驗概念底可能性。此一工作是一超越的 B91 哲學之固有工作；任何超出此工作以外者皆屬於哲學一般中的諸概念之邏輯的處理。因此，我們將追尋這些純粹概念，追尋到它們於人類知性中的最初的種子與最初的傾向（first *seads* and *dispositions*, ersten *Keimen* und *Anlagen*），它們已準備好而卽處於人類知性中，直至最後，在經驗底機緣上，它們始被發展出來，而且因着此同一知性，它們從附隨於它們身上的經驗條件中解脫出來，依其純淨性而被展示。

[註(1)]： "概念底分析" 意卽對於概念自身底意義之分析，此如邏輯分析之所作者便是此種意義之分析，如羅素所作的"物之分析" 與 "心

之分析"等，<u>來布尼玆</u>亦善於此道。<u>康德</u>此處所謂"概念底分解"不是
此義，它實只意謂剖解知性而發現先驗的概念卽範疇，而並不是對於先
驗概念（範疇）底意義（內容）作詳盡的分析，以使此等概念本身更爲
淸楚。<u>康德</u>不作此工作，因此他在後文聲明他並未對於範疇下一定義；
他認爲此不必要，徒下一定義，無論如何淸楚，亦無用。他的工作是另
一套，通貫下文便知。

概 念 底 分 解

第 一 章

知性底一切純粹概念底發見之線索

當我們使一知識機能（Erkenntnisvermögen）有所活動
或表現其作用時，則由於引起概念這"引起之"的境況不同，故有
種種概念可以出現，並且這種種概念亦可使這知識機能成爲被知
了的，而且此種種概念亦可被集合起來，其被集合起來是比照對
於它們所已作成的較長期的觀察或具着一較大的敏銳性的觀察，
以多或少的完整性而被集合超來。但是當這研究是依這種機械的
樣式而進行時，我們從不能保證這研究是否已被帶至完整之境。
復次，這些概念，卽"我們只這樣如機會所供給者那樣而發見 A67
之"的那些概念，它們並不能展示一種秩序，亦不能展示一系統 B92
性的統一，結局它們但只是依相似性而一對一對地被排列起來，
並依它們的內容之總量，從簡單的進至較爲是組合的，而成系列
地被排列起來——這一種排列，當然是一種排列，但卻不是有系
統的排列，雖在某範圍內它是有方法地被組織起來的排列。

　　超越的哲學，在尋求其概念中，有"依照一簡單的原則而進
行"之好處，並亦有"如此進行"之義務。因爲這些概念是純粹
而無雜地從知性中而發出，此知性是一絕對的統一體；因此，它
們必須依照一個概念或理念而互相被連繫起來。這樣的一種連繫
供給我們一規律，因着此規律，我們能够指派給知性底每一純粹

概念以恰當的地位，並且因着此規律，我們能依一先驗的樣式決定這些純粹概念底有系統的完整性。非然者，在這些事上，我們定須是依靠於我們自己的隨意的判斷（選擇 Belieben），或只依靠於機遇。

知性底一切純粹概念
底發見之超越的線索

第 一 節

知性底邏輯使用

至此爲止，知性只是消極地被解說，解說之爲一"非感觸的知識機能"。現在，因爲若無感性，我們不能有任何直覺，是故知性不能是一"直覺底機能"。但是，在直覺以外，除因着概念而成的知識，茲並不能再有其他種知識。因此，爲知性或至少爲人類知性所給出的知識必須是因着概念而成，因此，這種知識不是直覺的，但只是辨解的 (discursive, diskursiv)。可是一切直覺，由於是感觸的，皆基於"感應"(1) (affections, Affektionen)，而概念則基於"思能"(2) (functions, Funktionen)。所謂"思能"，我意謂它是"把種種表象帶至一共同表象之下"這種活動之統一性。概念基於思想之自發性，感觸的直覺基於印象之接受性。現在，知性所能由這些概念而作成的唯一使用便是因着這些概念而去作判斷。因爲，除當表象是一直覺時，再沒有其他表象是直接地關聯於一個對象，所以從來沒有概念會是直接地關聯於一個對象，它但只是關聯於對象底某種其他表象，不管這其他表象是一直覺，抑或其自身亦是一概念。因此，判斷是對於一個對象底間接知識，即是說，是對於"一個對象底表象"之表象。在每一判斷中，有一個概念它持有許多表象，而且在這許多表象中，它復持有一個特定的表象，此特定表象是直接地關聯於一個對象者。這樣，在"一切物體是可分的"這個判斷中，"可分"這個概念可以應用於各種其他的概念，但是在這裏，它特別應用於"物體"之概念，而此物體之概念復又應用於某些現象，此某些現象乃即是那"把它們自己呈現給我們"者。因此，這些對象是通過"可分性"之概念而間接地被表象。依此而言，一切判斷皆是我們的表象間的統一性底功能；並非是一直接的表象在認知對象中被使用，而是一較高的表象，即"包含有直接的表象以及種種其他表象"的那一較高的表象，它在認知對象中被使用，而即因其被使用，好多可能的知識始被集合於一個知識中。現在，我們能夠把知性底一切活動（動作）皆還原到判斷，因此，知性可被表象爲一"判斷之機能"（a faculty of judgment, the faculty of judging, *ein Vermögen zu urteilen* 能下判斷或作判斷之機能）。因爲，如上所說，知性是一"思想之機能"（ein Vermögen zu *denken* 能發思想作用之機能）。思想就是藉賴着概念而成的知識。但是，概念，當作可能判斷底謂詞看，它們關聯於一"尚未被決定的對象"底某種表象。這樣，物體底概念即意謂那"能夠因着此物體之概念而被知"的某種東西，例如金屬。因此，此物體之概念是一概念是只因其綜攝其他表象而爲一概念，因着此等其他表象，它始能關聯

A 69

B 94

於對象。因此，它是一可能判斷底謂詞，例如 "每一金屬是一物
體"， 物體之概念即是這一判斷底謂詞。因此，如果我們能對於
諸判斷中的諸統一性之功能給一窮盡的陳述，則知性底諸功能即
能被發見。"此工作能够十分容易地被作成"， 這將在下節中被
表示。

[註(1)]： "感應"意即 "感性地受影響" 之 "受影響性"。感性主
體感性地爲物所影響而有以回應之，即發直覺。

[註(2)]： "思能"意即知性底功能，即知性所發的思想之作用。

A 70
B 95

知性底一切純粹概念底發見

之線索

第 二 節

§ 9

（此號數爲第二版所加）

判斷中的"知性之邏輯功能"

如果我們抽掉一判斷底一切內容，而只考慮知性 底 純 然 形
式，則我們見出判斷中思想底功能可被置於四個綱領之下，此四
綱領中之每一綱領含有三相（動相或能率 moments, Momen-
te）。

它們可方便地被表象於以下圖表中：

I
判斷底量

全　稱　的

偏　稱　的

單　稱　的

II
判斷底質

肯定的

否定的

無限的（無定的）

III
判斷底關係

定言的

假言的

選言的

IV
判斷底程態

或　然　的

實　然　的

確　然　的

由於這個區分在某方面，雖然不是在任何本質的方面，似與通常爲邏輯學家所承認的專門性的分別不甚同，所以以下的觀察可以用來預防任何可能的誤解。

1.邏輯學家說：在三段式中判斷底使用，單稱判斷可以視爲同於全稱者，其如此說是有理由的。蓋因爲單稱判斷畢竟全無外延，所以單稱判斷底謂詞並不能只關聯於那"含於主詞概念中者"之某一部分，而被排除於其餘部分以外。單稱判斷底謂詞在主詞概念上有效，其有效是無任何例外而有效，恰像是此主詞概念眞是一個一般的概念，而且眞有一外延，這謂詞可應用於這外延之

B 96

A 71

全部。可是另一方面，如果我們把一單稱判斷，只當作知識，而就量方面與全稱判斷相比較，則單稱判斷對於全稱判斷的關係恰像是單一性（unity）對於無限性（infinity）的關係，因此，單稱判斷以其自身而言本質上就不同於全稱判斷。因此，如果我們估計一單稱判斷（judicium singnlare），不只是依照它自己的內在的妥效性而估計之，而且當作知識一般，依照其與其他知識相比較中的量而估計之，則它確然不同於諸一般性的（全稱的）判斷（judicia communia），而且它在思想一般底諸項目之一完整的圖表中亦應得一各別的地位——雖然實不是在一"只限於就判斷之互相關涉而使用判斷"的邏輯中是如此[1]。

B 97

[註(1)]：案在普通邏輯中，就判斷之互相關涉而使用判斷，意卽在三段推理中使用判斷，在此，單稱判斷自無獨立的地位。它或者被消融於偏稱判斷，如"孔子是聖人"，此在三段式中卽同於偏稱判斷；或者被視爲同於全稱判斷，如此文中康德之所說，此如"人是理性的動物"，此中主詞"人"是作一單稱概念看，而其實就等於所有的人，故同於全稱。但當作一知識看，就它的量與全稱以及偏稱相比較，則它確應得一獨立的地位。

2.同樣，無限判斷[1]，在超越的邏輯中，亦必須與那些是肯定判斷者區別開，雖然在普通邏輯中它們是很正當地被劃爲與肯定判斷爲一類，而且它們亦並不能構成區分中各別的成員。普通邏輯抽掉謂詞底一切內容（卽使謂詞是否定的亦然）；它只研究謂詞是否可歸屬於主詞，抑或相反於主詞。「但是超越

A 72

的邏輯卻亦論及那 "因着一純然否定謂詞而被作成" 的一個邏輯
的肯定之價值或內容是什麼，並亦論及因着此邏輯肯定，就增益
於我們的綜全的知識而言，所達成的是什麼」⑵。如果關於靈
魂，我欲說 "它不是變滅的"，則因着此否定判斷，我至少要防
止錯誤⑶。現在，因着 "靈魂是非變滅的" 這個命題，就邏輯形
式而論，我實已作了一個肯定。我把靈魂定位於"非變滅的存有"
這一無限制的範圍中。因為 "變滅者" 構成可能的存有底全部外
延之一部分，而 "非變滅者" 則構成可能的存有底全部外延之另
一部分，所以我的那個命題所說的不過就是：靈魂是當我把那一
切是變滅者取去時所剩下的那無限數的事物中之一事物。 "一切
是可能的東西者" 底無限範圍是因着我那個命題而為被限制了
的，即：只就 "變滅者" 是從這無限範圍被排除去而言，並只就靈
魂是被定位於這無限範圍底外延底其餘部分（即非變滅者這一部
分）而言，它是被限制的。但是，縱使允許有這樣的排除，這所
餘部分即非變滅者之外延仍然是無限的，而若從此非變滅者之外
延中再取去若干更多的部分，靈魂底概念［之內容］亦並沒有因
而絲毫被增加，或因而遂得依一肯定的樣式而被決定。這樣，
此等無限判斷，雖然就它們的邏輯的外延說是無限的，然而就它
們的知識之內容說，卻只是有限制的，因此，它們在判斷中的一
切思想動相（能率或方式）之一超越的圖表裏是不能被忽略的，
蓋因為因着它們而被表示的知性之功能或許在知性底純粹先驗知
識底領域內是重要的⑷。

［註⑴］：無限判斷，無限 (infinite) 亦曰無定 (indefinate)。

B 98

A 73

例如"靈魂是非變滅的"便是一無限判斷或無定判斷。"非變滅"（-a）這一負謂詞，就其外延說是無限的，就知識之內容說，它正面是什麼卻無所說，因此它是不定的，例如"非紅"，它究竟是黑是白或其他，完全不定，此即康德所說"就其知識之內容說卻只是有限制的"。"靈魂是變滅的"是肯定命題，"靈魂不是變滅的"是否定命題，"靈魂是非變滅的"是無定命題。在普通邏輯裏，此無定命題，就命題形式而言，即是肯定命題，無獨立的意義，因為它不管謂詞之內容。但在超越邏輯裏，則須顧及此負謂詞之內容或價值。雖然命題形式是個肯定，但卻是用負謂詞而作成的肯定。

[註(2)]：案此一整句，肯·土密斯譯略有省略。*Max Müller* 依原文如此譯：「但是超越的邏輯卻亦依照因着一純然否定謂詞而作成的一個邏輯肯定之價值或內容而考論一判斷，並亦探問在關涉於知識之綜全中因着此邏輯肯定所得到的有多少。」茲查原文，有"依照……而考論一判斷"等字樣，肯·土密斯譯略去，當然亦可，但不必須略去。*Meiklejohn* 譯亦略去。又此句中所謂"綜全的知識"（*Max Müller* 譯為知識之綜全，原文是 gesamten Erkenntinisses）是指"非變滅"（-a）這一負謂詞所示的對於靈魂之全部知識而言，是關於靈魂的綜全的知識，不是如普通所說我們的全部知識之意。此語意義不明，易生誤會，故須直說。整句是：超越的邏輯亦要探問此負謂詞對於我們的關於靈魂之綜全知識有多少增益。其實無所增益，我們只知靈魂是"非變滅的"，至於它正面是什麼毫無所知。靈魂概念之內容並不因排除"變滅者"而有所增加，或得以依肯定樣式而被決定；即使"從此非變滅者之外延再取去若干更多的部分，靈魂概念之內容亦並沒有因而絲毫被增加，或因而遂得以依一肯定的樣式而被決定"。

[註(3)]："防止錯誤"，防止什麼錯誤？"靈魂不是變滅的"，說"它是變滅的"即是錯誤。因此，此一否定命題即是對於肯定命題之否定。

案此語無多大意義。

　　[註(4)]:　"無限判斷所表示的知性之功能或許在知性底純粹先驗知
識底領域內是重要的"，所謂"重要"卽指它可指示"限制或範圍"這一
範疇而言。肯定指表"實在"一範疇，否定指表"虛無"一範疇，無定指
表"限制或範圍"一範疇，由此等範疇可成立純粹先驗知識。因此，無
定，在普通邏輯裏，劃歸於肯定命題，無獨立意義，但在超越邏輯裏則
須有一獨立的地位。

　　3. 判斷中的思想底一切關係就是(a)謂詞對於主詞之關係，(b)
根據對於其後果之關係，(c)區分了的知識之互相間之關係，以及
此區分中諸分子綜起來看互相間之關係。在第一類判斷裏，我們
只思量兩個概念；在第二類判斷裏，我們思量兩個判斷；在第三
類判斷裏，我們依諸判斷底互相關係而思量若干個判斷。"如果
有完全的（充分的）正義，則頑梗地邪惡的人卽須被懲罰"這個
假言的命題實含有兩個命題底關係，卽"有一完全的正義"與"頑
梗地邪惡的人被懲罰"這兩個命題底關係。這兩個命題本身是否
是眞的，這在此是存而不決的。那爲此假言判斷所思的只是這邏
輯的承續。最後，選言判斷含有兩個或多過兩個命題之互相間的　　B 99
關係，但是，這一種關係不是"邏輯的承續"之關係，而是當這
一命題底範圍排除另一命題底範圍時，它是"邏輯的對反"之關
係，而當這些命題合在一起佔有這所說的知識之全部範圍時，它　　A 74
卻同時又是"交互"之關係。因此，選言判斷表示這樣的知識底
範圍底諸部分之關係，因爲每一部分底範圍是另一部分底範圍之
補充，如此，它們合起來邃卽產生這被區分了的知識之全體。擧

例言之，"世界之存在或是通過盲目的機遇而存在，或是通過內部的必然性而存在，或是通過一外在的原因而存在"，試以此判斷爲例。這些命題中底每一命題皆佔有那"有關於一世界一般底存在"的可能知識底範圍之一部；這些命題合起來卽佔有這可能知識底全部範圍。"從這一些範圍中底某一個範圍裏提出一知識"卽意謂"把這知識置於另一些範圍中底某一個範圍裏"，而"去把這知識置於這一個範圍裏"就意謂"把它從另一些其他範圍裏提出"。因此，在一選言判斷中，有一種交互之關係，卽已知的諸成素之交互關係，這樣，此諸成素雖交互地互相排拒，然而它們卻又因着那種交互關係而在諸成素之綜體中決定這眞正的知識。因爲當它們被合在一起時，它們卽構成一特定所與的知識之全部內容。就後文隨此而來者而論（意卽就後文"交互"範疇而論），以上所說之義就是一切在這裏所需要被考慮者。

4.判斷底"程態"是一種十分特殊的功能。它的顯著的特徵就是：它對於判斷底內容無所貢獻（因爲除量，質，以及關係外，再沒有什麼足以構成判斷之內容者），它但只在關聯於思想一般中有關於係詞（Copula）之價値。或然的判斷就是那樣的一些判斷，卽在這些判斷中，肯定或否定只被視爲是可能的（可取捨的）。在實然的判斷中，肯定或否定被看成是眞實的（是眞的），而在確然的判斷中，則被看成是必然的[a]。這樣，兩個判斷其關係足以構成假言判斷者（構成前件與後件或根據與後果者），以及同樣若干個判斷其交互關係足以形成選言判斷者（形成區分中之成分者），這樣的兩個判斷以及同樣這樣的若干個判斷盡皆是或然的判斷。在上面3中所舉的例子中，"有一完全的正義"這個命題並不是實然地被陳述的，但只是當作一可取捨的判斷而被思，去假定這個可取捨的判斷，這乃是可能的；那是"實然的"者乃只是這邏輯的承續。因此，這樣的可取捨的判斷顯然可以是假的，但是，若或然地視之，它卻可以是眞理底知識之條件。這樣，"世界依盲目的機遇而存在"這個判斷，在選言判斷中，只有或然的意義，卽是說，只可作爲一個"可暫時被假定"的命題。同時，它好像在許多可取的道路之間有一個指示假道路的指標一樣，它有助於眞命題之發見。因此，或然的命題就是那種"只表示邏輯的可能性（不是客觀的可能性）"的命題，那邏輯的可能性卽是一種自由的選擇，卽"承認有這樣一個命題"這承認上的自由選擇，而且它亦卽是一種純粹可取捨的承認，卽"承認此命題可進入知性中"這種純粹可取捨的承認。實然的命題陳說邏輯的眞實性或眞理性。這樣，例如在一假言的三段推理中，前件在大前提中是或然的，在小前提中是實然的，而那三段推理所表示的則是：後果（結論）是依照知性底法則隨着前件而來。確然的命題則是思考這實然的命題爲被知性底這些法則所決定者，因而亦就是說，思之爲先驗地肯定着的命題；而依此樣式而言，確然的命題表示邏輯的必然性。因爲每一東西是這樣一步一步地被組於知性中（因爲我們首先或然地判斷某物，然後再實然地執持其眞理性，最終則肯定它爲不可分離地與知性相諧一者），所以我們有理由視這三個程態功能爲思想之三動相。

(a)處，康德有底注云：

此所説之或然判斷，實然判斷，確然判斷，恰像似思想在

B 101

A 76

或然判斷中是知性之功能，在實然判斷中是判斷力之功能，在確然判斷中是理性之功能。此一注說乃是一個"將在後文被說明"的注說。

B102

知性底一切純粹概念底發見
之線索
第 三 節
§ 10

（此號數為第二版所加）

知性底純粹概念，或範疇

普通邏輯，如屢次所已說過的，它抽掉知識底一切內容，而且它為這些表象，即"它以分析底程序去把它們轉化成概念"的那些表象，期待某種其他來源（即期望其來自別處，非邏輯本身所能供給），不管這其他來源是什麼。另一方面，超越的邏輯

A77 有一種先驗感性底雜多置於其前，此種雜多為超越的攝物學所呈現，呈現之以為純粹知性底概念之材料。若無這種材料，那些概念必是無任何內容的，因而亦就是說，必完全是空的。空間與時間含有一種純粹先驗直覺底雜多，但是它們同時也是我們的心靈底接受性之條件——這些條件即是"單在其下心靈始能接受對象底表象"的那些條件，因而亦就是說，這些條件亦必須總是影響（意即制約）⑴這些對象底概念。但是，如果這種雜多是要成為被知的，則我們的思想之自發性即需要：這雜多在某種路數裏被

歷查，被收攝，而且被連繫。這種活動我名之曰"綜和"。

[註(1)]："影響這些對象底概念"，影響德文原文是 affizieren，
英文是 affect，但是時間空間這些條件如何影響這些對象之概念呢?
在此用"影響"似乎不甚妥貼，故注之以制約，意卽時間空間必須總是制
約或約束對象之概念，否則概念必蕩越而蹈空。又"對象之概念"卽是
關於對象之概念，概念隱指範疇說，同於上句中"純粹知性底概念"。
"純粹知性底概念"意卽純粹知性所 發的概念，而"對象底概念"卻是
關於對象之概念，意卽有事於對象或決定對象的概念。"底"字或"之"
字英文俱是"of"，而其表意卻甚不同，此須隨文領意。

所謂"綜和"，依其最一般的意義而言，我理解爲是"把不 B103
同的表象置於一起"這種"置放於一起"之活動，並且是"把那
在不同表象中是雜多的東西綜攝於一個知識中"這種"綜攝"
(grasping, begreifen) 之活動。如果這雜多不是經驗的雜多，
而是先驗地被給與者，就像那在空間與時間中是雜多者那樣，則
這樣的一種綜和便是純粹的綜和。在我們能分析我們的諸表象以
前，此諸表象自身必須是已被給與了的，因此，就內容而言，沒
有概念可依分析之路而首先發生。一種雜多（不管它是經驗地被
給與的抑或是先驗地被給與的）底綜和是那首先使知識發生者。
此"綜和所使以發生"的知識開始實可以是粗略的、混闇不清的，
因此，故有需於分析。可是綜和仍然是那"爲知識而聚集成素，
而又把這些成素統一起來以〔形成〕某種內容"者。因此，如果 A78
我們想要決定我們的知識底第一根源，則我們必須首先把我們的

注意指向到那綜和上去。

一般意義的綜和，如我們將在以後所見者，只是想像力底一種成果，此想像力乃是靈魂底一種盲目的但卻是不可缺少的功能，若無此想像力，我們必不能有知識，不管是什麼知識，但是對於這想像力我們很少會意識到(1)。"去把這種綜和帶至概念下"這乃是一種"屬於知性"的功能，而通過這種知性底功能，我們始首先得到所恰當地名之曰知識者。

[註(1)]：案想像力 (power of imagination, or faculty of imagination, *Einbildungskraft*) 之盲目性，隱密性，不易爲人所意識及，此義詳見後原則之分解中規模章。

B104　　純粹的綜和，以其最一般的面相（或形態）而被表象者，給我們以知性底純粹概念。此種純粹的綜和，我理解爲是那"基於先驗的綜和統一之基礎上"者。這樣，我們的計數活動，如在較大的數目之情形中所容易被見到者，即是一種依照概念而成的綜和，因爲它是依照一個公共的統一根據，例如十進位，而進行的。藉賴着此種概念，雜多底綜和之統一性始被致成爲必然的。

　　藉賴着分析，不同的諸表象被帶至於一個概念之下，這一種程序是普通邏輯中所論者。可是，另一方面，超越的邏輯所教說者乃是：我們如何把表象底純粹綜和（不是把表象）帶至於概念（或歸到概念或如何使之定於概念）。那爲了一切對象底先驗知

A79　識而必須首先被給與者乃是純粹直覺底雜多；那包含在內的第二

因素則是因着想像而成的這種雜多之綜和。但是縱使這種綜和猶尚不能產生知識。那"給這種純粹綜和以統一性，並且只存於這種必然的綜和統一性之表象中"的諸概念爲一對象之知識供給第三要素；此諸概念基於知性。

那"給一判斷中種種表象以統一性"的同一功能同時也給一直覺中種種表象底純然綜和以統一性；而此統一性，依其最一般的表示而言，我們名之曰知性底純粹概念。這同一知性，通過這同樣的諸運用，（因着此諸運用，在概念(1)中，藉賴着"分解的統一"，此知性曾產生一判斷底邏輯形式），現在它復亦藉賴着直覺一般中的雜多之"綜和統一"，把一超越的內容(2)引介入它所有的諸表象中。以此之故，我們有權利去名此諸表象曰知性底純粹概念，並且有權利去把此諸表象視爲可先驗地應用於對象者——這一結論乃是普通邏輯所不能去建立之的一個結論。

[註(1)]: 案此所謂"概念"當該是邏輯概念，如"一切"，"有些"，"肯定"，"否定"，"如果一則"等。

[註(2)]: "超越的內容"(transzendentalen Inhalt) 實卽"超越的意義"。如果此處所說的"知性所有的諸表象"得名曰"知性底純粹概念"，則所引介入此諸表象（此諸純粹概念）中者只是一超越的意義，而不是一"超越的內容"（內容 *Max Müller* 譯爲成素更歧出）。因爲給此諸表象以超越的意義，所以此諸表象遂得名曰知性底純粹概念，卽下文所謂範疇，亦卽存有論的概念，而不是"分解的統一"中的邏輯概念，卽只表示一判斷之邏輯形式的那邏輯概念。又案"這同一知性，通過這同樣的諸運用"云云，肯·土密斯於其純理批判之疏解中，對於此整句中的"同一知性"以及"同一諸運用"提出批評，認爲這"同一"

字樣有問題。他認爲那產生一判斷底邏輯形式的知性與那引介一超越的內容（意義）的知性決不是同一知性，亦不是通過同樣的諸運用者。案此評不必要。句中的"分解的統一"與"直覺一般中的雜多之綜和統一"卽足以表示同一知性通過諸同一運用而有不同的作用與成就（有不同的指向）。

依此，那"先驗地可應用於直覺一般底對象"的知性底純粹概念之數目恰相同於在前列圖表中被發見爲是一切可能判斷中的邏輯功能者之數目。此蓋因爲這些邏輯功能完整地詳盡了知性，而且它們對於知性底諸能力也給出了一個窮盡的清單。知性底那些純粹概念，我們將隨着亞里士多德，名之曰"範疇"，因爲我們的基本目的是與亞氏的目的相同的，雖然依執行底樣式而言，十分不同於亞氏之執行其目的之樣式。（案使用這些範疇底目的相同，卽皆意在說明知識之可能性，但在說明之樣式方面則十分不同於亞氏。）

A80

B106

範 疇 表
I
量之範疇
單 一 性
衆 多 性
綜 體 性

II
質之範疇
實在

III
關係之範疇
附着與自存體（本體與偶然）之關係

虛無　　　　　　　　原因與依存（因與果）之關係
限制（或範圍）　　　交感互通（主被動間的交互性）之關係

IV
程態之範疇

可能——不可能
存在——非存在
必然——偶　然

　　此卽是知性在其自身內所先驗地含有的綜和底一切根源的純粹概念之清單。實在說來，知性之所以被名曰純粹知性正因爲它含有這些概念；因爲只有因着這些概念，它始能理解直覺底雜多中的任何事，卽是說，始能思考一個 "直覺底對象"。這個區分表是依一共同原則，卽判斷之機能（此同於思想之機能），很有系統地被發展出來。它不曾作爲一種偶然的尋求——尋求純粹概念之尋求之結果，而狂想地（隨興地）被草列出來，這樣尋求出的純粹概念，其完整的列擧，由於只基於歸納，是決不能有保證的。如果我們採用這種辦法去尋求純粹概念，我們也不能發見出：爲什麼恰恰是這些概念，而不是其他概念，始於純粹知性中有它們的地位。"去尋求這些基本概念"，這乃是值得一位像亞里士多德那樣敏銳的思想家去作的一種工作。但是由於他作這工作是並不依據原則而作，所以他只是如"他想起它們"那樣而把它們收集起來，而且他開始先取得它們中之十個，他名此十個曰範疇（categories, 卽正斷詞 predicaments）。此後，他相信他已發見了其他五個，此其他五個是他在"後斷詞"(post-

A81

B107

predicaments 斷詞補遺）之名下所加上去的。但是他所列的範疇表仍然是有缺陷的。此外，見之於他所列的範疇表中者，有幾個是屬於純粹感性之模式的（如 quando 何時， ubi 何處， situs 位置，還有 prius 在前，simul 同時），又有一個是經驗的概念（如 motus 態勢），凡此，沒有一個可以在那 "追溯其根源於知性" 的諸概念之圖表中有任何地位[1]。又，<u>亞里士多德</u>的清單復又把一些引申的概念（如主動 actio ，被動 passio）列在根源的概念中；而有些是屬於根源概念的則又完全缺如[2]。

[註(1)]：案此句是肯・土密斯的意譯。其他兩譯依原文直譯如下："凡此，沒有一個能屬於知性底這個系譜的註錄的"。

[註(2)]：<u>亞</u>氏十範疇（正斷詞）爲本體，性質，量，關係，時間，空間，位置，態勢，主動，被動。<u>康德</u>以爲時間，空間，位置，這三個是屬於純粹感性的，而 "態勢" 則是一個經驗的概念，主動與被動這兩個又是引申的概念，而不是根源的概念。如是，只剩下前四個才眞正是屬於知性的概念，而又是根源的概念。

關於此點（卽引申的概念這一點），那需要一提的便是：作爲純粹知性底眞正基本概念的範疇也有其純粹的引申的概念。此等引申的概念在超越的哲學底一個完整系統中決不能被忽略，但是在一只是批判的論著裏，把此事實簡單一提亦可足够。我乞求允許去把知性底這些純粹的但卻是引申的概念名之曰純粹知性底 "委述詞"（predicables），以便使它們可與正斷詞（卽範疇）區別開。如果我們有了根源而原始的概念，則去把那些引申而副屬的概念加上去，因而去給出純粹知性［底諸概念］

A82
B108

之譜系之完整的圖像， 這便是很容易的事。 因爲現在我們並不是關心於這系統底完整性，但只關心於此系統底構造中所要遵循的原則， 所以我保留此補充的工作以待異日。 這工作， 若助之以存有論的敎材 (ontological manuals)， 能夠很容易地被作出——例如，因着把力，主動，被動，這些委述詞，置於因果範疇下; 把現存 (presence)， 抵阻 (resistence)， 這些委述詞， 置於交互範疇下; 把起現 (coming to be, *Entstehens*)，消滅 (ceasing to be, *Vergehens*)， 遷轉 (或變易 change, *Veränderung*)， 這些委述詞，置於程態之正斷詞 (範疇) 下，乃至其他等等: 因着如此之辦法，那補充之工作能夠很容易地被作成。諸範疇， 當它們與純粹感性底諸模式 (諸變形) 相結合，或它們自己之間互相結合時， 它們卽可生出大量的引申的先驗概念。去注意這些概念，若可能時，去把這些概念開一完整的淸單， 這必是一有用的工作，而且亦並非是一不愉快的工作，但是在這裏， 這是我們可以免除的一種工作。

在本書中， 我有意地省去範疇之定義， 雖然我可以握有這些定義。我將進而去解析這些概念是只當這解析工作在與我所正要展示的方法論相連繫中是必要的時，我始將進而去解析之。在一"純粹理性之系統"中， 範疇底定義自是正當地被要求的，但是在本書中，範疇底定義必只是把注意從這部研究底主要目的上轉移了， 並足以引起懷疑與反對 (或異議)， 這些懷疑與反對， 以其對於那在我們的目的上是本質的東西者並無所損害，是故它們很可以被保留下來以俟諸異日另論。 同時， 依上面我所已說的那少少的一點而言， 顯然一個完整的詞彙， 連同着一

A83
B109

切必要的說明，不只是一可能的工作，而且是一很容易的工作。
諸分門皆已備好； 一切所需要的便是去填滿它們； 而一個系統
性的論題， 如本書所定者， 可以關於每一概念底恰當地位供給
一充分的指導，而同時亦可以指示出那一些分門仍然是空洞而未
填滿的。

§ 11

（此11以及下12兩段全文皆為第二版所加）

此範疇表暗示出若干值得思量之點，這些值得思量之點，就
理性所可得到的一切知識之學問性的形式而言，或可有重要的後
果。因為以下所說的這一層意思，即： "這個圖表在哲學底理論
部分（知解部分）中是極端有用的，而且實在說來，由於它供給
一全部學問底完整計畫（就這全部學問基於先驗概念而言），並
由於它依照決定性的原則系統地⑴ 區分這全部學問，它又實是不
可缺少的"， 這一層意思， 依以下之事實， 早已是甚為顯明的，
即： 此範疇表依諸基本概念之完整性含有知性底一切基本概念，
不， 甚至含有人類知性中這些基本概念底一個系統之形式，因而
也就是說，它指示出一個設計好的思辨學問之一切要目（mom-
enta）， 甚至如我在別處⑵ 所已表示的，它指示出這一切要目底
排列次序。

B110

[註⑴]： 肯·士密斯注云： 原文為"數學地"， 依 *Vaihinger* 改為
"系統地"。

[註(2)]: 肯·土密斯注云: 所謂 "別處" 指 "自然科學之形上的第
一原則" 一書說。在此書之引論中指示出一切要目之排列次序。康德以
此引論序此書。

此圖表所暗示的值得思量之點中底第一點就是: 當這圖表含
有四類知性之概念時, 首先它可以被分成兩組; 第一組中的那些
概念是有關於 (純粹的以及經驗的) 直覺底 "對象" 的, 而第二
組中的那些概念則是有關於這些對象底 "存在" 的, 卽依這些對
象之或互相關聯或關聯於知性而有關於這些對象底 "存在"。

[譯者按]: 有關於 "直覺底對象" 的那些概念是量範疇與
質範疇。所謂有關於直覺底對象, 卽是有關於此等對象本身之
量性, 量範疇決定對象之廣度量 (數學量), 質範疇決定對象
之強度量 (物理量)。量範疇所有關的那直覺之對象卽是純粹
直覺之對象, 而質範疇所有關的那直覺之對象卽是經驗直覺之
對象。有關於這些對象底存在的那些概念是關係範疇與程態範
疇。依這些對象之互相關聯而有關於對象之存在的那些概念是
隱指關係範疇而言; 而依這些對象之關聯於知性而有關於對象
之存在的那些概念是隱指程態範疇而言。詳見後原則之分解中
"純粹知性底一切原則之系統" 章。

第一組中的那些範疇 (量範疇與質範疇) 我名之曰數學的,
第二組中的那些範疇 (關係範疇與程態範疇) 我名之曰力學的。
前者沒有互相關係的東西; 這些互相關係的東西只在第二組中被

遇見。這種分別必須在知性之本性中有某種根據。

那值得思量之點中底第二點乃是這一點，即：依"概念底一切先驗區分必須是依二分法而分之"這一事實而觀，則"在每一類中範疇底數目總是相同的，即總是三個"，這一點是很有意義的。復次，那亦可被觀察出，即：每一類中的第三範疇總是發生自第二範疇與第一範疇之相結合。

B111　　這樣，"綜體"恰即是眾多之被思量為一單一體（被思量為一統一體的眾多）；"限制"只是實在之與否定（虛無）相結合（與否定相結合的實在）；"交感互通"則是那"交互地互相決定"的諸本體間之因果關係；最後，"必然性"恰即是那"通過可能性自身而被給與"的存在⑴。但是，我們必不可設想，第三範疇因此便只是純粹知性底一個引申的概念，而不是純粹知性底一個基本概念。因為，要想第三概念可被產生，第一與第二概念之結合需要知性底一種特殊的活動，此特殊的活動並不同一於那"運用於第一與第二概念中"的活動。這樣，一個"數目"之概念（此是屬於綜體範疇者）並非只依於眾多性與單一性之概念之現存便是可能的（例如在"無限"之表象中⑵）；我也不能只因着把一原因之概念與一本體之概念結合起來，便可立刻理解了"影響"，即是說，便可立刻理解了一個本體如何能是另一本體中的某事之原因。顯然，在這些情形中，知性底一種各別的活動是需要的；在其他諸情形中亦然。

[註⑴]：案此句似不甚圓足。籠統地說，必然性是由可能性與存在性之結合而產生。但說"必然性恰即是那通過可能性自身而被給與的存

在＂，這便不甚能表示出＂必然性＂之意義，很可能只表示存在性（現實性）之意義。依康德於後文原則之分解中對此之說明，此句似當該如此說：必然性恰卽是那＂通過可能性而被給與而復依普遍法則而被決定＂的存在。此亦足表示第三範疇並不是只由第一與第二範疇之機械的結合便可出現。

[註(2)]：＂無限＂之表象並非只因有了衆多性與單一性便可能。衆多性與單一性之結合不必卽能產生＂無限＂這個綜體。此固然，但依康德，＂無限＂根本不能被表象，故擧此例不甚恰當。只以＂數目＂爲例就够了。數目屬於綜體，綜體性是一獨立之範疇，依此範疇成一綜體，這成之之活動是一特殊的活動，並非同一於衆多性與單一性中之活動。

值得思量之第三點則是：在那見於第三組中的一個範疇，卽＂交互＂一範疇之情形中，此範疇之符合於一選言判斷之形式（此形式卽是在邏輯功能表中與此範疇相應的那個形式）其爲顯明並不像在其他範疇之情形中某範疇與某判斷之形式相符合那樣顯明。

要想保證＂交互＂範疇與選言判斷之形式實相符合，我們必須注意：在一切選言判斷中，這範圍（卽含於任何一選言判斷中的那各項之全體）是當作一個＂被分成諸部分（諸副屬概念）＂的全體而被表象，並亦須注意：因爲這些所分成的部分其中沒有一部分能被含在任何其他部分之下，所以它們是如其互相並列那樣而被思想，而不是如其互相隷屬那樣而被思想，因而也就是說，是如其互相決定那樣而被思想，而其互相決定不是只在一個方向中，如在一系列中那樣，互相決定，而是交互地互相決定，如在一集合體（aggregate, Aggregat）中那樣而交互地互相決定

B 112

——此即是說，如果區分中底這一分子被置定，則其餘一切分子
即須被排除，反之亦然。

[譯者案]：*以上先就作為邏輯功能的選言判斷之邏輯形式*
說明選言判斷中各項為並列而交互排斥之情形。以下再就"事
物"說明"交互"一範疇所決定的各部分之情形。

現在，在一個以"事物"而組成的全體中，一種與上相似的結
合可被思想；因爲［在此諸事物中］，這一個事物不是當作結果
而隸屬於另一個事物，以此另一個事物爲這一個事物底存在之原
因，而是當作其他個事物底決定之原因，同時地而且交互地與另
一個事物相並列（此如在一物體中，此物體之諸部分交互地互相
吸引而且互相排拒）。此是一種完全不同於那"在一只是原因對
於結果之關係（根據對於後果之關係）中被發見"的連繫的一種
連繫，因爲在此後一種關係中，後果並不轉而交互地又決定其根
據，因此，它亦並不與根據合起來構成一全體——這樣，舉例言
之，世界並不連同它的創造者合起來用以去構成一全體。知性在
B113 其把一個區分了的概念底範圍表象給它自己中所遵循的那程序，
當它思一物爲可分的時，它亦同樣遵循之；恰如在前一情形中
（即在一區分了的概念之情形中），一區分中底諸分子互相排
拒，然而它們卻又被結合一個整一範圍中，所以知性亦比照此樣
式依以下路數把一個可分的事物底各部分當作存在着的東西（當
作諸本體）而表象給它自己，即依"雖然每一個存在着的東西（每

一個本體）其存在是獨立不依於其他個而存在，然而它們卻又在一個整體中被結合於一起"這樣的路數而把一可分的事物底各部分當作存在着的東西（當作諸本體）而表象給它自己。

[譯者案]：知性依選言判斷把一個區分了的概念表象給它自己，這是知性之邏輯功能。它依選言判斷之形式思一物為可分，由所分出的部分而成一全體，此是知性之範疇之功能，即是知性之存有論的功能。當其思一物為可分，所分出的各部分是當作存在的東西（當作諸本體）看，故它們是存有論的東西。知性之存有論的功能與其邏輯功能相符順，相應合。又，所謂諸本體，每一個本體，此所謂"本體"是指現象領域中每一個獨立體或獨立物而言，例如桌子亦是一個獨立體或獨立物。凡範疇中所説的"本體"皆是此義，不可誤想。

§ 12

在古人底超越哲學中，尚有另一章包括在內，此另一章含有知性底純粹概念，這些純粹概念，雖未被算作範疇，然依他們的看法，亦必須被列為對象底先驗概念。但是，若被列為對象底先驗概念，這必等於增加了範疇之數目，因此，這並不是適宜的。這些"被列為對象底先驗概念"的純粹概念是被提示於這命題中，即："每一存有是一，是眞，是善"(quodlibet ens est unum, verum, bonum: every being is one, true, and good)，這是在中世經院學者間很有名的一個命題。現在，雖然此原則之應用已被證明在結果上十分貧乏，而且實在說來，其應用只能產生出一些同語重複的命題，因此，在近時，其應用幾乎只是因着一種禮貌始得保留其地位於形上學中，然而另一方面，其應用卻表象如此一種想法，卽，此想法，不管它是如何的空洞，可是它仍然長期地維持其自己。因此，此原則之應用值得就其根源而加以研究，而我們也很有理由來猜想此原則之應用於知性底某種規律中有其根據，此某種規律，如時常有的情形那樣，常是錯誤地被解釋。"事物" 底這些設想地超越的謂詞（一、眞、善）事實上不過就是"事物一般"底一切知識之邏輯性的必需物與邏輯性的判準，而且它們爲這樣的知識來規設量之範疇，卽單一性，衆多性，與綜體性。但是，這些量範疇，卽 "恰當地視之，它們必須被視爲是材質的，爲屬於事物本身﹝經驗對象﹞底可能性者"，這樣的量範疇，在此進一步的使用（用作一、眞、善）中，已經是只依它們的形式意義而被使用了，卽如其爲一切知識底邏輯必需物之本性而被使用了，而同時它們又由其爲思想之判準不謹愼地（鹵莽地）被逆轉而爲"事物之在其自身"之特性。在一個對象底一切知識中，有概念之"單一性"，此單一性可被名曰 "質的單一性"，就我們用它來只思考我們的知識底雜多之結合中的"統一"而論：舉例言之，此如在一劇本中，一講演辭中，或一故事中的主題之單一，那樣的單一性。第二，就此單一性底後果說，有 "眞理性"（truth）。隨一特定概念而來的眞的後果之數目愈大，則關於此特定概念底客觀眞實性所有的判準就愈多。此種判準之多（推演出的後果之多）可被名曰徵象（記號）之"質的衆多性"，這些徵象之屬於一概念就好像其屬於一個公

B114

共根據那樣而屬於一概念（但這些徵象卻並不是在該概念中當作量而被思）。最後，第三，茲有圓滿性，此圓滿性是存於這一義，卽：衆多一起皆回到概念之單一性，而且完整地皆符合於此概念而決不符合於其他概念。此可被名曰"質的完整性"（質的綜體性）。因此，"知識一般底可能性底這些邏輯的判準就是這三個量範疇（在此量範疇中，量度底產生中的"單一性"原須被視爲全然是同質的）"，此則甚爲顯然；而"這些範疇在這裏是被轉化了，這樣一轉化，便亦可因着那作爲連繫之原則的知識之性質而去產生出一個整一意識中的異質的知識之連繫"，這一層亦是甚爲顯然的。這樣，一個概念底可能性（不是一個對象底可能性）之判準就是該概念之定義，在此定義中，該概念底"單一性"，以及那一切可以從該概念而被推演出的東西之"眞理性"，以及最後那從該概念中已這樣被推演出的東西之"完整性"（或圓滿性），這三性卽產生出那整全概念之構造上所需要的一切東西。同樣，一個假設底判準乃卽存於這已認定了的"說明底根據"之可理解性中，卽是說(1)，存於此假設之"單一性"中（不需有任何輔助的假設）；存於從此假設而被推演出的諸後果之"眞理性"中（諸後果之眞理性卽是此諸後果之自身一致以及其與經驗相一致）；以及最後，存於這些後果底說明底根據之"完整性"中，這些後果是這樣的，卽：它們使我們恰回到原來在假設中所已認定者，旣不回到多於亦不回到少於原來假設中所已認定者，因而它們遂依一後起的（a posteriori）分解的樣式把那"前時依一先驗的綜和樣式而被思"的東西重新給回了我們，而且它們亦符合於那"前時依一先驗的綜和樣式而被思"的東西。因此，

B 115

在單一性，眞理性，以及圓滿性這三個概念中，我們並不曾對於超越的範疇表作了任何增益，好像這個表在任何方面是不完全的（不圓滿的）似的。一切我們所已作的就是把這些概念底使用置於一般的邏輯規律之下，這些一般的邏輯規律就是"知識與其自身相契合"之規律；至於"這些概念之關聯於對象"之問題則並不曾被討論。

B 116

〔註(1)〕：肯・士密斯注云：原文是 oder（或），意卽等於"卽"（that is），不表示另一可能的說法。

〔譯者案〕：中世經院學者所喜歡説的"每一存有是一，是真，是善"這個命題乃是承柏拉圖傳統而説的一個存有論的命題，其中的"一"表示完整的整一性，"真"表示真實性，"善"表示圓滿性。這三概念原是柏拉圖傳統中的超越哲學裏的一些虛層的價值性的概念，雖可説為知性底純粹概念，或依古人，説為"對象底先驗概念"（價值性的先驗概念），可是它們原不是康德義的知性底範疇。今康德落在知識上，把它們視為"事物一般底一切知識之邏輯的必需物與邏輯的判準"，這是與原義有間的。這樣視之，固可以落實而把它們解消，但古人不必這樣落實，但只是對於"存有"之默會。這種默會原不是代表知識，故這些概念亦不是有事於經驗對象的知性之範疇，故亦不能有所加於知性範疇之數目。康德慮及此而加上此段文章以處理之這原是多餘的，不必要的。他既視之為一般知識之邏輯的判準，如是，"一"變成"單一性"，"真"變成"真理性"，

"善"變成"圓滿性"（完整性，就知識說者）。如是，他說：這三性只有關於知識自身，並無關於知識之關聯於對象；它們只是知識之邏輯判準，却被逆轉而為"物之在其自身"（每一存有自身）之特性；它們只是量範疇之轉形，而又不合原量範疇之實義；量範疇是事物本身(經驗對象本身)底可能性之條件，是有事於對象的，因此，是"材質的"（material），而今經一轉形，變成知識之邏輯判準（思想之邏輯判準），却只是依其形式的意義（邏輯的意義）而被使用，而又不謹慎地逆轉而為"物之在其自身"之特性。可是古人說一，真，善却原無這些跌宕起落，原只是對於"物之在其自身"（每一存有自身）之價值性的默會。本段文只是康德依其自己之思路把它們解消掉而已，表示它們並不能有增於範疇之數目。但這並不是恰當的處理。恰當的處理當該是從實踐理性上予以轉攝，不當從知解理性上把它們解消，因為一，真，善變成知識之邏輯判準，這是很突兀而不自然的。

A 84

概念的分解⁽¹⁾

第二章

知性底純粹概念之推證

第 一 節

§ 13⁽²⁾

"超越推證一般"⁽³⁾之原則

　　法律學家，當其說及權利與請求時，他們在一合法的行動中
把權利問題（quid juris）與事實問題（quid facti）區別開；
而且他們要求這兩者皆須被證明。前者底證明，卽那"必須去說
明權利或合法的請求"的證明，他們名之曰"推證"。好多經驗的
概念用不着任何人提出問題而卽可被使用。因爲經驗對它們的客
觀實在性之證明常是有效的，所以卽使沒有一種推證，我們亦相信

B 117

我們自己有理由可去歸給它們一意義，歸給它們一可歸屬之的⁽⁴⁾
意指（an ascribed significance）。但是，玆亦有些僭越的
（不合法的）概念，例如幸運，命運，這些概念雖然因着一種幾
乎普遍的縱容而允許其流行，然而它們也漸漸可以爲這問題，卽

A 85

"權利問題"這個問題，所詰難。它們的權利問題要求對於它們
有一種推證，此種"要求一推證"之要求使我們十分困惑，蓋因
爲沒有那"足以去證成它們的使用"的清楚的合法權利可以或從
經驗而得到或從理性而得到。

[註(1)]: 肯·士密斯注云: 第一第二兩版此標題爲"超越的分解"，依 *Michaelis* 改。

[註(2)]: 肯·士密斯注云: "§13"爲第二版所加。

[註(3)]: 康德原文爲"超越推證一般"，肯·士密斯譯爲 "任何超越推證"，"任何"字未必佳。茲依原文譯。"某某一般"乃康德所慣用者，於別處皆照譯，何忽於此改爲 "任何"？

[註(4)]: 肯·士密斯注云: 原文爲"eingebildete"（一想像的或一設想的），依 *Vaihinger* 改爲 "eine giltige" (an ascribed 一可歸屬之的)。案此改爲佳。

現在，在那"形成人類知識底高度複雜網"的許多概念之間，有些概念是被選拔出來以備純粹先驗的使用（即 "完全獨立不依於一切經驗"的使用）；而它們之這樣被使用之權利總要求一推證。此蓋因爲以下的緣故而然，即: 由於經驗的說明不足以使此種使用爲有理，是故我們要面對這問題，即: "這些概念如何能關聯到這樣的對象即 '它們尚不能從任何經驗而得之' 這樣的對象(1)上去"，這個問題。"概念所依以能這樣先驗地關聯到對象上去" 的那樣式之說明，我名之曰概念之 "超越的推證"；而且我把那經驗的推證與這超越的推證區別開，那經驗的推證是這樣的，即它展示這樣式，即 "一個概念所依以通過經驗而且通過對於經驗的反省而被獲得" 的那樣式，因此，它無關於此概念之合法性，「但只有關於此概念之事實的起源模式」(2)

[註(1)]: 這些概念如何能關聯於它們不能從任何經驗而得之的對象上去，此中所謂概念即隱指範疇說。它們要關聯於對象，而它們所關聯

到的對象，它們不能從經驗而得之。此不能從經驗而得之的對象，直接地說，就是先驗的對象。此種對象是什麼意義的對象？此當指與範疇相對應的那對象說。如因果範疇底對象即是經驗對象（現象）中的那"因果性"，本體範疇底對象即是經驗對象中的那"常住性"，凡此皆不能從經驗而得。範疇關聯於這樣的對象是先驗地關聯到。但是範疇亦先驗地關聯到經驗的對象而決定其因果性，常住性等。康德說範疇之應用一般地是說其應用於經驗的對象，但在此開端，則說其應用於其非經驗的對象，此即是其思想之隱晦處。

[註(2)]：此句是肯·土密斯的意譯。*Max Müller* 依康德原文直譯是如此：但只有關於這事實，即"此概念之得有所由以發生"的那事實。*Mieklejohn* 如此譯：但只有關於"依如此這般之樣式而得有此概念"這"得有之"之事實。

B 118　　我們早已有了這樣的一些概念，即這些概念是屬於兩個完全不同種類的，但它們卻又在這一點上相契合，即：它們皆依一完全先驗的樣式而關聯於對象，此即是說，我們早已有了作為感性底形式的空間與時間之概念以及作為知性底概念的範疇。去尋

A 86　　求這兩類概念底任一類概念底一種經驗的推證，這必是白費力氣的。因為它們的顯著的特點即在於此，即：縱使我們不曾從經驗中假借得任何東西——任何"能在它們所關聯到的對象底表象中足以服務（或有用）"的東西，它們也仍然關聯於它們的對象。因此，如果這樣的概念底一種推證是不可缺少的，則這推證無論如何必須是"超越的推證"。

　　但是，關於這些概念，就像關於一切知識一樣，如果我們不能想在經驗中去發見"它們的可能性"底原則，可是我們至少能

想在經驗中去發見 "它們的產生" 之緣起的原因 （occasioning causes, Gelegenheitsursachen）。由於感取底諸印像提供最初的刺激 （stimulus, Anlass）, 是故全部知識機能面對這些感取底印像而展開, 而經驗亦因而被產生。此經驗含有兩種十分不相同的成分, 卽是說, 它含有從感取 ［而得到的］知識之 "材料", 並含有 "條理 （或排列）此材料" 的某種一定的"形式", 此形式是從純粹直覺與純粹思想之內部根源 ［而被得到］ （aus dem inneren Quell des reinen Anschauens und Denkens）, 此純粹直覺與純粹思想, 乘 "感取印像" 之機緣, 首先表現其活動並且產生出概念 （案兩者俱表現活動, 但產生概念則只屬於純粹思想(1)）。這樣一種研究, 卽 "研究我們的知識機能之初步努力" （因着此初步努力, 我們的知識機能從特殊的知覺進到普遍的概念）, 這樣的一種研究, 無疑是很有功用的。 B119 我們感戴那有高名的陸克 （Locke） 展開了這種新的 "研究線索"。但是純粹先驗概念底推證卻決不能依此種樣式而被得到; 此推證並不是可在任何這樣的方向中被尋求的。因爲由這些純粹先驗概念底後來使用而觀, （其使用須是完全獨立不依於經驗）, 這些純粹先驗概念必須能夠去展示一出生底身分證明完全不同於 A87 那從經驗而出生的身分之證明。由於這種嘗試的"生理學的引生"只有關於一 "事實問題"（a quaestio facti）, 是故嚴格地說, 它不能被名曰 "推證"; 因此, 我將名之曰 "得有純粹知識" 這種得有之 "說明"。坦白地說, 對於此種純粹知識(2), 那能被給與的唯一推證是一個超越的推證, 而不是一個經驗的推證。就純粹先驗概念而言, 此後一類型的推證 （卽經驗的推證） 乃是一完全無用的工作，此無用的工作只有為那些 "不能把握住這些純粹知識底完全特有的本性" 的人們所從事。

[註(1)]：案此語為譯者所加。主詞是純粹直覺與純粹思想，此兩者俱表現活動可，但不能說此兩者產生概念（動詞是多數主詞的動詞）。純粹直覺並不產生概念，產生概念的只是純粹思想。康德只這樣籠統地說，不加個別，易令人生疑。

[註(2)]："對於此種純粹知識"，依康德原文是 "對於這些純粹先驗概念"。背·士密斯注云：依 Erdmann 改，改原文之"diesen allein es" 為 "dieser es allein"。

但是 "純粹先驗知識底那唯一是可能的一種推證是在超越的線上" 這雖然可被承認，可是 "一種推證是不可少地必要的" 這卻並不卽刻是顯然明白的。 我們早已因着一種超越的推證， 把空間與時間之概念追溯到它們的根源上去，並且已解明了並決定了它們的先驗的客觀妥效性。 但是， 幾何學是在那完全先驗的知識中以安全性而前進，而且它亦不需要為它的基本的空間概念之純粹而合法的出生之任何身分證明去求助於哲學。 可是， 概念在這門學問中被使用是只依其涉及外部感觸世界而被使用（外部感觸世界卽是直覺之世界，空間是此直覺之純粹形式），在此外部感觸世界處，一切幾何知識（如其所是，皆植根於先驗的直覺）皆有其直接的顯明性。 ［而這門學問中的］(1) 諸對象， 就其形式而論， 是通過這些對象底知識自身 (2) 而先驗地被給與於直覺中。 可是， 在知性底純粹概念之情形中， 這卻完全不同；

B 120

A 88

在這些純粹概念上，這不可免的要求——要求一超越的推證之要求，不只是要求這些純粹概念自身底超越推證，且亦要求空間概念底超越推證，這種不可免的要求是首先要發動起的。何以是如此，這是因為以下的緣故而然，卽：因為這些純粹概念之說及對象是通過純粹先驗思想底謂詞而說及之，並不是通過直覺與感性底謂詞而說及之，所以它們之關聯於對象是普遍地關聯於對象，卽是說，是離開一切感性之條件而關聯於對象。又(3) 因為以下的緣故而然，卽：由於這些純粹概念不是植根於經驗，所以它們不能在先驗的直覺中展示出任何這樣的對象，就像那 "可以先於一切經驗而為它們的綜和作用充作根據" 那樣的對象。因為有這些原故，是故它們不只是在關於它們自己的使用之客觀妥效性與範圍方面引起疑惑，且亦由於它們之傾向於去使用空間之概念超出感觸直覺底諸條件之外，是故它們也使這空間之概念成為模糊不明的； 而這一點， 實在說來， 就是為什麼我們早已見到空間概念底一種超越的推證是必要的之故 。 〔 就因為以上那些緣故，所以不只是這些純粹概念底一種超越的推證之不 可 免 的 要求，而且亦是空間概念底一種超越的推證之不可免的要求，始首先要發動起〕 (4)。 因此， 讀者在他於純粹理性之領域中能前進一步以前， 他必須確信這樣一種超越的推證之不可免的必要性 。 非然者，其前進是盲目地前進，而經過各種漫蕩之後，他亦必須重回到 "他所由以開始" 的那同樣的無知。 同時， 如果他要想不去悲嘆那些 "其本性深深被蒙蔽" 的題材中之隱晦， 或他要想在移除障碍上不至於太容易喪失其勇氣，則他必須對於其所承擔之工作之不可避免的困難有一清楚的預知。因為我們必須或者完

B 121

A 89

全放棄一切要求——要求去在⑸一切領域中之最高度地受尊崇的領域中， 即那超越一切可能經驗底範圍之外的領域中， 去作純粹理性底判斷， 或非然者， 即必須把這批判的研究帶至完整之境。

[註(1)]: 此爲譯者所補。康德原文先說幾何這門學問中概念之被使用，次說"對象"如何如何，原是一整句。今拆開分成兩句，須有此補，因爲此 "對象" 即是幾何中之對象。

[註(2)]: "通過這些對象底知識自身"，此在翻譯上不須註，但在理解幾何對象之獨特性上須予以註說。 *Meiklejohn* 對此語作注解云: "康德意是如此: 在幾何中知識之對象（如三角，線，圖形等）並不是有別於產生這些對象的知識之動作；除在思想中有別外。對象除我們思之時並不存在——它離開我們之思之，並不存在。思之動作與思之對象是從兩個不同的觀點看的同一事"。案此注語似可有助於吾人之理解。惟語中 "思之" 不甚妥，似當改爲 "知之"。"思之動作與思之對象" 亦當改爲 "知之動作與知之對象"。

[註(3)]: 肯·土密斯注云: 依 *Erdmann* ， 改原文之 "und die, da sie" 爲 "und sie, da sie" 。

[註(4)]: 此爲譯者所補，須有此重述的回應，因爲上文說緣故，文太長故。

[註(5)]: 肯·土密斯注云: 依 *Erdmann*，改原文之 "als das" 爲 "als auf das"。

我們早已能够無甚困難地去解明: 空間與時間之概念（雖然是些先驗的知識）如何必須必然地關聯於對象，並解明: 它們獨立不依於一切經驗如何便可使對象之一綜和知識爲可能。何以能無甚困難地去解明此兩問題，這是因爲以下的緣故而然，卽：因爲只有因着這樣的"感性之純粹形式"，一個對象始能顯現給我們，因而亦就是說，始能是經驗直覺底一個對象，因此之故，所以空間與時間就是那"先驗地含有作爲現象的諸對象底可能性之條件"的純粹直覺，而那"發生於此純粹直覺中"的綜和亦有客觀妥實性：卽由於此緣故，我們始能無困難地去解明那兩個問題。 B122

可是，另一方面，知性底範疇並不表象這條件，卽"在其下對象被給與於直覺中"的那條件。因此，卽使對象不必然地關聯於知性之功能，對象亦可顯現給我們；而因此，知性亦不需要含有對象底先驗條件。這樣，一種困難，卽如"我們在感性領域中所不曾遇見"的那樣一種困難，在這裏便呈現出來，此困難就是：思想底主觀條件如何能有客觀妥效性，卽，如何能供給出對象底一切知識底可能性之條件。因爲現象確然能獨立不依於知性 A90 之功能而被給與於直覺中。舉例言之，讓我們以原因之概念爲例，此原因之概念指表一特種的綜和，因着此種綜和，依據某物 A，有一完全不同的另一某物 B 可依照一規律而被置定。"現象爲什麼一定含有這類的事"這並不是先驗地顯明的（經驗在此義之證明中並不能被引用，因爲那須被建立的乃是一先驗概念底客觀妥效性）；因此，"是否這樣的一個概念不或許全然是空的，不論在現象中的什麼處它總沒有相應的對象"，這是先驗地可疑的。感觸直覺底諸對象必須符合於感性底形式條件（此形式條件 B123 先驗地處於心中），這是顯明的，因爲若不然，此諸對象必不能

對我們而爲對象。但是，若說感觸直覺底諸對象也必須同樣符合
於這條件，卽"知性在思想之綜和統一上所需要"的那條件，這一
結論卻是一個"其根據決不是如此之顯明"的結論。現象很可以是
這樣地被構造成的，以至於知性總不能見到它們是符合於知性底
統一之條件的。每一東西很可以是存在於這樣的混亂中，卽，例
如，在現象底系列中沒有東西曾呈現其自己者它可以給出一"綜
和底規律"，並因而可以回應原因與結果之概念。如是，"原因"
這個概念必全然是空的，虛無的，而且是無意義的。但是，因
爲直覺無需於任何種思想之功能，所以現象縱然是如上所說之混
亂，它們亦必把對象呈現給我們的直覺。

　　如果我們想因着說以下的意思，卽"經驗可連續不斷地呈現
出現象間的這樣的規則性之事例，因而它可供給出許多機會以便
我們去抽成原因之概念，並同時可使我們去證實這樣一個概念之
客觀妥效性"這意思，而去逃避這些辛勞的研究，則我們定是忽
略了這事實，卽：原因之概念從未能依以上所說的樣式而發生。
原因之概念必須或者是完全先驗地植基於知性中，或者必須是當
作腦筋底一種純然的虛幻物而完全被放棄。因爲原因這個概念作
這嚴格的要求，卽：要求"某物 A 必須是這樣的，卽它必須是
某種別的東西 B 必然地而且依照一絕對普遍的規律隨之而來者"
這嚴格的要求。現象實可呈現一些事例，從這些事例裏，一個規
律能被得到，依照此規律，某種東西時常可以發生，但是現象從
未證明這承續（sequence, Erfolg）是必然的。玆有一種"不能
經驗地被表示"的尊嚴隸屬於原因與結果之綜和，此卽是說，結
果不只是繼原因而來，而且是通過原因而被置定，並由原因而發

A 91

B 124

生。規律底這種嚴格的普遍性從不會是經驗規律底一種特徵；經
驗規律通過歸納只能獲得比較的（相對的）普遍性，即是說，只 A 92
能獲得廣濶的可應用性。如果我們眞要去視知性底純粹概念爲純
然地經驗的產品，則我們必定要在它們的使用［之樣式］方面作
一完全的改變。

§ 14⁽¹⁾

過轉到範疇之超越推證

妓只有兩條可能的路，在此兩條可能的路中，綜和的諸表象
與其對象能建立連繫，能得到互相間的必然關係，並如所謂能互
相遇見。或者單只是對象必須使表象爲可能，或者單只是表象使
對象爲可能。在前一種情形裏，此關係只是經驗的，而表象亦從 B 125
未是先驗地可能的。此在現象上之爲眞是就現象中那屬於感覺者
而言而爲眞。在後一種情形裏，就對象之存在而論，表象自身實
並不產生表象之對象，因爲在這裏，我們並不是要因着意志而說
及表象底因果性⁽²⁾。縱然如此，如果 "只有通過表象，這才可能
去知任何東西爲一對象" 這情形是眞的，則表象便是對象底先驗
的決定者。

［註(1)]: 肯·士密斯注云: "§14" 此號數在第二版中疏忽略去，在
第三版中又補上。

［註(2)]: 案在這裏說表象對於對象的關係，雖然單只是表象使對象
爲可能，這只表示表象先驗地決定對象，這只是認識論的決定，而不是

因着"意志"而說及表象底因果性，卽說及表象產生對象，使對象有存在。若是此後者，那是意志創造之存有論的決定，那是意志底因果性，因爲意志有創造性故。這裏並不是說此義，須恰當了解，不可誤會。

現在，兹有兩種條件，單在此兩種條件下，一對象底知識才是可能的，第一，直覺，通過直覺，對象被給與，雖然只作爲現象而被給與；第二，概念，通過概念，一個對象被思爲相應於此直覺。"第一種條件，卽'單在其下對象始能被直覺'的那種條件，實先驗地處於心中而爲對象之形式的根據"，此依前文攝物學中所說甚爲顯明。一切現象皆必然地與此"感性底形式條件"相契合，因爲只有通過此形式條件，現象始能顯現，卽是說，始能經驗地被直覺，而且被給與。現在，這問題便發生，卽：先驗概念是否不也足充作先在的條件，單在此先在的條件下，任何東西，縱使不是被直覺，卻猶可作爲對象一般而被思想。如若先驗概念實可充作這樣的先在的條件，則對象底一切經驗知識必須必然地符合於這樣的一些概念，因爲只由於這樣地預設這些概念，任何東西作爲經驗底對象才是可能的。現在，一切經驗，在"某物所經由以被給與"的那感取底直覺之外，實還含有一個"因着感取底直覺而被給與"的對象之概念，卽作爲顯現者的對象之概念。這樣，"諸對象一般"底諸概念（諸範疇）實作爲一切經驗知識底先驗條件而成爲此經驗知識之根據。因此，作爲先驗概念的範疇之客觀妥效性實基於這事實，卽：就思想之形式而論，只有通過這些範疇，經驗始成爲可能的。這些範疇所以必然地而且先驗地關聯於經驗之對象，其故卽在：只有因着它們，經驗底任何對象（不管是什麼對象）才能被思想。

這樣，一切先驗概念底超越推證有一原則，全部研究必須依 A94
照此原則而被指導，此原則即是：這些先驗概念必須被承認為是
經驗底可能性之先驗條件（不管它們是那在經驗中被遇見的直覺
底概念，抑或是思想底概念）⑴。那"給出經驗底可能性之客觀
根據"的諸概念正在這個理由上才是必然的。對於這經驗，即
"此諸概念在其中被遇見"的那經驗之展釋（unfolding, Ent-
wicklung）並不是這些概念底推證；這只是對於它們所作的說
明。因為在任何這樣的解釋（說明）上，它們必只是偶然的。除
通過"它們之根源的關聯於可能經驗"外（在此可能經驗中，一 B127
切知識之對象可被發見⑵），"它們之關聯於任何一個對象"必完
全是不可理解的。

[註⑴]：案此附加之語康德原文原有括弧，肯·士密斯譯略之，
Max Müller 譯亦略之。*Meiklejohn* 則於此附加之語根本略而未譯。
案此附加之語中所謂"那在經驗中被遇見的直覺底概念"即指時空之概
念而言，所謂"思想之概念"即指作為範疇的那些純粹概念而言。此一
附加之語是回應前文 A88至 B121 之所說，當覆看。否則此語難解。

[註⑵]："被發見"一動詞，肯·士密斯注云：原文是 "vorkom-
men"。案此詞，*Max Müller* 譯為"出現"（occur）；而 *Meiklejohn*
則譯為"呈現"（在此可能經驗中，一切知識之對象皆呈現其自己）。

傑出的 陸克，由於他不能計及這些考慮，並由於他在經驗
中碰見了知性底諸純粹概念，是故他亦從經驗中來推演出這些純

粹概念，但他卻又是如此之不一致地而進行其推演以至於他企圖
以這些純粹概念之助想去得到那 "遠超越了一切經驗底限制" 的
知識。休謨承認：要想能够去作到這一點，則 "這些概念定須有
一先驗的起源" 這乃是必然的。但是，因爲他不能解明："知性
必須思考那些‘其自身不是在知性中被連繫起來’的諸概念爲必然
地在對象中被連繫起來" 這如何是可能的，又因爲他未想到：知
性自己，通過這些概念，或許就可以是這經驗即 "知性之對象於
其中被發見" 的那經驗之制作者，所以他被迫着去從經驗中引申
出這些概念來，即是說，從一主觀的必然性 (即從習慣或慣例)
去引申出它們來，此主觀的必然性是從經驗中的重複聯想而發
生，而且它終於又被誤解地看成是客觀的必然性。但是，從這些
前提，他卻完全一致地來辯說。他宣告："以這些概念以及以‘這
些概念所生出’的諸原則去越過經驗底範圍" 這是不可能的。現
B 128 在，這種經驗的引申 (兩位哲學家在此經驗的引申方面意見相
合) 不能與我們所有的先驗的科學知識即純粹數學以及一般的自
然科學之眞實性(1) (實相 Wirklichkeit) 相融洽；因此，這一
事實即足以去否證這種引申。

　　[註(1)]：案康德原文是 "眞實性"，肯·土密斯把它轉成副詞來形
容 "我們所有" 之有，如是他譯爲 "不能與我們實際所有的先驗的科學
知識即純粹數學以及一般的自然科學相融洽"。此一轉不見佳。玆仍依
原文譯。*Max Müller* 依原文譯出。*Meiklejohn* 並未譯出。

　　這兩個傑出的人，雖然前者 (陸克) 敞開一廣濶的 "熱切追

求"⑴ 之門，（因為如果理性一旦被允許有這樣的前進之權利，它將不再允許其自己因着模糊規定的溫和建議或勸告而緊守其範圍而不逾越），然而後者（即休謨）卻完全委身於懷疑論，因為，如他所信者，他已發見了這一點，卽：那迄今被視爲理性者不過是一種遍行的虛幻，此遍行的虛幻惡染了我們的知識機能。現在，我們提議去作一嘗試，試一試"去爲人類理性在這兩岩石之間找一安全通行之路，並去指派給她以決定性的限制，但卻又去爲她敞開她的適當活動底全部領域"這是否必不是可能的。

[註⑴]: 肯・士密斯注云："熱切追求"（enthusiasm）康德原文是 "Schwärmerei"。案另兩譯譯爲"奢望無度"（extravagance）。

但是，我將先就範疇說幾句說明的話。範疇是"一對象一般"底一些概念，藉這些概念，一個對象底直覺被看成是決定了的，卽在關涉於判斷底諸邏輯功能之一功能中而爲決定了的。這樣，定言判斷底功能就是 "主詞之關聯於謂詞" 底功能；例如， "一切物體皆是可分的"。但是，就知性之純然地邏輯的使用說，主詞底功能要被指派給此兩概念（案卽 "物體"與"可分"兩概念）中的那一個，謂詞底功能要被指派給此兩概念中的那一個，這是存而不決的。因爲我們也能說："某種可分的東西是一物體"。但是當物體底概念被帶至"本體"範疇下，則 "此物體之經驗中的經驗直覺必須總是被視爲是主詞，而從不會被視爲是純然的謂詞" 這卻是因物體之概念被帶至本體範疇下而爲被決定了的。就一切其他範疇說，皆可依此同樣方式而論之*。

B 129

［案以上兩＊號間的三段文為第二版文，由此接下第二版
"超越的推證"第二節。第一版之文，為那三段文所代替者，則
如下：］

「玆有三種根源的來源（靈魂之三種能力或機能），此三種
根源的來源含有一切經驗底可能性之條件，而且它們本身亦並不
能從任何其他的心靈之機能而被引申出，此即是感取，想像，與
統覺。基於此三種機能上者是：⑴通過感取而有的"先驗雜多之
綜攝"；⑵通過想像而有的"此種雜多之綜和"；⑶通過根源的
統覺而有的"此種綜和之統一"。感取，想像，與統覺，這三種
機能皆有一超越的使用（正如其皆有一經驗的使用一樣），此超
越的使用單只有關於形式，而且它是先驗地可能的。關於感取，
我們已在前第一部中論及其超越的使用；現在，我們將進而致力
於去了解其他兩者底超越使用之本性。」

A 95

［案由此接下第一版"超越的推證"第二節。］

知性底純粹概念之推證

（第一版中者）

第 二 節

經驗底可能性之先驗根據

說：“一個概念，雖然其自身旣不含於可能經驗之概念中，又非以一可能經驗之成素而組成，然而它卻定要完全先驗地被產生，而且又定要關聯於一個對象”，這全然是矛盾的，而且是不可能的。因爲，若那樣，它必無內容，蓋因爲沒有直覺與之相應故；而直覺一般，即“對象所經由以被給與於我們”的那直覺一般，則構成可能經驗底領域，即可能經驗底全部對象。一個“不曾關聯於經驗”的先驗概念必只是一個概念底邏輯形式，而不是“某物所經由以被思”的那概念之自身。

純粹先驗概念，如果這樣存在着，實不能含有任何經驗的東西；但縱然如此，它們亦能專充作一可能經驗底先驗條件。它們的客觀實在性單只能基於這個根據上。

因此，如果我們想去發見“知性底純粹概念如何是可能的”，我們必須研究什麼是這樣的諸先驗條件，即“經驗底可能性所基於其上，而且卽當每一經驗的東西從現象中抽去時，它們亦仍留存而爲經驗底根據”這樣的諸先驗條件。一個“普遍地而且足够地表示經驗底這樣一種形式而客觀的條件”的概念必應被名曰知性底一個純粹概念。確然，一旦我有了知性底純粹概念，我卽能

A96

思考那些 "或可是不可能的" 諸對象，或那些 "雖或許其自身是可能的，但卻不能被給與於任何經驗中" 的諸對象。因爲在連繫這些概念中，那 "猶仍必然地屬於一可能經驗底條件" 的某種東西可以被略去（此如在一精靈體之概念中）。或亦可是這樣，卽：純粹概念可被擴展至超過經驗所能追隨者之外（此如在上帝之概念處卽如此）。但是，一切先驗知識底諸成素，甚至無定準而又參差不齊（不協調）的虛構物底諸成素，雖然它們實不能從經驗中被引生出，（因爲若從經驗中被引生出，它們必不會是先驗知識），可是縱然如此，它們也必總是含有一可能經驗底純粹先驗條件，以及一經驗對象底純粹先驗條件。非然者，必沒有什麼東西會是通過它們而被思的，而它們自身，由於沒有與料，亦決不能發生，甚至在思想中亦不能發生。

這樣，那些 "先驗地含有包含於每一經驗中的純粹思想" 的概念，我們在範疇中把它們找到了。如果我們能證明： "只有因着這些概念，一個對象始能被思"，則此一證明將卽是這些概念底一個足夠的推證，而且將證成這些概念底客觀妥效性。但是，因爲在這樣的純粹思想中，並非只是思想之機能卽知性在表現作用，而且思想之機能卽知性以外還有其他機能亦在表現作用，又因爲知性這個機能，當作 "意謂關聯於對象" 的知識之機能看，就這樣的關聯之可能性說，其自身就要求一說明，所以我們必須首先考慮那些 "形成經驗底可能性之先驗基礎" 的諸主觀根源，我們之考慮這些主觀根源是依這些主觀根源之超越的構造 (transcendental constitution, transcendentalen Beschaffenheit) 而考慮之，而不是依其經驗的構造而考慮之。

A97

如果每一表象眞是和每一其他表象完全無關，在孤立中分離地挺立着，則必無知識這樣東西會發生。因爲知識〔本質上〕就是一整體，在此整體中，諸表象得被比較，而且得被連繫。由於感取在其直覺中含有雜多，是故我把一種"綜攝"（synopsis）歸給此感取。但是一種"綜和"必須總是相應於這樣的綜攝；接受性只當它與自發性相結合時，它始能使知識爲可能。現在，此自發性是三重綜和之根據，此三重綜和必須必然地被發見於一切知識中；此三重綜和卽是：直覺中的作爲心之變形的諸表象底攝取之綜和，想像中的諸表象底重現之綜和，一概念中的諸表象底確認（或認知）之綜和。這三重綜和指點到知識底三個主觀的根源；此三個主觀的根源使知性自身爲可能，因而結果亦就是說，使那"作爲知性底經驗產品"的一切經驗爲可能。

A98

預先的（初步的）解說

範疇底推證是一這樣極端困難之事，它逼迫着我們要如此深入去滲透我們的"知識一般"底可能性之首要根據，以至於要想去避免一完整理論之經營，而同時卻又於如此不可缺少的一種研究中不去省略任何事，我已見到：在下面四段文字中寧先去使讀者有所準備而不先去正敎讀者，這乃是適當的。知性底這些成素之系統的解釋將在此四段文字後第三節中被給與。因此，讀者切不要因着此較前的四段文字中的一些隱晦而致躊躇不前。這些隱晦在一種以前從未嘗試過的事業中是不可避免的。這些隱晦，如我所確信，在適提到的那第三節中，最後終將讓步於（被毀於）

"完整的洞見"（complete insight, vollständigen Einsicht）。

1.直覺中攝取底綜和

不管我們的諸表象底根源是什麼，不管這些表象是否是由於外部事物底影響而然，抑或是通過內部的原因而被產生，不管它們是否是先驗地發生，抑或是由於它們是現象，它們皆有一經驗的起源，總之，它們，作爲心之變形，必須盡皆屬於內部感取。這樣，一切我們的知識最後是隸屬於時間的，卽隸屬於內部感取底形式條件的。那些表象一切皆必須在時間中被排列，被連繫，以及被置於關係中。此是一一般的陳說（解說），此一般的陳說，通貫於那隨之而來者，由於它是十分基本的（它是隨來者之根據），是故它必須被牢記於心中。

每一直覺在其自身中含有一雜多，此雜多是只當心靈在此一印象相承於另一印象之相承中彰顯出時間始能被表象爲一雜多；因爲每一表象，當其被含於一單獨的瞬刻中，它除是一"絕對的單一"外，它決不能是任何東西。要想直覺底統一可以發生自此雜多（如在空間之表象中所需要的那樣），此雜多必須首先要被歷過而且要被執持於一起。這種活動我名之曰攝取底綜和，因爲它是直接地被引向於直覺上的，此直覺實可供給一雜多，但這雜多卻是這樣的一種雜多，卽它除藉賴着一種綜和外，它從不能被表象爲一雜多，而且它亦從不能如其被含於一單獨的表象中那樣而被表象[1]。

〔註(1)〕：肯·土密斯注云：依 *Vaihinger*，加上"被表象"一動詞。

此攝取底綜和復亦必須先驗地被施行，即是說，必須在關涉於那些"不是經驗的表象"的表象中被施行。因爲若無此攝取底綜和，我們必不會先驗地有空間底表象與時間底表象。空間底表象與時間底表象只能通過"感性在其根源的接受性中所呈現"的那雜多之綜和而被產生。這樣說來，我們實有一純粹的"攝取之綜和"。

A100

2.想像中重現底綜和

"那些時常互相相隨或互相伴同的表象最後終於成爲被聯合起來的表象，因而也就是說，它們是被安置於一關係中，因着此關係，甚至在無對象時，這些表象底某一表象，依照一固定的規律，亦能使心靈過轉到另一個表象上去"，這情形只是一純然地經驗的法則。但是此重現之法則預設：現象本身是現實地服從於一固定的規律，並且預設：在這些表象之雜多中，一種"共在"或"相承"實依照某些一定的規律而發生。非然者，我們的經驗的想像決找不到"切合於其能力"的實習之機會，因而它必如一個死的機能而且是一個"不被知於我們"的機能而仍被隱蔽於心靈內。如果銀朱眞是時而紅，時而黑，時而輕，時而重，如果一個人眞是時而變成這一個動物形態，時而變成另一個動物形態，如果這田野于夏至日眞是時而豐茂，時而滿是冰雪，則我的經驗的想像必決找不到機會，當它表象紅色時，去把重的銀朱帶到心靈上（或去使重的銀朱復現於心靈上）。又，如果一個名字眞是時而給與於這個對象，時而給與於那個對象，或同一東西眞是時而依此路數而被名，時而又依另一路數而被名，其被名是

A101

獨立不依於"現象本身所服從"的任何規律而被名，則這裏亦決不能有一經驗的"重現之綜和"。

因此，玆必有某種東西，此某種東西，由於它是現象底一種必然的綜和統一之根據，是故它使現象底重現為可能。當我們反省：現象不是物之在其自己，但只是我們的表象之純然的遊戲，而最後終於又皆化歸於內部感取底諸決定，當我們如此反省時，那"使現象之重現為可能"的某種東西是什麼，我們立刻卽可發見之。因為，如果我們能够表示：卽使我們的最純粹的先驗直覺亦不能給出知識，除當這些先驗直覺含有這樣一種雜多之結合，卽如"使一種通貫的重現之綜和為可能"那樣的雜多之結合，如果我們能如此表示時，則此想像之綜和必同樣先於一切經驗而基於一些先驗的原則上；而我們亦必須認定一種純粹超越的"想像之綜和"，以之為條件來制約一切經驗底可能性（充作一切經驗底可能性之根據）。因為經驗，卽如其為經驗而觀之，它必然地預設現象之可重現性。當我想在思想中去畫一條線，或想去思維從此一中午到另一中午的時間，或甚至想去把某一特殊數目表象給我自己，顯然此中所含有的各種不同的表象必須在思想中此在彼後地（相繼地）為我所攝取。但是，如果我總是把先行的表象（一條線底首部分，時期底先行部分，或所表象的次序中的諸單位）從思想中漏掉（失落），而當我前進到那些隨之而來者時，我又不曾把它們重現出來，則一完整的表象決不會被得到：以上所說的那些思想（卽畫一條線，思維時間，表象數目等）無一能發生，甚至最純粹而又最基本的"空間與時間之表象"亦不能發生。

A102

這樣，攝取底綜和是不可分離地和重現之綜和緊繫於一起的。由於攝取底綜和構成 "一切知識一般"[1] 底可能性之超越根據（不只是構成經驗知識底可能性之超越根據，且亦構成純粹先驗知識底可能性之超越根據[2]），所以重現的 "想像之綜和" 亦須被列入超越的 "心靈之活動" 中。因此，我們將名此種機能曰超越的 "想像之機能"。

[註(1)]：依康德原文譯為 "一切知識一般"。依肯·土密斯譯，則為 "一切種知識不管是那一種"。此為適應英文，在中文不必要。

[註(2)]：括弧中之注語依康德原文譯。依肯·土密斯譯則如此：（其構成那些是純粹先驗知識者底可能性之超越根據並不亞於其構成那些是經驗知識者底可能性之超越根據）。原文逕直而簡單，此譯迂曲而囉囌，此蓋亦為適應英文故。

3.一概念中認知底綜和

如果我們不曾意識到我們現在所思的同於刹那前我們所已思的，則表象底系列中的一切重現必是無用的。因為重現在其現在的狀態中必是一新的表象，此新的表象必無論如何不會屬於 "它曾因之而逐漸被產生出" 的那種活動。因此，表象底雜多必從不會形成一整體，因為它缺少了那種統一，即 "只有意識始能把此統一賦與於它" 的那種統一。如果在計數中我忘記：那些 "現在在我眼前徘徊恍惚"[1] 的諸單位曾在相續中互相這一個被增加到另一個，則我一定不能知道一個綜數是通過 "單位之相續地增加到單位上"這種相續的增加而被產生出，因而我必仍無所知於數目。因為數目之概念不過就是此"綜和底統一"之意識。

[註(1)]：此一形容子句，肯·士密斯注出康德原文是　"die mir jetzt vor Sinnen schweben"，他譯為"which now hover before me"（現在在我眼前徘徊恍惚）。案 *Max Müller* 則譯為"現在把它們自己呈現到我的心靈上"。

"概念"這個字其自身即可暗示出這個解說。因為此統一性的意識 (this unitary consciousness, dieses *eine* Bewusstsein) 就是那"把相續地被直覺的並且基於其被直覺而又被重現出的那些雜多結合成一個整一的表象"的那意識。此意識可以時常只是淡薄的，因此遂致我們並不把它與同(1)這"活動自身"相連繫，即是說，並不依任何直接的樣式把它與同"表象底產生"相連繫，但只把它與同(1)這成果〔即那"因着表象底產生之活動而被表象"的成果〕相連繫。但是儘管有此種種情形，這樣的意識，無論如何不顯著，必總是存在的；若沒有它，概念，以及與此概念相連的"對象之知識"，必一起皆是不可能的。

A104

[註(1)]：肯·士密斯注云："與同"(with, mit)，康德原文是"in"，依 *Adickes* 改為"mit"。

言至此，所謂"表象底一個對象"這一詞語，我們說此語時，我們心中所意謂的是什麼，我們必須使之對於我們自己成為清楚的。我們前已說：現象其自身不過就是感觸的表象，這些感觸的表象，卽如其爲表象而觀之，而且卽依其自身而觀之，必不可被視爲"能够存在於我們的表象能力之外"的對象。然則當我們說及一個"相應於我們的知識，因而又不同於我們的知識"的對象時，我們意謂什麼呢[1]？這是很容易被看出的，卽：此對象必須只被思爲"某物一般＝Ｘ"，因爲超出我們的知識之外，我們沒有什麼東西我們可以如其相應於我們的知識那樣而安置之以對反於這知識。

[註(1)]：案此問語依肯・士密斯譯當該爲："那須被理解的是什麼呢？"此不甚好，茲依 *Max Müller* 譯而譯，此較順適，因爲原文雖有"理解"字樣，但亦有"我們"字樣，如是，此"理解"卽等於"意謂"，與首句"我們心中所意謂的是什麼"之"意謂"同。

現在，我們見到：我們的"一切知識之關聯於其對象"之思想隨身帶有一必然性之成素；對象是被看成是那"阻止我們的諸知識之爲偶然的或隨意的"者，而且是那"依某種確定的樣式先驗地決定此諸知識"者。因爲當此諸知識須關聯一個對象時，此諸知識必須必然地互相契合，卽是說，必須具有那"構成一個對象之概念"的統一性。

但是這是很清楚的，卽：因爲我們只須去處理"我們的諸表象"之雜多，又因爲那"相應於我們的諸表象"的那個Ｘ（對象）對於我們是一無所有，是無——由於，如其所是，它是某種"須與一切我們的諸表象區別開"的東西——所以這統一性，卽"對

A105

象使之爲必然"的那統一性，不會是別的，它不過就是表象底雜多之綜和中的"意識之形式的統一性"。只有當我們在直覺之雜多中已這樣產生出了"綜和的統一"時，我們始能說我們知道對象。但是，如果直覺不能依照一規律，因着這樣一種綜和之功能，卽如那"使先驗雜多底重現爲必然並使一個概念卽'雜多於其中被統一'的那一個概念爲可能"的那種綜和之功能，而被產生出來，則上說的那種"綜和的統一"亦是不可能的。這樣，我們思一三角形爲一對象，在此思中，我們意識到三條直線之結合，依照一規律而成的結合，因着此規律，這樣一種直覺（案卽三角形之直覺）總是能被表象出來。此"規律之統一性"決定一切雜多，並把這一切雜多限制到這樣的諸條件上去，卽"使統覺底統一爲可能"的那些條件上去。此"統覺底統一"之概念（卽"統覺底統一"這個概念）就是"對象＝Ｘ"底表象，此對象就是我通過一三角形之謂詞（如上所已提及者）而思之者。

A106 　　一切知識皆要求一個概念，雖然那個概念實可以是甚不圓滿或甚爲隱晦。但是一個概念，就其形式而言，總是那"可以充作一規律"的某種普遍性的東西。例如，物體之概念，由於它是那"通過它而被思"的雜多之統一，是故它可在我們的外部現象之知識中充作一規律。但是，此物體之概念能對直覺而爲一規律，是只當它在任何所與的諸現象中表象此諸現象底雜多之必然的重現並因此重現在我們的對於這些現象之意識中表象這綜和的統一時，它始能對直覺而爲一規律。物體之概念，在某種"外於我們"的東西之知覺中，使廣延底表象成爲必然的，並使與此廣延相連的不可入性，形狀等等底表象成爲必然的。

一切必然性，無例外，皆植基於一超越的條件（皆以一超越的條件爲其根據）。因此，在一切我們的直覺底雜多之綜和中，必有意識底統一性之超越的根據存在，因而結果也就是說，必有"諸對象一般"之概念之超越的根據存在，因而也就是說，必有一切"經驗底對象"之超越的根據存在，這一根據，若沒有它，那必不可能去爲我們的直覺思考任何對象；因爲此對象不過就是這某種東西，卽"其概念表示這樣一種綜和底必然性"的那某種東西。

這個根源而超越的條件不過就是"超越的統覺"。依照我們的內部知覺中的情態底諸決定而有的"自我之意識"只是經驗的，而且亦總是在遷轉中。沒有固定而常住的"自我"能在此"內部現象之流變"中呈現其自己。這樣的一種"自我之意識"通常被名曰"內部感取"，或"經驗的統覺"。那"須必然地被表象爲數目地同一的"者不能通過經驗的與料而如此被思（卽如其爲數目地同一的而被思）。要想使這樣一種"超越的預設"（卽數目地同一的自我之預設）成爲妥實的，茲必須有這樣一個條件，卽：此條件乃是那"先於一切經驗而存在"者，並且亦是那"使經驗自身爲可能"者。

設無這樣一種"意識之統一"，卽"此意識之統一，先於一切直覺之與料而存在，而且亦唯有因着關聯於此意識之統一，對象底表象才是可能的"這樣一種意識之統一，則在我們便不能有各種知識之可言，不能有這一種知識和另一種知識之連繫或統一。此一純粹根源的，不變的意識，我將名之曰"超越的統覺"。此意識之得有此名是從以下之事實可見爲是顯然的，卽：縱使最

A107

· 249 ·

純粹的客觀的統一, 即先驗概念⑴底統一 (空間與時間), 也只有通過直覺之關聯於這樣一種"意識之統一"才是可能的。這樣, "此統覺"之數目的統一是一切概念⑵底先驗根據, 恰如空間與時間底雜多性⑶是感性底直覺 (發自感性的直覺) 之先驗根據。

[註⑴]: "先驗概念底統一"以括弧注之以空間與時間是表示這些先驗概念是就空間與時間說的, 即先驗的空間概念與先驗的時間概念, 這不是就範疇說的。空間與時間, 依超越的攝物學中所說, 原不是概念, 而是純直覺。今說空間概念時間概念是就時間空間之種種變形說, 種種變形 (如點線面體以及種種時間單位) 皆是空間, 皆是時間, 因此可說先驗的空間概念與先驗的時間概念。每一概念, 以其有概括性, 普遍性, 故有統一性。先驗的空間概念時間概念, 因為是屬於空間與時間的, 故其所形成的統一是"最純粹的客觀的統一" (凡由概念而成的統一都是客觀的, 而此是最純粹的。) 此最純粹的客觀的統一所結成的還是空間與時間, 此是就空間概念時間概念底統一性而說的空間與時間, 不是就純直覺而說的空間與時間。可是縱使是這種最純粹的客觀的統一, 即先驗的空間概念與時間概念底統一性所示之統一, 也只有通過直覺之關聯於那種純粹的, 根源的, 不變的 "意識之統一性", 才是可能的。概念是概括地說, 直覺是具體地散開地說。空間時間概念之統一性所示之統一也只有通過此等概念下的諸空間時間之直覺 (形式的直覺) 之關聯於意識底統一性, 才可能。沒有意識之統一性所示之統一也不能有概念之統一性所示之統一。概念之統一性是實然, 其所以可能之根據即在意識之統一性。最純粹的空間時間概念之統一性都要依靠於此意識之統一性, 而何況其他知識之概念, 即如經驗的, 一般的種種概念之統一性, 更要依靠於此意識之統一性。

〔註(2)〕：因此，此統覺之數目的統一性（卽純粹根源的不變的意識之統一性）是一切概念〔底統一性〕之先驗根據。"一切概念"卽不只空間與時間之概念，其他經驗概念亦包括在內。"一切概念底先驗根據"，嚴格言之，當該是"一切概念底統一性（卽每一或任一概念底統一性）之先驗根據"，再嚴格言之，當該是"任一概念底統一性底所以可能之先驗根據"。

〔註(3)〕："恰如空間與時間底雜多性是感性底直覺之先驗根據"。案本來空間與時間是感觸直覺底先驗根據（先驗條件），今說"空間與時間底雜多性是感性底直覺之先驗根據"，這不過是將總說的空間與時間拆開而就其種種變形說，這種種變形的空間與時間是發自感性的諸直覺（諸現實具體的直覺，此一直覺彼一直覺等等）之先驗根據。直覺散開說，空間時間亦散開說。空間與時間之多性是因着彼此等直覺之多而顯出，其多樣性卽反而形成此諸般直覺之先驗根據。其實在這裏說空間時間之雜多性無多大意義，只說空間與時間亦可。

此"統覺之超越的統一性"從一切可能的現象中（這些現象 A108
能互相靠傍地處於一個整一的經驗中）依照法則形成一切這些表象底一種連繫。因為，如果在雜多底知識中，心靈不能夠意識到功能底同一性（因着此功能底同一性，心靈把雜多綜和地結合之於一個知識中），則此"意識之統一性"亦必是不可能的。這樣，"自我底同一性"之根源而必然的意識同時亦卽是"一切現象底綜和"之一同樣必然的統一性底一種意識，此所謂"一切現象底綜和"乃卽是依照概念，卽依照規律而成者，而此所依照之規律不只使那一切現象為必然地可重現的，並且亦在使之為必然地可重現中為現象之直覺決定一對象，卽是說，為現象之直覺決定這

"某物之概念"，在此"某物之概念"中，那一切現象必然地互相
被連繫起來。因為，如果心靈在其眼前不曾有其活動之同一性
（因着此活動之同一性，它把一切經驗的"攝取之綜和"隸屬到
一超越的統一性上去，因着此超越的統一性，它遂使依照先驗規
律而成的現象之互相連繫為可能），則它決不能在其所有的諸表
象之雜多性中思想"它自己底同一性"，實在說來，它決不能先
驗地思想此"同一性"。

又，現在，我們能夠更適當地去決定我們的"一對象一般"
之概念。一切表象，由於是表象，有它們的對象，而一切這些表
象其自身轉而又成為另一些表象底對象。現象是那"能夠直接地
A109　被給與於我們"的唯一對象，而在現象中那直接地關聯於對象者
被名曰直覺。但是這些現象並不是"物之在其自己"；它們只是
些表象，這些表象轉而又有它們的對象——其所有的這一個對象
其自身不能為我們所直覺，因此，它可被名曰非經驗的對象，即
超越的對象＝X。

"此超越的對象"之純粹概念（此超越的對象實際上通貫一切
我們的知識而總是這同一者）即是那"唯一能把'關聯於一對象'，
即，'客觀實在性'，賦與於一切我們的經驗概念一般"的那個概
念。此一純粹概念不能含有任何決定性的直覺，因此，它只涉及
那種統一性，即那"必須在和一對象有關聯的知識底任何雜多中
被發見"的那種統一性。"知識和一對象有關聯"，這種關聯不過
就是意識之必然的統一性，因而亦不過就是雜多底綜和之必然的
統一性，此雜多底綜和乃是通過心靈底一種共同功能而成者，此
一心靈之共同功能把這雜多結合之於一個整一的表象中。因為此

統一性（卽適說的 "意識之必然的統一性" 之統一性）必須被視
爲是先驗地必然的（非然者知識必無對象），是故 "關聯於一超
越的對象" 這關聯，卽是說，我們的經驗知識之客觀實在性，實
基於這超越的法則，卽：一切現象，（當通過這些現象，對象
始能被給與於我們時），必須居於綜和統一底那些先驗規律⑴之
下，惟因着這些先驗規律，經驗直覺中的這些現象之互相關聯着
才是可能的。換言之，經驗中的現象必須居於統覺之必然的統一
性底諸條件之下，此恰如在純然的直覺中，現象必須隸屬於空間
之形式條件與時間之形式條件。只有這樣，任何知識始能成爲可
能的。

A110

［註⑴］：先驗規律，諸條件，皆隱指範疇說。"綜和統一底那些先
驗規律" 意卽 "綜和統一底諸規律"，亦卽是綜和統一所依以成其爲綜
和統一的那些先驗規律。"統覺之必然的統一性底諸條件" 亦如此解。
下第四段卽轉到說範疇。

［總案］：此第 3 段 "一概念中認知底綜和"，先從一般概
念底統一性說起。由此 "概念之統一性" 客觀地說到 "某物一
般＝Ｘ"（一對象一般），主觀地說到意識之統一性（統覺之
統一性）。此 "某物一般" 或 "一對象一般"，它是某物，又
是無物（是無），不能爲我們所直覺，因此它是 "非經驗的" 對
象，卽 "超越的對象＝Ｘ"。康德有時亦說 "物自身" 是超越
的對象。但此處說 "超越的對象＝Ｘ" 却決不是 "物自身"。
此第一版的範疇之推證，在此 "預先的解說" 中，有此詞，第二

版的重述中無此詞。又後原則底分解最後一章（卽 "一切對象
區分為感觸物與智思物" 那一章）中第一版者亦有此詞，第二
版的修改文亦刪之。此詞也許不是一個恰當的詞語，此就是此
"預先的解說" 中之隱晦處。但讀者若順概念底統一性及統覺
底統一性了解進去亦可慢慢得其意。他先有此預說，到落實於
範疇時，意思也就顯明了。我曾在智的直覺與中國哲學中有詳
細的討論與釐清，但該處的引文，譯的也許有錯誤處以及不嚴
格處，讀者當以此譯文為準，先細讀此譯文，然後再看該書，
遇譯文有錯誤處當改之，遇解釋的有不恰當處或須補充處當糾
正之並補充之。

4.作為先驗知識的範疇底可能性
之預先的（初步的）說明

茲有一獨一整一的經驗，在此整一的經驗中，一切知覺皆被
表象為是在通貫的而且是有秩序的連繫中者，此恰如只有一整一
的空間與一整一的時間，在此整一的空間與時間中，一切現象之
變形以及一切 "有或非有底關係" 皆可發生（卽皆發生於空間與
時間中）。當我們說及諸不同的經驗時，我們只能涉及各種不同
的知覺，一切這些不同的知覺，卽如其為知覺而觀之，皆屬於這
同一的一般的經驗。諸知覺底這種通貫而綜和的統一實卽是 "經
驗底形式[1]"（die Form der Erfahrung）；它不過就是依照
概念而成的 "現象之綜和的統一"。

　　〔註(1)〕：此處說"形式"是虛說，改爲"本質"也許較好。經驗之
所以成其爲經驗卽在其是一"綜和的統一"。非然者，零零碎碎，不成
其爲經驗，卽不能是一種經驗知識。

　　依照經驗概念而成的"綜和之統一"必全然是偶然的，倘若　　　　A111
這些經驗概念不曾基於一超越的"統一之根據"上。非然者，
則現象之羣集於靈魂（塞滿靈魂）而卻又不容許有經驗，這必是
可能的。因爲依照普遍而必然的法則而成的連繫必是缺無了的，
是故"知識之關聯於對象"這一切關聯必塌落。「現象實可構成
"無思想的直覺"(1) (intuition without thought, gedanken-
lose Anschauung)，但卻不能構成知識；因而結果也就是說，
現象對於我們必等同於無（什麼也不是，意卽現象不成其爲現
象）。」（案此句不甚通，當以下錄 Max Müller 譯爲準。）

　　〔註(1)〕："無思想的直覺"意卽零零碎碎而無思想以貫之的直覺。
現象雖可構成這樣的直覺，但卻不能構成知識，因爲知識必須關聯於對
象，而此必由於依照普遍而必然的法則而成的連繫始可能。旣不能構成
知識，則現象亦不成其爲現象，必等同於無。此卽足反證在依照經驗概
念而成的綜和之統一中，那所依照的經驗概念必須基於一超越的統一之
根據上，其所成的"綜和之統一"才不至於全是偶然的。

　　〔案〕：此段文依 *Max Müller* 譯則如下：「依照經驗概
念而成的綜和之統一必全然是偶然的，不，除非這些經驗概念
基於一超越的"統一之根據"上，否則一大羣現象很可衝進我

們的靈魂，而却沒有形成真實的經驗。我們的知識與其對象間
的一切關聯必同時亦失落，因為此知識必不再為普遍而必然的
法則所執持於一起；因此，此知識必變成“無思想的直覺”
（thoughtless intuition），而決不會是知識，而且對於我
們亦必等同於無。」案此譯與肯・士密斯譯很不同。據查，此
最後一句主詞當該是“知識”，不是“現象”。肯・士密斯譯非
是，他把代詞 sie 誤認為指現象。

　　“一可能經驗一般”底先驗條件同時即是經驗底對象底可能性
之條件。現在，我主張：範疇，前(1)所舉者，不過就是一可能經
驗中的思想之條件，此恰如空間與時間是(2)為那同一經驗而有的
直覺之條件。範疇是一些基本的概念，因着這些基本概念，我們
為現象思考“諸對象一般”(3)，因此，它們有先驗的客觀妥效性。
此先驗的客觀妥效性確然即是我們所想要去證明者。

　　　［註(1)］：肯・士密斯注云：康德原文是“eben”，依 Erdmann
　　改為“oben”。案改為“oben”，則是“前所舉者”。Max Müller 依
　　原文譯為“為我們現在所正要說及者”。
　　　［註(2)］：肯・士密斯注云：“是”字原文是“enthalten”（含有）。
　　案在康德行文中，“含有”與“是”常可互用。
　　　［註(3)］：“為現象思考諸對象一般”意即在現象上思考“對象一般”。
　　有諸般的範疇故有諸般的“對象一般”。通過每一範疇，我們可以為現象
　　來思考“一對象一般”。例如通過“本體”一範疇或“因果”一範疇來
　　為現象思考其“常住性”以及思考其“因果性”。此常住性或因果性即
　　是“一對象一般”，一般性的對象，此不是可直覺的，此是法則性的對

象，與範疇概念相應的對象。由此或可通上第四段由概念之統一性而說的"某物一般"，"一對象一般"，"非經驗的對象"，"超越的對象＝X"等詞之意義。其實不如此說亦可。

　　但是，這些範疇底可能性，實在說來，卽這些範疇底必然性，是基於這關聯上，卽"我們的全部感性以及隨同此感性一切可能的現象於其中委順於根源的統覺"的那種關聯上。在根源的統覺中，每一東西皆必須必然地符合於自我意識底通貫的統一性之條件，卽是說，符合於諸普遍性的"綜和之功能"，卽符合於那種依照概念而成的諸普遍性的"綜和之功能"，單在此所依照的概念中，統覺始能先驗地證明其自己的完整而必然的同一性（自同性）。這樣，"一個原因"之概念不過就是依照概念而成的一種綜和（卽在時間系列中緣起者與其他現象間的一種綜和）；而如果沒有這樣的綜和統一（此綜和統一有其先驗的規律，而且它把現象隸屬於其自己），則沒有意識底通貫的，普遍的，因而也就是必然的統一性會在知覺底雜多中被發現。既然如此，則這些知覺必不會屬於任何經驗，因而結果也就是說，必無一個對象，必只是諸表象底一種盲目的遊戲，甚至還不如一個夢。

　　一切試想去從經驗中引生出知性底這些純粹概念，並因而想去把一純然地經驗的根源歸屬給這些純粹概念，這一切試想皆完全是徒然而無用的。我不須力言（或詳論）這事實，卽：舉例言之，一原因之概念含有必然性之性格，此必然性之性格沒有經驗能把它給出來。經驗實可表示（教告我們）：此一現象慣常地隨

A112

另一現象而來，但它卻不能表示（教告我們）：此承續是必然的，亦不能表示(教告我們)：我們能先驗地並以完整的普遍性從視以爲條件的先行者辯說至後繼者。[以上之事實我不必多說]。

A113

但是，關於經驗的"聯想(1)之規律"（當我們肯斷：事件系列中的每一東西是如此之服從於規律以至於除在"某種東西先於一東西而存在，而此一東西卽普遍地隨彼先行的某種東西而來"這限度內，沒有什麼東西可以發生，當我們如此肯斷時，我們必須通貫地設定此經驗的"聯想之規律"），我問：此規律，作爲一個自然法則，它基於什麼上呢？此聯想本身如何是可能的呢？雜多底聯想(1)底可能性之根據，就此根據處於對象中而言，它被名曰"雜多之親和性或引拽性"。因此，我問：我們如何去使通貫一切的現象底親和性或引拽性（因着此親和性，現象居於而且必須居於不變的法則下）對於我們自己爲可理解呢？

[註(1)]："聯想"，依休謨的使用，是聯想；但此處康德的使用好像亦有"聯合"或"聯屬"義。主觀地講是聯想，客觀地講是聯合或聯屬。

依據我的原則，此問題是很容易地可解明的。一切可能的現象，由於是表象，皆屬於"一可能的自我意識之整體"(1)。但是由於自我意識是一超越的表象，是故數目的同一性（意卽自我同一之同一性）是與此"自我意識"不可分離的，而且亦是先驗地確定的。因爲除藉賴着此根源的統覺外，沒有什麼東西能達於我們的知識。現在，因爲此同一性必須必然地進入於一切"現象之雜多"之綜和中（當此綜和要去給出經驗知識時），所以現象皆隸屬於先驗的條件，現象底攝取之綜和必須完全符合於這些先驗的條件。一個如此樣的普遍條件，即 "依照此普遍條件，某種一定的雜多能夠依齊一的樣式而被置定"，這樣的一個普遍條件底表象即被名曰一 "規律"，而當那某種雜多必須這樣被置定時，此普遍條件之表象即被名曰一 "法則"。這樣，一切現象皆依照 A114 必然的法則而處於通貫的連繫中，因而亦就是說，皆處於一 "超越的引拽性" 中，經驗的引拽性只是此超越的引拽性之一純然的後果。

[註(1)]一 "可能的自我意識之整體"，肯·土密斯注出康德原文是 "zu dem ganzen möglichen Selbstbewusstsein"（一整全的可能的自我意識）。

自然必定依照我們的主觀的統覺之根據而指引其自己，而且實在說來，就其符合於法則而言，它又必定要依靠於這主觀的統覺之根據，這似乎十分奇怪而又悖理。但是當我們思量：此自然並不是一個物自身，但只是一堆現象，如許多的心靈之表象，則我們將不驚異：我們只能在一切我們的知識之基本機能中，即在超越的統覺中，在那種統一中，即 "只因為這統一故，這自然始能被名曰一切可能經驗底對象，即始能被名曰自然" 這樣的統一中，而發見這自然。我們將亦不驚異：恰因為此理由，此統一始能先驗地被知，因而也就是說，始能被知為必然的。假定這統一真是以其自身獨立不依於我們的思想之首要根源而被給與，則其先驗地被知並被知為必然的，這必不會是可能的。若那樣，則我們一定不能知道任何這樣的根源，即"我們所由以能得到那些'肯斷這樣的一種普遍的自然之統一'的綜合命題"這樣的根源。因為，若那樣，則這些綜和命題必須要從"自然底對象"自身而被引生出；而因為從自然底對象自身而引生出這些綜和命題，此只能經驗地舉行之，是故除只是一種偶然的統一能被得到外，沒有別的統一可被得到，而這種偶然的統一當我們說及自然時遠不副我們心中所牢記的那種必然的連繫。

知性底純粹概念之推證

第 三 節

知性之關聯於"諸對象一般"以及
"其先驗地知道此諸對象一般"之可能性

我們在前節中所已分別而單獨地說明的，我們現在將在系統性的互相連繫中呈現之。玆有三個主觀的"知識根源"(Erken-ntnisquellen)，經驗一般底可能性以及經驗底對象之知識底可能性皆基於這三個主觀的知識根源上，此即感取，想像，與統覺。這三個主觀根源底每一個皆可視爲經驗的，卽是說，皆可依其應用於所與的現象而觀之。但是它們一切同樣亦是些先驗的成素或基礎，這些先驗的成素或基礎使它們的經驗使用自身爲可能。感取在知覺中經驗地表象現象，想像在聯想中（以及在重現中）經驗地表象現象，統覺則在"重現了的表象與'此重現了的表象所曾因以被給與'的那現象這兩者底同一性之經驗的意識"中，卽是說，在認知中，經驗地表象現象。

但是，一切知覺皆先驗地基於純粹直覺（一切知覺作爲表象皆先驗地基於內部直覺底形式，卽基於時間），聯想則基於想像底純粹綜和，而經驗的意識則基於純粹統覺，卽是說，基於一切 A116 可能表象中的自我之通貫的同一性。

現在，如果我們想去把諸表象底這種連繫之內部根據追踪到這樣一個點位上，即"此諸表象一切皆須輻輳於其上，輻輳於其上以便它們在它那裏首先可以獲得那'對一可能經驗爲必要'的知識之統一"這樣一個點位上，則我們必須開始於純粹的統覺。如果諸直覺不能被吸收於"它們直接或間接所可參與於其中"的那意識中，則它們對於我們什麼也不是，是無，而且它們絲毫不能有關於我們（使我們關心）。只有依"把它們吸收於意識中"這一路數，任何知識才是可能的。我們在關涉於那"能够總是屬於我們的知識"的一切表象中先驗地意識到自我之完整的同一性，我們之所以能先驗地如此意識到自我之完整的同一性，這乃是由於此自我之完整的同一性是一切表象底可能性之一必要的條件。因爲此一切表象在我之內能表象某種東西是只當此一切表象連同一切其他表象皆屬於一個整一的意識，因而也就是說，它們至少必須能够如其屬於一整一意識那樣而被連繫起來，它們始能表象某種東西。這個原則是先驗地有效的，而且它可以被名曰一切"在我們的表象中，因而結果亦在直覺中，而爲雜多"的東西底統一之"超越原則"。因爲在一主體中的雜多底這種統一是綜和的，所以純粹統覺即提供一切可能直覺中的雜多底綜合統一之原則(a)。

A117

(a)處，康德有底注云：

　　此命題是十分重要的，而且要求謹慎的考慮。一切表象皆有一必然的關聯——"關聯於一可能的經驗的意識"之關聯。因爲如果它們不曾有這種關聯，又如果"去意識到它們"真全然是不可能的，則此實際上必等於承認它們的"非存在"。但是，一切經驗的意識皆有一必然的關聯——關聯於「那 "先於一切特殊經驗而存在" 的超越的意識，即作為根源的統覺的 "我自己" 之意識」之關聯。因此，這是絕對必然的，即：在我的知識中，一切意識皆必屬於一獨個整一的意識，即 "我自己" 之意識。既然如此，則在此我自己之意識處即存有意識底雜多之一綜和的統一，此一綜和的統一是先驗地被知的，因而它可以為那 "有關於純粹思想" 的諸先驗綜和命題給出根據，此恰如空間與時間為那 "涉及純然的直覺之形式" 的諸命題給出根據。"一切經驗的意識之種變（即各種不同的經驗的意識）皆必須被結合於一個獨一而整一的 '自我意識' 中"，這一綜和命題是 "我們的思想一般" 之絕對第一而又綜和的原則。但是，"在關聯於一切其他表象中，'我' 這赤裸的表象（它使一切其他表象底集合統一為可能）是一個超越的意識"，這一點必不可被忘記。此赤裸的表象是否是清楚的抑或是隱晦的，或甚至它是否總是現實地存在着，這在此皆與我們無關。但是一切知識底邏輯形式之可能性却是必然地為 "關聯於此作為一機能的統覺" 所制約。

此綜和統一預設或包含着一種綜和，而如果前者須是先驗地必然的，則其所預設或所包含的那種綜和亦必須是先驗的。這樣，超越的 "統覺之統一" 實關聯於純粹的 "想像之綜和"，以此純粹的想像之綜和作為一整一知識中的雜多之一切結合底可能性之一先驗條件。但是，只有產生性的 "想像之綜和" 始能先驗地發生；重現性的 "想像之綜和" 則基於經驗的條件。這樣，

A 118

純粹的（產生性的）想像之綜和底必然統一之原則，先於統覺而出現者，就是一切知識特別是經驗底知識底可能性之根據。

如果想像中的雜多之綜和專指向於雜多底先驗結合，而沒有直覺之區別，我卽名此"想像中的雜多之綜和"曰超越的綜和；而如果"此綜和"底統一在關聯於根源的"統覺之統一"中被表象爲先驗地必然的，則"此綜和"底統一卽被名曰"超越的統一"。因爲那根源的統覺之統一是處於一切知識底可能性之基礎地位而爲其根據，是故想像底綜和之超越的統一就是一切可能知識底純粹形式；而可能經驗底一切對象必須因着此"想像底綜和之超越的統一"而先驗地被表象。

A119　　統覺之統一在關聯於想像之綜和中就是知性；而此同一統一（卽仍此統覺之統一），若關涉到超越的"想像之綜和"，它就是純粹的知性。因此，在知性中，存有各種純粹的先驗知識[1]，這些純粹的先驗知識在關涉於一切可能的現象中含有純粹的"想像之綜和"之必然的統一。這些純粹的先驗知識就是範疇，卽知性底純粹概念。因此，人之經驗的"知識機能"必須含有一種知性，此知性關聯到感取底一切對象，雖然其關聯到感取底一切對象是只因着直覺以及通過想像而成的對於直覺底綜和而關聯到。一切現象，由於其對一可能經驗而爲與料，皆隸屬於此知性。"現象之關聯於可能經驗"這種關聯實在說來是必然的，因爲若不然，現象必不會給出知識，而且亦總不會和我們有關。因此，我們必須承認：純粹知性，藉賴着範疇，它就是一切經驗底形式而綜和的原則，而且並須承認：現象對於知性有一必然的關聯。

　　[註(1)]：　"各種純粹先驗知識"意卽"諸純粹先驗知識"，德文原文是 "reinen Erkenntnisse a priori"。但英文"知識"(Knowledge)一詞不能有多數，故爲表示多數，肯·士密斯譯爲"Pure a priori *modes* of knowledge"。此在前引論中已註明。"modes"在此無實義。但若獨立地看英文，不加注明，必把"modes"一詞看實。此則便成誤解。*Max Müller* 在此譯爲 *"Pure forms* of knowledge a priori"，更不好，又不加注明，更易引起誤解。若順此譯譯爲中文必是 "先驗知識底諸純粹形式，而下句必是"此諸純粹形式……"，以及 "此諸純粹形式就是範疇"。此則便成極大的誤解。康德原文實是說 "此諸純粹先驗知識就是範疇，卽知性底純粹概念"。此就範疇說純粹的先驗知識同於前第二節第4段標題中所說"作爲先驗知識的諸範疇"。蓋通過範疇而知現象之常住性以及因果性等等卽是先驗的知識，故諸範疇卽可代表諸純粹先驗知識也。

　　[又案]：以上三段文從根源的統覺說到超越的想像之綜和，此亦曰純粹的想像之綜和，亦曰產生性的想像之綜和，此等詞語之意義與作用在此並未詳解，讀至後原則底分解規模章方可徹底明白。而此三段文中之義理亦須讀至該處方可明白。

　　以上是從上面根源的統覺開始說起，此下是從下面開始說起再回到根源的統覺。

　　現在，我將，從下面開始，卽以經驗的東西開始，努力使這必然的連繫，卽"在此必然的連繫中，知性，因着範疇，緊守着（或委順於）現象"，這樣的必然的連繫成爲清楚的。那首先被給與於我們者是現象。當這現象與意識相結合時，它卽被名曰知

A120

覺。（現象，除通過其關聯於一"至少是可能的"意識外，它決不能對我們而爲知識底一個對象，因而它對於我們必什麼也不是，是無；而因爲它在其自身並無客觀的實在性，它但只存在於其被知中，是故除通過其關聯於一"至少是可能的"意識外，它畢竟全然是無，什麼也不是——不只對我們什麼也不是。）現在，因爲每一現象含有一種雜多，因而又因爲諸不同的知覺是各別而單獨地現起於心中，是故此諸不同的知覺底一種結合，就如"它們在感取本身中所不能有"的那一種結合，是必須被要求着的。因此，在我們心中，必存有一種"綜和此雜多"之主動的機能。我把"想像"這個名稱給與於此主動的機能。此主動的機能之活動，當其直接地指向於知覺上時，我名之曰"攝取(a)。因爲想像要把直覺底雜多使之轉成一個"形像"之形式，是故它必須事先卽已把諸印象收攝於它的活動中，卽是說，它事先卽已攝取了這些印象。

(a)處，康德有底註云：

　　心理學家迄今皆不能知想像是知覺本身底一個必要的因素。其所以不能知，一部分是由於這事實，卽：那個想像機能已被限制於重現，另一部分則是由於這信念（這意見），卽：感取不只是提供印象，且亦結合印象以便去產生對象之形像（影像）。就產生對象之形像這目的說，某種比"印象之純然的接受性"爲更多一點的東西無疑是需要的，卽是說，"綜和諸印象"的一種功能無疑是需要的。

　　但是，這是很清楚的，卽：假定不是有一主觀的根據它引導着心靈沿着"一先行知覺所已過轉到"的那後繼的知覺去把這先行的知覺恢復或復現起來，因而並去形成諸知覺底全部系列，則甚至此"雜多之攝取"亦必不能卽以其自身就可以產生一個"形像"以及"印象之連繫"。此主觀的根據就是重現的"想像之機能"，此一想像機能只是經驗的。

　　但是，如果諸表象在任何次序中互相重現，恰如它們碰巧會合在一起，則這亦必不能引至此諸表象底任何一種決定性的連繫，但只能引至其偶然性的並置 (accidental collocation, *regellose Haufen* 不規則的堆集)；而這樣，則必不能產生任何知識。因此，這些表象底重現必須符合於一個規律，依照此規律，一個表象在想像中可以與某一個表象相連繫而不與另一個表象相連繫。依照規律而成的重現底這種主觀的而且是經驗的根據就是那被名曰"表象之聯想"者。

　　現在，如果此"聯想底統一"不曾復有一客觀的根據（此客觀的根據使以下之情形爲不可能，卽："現象爲想像所攝取，其被攝取不在此攝取底一可能的綜和統一之條件下而被攝取，而一定要依別法而被攝取"這情形爲不可能），則"現象定須配入於人類知識底一種連繫起來的全體中"這一義必完全是偶然的。因爲，縱使我們確有"把諸知覺聯合起來（聯想諸知覺）"之能力，而"此諸知覺本身是否必是可聯合的（可聯想的）"，這必仍然完全是不決定的而且完全是偶然的；而如果它們不是可聯合的（可聯想的），則這裏實可存有一大羣知覺，實在說來，實可存有一全部的感性，（在此大羣知覺或全部感性中，許多經驗意識必會發生於我的心中），但那存有的大羣知覺或全部感性是在離散狀態中，而並沒有隸屬於一"我之自我之意識"。但此是不可能的。蓋只因為我把一切知覺歸屬到一個整一的意識（根源的統覺），我始能對於一切知覺而說我意識到了它們。因此，茲必有一客觀的根據（卽是說，一個"先於一切經驗的想像之法則而能先驗地被理解"的根據），一個"擴及一切現象"的法則之可能性，不，必然性卽基於此客觀根據上——卽是說，這一個根據是這樣的，卽：它迫使我們去視一切現象為感取底與料，這些感取底與料必須在其自身卽是可聯合的（可聯想的），而且必須服從它們的重現中的一種通貫性的連繫之普遍規律。"諸現象底一切聯合（聯想）"底這種客觀根據，我名之曰"現象底引拽性（親和性）"。此客觀根據，除在那就一切"須屬於我"的知識而說的"統覺底統一之原則"中被發見外，無處可以被發見。依照此原則，一切現象，無例外，皆必須這樣地進入心靈中或這樣地被攝取，以致"它們皆符合於統覺之統一"。若沒有它們的連繫中的"綜和的統一"，"它們之符合於統覺之統一"必是不可能的；因此，這樣的綜和統一其自身是客觀地必然的。

A123　　　這樣，一個整一意識中的一切經驗意識底客觀統一（根源的統覺底統一）就是一切可能知覺底必要條件；而〔此旣被承認，如是我們便能證明：〕⑴一切現象（就近的或遼遠的）底引拽性就是那"先驗地基於規律上"的想像中的綜和之一必然的後果。

　　　〔註⑴〕：〔 〕號中者為肯·士密斯所加。原文無。案不加亦可。

因為想像本身是一"先驗綜和底機能"，所以我們把"產生的想像"這個名稱指派給它。當它所目在的沒有別的，不過就是那於現象中是雜多的東西之綜和中的必然的統一，它便可被名曰超越的"想像之功能"。"現象底引拽性，以及同着這引拽性，現象底聯想，而且通過這聯想，轉而又，現象之依照法則而成的重現，因而〔由於包含有這些種種不同的因素〕也就是說經驗之自身，這一切皆只有藉賴着此超越的想像之功能才是可能的"，這實在說來是奇怪的，但縱然是奇怪的，這卻是以上先行的論證底一個顯明的歸結。因為，若無此超越的功能，沒有對象底概念會聚在一起而作成一統一性的經驗（沒有對象底概念能一起進入一整一經驗中）。

常住而不變的"我"（純粹統覺）形成一切我們的諸表象之"相關者"，當"我們意識到此諸表象"是全然可能的時。一切意識屬於一無所不統的純粹統覺，此恰如一切感觸的直覺（作為表象）皆屬於一個純粹的內部直覺，即，皆屬於時間。要想使純粹想像底功能成為理智的，那必須被加到這純粹想像上者就是此統覺。何以如此，這是因為以下的緣故而然，即：因為想像底綜和把雜多連繫起來是只如"此雜多出現於直覺中，例如出現於一三角形之形狀中"那樣而把它連繫起來，是故此想像底綜和雖然是先驗地被施行的，然而其自身卻總是感觸的：正由於此故，所以必須把純粹統覺加到純粹想像上，然後此後者之功能始能成為理智的。而雖然屬於知性的諸概念通過雜多之關聯於統覺底統一而表現其作用[1]，然而此諸概念之能關聯於感觸的直覺卻只因着想像而始然。

A124

　　[註(1)]：此處肯·土密斯注云：依 *Vaihinger* 稍有改動。案依原文當如下譯："但是當雜多關聯於統覺底統一時，屬於知性的諸概念只有因着想像始能關聯於感觸的直覺"。案如此亦通。

　　這樣說來，一"制約一切先驗知識"的純粹想像是人類靈魂底基本機能之一(1)。藉賴着此純粹的想像，我們使這一邊的"直覺底雜多"與另一邊的"純粹統覺底必然統一之條件"相連繫。兩個極端，即感性與知性這兩個極端，必須通過此超越的想像之功能之媒介作用而互相有必然的連繫，因為若非然者，感性，雖然它實能給出現象，它卻不能供給經驗知識底對象(2)，因而也就是說，它必不能供給經驗(3)。那"由現象底攝取，現象底聯想（重現），以及最後現象底認知而被組成"的現實的經驗在認知中，即在經驗底這些純然地經驗的成素中之最後而又最高的這個成素中，含有某些一定的概念，此等概念使"經驗底形式的統一"為可能，並連同着此形式的統一，使"一切經驗知識底客觀妥效性（真理性）"為可能。此等"雜多底認知之根據"，就其只有關於"一經驗一般"之形式而論，它們就是諸範疇。不只是"[超越的]想像之綜和"中的一切"形式的統一"基於此等根據即範疇上，並且幸虧有那種綜和，因有那種綜和，是故想像底那一切與現象相連繫(4)的經驗使用(5)（即想像之在認知，重現，聯想，攝取中的那一切經驗使用）亦基於此等根據即範疇上。因為只有藉賴着此等基本概念(6)，現象始能屬於知識或甚至屬於我們的意識，因而也就是說，屬於我們自己。

A125

[註(1)]: 此句依康德原文當如此: "這樣說來,我們有一純粹的想像以爲人類靈魂底基本機能之一,此一純粹的想像形成一切先驗知識底根據(一切先驗知識皆基於此純粹的想像)"。案肯·士密斯的譯法把"作……之根據"變成"制約……"也許於義較順。

[註(2)]: 光只感性不能使我們有經驗知識底客觀對象。

[註(3)]: 因而光只感性也不能使我們有一完整的經驗。康德說經驗就是經驗知識。

[註(4)]: 肯·士密斯注出原文是 "bis herunter zu"(下降至現象)。

[註(5)]: 肯·士密斯注云: 依 *Adickes* 改原文之 "alles empirischen Gebrauchs" 爲 "aller empiriche Gebrauch"。

[註(6)]: 肯·士密斯注云: "概念"原文爲"成素"(Elemente)。

[綜案]: 此段所說"純粹想像之媒介作用",充分詳解見後原則底分解規模章中。

這樣,那正是我們自己始把秩序與規則性導入於現象中,此現象卽是我們所叫做"自然"者。假定我們自己,或我們的心靈之本性,不曾根源地把這秩序與規則性置放在現象中,我們決不能在現象中發見它們。因爲此"自然之統一"須是一種必然的統一,卽是說,須是現象底連繫底某種一定的先驗的統一;而如果玆不曾存有"先驗地含在我們的心靈之根源的認知能力中"的這必然的,先驗的綜和統一之主觀根據,又如果這些主觀條件,既然它們是"知道經驗中任何對象(不管是什麼對象)"這種知道底可能性之根據,是故它們若不同時也是客觀地妥實的(有效的),

A126

則這必然的，先驗的綜和統一亦必不能先驗地被建立。

我們早已依種種不同的路數規定知性：規定之爲知識底自發性（有別於感性底接受性），爲思想底能力，爲概念底機能，或又規定之爲判斷底機能。一切這些規定，當其適當地被理解時，皆是同一的。我們現在又可特標知性爲"規律底機能"。此一顯著的標識是更爲有成果的（有收穫的），而且它更切近於知性之本質的本性。感性給我們以形式（直覺之形式），但是知性則給我們以規律。知性總是從事於研究現象，以便在現象中去探索某種規律。規律，就其是客觀的而言，因而也就是說，就其必然地繫屬於[1]（anhängen 附着於）對象之知識而言，它們卽被名曰法則。雖然我們通過經驗學知了許多法則，可是這許多法則只是那些猶較高的法則底諸特殊決定，而這些較高的法則中之最高者，卽一切其他法則皆居於其下者，則是先驗地從知性本身而發出。這些最高的法則不是從經驗假借得來的；正相反，它們須把"現象之符合於法則"這合法則性賦給現象，因而也就是說，它們須使經驗爲可能。這樣，知性是某種比"通過現象之比較而形成一規律"這"形成一規律"之能力爲更多一點的東西；它自身就是自然底"法則給與者"。除通過知性外，"自然"，卽依照規律而成的"現象底雜多之綜和統一"，必全然不會存在（因爲現象，如其爲爲現象而觀之，不能存在於我們之外——它們只存在於我們的感性中）；而此"自然"[2]，當作一經驗中的知識之對象看，連同此自然所可含有的每一東西，是只有在統覺之統一中才是可能的。這樣[3]，統覺之統一是一整一經驗中的一切現象之"必然的符合於法則"這"必然的合法則性"（notwendigen

A127

Gesetzmässigkeit）之超越的根據。此同一的 "統覺之統一"
在關涉於表象之雜多中（決定此雜多為出自一統一者）可以充作
規律，而此等規律底機能就是知性。這樣，一切現象，當作可能
的經驗看，皆先驗地處於知性中，並且從知性處得到了它們的
形式的可能性，此恰如當它們是純然的直覺時，它們皆處於感性
中，而且就它們的形式說，它們只有通過這感性才是可能的。

[註(1)]："繫屬於"（anhängen）或"附着於"，肯·土密斯譯為
"依靠於"（depend upon），非是，故改之。

[註(2)]：肯·土密斯注云：依 *Vaihinger*，以 "Jene" 代原文之
"Diese"，指表"自然"。案 *Max Müller* 依原文 "Diese" 譯為"此感
性"，指 "感性" 說。此則於理不通。

[註(3)]：肯·土密斯注云：依 *Erdmann,* 以 "also" 代原文之
"aber"。

說 "知性其自身是自然底法則之根源，因而也就是說，其自
身是自然底形式的統一性之根源"，不管這聽起來是如何之誇大
與悖理，然而這樣的一種肯斷卻是正確的，並且是與 "這肯斷所
涉及" 的對象相順合的，即是說，是與經驗相順合的。經驗的法
則，即如其為 "經驗的" 而觀之，確然從不能從純粹的知性引生
出它們的起源。想從純粹的知性引生出它們的起源，那是很少可
能的，其很少可能亦如 "想只因着涉及感觸直覺底純粹形式而去
完全了解現象底不可窮盡的複雜性" 之很少可能。但是，一切經

A128　驗的法則皆只是知性底純粹法則底諸特殊決定，在知性底諸純粹法則之下，並依照此等知性底純粹法則之型範，那些經驗的法則始成爲可能的。通過知性底諸純粹法則，現象呈現一有秩序的性格，此恰如此同一現象，不管其經驗形態之差異爲如何，卻必須總是與感性底純粹形式相諧和。

　　這樣，純粹知性在範疇中就是一切現象底綜和統一之法則，而因此它首先而且根源地使經驗（就其形式說）爲可能。此就是我們在"範疇底超越的推證"中被要求去建立的一切，即是說，去使"知性之關聯於感性，並因着感性，關聯於一切經驗之對象"這種關聯成爲可理解的。諸純粹先驗概念底客觀妥效性亦因那種關聯爲可理解而被致成爲可理解的，而它們的根源與眞理性亦因而成爲被決定了的。

知性底純粹概念底這種推證
之正確性以及此推證之爲唯一可能
的推證之唯一可能義⑴之綜括表象

　　如果我們的知識所要去處理的對象是"物之在其自己"，則我們對於對象決不能有先驗的概念。因爲我們從什麼來源能得到這些先驗概念呢？如果我們從對象引生出它們來（把"對象如何

A129　能被知於我們"這問題置諸不論），則我們的概念必只是經驗的，而不是先驗的。如果我們從"自我"引生出它們來，則那"只是存在於我們"者決不能決定一個"不同於我們的表象"的對象之

性格，卽是說，那只是存在於我們者決不能是爲何 "一物定須存在着而爲 '我們在我們的思想中所有的東西' 所徵表" 之根據，亦不能是爲何 "這樣一種表象定不寧全然是空的" 之根據。但是，另一方面，如果我們必須只去處理現象，則 "某種一定的先驗概念定須先於對象之經驗知識而存在"，這卻不只是可能的，而且是必然的。何以如此，這是因爲以下的緣故而然，卽：因爲我們的感性底一純然的變形決不能在我們以外被發見，是故當作現象看的諸對象便構成一個 "只存在於我們之內" 的對象：卽由於此故，上句所說始不只是可能的，而且是必然的。現在，依上說的緣故之樣式，而去肯斷說："一切這些現象，因而亦就是說，我們自己所能從事的一切對象，一切盡皆存在於我之內，卽是說，一切皆是我的同一的自我底諸決定"，這無異於說："在一個同一的統覺中必有這些現象底一個完整的統一"。但是，此 "可能意識底統一性" 亦構成一切 "對象底知識" 之形式；通過此形式，雜多是被思爲 "屬於一獨個的對象" 的東西。這樣，"感觸表象底雜多（直覺）於其中或所依以屬於一個整一意識" 的那模式是先於一切 "對象底知識" 而存在而卽爲這樣的知識底 "理智形式"，而且那模式其自身卽構成 "一切對象一般"[2] 底一種先驗的形式知識，當此 "諸對象一般" 被思時（那所構成的一切對象一般底先驗的形式知識卽諸範疇所表示者[3]）。通過純粹想像而成的雜多[4]之綜和，以及 "關聯於根源的統覺" 的一切表象底統一，凡此皆是先於一切經驗知識而存在的。這樣，知性底諸純粹概念是先驗地可能的，而在關聯於經驗中，它們又實是必然的；而其所以如此，則是因爲這理由，卽：我們的知識須只處理

A 130

現象，這些現象底可能性卽處於我們自身，而（在一對象之表象中）這些現象底連繫與統一也是只在我們自身中被發見。因此，這樣的連繫與統一必須先於一切經驗而存在，而且它們亦就是"經驗之在其形式面"底可能性所需要者（而且它們亦首先使"此一切經驗之在其形式面"為可能）。我們的關於範疇之推證卽依此觀點，這唯一可行的一個觀點，而被發展成[5]。

[註(1)]：案此一標題依康德原文是："知性底純粹概念底這種推證之正確性與唯一可能性之綜括表象"。此中"唯一可能性"易起誤會。此所謂唯一可能性是指"此推證為唯一可能的推證"說，不是說此推證可能不可能的那種可能性。因此，肯·士密斯把它轉譯為"此推證之為唯一可能的推證"。至於題中"唯一可能義"是我順肯·士密斯此譯而附帶加上去的，以便與"正確性"並列並保存原文之"唯一可能性"之樣式，把"唯一可能性"轉成"唯一可能義"。我想此可表達康德原意而不致令人誤會。正文最後一句卽表示此意。

[註(2)]：案康德原文有"一般"字樣，肯·士密斯略，當補。

[註(3)]：案原文（　）號中只注之以"諸範疇"，不清楚。此注之以"諸範疇"實指那所構成的一切對象一般（當其被思時）底先驗的形式知識說，此種先驗的形式知識（或形式的先驗知識）卽是諸範疇所表示者，因為範疇卽代表先驗知識，而且是形式的知識，因為範疇是法則性的概念故。如通過範疇而知對象之常住性與因果性等，這便是對象一般底形式的先驗知識。此種知識卽存於統覺之統一中，存於"雜多所依以屬於一整一意識"的那模式中。因為統覺之統一必因着範疇而成故。

[註(4)]："雜多"，肯·士密斯注云：原文為"derselben"，改為"desselben"，指上句中的"雜多"說。如依原文，當指上句"諸對象一

般"之諸對象說，如是便成"諸對象之綜和"，*Max Müller* 卽如此譯，
此則不通。改之爲是。

[註(5)]：案此最後一句，依康德原文是如此："我們的關於範疇之
推證卽依此根據，這唯一可能的一個根據，而被作成"。"根據"肯・士
密斯把它轉爲"觀點"。"唯一可能的一個根據"被轉爲"唯一可行的（行
得通的）一個觀點"。

[綜案]：此最後一 "綜括表象" 是從我們的知識所處理的
對象不是 "物自身" 說起。如果是物自身，我們對於對象決不
能有先驗的概念。此一很深的洞見，如果我們對於康德所說的
"現象與物自身之超越的區分" 不能有透徹的了解，對於其所
說的 "現象" 之特殊義， "物自身" 之殊特義，不能有真切的
明白，則無論如何辯說，我們也很難了解。我想中國哲學對此
可有很大的幫助，詳見我的 "現象與物自身" 一書。第一版的
"推證"至此止，下文便是第二版中的重述。

知性底純粹概念之推證

（重述於第二版中者）

第 二 節

知性底純粹概念之超越的推證

§ 15

"結合一般"底可能性

表象底雜多能被給與於一種"純是感觸的，即不過是接受性"的直覺中；而此直覺之形式能先驗地處於我們的"表象之機能"中，此形式不能是別的，它不過就是"主體在其中或所依以被影響"的那模式。但是，一"雜多一般"底結合卻從不能通過感取而臨到我們身上來，因此，它不能早已被含於感觸直覺底純粹形式中。因為它是表象機能底一種自發性之活動；而因為此機能，要想把它與感性區別開，它必須被名曰知性，是故一切結合——不管我們意識到它與否，也不管它是直覺底雜多（經驗的或非經驗的）之結合，抑或是種種概念之結合 —— 總是一種知性之活動。"綜和"這個通稱可以被指派給此種活動，此蓋由於"綜和"一詞指表這意思，即：我們不能把任何"我們自己不曾先已結合之"的東西當作結合於對象中者而表象給我們自己，並亦指表這意思，即：在一切表象中，"結合"這一表象是那"唯一不能通過對象而被給與"的一個表象。由於結合是主體底自我活 B130

動底一種動作， 所以它除由主體自己來執行外， 它便不能被執行。 "此種結合活動根源上是一， 而且在一切結合上是均等的 (equipollent, gleichgeltend)"， 這將是很容易被觀察出的， 又， "這結合活動底化解， 即分析， （此分析是結合活動底反面）， 總尚須預設這結合活動"， 這亦是很容易被觀察出的。因為知性所不曾先已有結合的地方， 知性亦不能行化解， 此蓋因為只由於曾為知性所結合， 任何 "允許分析" 的東西始能被給與於表象之機能。

但是， 結合之概念， 除包含有雜多之概念以及雜多底綜和之概念外， 它亦包含有雜多底統一之概念。結合是雜多底綜和統一之表象[a]。 因此， "此統一" 之表象不能發生自結合。 反之， "此統一" 之表象， 因着把它自己加到雜多之表象上去， 正是那首先使結合之概念為可能者。此統一， 它先驗地先於一切結合之概念， 它不是 "單一性" 那個量範疇（§10）；因為一切範疇皆是植根於判斷底邏輯功能， 而在此等功能中， 結合， 因而也就是說， 諸所與的概念底統一， 是早已被思及了的。這樣， 範疇早已預設結合。（案 "單一性" 那個量範疇當然亦須預設結合）。因此， 我們必須為此統一（作為質的統一 §12）尋求那更高的統一， 即是說， 在那 "其自身即含有判斷中的諸差別概念底統一之根據， 因而也就是說， 含有知性底可能性之根據， 知性甚至就其邏輯的使用說， 亦含有這種使用的知性底可能性之根據" 的東西中尋求那更高的統一。

(a)處， 康德有底注云：

諸表象是否其自身是同一的，因而也就是說，是否此一表象能通過另一表象而分析地被思，這不是這裡所要發生的問題。當雜多在考慮之下時，此一雜多之意識總須與另一雜多之意識區別開；而正是這些（可能的）意識底綜和才是我們這裡所單要關心的。

§ 16

統覺底根源的綜和統一性

"我思"伴有一切我的表象，這必須是可能的；因為若不然，則某種東西必是被表象於我之內而它又全然不能被思，而這就等於說：這表象必是不可能的，或至少必是對於我什麼也不是，是無。那"能够先於一切思想而被給與"的表象被名曰直覺。因此，一切直覺之雜多，在"此雜多於其中被發見"的那同一一主體中，有一必然的關聯——關聯於"我思"（案意卽皆必然地關聯於我思）。但是"我思"這個表象是一種自發性之活動，卽是說，這個表象不能被視為屬於感性者。要想把此表象與經驗的統覺區別開，我名之曰"純粹的統覺"，或又名之曰"根源的統覺"，因為它是這樣一種"自我意識"，卽，此自我意識當其產生出"我思"這個表象時（"我思"這個表象必須能够伴同一切其他表象，而且在一切意識中它是那同一者），其自身不能再為任何進一步的表象所伴同：它就是這樣一種"自我意識"。"此根源的統覺"底統一性我也名之曰"自我意識底超越的統一性"，這樣名之，爲的可以去指示那"由它而發生"的先驗知識底可能性。因爲那"在一直覺中被給與"種種衆多的表象，如果它們不曾盡皆屬於一個整一的自我意識，它們必不會盡皆是我的表象。由於是我的表象（縱使我未意識到它們是我的表象），它們必須符合於這條件，卽"單在其下，它們始能一起皆處於一個普遍的自我意識中"的那條件，因爲若不然，它們必不會一切無例外盡皆屬於我。有許多後果可以隨此"根源的結合"而來。

B133

直覺中被給與的雜多底統覺底這種通貫的同一性（自同性）含有諸表象底一種綜和，而且此統覺底這種通貫的同一性只有通過此綜和之意識才是可能的。因爲那"伴同着諸不同的表象"的經驗意識其自身就是歧異的（紛歧的），而且它亦並沒有關聯於主體底同一性。"關聯於主體底同一性"這種關聯不只是通過"我之把每一表象伴同於意識"而發生，且亦只當我把這一表象聯屬於另一表象，而且意識到此諸表象底綜和時，它始發生。因此，只有當我能把所與的諸表象底雜多聯合統一於一個整一意識中，我始可能去把這些表象中的（卽通貫這些表象的）"意識底同一性"表象給我自己。換言之，統覺底分解的統一只有在某種一定的綜和統一之預設下才是可能的[a]。

(a)處，康德有底注云：

意識底分解的統一乃屬於一切一般性的概念者（一般性的概念卽如其爲一般性的概念而觀之卽表示分解的統一）。例如，如果我思"紅一般"（一般性的紅），我因着此"紅一般"，把一個"作爲一特徵能被發見於某物中，或能與其他表象相結

合起來"的特性表象給我自己；此即是說，只有因着一個預設
了的可能的綜和統一，我始能把分解的統一表象給我自己。一
個"被思為共同於諸不同的表象"的表象可被視為屬於這樣的
一些東西，即如"在此共同表象以外它們復亦有某種另樣不同
的東西"這樣的一些東西。結果，在我能於此共同的表象中思
想"意識底分解的統一"之前（此分解的統一使此共同的表象
成為一個共同的概念），此共同的表象必須在與其他（雖然只
是可能的）表象的綜和統一中先已被思想。因此，統覺底綜和
統一就是那個最高點，即"我們必須把知性底一切使用，甚至
全部邏輯，以及與此全部邏輯相符順地連同在一起的超越的哲
學，皆歸屬之"的那個最高點，實在說來，此"統覺之機能"
就是知性自身。

B134

因此，"給與於直覺中的諸表象盡皆屬於我"這個思想等值
於以下之思想，即："我把諸表象聯合統一於一個自我意識中，
或至少能夠如此聯合它們"這個思想；而雖然這個思想其自身並
不是"此諸表象底綜和"之意識，然而它卻預設那種綜和之可能
性。換言之，只當我能把握諸表象之雜多於一個整一意識中，我
始能認它們盡皆是屬於我的。因為若不然，我必有各式各樣而又
紛歧支離的自我，就像我有各式各樣而又紛歧支離的"我所意識
給我自己"的諸表象那樣。這樣說來，直覺底雜多之綜和統一，
由於它是先驗地被產生[1]，它就是統覺自身底同一性之根據，此
統覺自身底同一性先驗地先於一切我的決定性的思想而存在。但
是，"結合"並不處於對象中，而且亦不能從對象假借得來，假

B134

借得來因而通過知覺始開始被吸收於知性中。反之，"結合"單只是知性底一種事，此知性其自身不過就是"先驗地結合所與的表象之雜多"這種"結合之"之機能，並亦就是"把所與的表象之雜多帶至或置於統覺底統一之下"這種"帶至或置於"之機能。統覺之原則是人類知識底全部範圍中的最高的原則。

　　［註(1)］：肯·士密斯注云：依 *Vaihinger* 改原文之 "gegeben"（被給與）爲 "hervorgebracht"（被產生）。

　　此 "統覺底必然統一之原則" 其自身實在說來是一自同的命題，因而也就是說，是一分析的命題；縱然如此，它也顯露了給與於直覺中的雜多底一種綜和之必然性，若無此種綜和，自我意識底通貫的同一性便不能被思想。因爲通過作爲單純表象的 "我"，沒有什麼雜多的東西是被給與了的；只有在那 "不同於 '我'" 的直覺中，一雜多始能被給與；而亦只有通過一個整一意識中的 "結合"，一雜多始能被思想。一種這樣的知性，卽，"在此知性中，通過自我意識，一切雜多卽會被給與" 這樣的一種知性，必是直覺的知性；我們的知性只能思，至於直覺，則必須依賴於感取。在關涉於那些 "在一直覺中被給與於我" 的諸表象之雜多中，我意識到自我是同一的，因爲我認這些表象盡皆是我的表象，而且我是如其構成一個整一的直覺那樣而領會它們。這等於說：我先驗地把 "諸表象底一種必然的綜和" 意識給我自己，此必然的綜和須被名曰 "統覺底根源的綜和統一"，一切 "被給與於我" 的表象必須處於此統覺底根源的綜和統一之下，但是此諸

表象亦須藉賴着一種綜和（案卽超越的想像之綜和）始開始被置　　　B 136
於或帶至此"統覺底根源的綜和統一"之下。

§ 17

綜和統一之原則是知性底一切使用

之最高原則

一切直覺就其關聯於感性而言，其可能性之最高原則，依超
越的攝物學，便是：一切"直覺之雜多"定須服從空間與時間之
形式條件[1]。一切直覺就其關聯於知性而言，其可能性之最高原
則則是：一切"直覺之雜多"定須服從統覺底根源的綜和統一之條
件[a]。當直覺底衆多表象被給與於我們時，此衆多表象卽服從以
上兩原則中之前一原則；當它們必須允許可被結合於一個整一意
識中時，它們卽服從以上兩原則中之後一原則。因爲若沒有這樣　　　B 137
的結合，沒有東西能被思或被知，此蓋因爲此時諸所與的表象必
不會共同地有"我思"這個統覺之活動，因而它們亦不能在一個
整一意識中一起被領會，之故。

(a)處，康德有底注云：

空間與時間，以及一切它們的部分，皆是直覺（純粹直
覺），而且因此，它們，連同它們所含有的雜多（純粹雜多），
亦皆是獨個的表象（見超越的攝物學）。結果，它們不是這樣
的一些純然的概念，卽"經由這些概念，一個同一的意識被見

為含於一羣表象中"這樣的一些純然的概念。反之，它們乃是這樣的，即：通過它們，許多表象被見為含於一個整一表象中，而且含於該整一表象之意識中；這樣說來，它們是組合物。因此，該意識之統一是綜和的，但却亦是根源的。這樣的諸直覺底"獨個性"被見其將有許多重要的後果（見下 §25）。

[註(1)]："定須服從空間與時間之形式條件"意即定須服從空間與時間這些形式條件，"條件"一詞是多數，即指空間與時間說，"之"字無實義。下句"定須服從統覺底根源的綜和統一之條件"意即等於定須服從"統覺底根源的綜和統一"這個條件，"之"字無實義，"條件"當該是單數，即指"統覺底根源的綜和統一"說。但原文亦是多數，英譯亦以多數譯之。如"之"字有實義，"條件"一詞又是多數，則當是"服從統覺底根源的綜和統一底諸條件"，那麼這"諸條件"指什麼說呢？你可說指範疇說。但此第 §17 全段文無此意，下 §19，§20 始說此義。是故此處"條件"一詞之為多數實無實義，只應是單數，"之"字亦無實義。英文之"of"，德文之 des, der 等，實在是很麻煩的，當隨文領義。洋文號稱文法嚴格，在此等處實不如中文。中文行文都是明說，決無"of"字之許多歧義。

知性，若用一般詞語說之，即是"知識之機能"。此"知識之機能"中所謂"知識"即存於"諸所與表象之決定的關聯於一個對象(1)"；而一個對象則是這樣的一個東西，即"在此對象之概念中，一所與的直覺底雜多可被聯合統一起來"這樣的一個東西。現在，諸表象底一切聯合統一皆要求此諸表象底綜和中的意識之統一。結果，唯是這"意識之統一"始構成"諸表象之關聯於一個對象"，因而也就是說，始構成此諸表象底客觀妥實性，並構成"此諸表象即是各種知識"這一事實；因此，知性底可能性即基於此"意識之統一"。

　　[註(1)]：此亦可如此譯："諸所與表象之決定的關聯——關聯於一個對象"。因爲"決定"是形容詞，"關聯"是名詞，須重複一下，一氣聯下來。若依中文之習慣，改爲"諸所與表象之決定地關聯於一個對象"亦可。

　　依是，知性底第一純粹知識，即"知性底一切其餘使用皆基於其上"的那第一純粹知識，而且"它同時也是完全獨立不依於一切感觸直覺底條件"的那第一純粹知識，就是統覺底根源的綜和統一之原則。這樣，外部感觸直覺底純然形式即空間，〔以其自身而言〕，尚不卽是知識；它只爲一可能知識提供先驗直覺底雜多。要想去知道空間中的任何事（例如一條線），我必須把它描畫出來，而且這樣作時，我把所與的雜多底一種決定性的結合綜和地產生出來（使之有存在），如是，則"此種動作"之統一同時卽是意識之統一（卽如一條線之概念中的那意識之統一）；而就是通過此"意識之統一"，一個對象（一決定性的空間）始開始成爲被知的。因此，意識底綜和統一就是一切知識底客觀條件。它不只是"我自己在知一對象中所需要"的一個條件，而且它也是這樣一個條件，卽"每一直覺要想對於我而成爲一個對象便必須居於其下"這樣的一個條件。因爲若非然者，在此綜和之缺無中，雜多必不會被聯合統一於一個整一意識中。 B 138

[案]：此第二版中的"推證"只以上兩段說及"對象"，其中無"超越的對象＝Ｘ"一詞。

雖然此命題（即上"統覺底根源的綜合統一之原則"這個命題，亦即上§16"統覺底必然統一之原則"這個命題(1)）使"綜和統一"成爲一切思想之條件，但如所已說（上§16），其自身卻是分析的。因爲它不過是說：一切我的任何所與直覺中的諸表象皆必須服從這樣一個條件，即"單在此條件下，我始能夠把此諸表象當作我的表象而歸給這同一的自我，並因而我始能夠如‘此諸表象通過「我思」這個一般的表示而綜和地被結合於一個整一的統覺中’那樣而綜攝之或領會之"這樣一個條件。

[註(1)]：案此處只說"此命題"，來得太突兀而籠統，即在上§16中亦只說"此統覺底必然統一之原則其自身是一分析的命題"，始終未將此原則說成一個命題之樣式，仍嫌含混而籠統。康德在此說命題即就此原則說。原則可以是命題，但不必是命題；命題也可以是原則，但不必是原則。在此，"統覺底必然統一"可以是原則，但不是一個命題，至少也不具備命題之樣式。要說它是一個命題，必須是這樣，即："統覺有必然的統一性"，這當然是一個分析的命題。

但是，此原則（即統覺底根源的綜和統一之原則）並不是要被視爲"可應用於每一可能的知性"的原則，但只被視爲可應用於這樣一種知性者，即"通過此知性所有的純粹統覺，在‘我在’這個表象中，沒有什麼是雜多的東西可被給與"這樣的一種知性(1)。若夫

如此之一種知性，卽"通過此知性底自我意識，此知性卽能把直
覺底雜多提供給它自己"這樣一種知性——卽是說，如此樣的一
種知性，卽"通過此知性所有的表象(2)，此表象底對象卽同時存
在"這樣一種知性——它並不要爲意識底統一需要"雜多底綜和"
這一特殊的活動（動作）。但是，對那"只會思而不會直覺"的
人類的知性而言，那種特殊的活動（動作）卻是必要的。那種特
殊的活動，實在說來，是人類知性底第一原則，而且對於人類知
性是如此之不可缺少，以至於：﹝就人類而言﹞(3)，我們不能
形成任何其他可能的知性之絲毫概念，這其他可能的知性或是就
像"其自身是直覺的"那樣的知性，或是任何這樣的一種知性，
卽"此知性可以有一種感觸直覺底模式作根據，但其所有的感觸
直覺之模式在種類上卻不同於那在空間與時間中的感觸直覺之模
式"這樣的一種知性。

﹝註(1)﹞：案這樣的一種知性卽是人類的"辨解的知性"（discur-
sive understanding）。人類的這種知性只能思而不能直覺，因此，
它只是"思解的（辨解的）知性"，而不是"直覺的知性"。因此，它所
有的純粹統覺只表示一種綜合統一，其所綜和而統一的雜多是來自感性
（感觸的直覺），其本身並不能把雜多給與於我們。知性所有的純粹統
覺其實就是知性底統思作用，在此說"我思"，"我思"就函着"我在"。
但是這"我在"就只是一個赤裸的"在"（對於知性而在），在"我在"
這個表象中，並無雜多可言。此義詳見下 §25 。

﹝註(2)﹞："此知性所有的表象"，此中所謂知性卽意指"直覺的知性"
說。"直覺的知性"與"智的直覺"是一而非二。其所有的表象似乎就
是此直覺的知性底活動所呈現的種種相。在此種知性上，嚴格講，似乎

不能有"表象"與"表象底對象"之分別說。這分別說只是類比人類的
知性處之分別說而方便地被移於此直覺的知性上。在此直覺的知性處，
知性底活動同時即創生對象底存在，這明是一種創生的知性，就智的直
覺而言，明是一種創生的直覺。明乎此，則康德的說法並不是善巧的說
法。依康德，此直覺的知性，智的直覺，只上帝始有，人不能有。即就
上帝而言，在祂的知性與直覺上亦不能有祂的知性所有的表象與此表象
底對象之分別說。中國的哲學，儒釋道三教，皆可承認人自身就可轉出
這種直覺的知性與智的直覺（如佛家之智知，道家之道心玄智，陽明之
良知）。我依此傳統，眞切見到於直覺的知性處並不可用康德此句中的
表達方式。康德無此傳統可資遵循，故他於此不能精熟而貼切。但他決
定劃開人類的知性與直覺的知性之不同，這卻是此第二版中的推證之特
點，他是處處這樣對照着說的，在超越的攝物學最後省察中已這樣對照
着說了，當覆看。

［註(3)]：此語乃譯者所補，康德原文無，英譯亦無。但此限制必須
加上。依康德，人類的知性定須如此這般，人不能有其他種知性，如
"直覺的知性"只上帝始有之，"有感觸直覺作根據但卻不同於人的感觸
直覺之模式"的知性其他有限存有或可有之，但人的知性卻必須以空間
與時間中的感觸直覺之模式作根據，決不能有其他種樣式的感性（感觸
直覺）。若不就人類說，我們很可形成這類其他知性之概念，如很可形
成上帝的知性（直覺的知性）之概念。

§18

自我意識底客觀統一

統覺底超越的統一就是這種統一，即通過此種統一，一切給

與於一直覺中的雜多可被聯合統一於一"對象之概念"中。因此，此"統覺底超越的統一"可被名曰客觀的統一，而且它必須與意識底主觀的統一區別開，此"意識底主觀的統一"是內部感取底一種決定——通過內部感取，為這樣一種〔客觀的〕結合而備的直覺之雜多是經驗地被給與了的。"我是否能經驗地意識到這雜多為同時的抑或是相續的"，這要依靠於環境或經驗的情況。因此，意識底經驗的統一，通過表象之聯想，「其自身有關於一現象」(1)，而且它全然是偶然的。但是，時間中的直覺之純粹形態(2)，只作為直覺一般，而含有一所與的雜多者，是服從或隸屬於"意識之根源的統一"的，其服從或隸屬於此"意識之根源的統一"是只通過"直覺底雜多之必然的關聯於「我思」這一整一"而服從或隸屬之，因而也就是說，是只通過"知性底純粹綜和"而服從或隸屬之，此"知性底純粹綜和"是先驗地(3)形成經驗綜和之根據者。只有這"根源的統一"才是客觀地妥實的；統覺底經驗的統一（我們在此不欲詳論之，此外，它亦只是在特定的具體條件下從根源的統一而被引生出）則只有主觀的妥實性。例如，某一字對於此一人暗示此一東西，對於另一人則暗示某種別的東西；在那"是經驗的"東西中的"意識之統一"，就所與者而言，並不是必然而普遍地妥實的。

B 140

〔註(1)〕：此句康德原文是："selbst eine Erscheinung betrifft"，肯・士密斯譯為"其自身有關於一現象"，此在整句中似不甚有意義。*Meiklejohn* 譯為"其自身關聯於一現象世界"，更不好。而 *Max Müller* 則譯為"其自身是現象性的"，亦不見有任何更切的意義。不知

康德說此語時，心中想表示什麼。看來此句似是多餘的。只說"意識底經驗的統一，通過表象之聯想，其自身只是主觀的，而且全然是偶然的"，似乎已足夠。

[註(2)]："reine Form（pure form）"，在此似當譯爲"純粹形態"，不當譯爲"純粹形式"。由"只作爲直覺一般"這一附解語可知其說"時間中的直覺之純粹形態"之意義。此似只籠統地說直覺，而不是經驗地說各特殊而具體的直覺。"含有一所與的雜多"中之"雜多"亦然。此只在表示服從或隸屬於意識之客觀的統一（根源的統一）的直覺之雜多是如此這般者，而非如隸屬於意識之經驗的統一者；亦在表示"根源的統一"與"經驗的統一"之不同。惟表達的總不甚好。

[註(3)]："先驗地"作副詞用，Meiklejohn 如此譯。此句康德原文是："welche a priori der empirischen zum Grunde liegt"，肯·土密斯譯爲"此知性底純粹綜和是經驗綜和底先驗地處在基礎地位的根據"，而 Max Müller 則譯爲"此知性底純粹綜和形成經驗綜和底先驗根據"。Meiklejohn 則如此譯："此知性底純粹綜和先驗地處在經驗綜和底基礎地位"。"zum Grunde liegt"是康德慣用的語句，"a priori"放在前面，若作副詞用，此句其實就是"此知性底純粹綜和先驗地形成經驗綜和之根據"。

§ 19

一切判斷底邏輯形式即存於
這些判斷所含有的諸概念底統覺
之客觀的統一

　　我從不曾能夠去承認邏輯學家關於判斷一般所給的解釋。他
們宣稱判斷是兩個概念間的一種關係之表象。關於那在此解釋中
是缺陷者，即無論如何，此解釋只適合於定言判斷，並不適合於　　B 141
假言判斷與選言判斷（此後兩者並不含有概念底關係，但只含有
判斷底關係），這一種忽略，一種是"許多麻煩的後果所已隨之
而來"的忽略：關於這種缺陷或忽略，在這裏，我並不想與他們
爭辯(a)。我只須指出：此種界定（解釋）並不能決定這被肯斷的
關係究竟存於什麼東西中。

　　(a)處，康德有底注云：
　　　　三段推理底四格之冗長的理論只有關於定言的三段推理；
　　雖然這冗長的理論實不過只是一種工巧不自然的方法，用這種
　　方法，通過一純粹的三段推理底前題間的直接推理（imme-
　　diate inferences: consequentiae immediatae）之不正當
　　的引出，以確保這現象，即"除第一格中底推理外還有其他格
　　中底推理"這現象：雖然它實不過只是"確保這現象"底一種
　　工巧不自然的方法，然而設若其作者在「使定言判斷成為這樣

地獨受尊重，卽如視之為一切其他種判斷所必須被還原到者，這樣地獨受尊重」，這方面不曾成功（定然判斷之這樣地獨受尊重，依前§9而言，是錯誤的）⑴，則那經由工巧不自然的方法以確保四格之存在必很難得到這樣值得注意的承認。

[註⑴]： （ ）號中語依康德原文譯。

[譯者案]： 康德此注文，"然而"以下於理不甚通。因為定言判斷獨受尊重，一切其他種判斷如假言判斷與選言判斷皆可還原到定言判斷（卽關係命題還原到主謂命題，傳統邏輯學家有此企圖，其實是不對的），這與四格三段推理不是一會事，因此，定言判斷獨受尊重否，那種還原能作到否，與成立四格三段推理之工巧不自然的方法之值不值得承認並無關係，因為四格三段推理都是定言判斷，並不是第一格者為定言判斷，其餘三格者為非定言判斷。不知康德何故如此想。

但是，如果我更準確地研究任何判斷中的諸所與的知識之關係，並且把這種關係，由於其屬於知性，與那種依照"重現的想像"底法則而成的關係（這關係只有主觀的妥實性）區別開，則我見出：一個判斷不過就是這樣式，卽 "所與的諸知識於其中或所依以被致使歸到統覺底客觀統一"的那樣式。此樣式就是係詞 "是"⑴所意指者。此係詞 "是"是被用來去把所與的諸表象底客觀統一與那主觀的統一區別開。它指示諸表象之關聯於根源的統覺，並指示此根源的統覺底必然的統一。縱使判斷其自身是經驗

B142

的，因而也是偶然的，它如此指示仍然有效，例如，在“物體是有重量的”這一判斷中，係詞“是”如此指示仍然有效。在此，我並不是肯斷說: 這些表象在經驗的直覺中必然地互相繫屬，但只說: 它們在諸直覺底綜和中藉賴着統覺底必然統一而互相繫屬，即是說，當知識能够藉賴着一切表象而被獲得時，依照此一切表象底客觀決定底諸原則而互相繫屬，所謂一切表象底客觀決定底諸原則就是這樣的一些原則，即: 它們一切盡皆從“統覺底超越的統一”這一基本原則而被引生出。只有依此路數，一個判斷始能從此關係（即係詞“是”所示的關係）中而發生，所謂此關係，即是說，是客觀地有效的一種關係，並因而能足够地與那“必只有主觀妥效性”的同樣諸表象底一種關係區別開的一種關係，所謂只有主觀妥效性的同樣諸表象底一種關係即如當此諸表象依照聯想底法則而被連繫時，其關係即是一種只有主觀妥效性的關係。在“諸表象依照聯想底法則而被連繫”之情形中，一切我所能說的必只是: “如果我支撐一個物體，我即感覺到一種重量之壓力”; 我不能說:“這物體，它是有重量的”。這樣，去說“這物體是有重量的”，這不只是去陳述: 這兩個表象（即“物體”與“有重量”這兩個表象）總是已被聯合於我的知覺中，不管這知覺是如何地時常被重複着; 我們所要肯斷的乃是: 此兩表象被結合於對象中，不管主體底狀態是什麼。

[註(1)]: 係詞“是”（the copula “is”），肯·土密斯注出康德原文是: “Verhältniswörtchen”（關係詞“是”）。

B 143

§ 20

一切感觸直覺皆隸屬於範疇，

以範疇爲條件，

單在此等條件下，感觸直覺底雜多始能

一起皆進入一整一意識中

給與於一感觸直覺中的雜多是必然地隸屬於"統覺之根源的綜和統一"的，因爲直覺之統一（意卽把一切直覺統一起來之統一）是並不依任何其他途徑而爲可能（意卽單因着"統覺之根源的綜和統一"才是可能的）。（參看§17）。但是，"所與的諸表象（不管此諸表象是直覺抑或是概念）之雜多所因以被置於一整一統覺之下"的那種知性之活動就是判斷底邏輯功能（參看§19）。因此，一切雜多，就其被給與於一獨個的經驗直覺而言，是在關涉於判斷底諸邏輯功能中之一功能而被決定，並亦因如此被決定而被置於一整一意識中。現在，諸範疇，當它們在一所與的直覺底雜多之決定中被使用時，恰正是判斷底這些邏輯功能（參看§13）。結果，一所與的直覺中的雜多是必然地隸屬於諸範疇的。

§ 21

省　察

［推證底開始以及人類知性底特點］

（此為譯者所加）

　　一雜多，即那含於一直覺中我認它是"我的"那種雜多，是因着知性底綜和，如其屬於自我意識底必然統一那樣，而被表象；而其這樣被表象是藉賴着範疇而被作成(a)。因此，此［有需於］範疇（範疇之必要性）即表示：一獨個直覺中所與的雜多之經驗意識是隸屬於一"純粹的先驗的自我意識"的，此恰如經驗的直覺是隸屬於一"純粹的感觸直覺"的，此純粹的感觸直覺亦同樣是先驗地發生的。這樣，在以上的命題中，知性底純粹概念底推證之開始即被作成；而在此推證中，因為範疇獨立不依於感性，單在知性中有它們的根源，是故我必須抽掉"一經驗直覺之雜多於其中或所依以被給與"的那模式，而且必須把注意只指向於這統一，即那"藉賴着範疇，而且因着知性，而進入於直覺中"的那種統一。在隨此而來的下文中（§26），由于"經驗直覺所依以於感性中被給與"的那模式之故，這一點將被表明，即：經驗直覺底統一（意卽把經驗直覺統一起來之統一）不過就是"範疇（依照§20所說）所歸給一所與的直覺一般底雜多"的那種統一。只有這樣，因着"在關涉於我們的感取底一切對象中範疇底先驗妥效性之證明"，知性底純粹概念底推證之目的始將可充分地被達到。

(a)處，<u>康德</u>有底注云：

　　此義之證明基於被表象了的"直覺之統一"，因着此"直覺之統一"，一個對象是給與了的。此"直覺之統一"總是包含有"給與於一直覺"的雜多之綜和於其自身中，因而它亦早已含有"此雜多之關聯於統覺底統一"。

　　但是，在以上的證明中，有一種特徵我不能把它抽掉，此特徵即是：被直覺的雜多（一直覺上之雜多）必須先於知性底綜和而被給與，而且亦必須獨立不依於知性底綜和而被給與。如何有此情形，此則在這裏存而不決。因為設若我要去思這樣一種知性，即此知性其自身是直覺的（例如一神性的知性，此神性的知性必不把諸所與的對象表象給它自己，但只通過其所有的表象(1)，對象自身必被給與或被產生），則在關涉於這樣一種知識(2)中，範疇必無任何意義。範疇只對以下所說那樣一種知性而為規律，即此知性所有的全部能力只在於思，即是說，只在於這樣一種活動，即因着此活動，它把"從別處在直覺中被給與於它"的一種雜多之綜和帶至統覺之統一，這樣一種活動：範疇只對這樣的一種知性而為規律。因此，這樣的知性即是這樣一種機能，即此機能以其自身而言它不能知任何事，它但只結合並排列知識之材料，即是說，它但只結合並排列諸直覺，這些直覺必須因着對象而被給與於它。我們的知性底這種特殊性，即："此知性只藉賴着範疇，而且只藉賴着這樣的範疇而且是如此多的範疇，始能先

· 298 ·

驗地產生統覺之統一”這種特殊性，是很少可能再有進一步的說明，其不能再有進一步的說明亦如“爲什麼我們恰有這些「判斷底功能」而不能再有其他”，或“爲什麼空間與時間是我們的可能直覺底唯一形式”，不能再有進一步的說明一樣。

[註(1)]：案此語之不妥或不徹請參看 B 139 處之[註(2)]。

[註(2)]：“在關涉於這樣一種知識中”，此語中“知識”一詞不甚妥貼。康德原文卽是“Erkenntnisses”，肯·士密斯與 *Max Müller* 皆如此譯。唯 *Meiklejohn* 則譯爲“在關涉於這樣一種知識之機能中”。實則此處只應說“在關涉於這樣一種知性中”，或“在關涉於這樣一種知性底知之活動中”。因爲此種知性是直覺的（直覺的知性＝智的直覺），故決用不着範疇，範疇對於此種知性當然無任何意義。

§ 22

範疇對事物之知識而言(1)除
應用於經驗底對象外無其他的應用

這樣說來，“思一對象”與“知一對象”決非同一事。知識含有兩個因素：第一，概念，通過此概念，“一對象一般”可被思想（此所謂概念卽範疇）；第二，直覺，通過此直覺，一對象可被給與。因爲，如果沒有直覺能被給與來以相應於概念，則概念，就其形式而論，自必仍然實是一思想，但它必是無任何對象的，而且亦沒有任何物底知識必會因着它而爲可能。因爲此時⑵，就我所能知者而言，茲必無任何東西，而且亦不能有任何東西，我的思想可以被應用於其上。現在，如攝物學中所已表示的，那對於我們爲可能的唯一直覺是感觸的直覺；結果，"一對象一般"之思想（卽關於"一對象一般"之思想），藉賴着知性底一純粹概念，能對於我們而成爲知識，其所以能對於我們而成爲知識是只當此一純粹概念被關聯到感取之對象時始然。感觸的直覺它或是純粹的直覺（空間與時間），或是那"通過感覺而直接地被表象爲空間與時間中的現實物"的東西底經驗的直覺。通過純粹直覺底決定，我們能得到對象之先驗的知識，此如在數學中，但此所謂"對象之先驗知識"之對象是當作現象看，只就它們的形式而言；是否能有那"必須在此形式中被直覺"的東西，此則仍是存而不決者。因此，數學的概念，以其自身而言，並不是知識，除基於這假定，卽：茲實有這樣一些東西，卽這些東西是只依照純粹感觸直覺這種形式而可被表象給我們。現在，空間與時間中的諸事物其爲被給與者是只當它們是知覺（卽是說，是爲感覺所伴同的諸表象）時，它們才是被給與者，因而也就是說，是只通過經驗的表象它們才是被給與者。結果，知性底諸純粹概念，縱使當它們被應用於先驗的直覺時，此如在數學中，它們亦只在"這些先驗直覺能被應用於經驗的直覺，因而間接地也就是說，藉賴着這些先驗的直覺，純粹概念也能被應用於經驗的直覺"這限度內，始能產生知識。因此，卽使以〔純粹〕直覺之助，諸範疇亦並不能供給我們以任何事物之知識；它們只有通過它們之"可能的應用——應用於經驗的直覺"，始能供給我們以任何事物之知識。換言之，它們只爲經驗知識底可能性而服務；

B 147

而這經驗知識卽是我們所名之曰"經驗"者。因此，我們的結論是如此，卽：範疇對事物之知識而言不允許有其他的應用，除只當這些事物被視爲可能經驗底對象外[3]。 B148

[註(1)]："對事物之知識而言"，此片語參照 *Max Müller* 譯，如康德原文譯。肯・士密斯譯爲"在知識中"，略"事物"字，不很恰。

[註(2)]："因爲此時"，肯・士密斯譯無，須補入。康德原文有"因爲"字樣，其他兩譯皆有。

[註(3)]：此結語，參照 *Max Müller* 譯，如康德原文譯。依肯・士密斯譯是如此：「範疇，當它們產生事物之知識時，除只在關涉於那些"可爲可能經驗底對象"的東西中有應用外，它們不能有任何其他種應用。」此中"當它們產生事物之知識時"這一語句，康德原文只是"zum Erkenntnisse der Dinge"(for the knowledge of things, 對事物之知識而言)，並無"產生"字樣。在標題中亦復如此。如在此如此譯，在標題中爲何不如此譯，而只譯爲"在知識中"？此不見佳，故不從。

§ 23

〔感觸直覺與非感觸直覺〕

(此爲譯者所加)

上 §22 最後一個命題是十分重要的；因爲它就對象決定知性底純粹概念底使用之範圍，此恰如超越的攝物學已決定了我們的感觸直覺底純粹形式底使用之範圍。空間與時間，由於它們是

這樣一些條件，卽單在此等條件下，對象始能可能地 被 給 與 我
們(1)，是故它們只不過對"感取底對象"而言是妥實的，因而也
就是說，只對"經驗"而言是妥實的。超出這些限制，它們什麼
也不能表象；因為它們只存在於感取中，而若超出感取之外，它
們便沒有實在性。知性底諸純粹概念可免於此種限制，而且它們
可擴展到"直覺一般"底對象上，不管這直覺是和我們的直覺一
樣，抑或不和我們的直覺一樣，只要它是感觸的而不是理智的卽
可。但是，概念底這種進一步的擴張，擴張而超出我們的感觸直
覺之外，對於我們是沒有什麼益處的。因為，概念，作為對象底
概念看，在那種情形下，它們是空的，而且關於它們的對象，它
們甚至亦不能使我們去判斷：這些對象是否是可能的抑或不是可
能的。此時，它們只是純然的"思想之形式"，而並沒有客觀的
實在性，因為我們手邊沒有那種"統覺底綜和統一能被應用於其
上"的直覺，此所謂"統覺底綜和統一"乃卽是那"構成這些思
想之形式底全部內容"者，　（乃卽是那單含在這些純粹概念中
者，那單是諸範疇所含者），而其所以被應用於直覺，乃是因為
B 149　若如此，則它們（卽諸純粹概念卽範疇）便可決定一對象。只有
我們的感觸而經驗的直覺始能給這些概念（思想之形式）以"骨
體與意義"(body and meaning：Sinn und Bedeutung）。

[註(1)]：案此句，肯・士密斯譯稍爲爲變換一下。依康德原文直譯
當該是如此：「由於它們是"對象如何能被給與於我們"這可能性之條
件」。此則彆扭。肯・士密斯把"可能性"（名詞）改爲"可能地"（副
詞），另造句。

如果我們設想一非感觸直覺底一個對象為可被給與者，如是，則我們實能通過一切"函蘊在以下的預設中"的諸謂詞而表象此對象，即預設："此對象沒有那些適當於感觸直覺的諸特徵中之任一特徵；此對象不是廣延的或在空間中的，此對象底久歷不是一種時間，沒有遷轉（時間中的諸決定之相續）可以在此對象中被發見，等等"，這種預設中——即通過函蘊在此種預設中的一切謂詞而表象此對象。但是，如果我只這樣指述一個對象底直覺之所不是者（指述它不是什麼不是什麼），而不能去說那"含在這直覺中"者是什麼，則這畢竟沒有適當的知識可言。「因為，那樣，我不曾表示出我通過我的純粹概念所正要思維的那個對象甚至是可能的，蓋由於我並未能去給出任何直覺以相應於這當為對象概念，而且亦由於我只能够去說我們的直覺不是可應用於那個對象的。」(1) 但是，那主要地須被注意的是這一點，即：對於這樣一種什麼東西，並沒有一個範疇能被應用於它。舉例來說，我們不能把"本體"這個概念（範疇）應用於它，"本體"這個概念意謂這樣的某種東西，即此某種東西只能作為主詞而存在，而從不能作為純然的謂詞而存在：我們不能把"意謂這樣的某種東西"的本體之概念應用於它。因為除當經驗直覺供給出這事例，即"去把本體之概念應用於其上"的那事例，我不能知道是否能有任何東西它相應於這樣一種"思想之形式"(form of thought: Gedanken-bestimmung 思想之決定）。關於此點，此後將更詳論之。〔案見後原則之分解中感觸物與智思物章。〕

[註(1)]：案此一整句，肯•士密斯譯稍有變換而不諦。*Max Müller* 依

康德原文直譯如下：「因為，那樣，我不曾表象出一個 "相應於我的純粹知性概念"的對象底可能性，此蓋因為我不曾能夠給出任何直覺以相應於此對象，但只能說我們的直覺不曾能應用於此對象。」案 此 甚 通順。*Meiklejohn* 則如此譯：「因為，那樣，我不曾表示出一個 "我的純粹知性概念所可應用於其上"的對象底可能性，此蓋因為我不曾能夠去供給任何直覺以相應於此對象，但只能夠去說我們的直覺對於此對象不是有效的。」此與 *Max Müller* 譯大體相同，亦甚通順。不知何故肯·土密斯要那樣譯。

§ 24

範疇之應用於 "感取一般"

之對象

純粹知性概念，通過純然的知性，關聯於 "直覺一般"之對象，不管這直覺是我們人類自己的，抑或是其他種的（其他有限存有的），只要它是感觸的即可。但是，正為此故，這些概念只是純然的 "思想之形式"（mere forms of thought: blosse Gedankenformen），單只通過這些思想之形式，沒有決定的對象是被知了的。在這些思想之形式中，雜多之綜和或結合只關聯於統覺底統一，而亦因其只關聯於統覺之統一，是故這雜多之綜和或結合就是先驗知識底可能性之根據，當這樣的知識基於知性時。因此，此綜和即時即是超越的，而且亦是純粹地理智的。但是，因為在我們之內存有某種一定形式的先驗的感觸直覺，此先驗的感觸直覺依待於表象機能底接受性（依待於感性），是故知性，作爲自發性看，是能够通過所與的表象底雜多，依照統覺底綜和統一，去決定內部感取的，因而也就是說，是能够去思考先驗的感觸直覺底雜多底統覺之綜和統一的，此統覺之綜和統一就是這樣的一種條件，卽"我們人類的直覺底一切對象所必須必然地處於其下"的那種條件。卽依此路數，範疇，其自身只是純然的"思想之形式"者，得到其"客觀的實在性"，卽是說，得到其"應用於對象"，此對象乃是那"能够在直覺中被給與於我們"者。但是，這些對象只是現象，因爲那僅是關於現象，我們始能有先驗的直覺。

B 151

此"感觸直覺底雜多之綜和"[1]（此綜和是可能的而且是先驗地必然的）可被名曰"圖像式的綜和"（figurative synthesis, synthesis speciosa），如此名之，以便把它與那種"在關涉於一直覺一般底雜多中，在純然的範疇中被思"的綜和區別開，此種"在範疇中被思"的綜和被名曰"通過知性而成的結合"（combination through the understanding: Verstandes-verbindung: synthesis intellectualis）。此兩種綜和皆是超越的，不只是由於它們是先驗地發生的[2]（先驗地被作成的）而爲超越的，且亦由於它們制約其他先驗知識底可能性（制約之而成爲其根據）而爲超越的。

[註(1)]：此"感觸直覺底雜多之綜和"卽上文所說的"雜多之綜和或結合"，此隱指"超越的想像之綜和"而言，故名之曰"圖像式的綜和"。下文卽正式言"超越的想像之綜和"。

[註⑵]: 肯‧士密斯注云: 依 *Erdmann*, 改原文之 "vorgehen"
（先於）爲 "stattfinden"（發生或作成）。*Max Müller* 譯爲 "先
驗地被作成的"。*Meiklejohn* 依原文不動, 此句譯爲 "不只是由於它
們自身皆先驗地先於一切經驗而爲超越的"。案改之爲是。

　　但是, 圖像式的綜和, 如果它只被引向到 "統覺底根源的綜
和統一" 上去, 卽是說, 被引向到那 "在範疇中被思想" 的 "超
越的統一" 上去, 則要想把它與 "純然地理智的結合"（卽通過
知性而成之結合）區別開, 它必須被名曰 "超越的想像之綜和"。
想像是 "表象一個對象甚至無其現存於直覺中"⑴ 這種 "表象之"
之機能。現在, 因爲一切我們的直覺是感觸的, 是故想像, 由於
這樣的主觀條件之故, 卽 "單在其下想像始把一相應的直覺給與
於知性之概念", 這樣的主觀條件之故, 它亦是屬於感性的。但
是, 旣然想像之綜和是一種 "自發生之表現"（an expression
of spontaneity: eine Ausübung der Spontaneität）, 此
"自發性之表現" 是有決定性的作用的, 不像感取那樣, 只是可決
定的, 因而也就是說, 此自發性之表現是能夠先驗地去決定感取
的, 卽在關涉於感取之形式中, 依照統覺底統一, 而先驗地去決
定感取, 所以想像卽以此故是一種 "先驗地決定感性" 的機能;
而其 "綜和諸直覺" 之綜和, 如其所實爲而符合於範疇者, 必須
是 "超越的想像之綜和"。此綜和就是知性之活動於（或作用於）
感性上; 而且它亦是知性之首先應用於我們的感觸直覺之對象,
而因此, 它亦就是知性之一切其他應用之根據。由於此綜和是圖
像式的綜和, 是故它須與 "理智的綜和" 區別開, 此理智的綜和

B 152

單由知性而作成，並無想像之助。就"想像是自發性"而言，我有時亦名之曰"產生的想像"，如此名之，以便把它與"重現的想像"區別開，此重現的想像其所有的綜和完全是服從經驗法則的，即是說，服從"聯想之法則"的，因此，此重現的想像對於先驗知識底可能性之說明是並沒有什麼貢獻的。重現的想像並不落在超越哲學底領域內，但只落在心理學底領域內。

[註(1)]: 案此句是依 *Max Müller* 與 *Meiklejohn* 之譯而譯，如此譯是合康德原文的。康德原文是如此："Einbildungskraft ist das Vermögen, einen Gegenstand auch ohne dessen Gegenwart in der Anschauung vorzustellen"。依肯・土密斯譯是如此：「想像是"把一個其自身不是現存的對象表象之於直覺中"這種"表象之"之機能」。此中"表象之於直覺中"誤，因與義不合故。

*　　　*　　　*　　　*

〔要想直覺"我自己"，內部感取如何能被影響？〕

(此為譯者所標)

在此我們可乘機說明一種古怪情形（paradox），此古怪情形在我們解釋內部感取底形式中（§6）必已是對於每一人皆甚為顯明的，此古怪情形是如此，即：內部感取甚至把"我們自己的自我"亦只如"我們現於我們自己"那樣而表象給意識，而不是

B 153

如“我們在我們自己”那樣而表象給意識。因為我們直覺“我們自己”是只如“我們內部地被影響”那樣而直覺“我們自己”，而此必似乎是矛盾的，因為那樣，我們必須和我們自己有一種［主動影響底］被動關係。在心理學底系統中，內部感取通常是被視為與統覺底機能為同一（我們已很謹慎地區別開此兩者），那樣視之，便是想去避免此矛盾。

那決定內部感取者是知性以及知性底“結合直覺之雜多”這種“給合之”之根源的能力，即知性底“置直覺之雜多於統覺下”這種“置之”之根源的能力，知性自身底可能性即基於此種統覺上。現在，我們人類的知性其自身並不是一種“直覺之機能”，而且縱使直覺已被給與於感性中，我們的知性亦不能把這些直覺依以下樣式而攝集於“其自身”，即如“把這些直覺當作是其自己所有的直覺之雜多而結合之”，這種樣式而把這些直覺攝集於“其自身”。［案意即知性自結合直覺，但並不是把直覺視為其自身所自有者而結合之，蓋因為知性只能思而不能有直覺，直覺是來自感性。］因此，知性底綜和，如果這綜和單以其自身而觀之，它不過就是一種活動所有的統一性（即這綜和活動底統一性），此活動之統一性，由於它是一種活動，是故知性能把它意識給它自己，甚至無感性［之助］，它亦能把它意識給它自己，但是雖然如此，通過這活動之統一性，知性卻又能够去決定這感性。那就是說，知性，在關涉於那“可以依照感觸直覺底形式而被給與於它（知性）”的雜多中，是能够內部地去決定感性的。這樣，知性，在“超越的想像之綜和”這名稱下，即把這活動（即知性底綜和活動之活動）運作於這被動的主體上，知性就是這被動的主體所有的機能，而因此我們也很有理由去說：內部感取卽因着這種活動而為被影響的[1]。實在說來，統覺以及統覺底綜和統一是決不能與內部感取為同一的。統覺，由於是一切結合底來源，它應用於"直覺一般"底雜多，而且又假托範疇之名（卽憑藉着範疇），先於一切感觸直覺，而應用於"對象一般"。而另一方面，內部感取則含有純然的"直覺之形式"，但是其含有直覺之形式卻是並沒有直覺中的雜多之結合而含有之，因此，到此為止，它並不含有決定性的直覺，決定性的直覺只有通過"雜多底決定"之意識，因着"超越的想像之活動"（知性之綜和的影響於內部感取），我所曾名之曰"圖像式的綜和"者，才是可能的。

[註(1)]：案如此說明內部感取被影響並不諦。因為"知性內部地決定感性"，這並不是影響感性因而產生內部直覺；而"知性在超越的想像之綜和之名稱下把其活動運作於被動的主體"這也並不足以使我們有理由說"內部感取卽因着這種活動而被影響"。因為這種活動之運作於被動的主體（決定感性）與內部感取受影響以使吾人有內部直覺以直覺我自己為一現象完全是兩回事。焉能以彼明此？此當別有說明，與說明感性被影響因而有感觸直覺同。內部感取受影響因而有內部直覺並不特別困難，但康德此處如此說明並不通。

此層意思我們常能依我自己之常然而覺察之。我們不能思一條線而不在思想中把這條線畫出來，我們也不能思一圓圈而不把這圓圈描繪出來。我們不能表象空間底三度，除從同一點上畫三條線互相成直角。甚至時間本身，我們也不能表象之，除非在畫出一條直線中（此直線可充作時間底外部的圖像式的表象），我們只注意於綜和雜多這綜和之活動，因着此綜和之活動，我們相續地決定內部感取，並且在如此決定之時，復只注意於內部感取中的此種決定底相續。運動，作爲主體底一種活動看（不作爲一個對象底一種決定看[a]）的運動，因而也就是說，空間中的雜多之綜和，它首先產生出相續之概念——設若我們抽掉此雜多並只注意於這活動，卽"通過這活動，我們依照內部感取底形式而決定這內部感取"，這種活動時。因此，知性並不能在內部感取中找到這樣的一種雜多之結合，但只是知性產生出這雜多之結合，在產生這雜多之結合中，知性影響那內部感取[1]。

B 155

(a)處，康德有底注云：

空間中一個對象底運動並不屬於純粹科學，結果就是說，並不屬於幾何學。因爲"某種東西是可運動的"這一事實並不能先驗地被知，但只能通過經驗而被知。但是，運動，若視之爲對於一空間之描繪，則是一種因着產生的想像而成的"外部直覺一般"中的雜多底相續綜和之純粹活動，而且它不只屬於幾何學，且甚至亦屬於超越的哲學。

[註(1)]：此亦不諦，參看上文[註(1)]。

那"在思想着"的"我"如何能與那"直覺它自己"的"我"區別開（因爲我仍能表象其他種樣式的直覺爲至少是可能的），

而因爲此兩者是同一主體，那在思想着的"我"如何卻又能與那直覺它自己的"我"爲同一；因而又，我如何能說：我，作爲一睿智體與思維主體看，當我被給與於我自己是〔當作某種不同於或〕超出於那在直覺中〔被給與於我自己〕的我之外的東西而被給與於我自己時，我知道我自己爲一被思的對象，然而我卻又知我自己，就像其他現象一樣，是只如"我現於我自己"那樣而知我自己，而不是如"我是於（或存在於）知性"那樣而知我自己——以上這些問題並不比以下之問題發生更多或更少的困難，卽"我畢竟如何能對於我自己是一對象"，或更特殊地言之，"我如何能是直覺底一個對象而且是內部知覺底一個對象"。但是實在說來，以上那些問題所述之情形卻是實情，其所以是實情，卽如何必須是那樣，這是很容易因着以下之事實而被表示出（如果我們承認空間只是外部感取底現象之一純粹形式時），卽：除在我們所畫的一條線之形像下，我們不能爲我們自己得到一時間之表象（時間之表象不是外部直覺底一個對象），而且只因着"描畫一條線"這種"描畫之"之方式，我們始能知道時間底度向之單一性（時間是一度）：卽因着這一事實，我們很容易表示出那情形之所以是實情卽如何必須是那樣；同樣，那如何必須是那樣，亦因着以下之事實而被表示，卽：對一切內部知覺而言，我們必須從那"於外部事物中被展示給我們"的諸遷轉（諸變化）中引生出時間底諸長度之決定或時間底諸點位之決定，而因此，內部感取底諸決定必須當作現象而被排列於時間中，其被排列於時間中所依之樣式恰同於"我們所依以排列外部感取底諸決定於空間中"的那樣式：卽因着這一事實，我們很容易表示出那情形之所

B 156

• 311 •

以是實情卽如何必須是那樣。這樣說來，如果，就外部感取說，我們承認：我們知道對象是只當我們外在地被影響時，我們始知道對象，則就內部感取說，我們也必須承認：因着內部感取，我們直覺我們自己是只如"我們內部地爲我們自己所影響"那樣而直覺我們自己；換言之，我們必須承認：就論及內部直覺而言，我們知道我們自己的主體是只當作現象而知之，而不是如"此主體存在於其自己"那樣而知之[a]。

(a)處，康德有底注云：

我不以爲在"承認我們的內部感取爲我們自己所影響"中爲什麼必有很多困難被發見。這樣的影響在每一注意之活動中可以找到例證。在每一注意之活動中，知性依照它所思的那種結合把內部感取決定到那種"與知性底綜和中的雜多相應"的內部直覺（案意卽把內部感取決定到內部直覺，此內部直覺卽是那"與知性底綜和中的雜多相應"者）。心靈經常因着注意之活動而被影響，其如此被影響有多少（或被影響至若何度），每一人將能於其自身中覺察之[1]。

[註(1)]：案此注以"注意之活動"說明"內部感取被影響"（泛言之，卽是"心靈被影響"），這是可以的。但前文以"知性底綜和活動"說明"內部感取被影響"則不諦，參看 B154 及 B155 中之[註(1)]。

§ 25

〔自我之意識與自我之知識〕

（此爲譯者所標）

另一方面，在"諸表象一般"底雜多之超越的綜和中，因而
也就是說，在統覺底綜和性的根源統一中，我意識到我自己，不
是如"我現於我自己"那樣而意識到我自己，亦不是如"我在於
我自己"那樣而意識到我自己，但只是如"我在"那樣而意識到
我自己。"我在"這個表象是一"思想"，而不是一"直覺"。
現在，要想去知道我自己，須在思想底活動以外，（此思想底活
動乃是那把每一可能直覺底雜多帶至統覺底統一者），需要有一
種決定性的直覺，因着此決定性的直覺，此雜多可被給與；因
此，我們隨之可說：雖然"我的存在"實不是現象（當然更不是
純然的幻象），然而"我的存在"[a]之決定卻是只在與內部感取
底形式之相符順中，依照這樣的特殊模式，卽"我所結合的雜
多於其中或所依以被給與於內部直覺中"的那特殊模式，始能發
生。因此，我並無像"我在"那樣的"我自己"之知識，但只能
有像"我現於我自己"那樣的"我自己"之知識。這樣說來，儘
管有這樣的一切範疇，卽「這一切範疇，通過一整一統覺中的雜
多之結合，它們［被用來去］構成"一對象一般"之思想」這樣的
一切範疇，然而"自我之意識"卻遠不足以成爲"自我之知識"
（卽意識到自我遠非知道自我）。恰如在一"不同於我"的對象

之知識上，除（在範疇中）"一對象一般"之思想外，我需要有
一直覺，因着此直覺，我決定那一般的概念，所以在"我自己"
之知識上，除那意識以外，卽是說，除"我自己"之思想（卽"思
想我自己"這思想）外，我亦需要有一"在我之內"的雜多之直
覺，因着此雜多之直覺，我決定此思想。我存在着是作爲這樣
一種智思體卽"它只意識到其結合之能力"這樣一種智思體而存
在着；但是，在關涉於"此智思體所要去結合之"的雜多中，我
須服從一有限制作用的條件（此被名曰內部感取），卽，"此
結合只有依照諸時間關係始能被致使成爲可直覺的（intuitable,
anschaulich）"這一有限制作用的條件，此中所謂諸時間關係，
若嚴格地視之，它們完全處於知性底諸概念之外。因此，這樣一
種智思體它能知它自己是只有在關涉於一種"不是智的而且亦不
能因着知性自身而被給與"的直覺中，如"它現於它自己"那樣
而知它自己，而並不是就像"如果它的直覺眞是智的直覺，則它
必會知它自己〔爲在其自己〕"那樣而知它自己。（案〔爲在其自
己〕乃譯者所補，三英譯皆無，康德原文亦無，須補。）

B 159

(a)處，康德有底注云：

"我思"表示"決定我的存在"這"決定之"之活動。"存在"
早已因此"決定之之活動"而被給與，但是"我所依以去決定
這存在"的那樣式，卽是說，"屬於此存在"的那雜多，却並
不因此"決定之之活動"而被給與。要想此雜多可被給與，"自
我直覺"是需要的；而這樣的直覺則是爲一所與的先驗形式卽
時間所制約，（卽時間這先驗形式作它的根據），時間是感性

的，而且是屬於“〔在我之內的〕那可決定的東西（卽雜多）之接受”這接受性的。 現在，因為我並沒有另一種“自我直 覺”（案例如智的自我直覺）它先於“決定底活動”(1)而給出在我之內的這“實際的決定作用”(2) （案卽具體而現實的決定作用卽“具體地決定我的存在”的決定作用），就像時間在可決定的東西（雜多）之情形中之所為者（〔我所有的那“決定底活動”只是“思想底決定底活動”〕(3)，我只意識到這種“決定底活動”之自發性）：因為是如此云云，所以我不能決定我的存在為“一自我活動的存有(4)”之存在；一切我所能作的就是把“我的思想之自發性”，卽“決定〔底活動〕(5)之自發性”，表象給我自己；而“我的存在”仍然只是感性地可決定的，卽，如一現象之存在那樣為可決定的。但是我所以名我自己為一智思體者乃正是由於此自發性之故。

〔註(1)〕：此“決定底活動”是就“我思”之思說的，是“思想底決定底活動”，此在“自我直覺”以後而起。“我思”之思只能決定“我在”，但不能決定什麼樣的“我在”，是如一現象而在呢？抑或是如一物自身而在呢？要想決定出什麼樣的存在，卽具體而現實的存在，則必須有待於直覺，而直覺是先於“思想底決定之活動”的。

〔註(2)〕：此“實際的決定作用”，英譯是“The determining”，康德原文是“die des Bestimmende”。但此是就另一種“自我直覺”（如智的自我直覺）而說的，故此“決定作用”卽是“實際的決定作用”，須加“實際的”以限之，此卽是“具體而現實的決定作用”，卽“具體地決定我的存在”的那決定作用。但此“具體而現實的決定作用”旣不同於“思想底決定活動”，因為此後者是空泛的，不具體的，不能給出

雜多故，復亦不同於感觸的自我直覺所給的"具體的決定作用"（此後者即是時間之所爲者），因爲它是"智的自我直覺"故，不以時間爲形式條件故。此另一種自我直覺先於"思想底決定活動"以給出這實際而具體的決定作用，這決定作用即是下文所說的"決定我的存在爲一自我活動的存有之存在"者。但是因爲我並沒有這樣的另一種自我直覺，故下文即說："所以我不能決定我的存在爲一自我活動的存有之存在"

［註(3)］：〔　〕號內者爲譯者所補。此括弧內之注挿語，因康德原文簡略而含混，故三英譯俱表達的不清楚，極難看。但既說"我只意識到其自發性"，則此中之"其"字自指"思想底決定活動"說，不會指就另一種自我直覺（如智的自我直覺）而說的"具體而現實的決定作用"說。故在此須加補語，明白說出。

［註(4)］：此"自我活動的存有"(self-active being, Selbsttätigen Wesens) 即是具有"智的直覺"的那種"存有"，其自我活動（Selbsttätigkeit）即能給出雜多者。現在，我既無此智的直覺（自我直覺），故我亦不能決定我的存在爲一自我活動的存有之存在，爲一"通過其自我活動即能給出雜多"的那種存有之存在。關此"自我活動的存有"須參看超越的攝物學中 §8Ⅱ段的後半段（B68）之所說。

［註(5)］：〔底活動〕乃譯者所補。英譯及原文只是"決定底自發性"。實則此當該是"決定底活動之自發性"，再詳言之，即是"思想底決定活動之自發性"。

［綜案］：康德此注語旨在對於正文所說的"我的存在之決定"中"我的存在"有所說明：一在說明"我的存在"只是感性地可決定的存在，感觸直覺所及之存在，一現象性的存在，而不是一自我活動的存有之存在，即在智的直覺下爲一物自身身分的存在；一在說明此種感性地可決定的存在不能單由"我思"來決定。但注文中"因爲"以下說的太簡略而隱晦，故詳注其中諸詞語之意義與分際。

§ 26

知性底純粹概念之

在經驗中的

普遍地可能的使用之超越的推證

在"形上的推證[1]"中，諸範疇底先驗根源已通過諸範疇之與"思想底一般的邏輯功能"完全相契合而被證明；在"超越的推證"中，我們已展示了諸範疇之作為先驗知識卽對於"一直覺一般"底諸對象之先驗知識底可能性（參看 §20,21）。現在，我們須去解明："藉賴着範疇，先驗地知道那些'可以把它們自己呈現於我們的感取'的諸對象（不管什麼對象）"這種"先驗地知之"之可能性。這種先驗地知之實不是在關涉於"這些對象底直覺之形式"中而先驗地知之，而是在關涉於"這些對象底結合底諸法則"（這些對象所依以被結合起來的諸法則）中而先驗地知之，因而也就是說，好像是在關涉於"把法則規定給自然"中而先驗地知之，甚至也就是在關涉於"使自然為可能"中而先驗地知之。因為，除非範疇發出此種功能，否則"為什麼凡'能被呈現於我們的感取'的每一東西必須服從那些'惟在知性中有它們的先驗的根源'的法則"，這必不能有解明。

B 160

[註(1)]：此"形上的推證"是指概念底分解第一章"範疇之發見"說。"範疇之發見"卽名曰"範疇之形上的推證"。第一版中無此詞。此詞是

類比超越的攝物學中"時空之形上的解釋"而說。而"範疇之超越的推證"則類比"時空之超越的解釋"而說。

首先，我可注意這事實，即：因着"攝取底綜和"，我可了解一經驗直覺中的雜多之結合，因着此種結合，（當作現象看的）知覺，即直覺之經驗的意識，才是可能的。

在空間與時間之表象中，我們有外部與內部的感觸直覺底先驗形式；現象底雜多底攝取之綜和必須總是符合於這些先驗形式，因為這攝取底綜和只有依此途徑始能發生，除此以外，沒有其他途徑可資遵循。但是，空間與時間不只是當作感觸直覺底形式而先驗地被表象，而且其自身亦當作這樣的直覺，即"它們含有［屬於它們自己的］雜多"這樣的直覺（案即純粹直覺，其所含有屬於其自身的雜多即是純粹雜多）而先驗地被表象，因而也就是說，空間與時間是同着此種［純粹］雜多底統一之決定而先驗地被表象（參看超越的攝物學）[a]。這樣說來，在我們之外或在我們之內的［純粹］雜多底綜和之統一，因而也就是說，那"在空間或時間中被表象為決定了的"的每一東西所必須符合的那一種"結合"，是當作"一切攝取"底綜和之條件而先驗地被給與的——其先驗地被給與實在說來，不是在這些［純粹］直覺中而先驗地被給與，而是同着這些［純粹］直覺而先驗地被給與。此綜和的統一（案即此種純粹雜多底綜和的統一）不能是別的，它不過就是依照範疇而成的一根源意識中的"一所與直覺一般"底雜多底結合之統一，當此結合被應用於我們的感觸直覺時。因此，一切綜和，甚至那"使知覺為可能"的綜和，皆是服從於範疇

的; 而因爲經驗就是藉賴着被連繫起來的諸知覺而成的知識，是
故諸範疇就是經驗底可能性之條件，而因此，諸範疇是對於一切
經驗底對象而爲先驗地有效的。

　(a)處，康德有底注云:

　　空間，若當作對象而被表象（此如在幾何中即須如此），
則它不只含有直覺底純然形式（它含有比其爲直覺底純然形式
爲更多一點的東西）; 它亦含有雜多底結合（即純粹雜多底結
合），此雜多底結合是依照感性之形式而被給與於一 "直覺性
的表象" 中（in an intuitive representation, *in eine
anschauliche Vorstellung*），如是，則 "直覺底形式" 只給
一雜多，而 "形式的直覺" 則給出 "表象之統一"[1]。在攝物學
中，我曾視此 "統一" 爲只屬於感性者，所以如此視之，只爲的
要着重此 "統一" 先於任何概念而存在，雖然事實上，它預設　　　　B 161
這樣一種綜和，即 "此綜和不屬於感取，但通過此綜和，一切
空間與時間底概念始首先成爲可能的" 這樣一種綜和。何以說
只爲的要着重此統一先於任何概念而存在，這是因爲以下的緣
故而然，即: 因爲藉賴着此統一（依此統一，知性始能決定感
性），空間與時間是首先當作 "直覺"（先驗或純粹直覺）而
被給與，是故此先驗直覺（或純粹直覺）之統一是屬於空間與
時間的，而不是屬於知性之概念的（參看 §24）: 正由於此緣
故，所以才着重此統一先於任何概念而存在，因而才視此統一
爲屬於感性者。

[註(1)]：“直覺底形式只給出一雜多”，“直覺底形式”即是時間空間，此形式隨個個直覺而有一限定，此即成時間空間自身之雜多，此雜多即是純粹雜多，是故就時空為“直覺底形式”而言，此形式只給出一雜多。但是既給出此雜多，則必有此雜多之結合，而此雜多之結合是被給與於一“直覺性的表象”中。此“直覺性的表象”即是“形式的直覺”，而此形式的直覺則給出“表象之統一”，即那被給與於一直覺性的表象中的“純粹雜多底結合之統一”，故此所謂“表象之統一”不是對於諸表象底統一，不是把諸表象統一起來，而是直覺性的表象所成的“純粹雜多底結合之統一”，此直覺性的表象即足構成一統一，此即所謂“表象之統一”。此直覺性的表象即是一種“形式的直覺”，故云“形式的直覺則給出表象之統一”。形式的直覺是對應“純粹雜多底結合之統一”而言，是就把空間當作對象而去表象之而言。形式的直覺所給出的統一（即“去直覺地表象空間”所形成的統一）可分兩層來說：首先是就空間自身所含的純粹雜多（即諸空間部分）而把它們綜和起來以恢復空間自身，這恢復空間自身的綜和即形成一統一，這即是形式的直覺所給的統一，這形式的直覺即是攝物學中就空間時間自身而說的“純粹直覺”；其次是就幾何中構造空間圖形（這是特定的純粹雜多之結合）而說，構造空間圖形即是直覺地構造之，此“直覺地構造之”之構造也是“形式的直覺”底構造，推廣言之，構造數目量以及數目式亦皆是形式直覺底構造。 就前一種統一而言， 康德在攝物學中曾把它視為屬於感性者，屬於感性即表示那種統一是就時空自身為純粹直覺而說；但是在攝物學中，康德只說空間時間之原初表象是一整一，先於部分而有，不是部分先於此整一，好像此整一由部分而構成，因此，在那裏並不說“統一”，而只說“整一”，而在這裏卻方便地亦以“統一”說之，其實這是不恰當的。此整一（統一）雖是一純粹直覺而屬於感性（屬於感性意即為感觸直覺之形式條件），然而它亦預設一種“不屬於感取”的綜和，可是

"經由此種不屬於感取的綜和，一切空間與時間之概念始首先成為可能的"。然則此種綜和卽是上說就幾何中構造空間圖形以及就構造數目量與數目式而說的形式直覺所給出的統一，"依此統一，知性始決定感性"（可是康德說此括弧中之注語卻又就那屬於感性的整一之統一說，這又混了）。旣依此統一，知性決定感性，故此統一是屬於知性之概念的，不是屬於空間與時間的；而那整一之統一，作爲純粹直覺者，則是屬於空間與時間而不屬於知性之概念。康德此注文本有兩層意義的"形式直覺"，他卻混而爲一而復俱以"統一"說之，因此弄的十分隱晦，故疏解如上，須詳參超越的攝物學中時空之形上的解釋。

*   *   *   *

B 162

舉例來說，當因着一所房子底雜多之"攝取"（此詞在第四版中改爲"統覺"非是），我使這房子底經驗直覺成爲一知覺時，則空間底必然統一以及外部感觸直覺一般底必然統一卽處於我的攝取之基礎地位而爲我的攝取之根據，而我同時亦好像是卽依順於此"空間中的雜多之綜和統一"來描畫出這房子之大概形狀（Gestalt）。但是，如果我把空間之形式（卽空間這形式）抽掉，則此同一綜和統一卽於知性中有其地位，而且它亦就是"一直覺一般中的齊同者底綜和"之範疇，卽是說，是"量之範疇"。因此，攝取之綜和，卽是說，知覺，必須完全符合於此範疇。(a)

(a)處，康德有底注云：

　　依此而言，"攝取之綜和（此是經驗的）必須必然地符合於統覺之綜和（此是理智的，而且是完全先驗地含於範疇中者）"這是被證明了的。那"在此一情形中，在想像之名下，而在另一情形中，則又在知性之名下，把結合置於或帶進直覺底雜多中"者乃正是這同一的自發性。

B163　　試取另一例以明之。當我覺察水之結冰時，我攝取兩種狀態，即流動性與硬固性這兩種狀態，而此兩種狀態乃是在一時間之關係中爲互相朝向而委致者。但是，在時間中（我把這時間置于那當作內部直覺看的現象之基礎地位而爲其根據），我必然地把"雜多底綜和統一"表象給我自己，若無此綜和統一，那時間底關係必不能在關涉於"時間承續"中當作被決定了的關係而被給與於一直覺中。現在，此綜和統一，由於它是這樣一種先驗的條件，即"在其下，我結合一直覺一般底雜多"這樣的一種先驗的條件，是故如果我把我的內部直覺底定常形式即時間抽掉時，此綜和統一就是"原因"這個範疇，藉賴着此原因之範疇，當我把此範疇應用於感性時，我即決定那"依照此範疇所規定的關係而發生"的每一東西，而且我是在"時間一般"中如此決定之。這樣，我之對於這樣一個事件之攝取，因而也就是說，這事件本身，即視之爲一可能的知覺的這事件本身，是服從"結果與原因底關係"之概念的。在一切其他情形方面（即其他範疇之情形方面）亦如此論。

範疇是這樣的一些概念，即那些"把先驗法則規定給現象，因而也就是說，規定給自然，一切現象之綜集（自材質面觀之的自然 natura materialiter spectata）"的那一些概念。「因此，這問題便發生，卽："自然定須依照範疇而進行，而這些範疇卻又不是從自然而引生出，而且它們亦並不是依據自然之模型而模胎出它們自己"，這如何是可思議的；卽是說，諸範疇如何能先驗地決定自然底雜多之結合，而它們卻又不是從自然而引生出。」[1] 這個似是謎的問題之解答是如下之所說。

[註(1)]：此一整問題句，肯·士密斯譯略有調整並節省。依康德原文當如此：「因此，這問題便發生，卽：既然這些範疇並不是從自然而引生出，而且亦不是依據自然以爲它們的模型而模胎出它們自己（因爲若如此則它們必是經驗的），然則"自然定須依照範疇而進行"這如何是可思議的；卽是說，諸範疇如何能先驗地決定自然底雜多之結合，而它們卻又不是從自然而引生出。」當以此譯文爲正。肯·士密斯譯固可，但不比照原文譯更爲通順。 *Meiklejohn* 依康德原文語法譯，但"模胎出它們自己"譯爲"規制它們自己"，"自然定須依照範疇而進行"譯爲"自然必須依照範疇而規制其自己"，此不比肯·士密斯之譯詞爲好。我這裏是遵從肯·士密斯之譯詞。 *Max Müller* 亦依康德原文語法譯，但他把句中之"範疇"俱譯爲"法則"（把原文之代詞視爲指先驗法則說），此則歧出而不順適。又最後一句"諸範疇如何能先驗地決定自然底雜多之結合，而它們卻又不是從自然而引生出"，他把它譯爲"這些法則如何能先驗地決定自然中的雜多之連繫，而卻並沒有從自然中取得那種連繫"。此更不好。如此譯並非一定不通，但歧出太甚，因爲康德主要地是說範疇。我想這都是由於把代詞看錯了。康德行文中那些代詞是很麻煩的。

"自然中的現象底法則必須與知性以及知性之先驗形式相契　　B 164

合，即是說，必須與知性之‘結合雜多一般’這‘結合之’之能力相契合”這一點並不比“現象本身必須與先驗的「感觸直覺之形式」⑴（卽感觸直覺之先驗形式）相契合”這一點爲更足令人驚異。因爲恰如現象並不在其自身中存在（並不依其自身而存在），但只關聯於其所附着之主體而存在，當這主體有感取時，所以法則亦並不在現象中存在，但只關聯於這同一存有(同一主體)而存在，當這存有（主體）有知性時。“物之在其自己”（物自身），離開任何“知之”⑵之知性，自必然地符合於其自己所有之法則⑶。但是現象只是事物之表象，此事物就其在其自身是什麼而言則是不被知的。現象，由於是純然的表象，是故它們除連繫之之連繫機能所規定的“連繫之法則”外，不服從任何其他“連繫之法則”。現在，那連繫感觸直覺之雜多者就是想像；而想像在其理智的綜和之統一面是依靠於知性的，而在其攝取之雜多面則是依靠於感性的。這樣，一切可能的知覺皆是依靠於“攝取之綜和”的，而此經驗的綜和（攝取之綜和是經驗的綜和）轉而又是依靠於“超越的綜和”的，因而亦就是說，是依靠於範疇的。結果，一切可能的知覺，因而亦就是說，那“能來到經驗意識”的每一東西，卽自然界底一切現象，就它們的連繫而論，皆必須是服從於範疇的。“自然”，若只當作“自然一般”而論之，是依靠於這些範疇以這些範疇爲其“必然的合法則性”⑷（自形式面觀之的自然 natura formaliter spectata）之根源的根據”。但是純粹的知性機能（reine Verstandesvermögen），通過純然的範疇，只能把“自然一般，卽空間與時間中的一切現象之合法則性，所依靠”⑸的法則規定給現象，除此以外，它不能够把任

B 165

何先驗法則規定給現象。 特殊的法則， 由於它們是有關於那些
"經驗地被決定"的現象，是故它們依其特殊的性格不能從範疇
中被引生出來，雖然它們盡皆隸屬於範疇。要想去得到這些特殊
法則底任何知識，我們必須訴諸或依靠於經驗; 但是惟是先驗法
則始能就經驗一般而教導我們，以及就那 "能够被知爲是經驗底
一個對象" 的東西之是什麼而教導我們。

[註(1)]: 先驗的「感觸直覺之形式」，康德原文是 "der Form
der sinnlichen Anschauung a priori"。"a priori"（先驗放在後
面，它可以形容"感觸直覺"(sinnlichen Anschauung) 亦可以形容
"形式"(Form)。肯・土密斯譯爲 "the form of *a priori sensible
intuition*"（「先驗的感觸直覺」之形式），如是則"先驗"是形容 "感
觸直覺" 的，此則不通; 而 *Meiklejohn* 則譯爲 "the *apriori form*
of our sensuous intuition"（我們的感性直覺底先驗形式），這便
成爲形容 "形式" 的。以形容 "形式" 爲是。*Max Müller* 譯亦把 "先驗
的" 放在後面，與康德原文同。如依康德原文之次序譯當如此: 先驗的
"感觸直覺之形式"，此卽等於 "感觸直覺之先驗形式"。

[註(2)]: 「離開任何 "知之" 之知性」語中之 "知之" 有語病，因
爲對於 "物自身"，我們的知性根本不能知之，故此語實當改說爲 "離
開我們的知性"卽可。"知之"可刪。當然， "直覺的知性" 可以知之，
但是我們沒有 "直覺的知性"，只有 "辨解的知性"。

[註(3)]: 物自身，離開我們的知性， "自必必然地符合於其自己所
有之法則"，其自己所有之法則是什麼樣的法則且不說，但至少它不會
是我們的辨解的知性通過範疇所提供的法則。

[註(4)]: "必然的合法則性"，康德原文是 "notwendigen Gese-

tzmässigkeit"，肯·士密斯 譯爲 "necessary conformity to
law"。

[註(5)]：此句依 *Meiklejohn* 與 *Max Müller* 之譯而譯。依肯·
士密斯之譯則如下：「只能把那些 "含於自然一般（卽空間與時間中的
一切現象之合法則性）中" 的法則規定給現象」。此於義不甚順適，故
不從。

§ 27

此"知性底概念底推證"之成就

我們除通過範疇而思一對象外不能思一對象；我們除通過
"相應於這些概念"的直覺而知一對象外不能知一"如此被思"
的對象。現在，一切我們的直覺皆是感觸的；而此知識（卽"通
過直覺而知一對象"之知所示之知識），當其對象是被給與了的，
則是經驗的知識。但是經驗的知識就是經驗。結果，除對於可能
經驗底對象可有先驗知識外，茲不能再有先驗知識對於我們是可
能的(a)。

(a)處，康德有底注云：

我怕我的讀者爲一些 "可從此命題匆遽地（魯莽地）被推
出" 的令人驚恐的惡果所絆倒，我可提醒他們說：就 "思想"
言，諸範疇並不是爲我們的感觸直覺之條件所限制的，它們實
有一不受限制的場所。只 "對於我們所思的東西欲有所知" 之

B 166

知識，即"對於對象有所決定"之決定，才需要有直覺。設若無直覺，就主體所有之"理性底使用"說，"對於對象有所思"之思想可仍然有其真正而有用的後果。理性底使用並非總是指向於"對象之決定"的，即是說，並非總是指向於"知識"的，且亦指向於"主體底決定"（即決定主體之決定）以及"主體底作意之決定"——因其亦指向於此，是故此一種使用乃是在此不能被討論的一種使用。

[案]：康德此注之提醒很有意義。近時的邏輯實證論者正是魯莽地、匆遽地，去推出一些惡果者，而耳食之輩亦正為那些惡果所絆倒。我亦常說純就"知識"與"對象之決定"而言，康德之思想亦可算是邏輯實證論一類之思想，邏輯實證論者之思想與話頭大都來自康德，或至少皆已為康德所說及。但康德卻又有此注之提醒。康德實早已慮到淺躁者之魯莽，此其所以為大哲處。

但是，雖然此知識（案即"通過直覺而知一對象"之知所示之知識）是被限於"經驗底對象"的，然而此知識卻並不是因此之故就是一切皆從經驗而被引生出。[接受性底]純粹直覺（時空）與知性底純粹概念皆是知識中的成素，而此兩者皆是先驗地在我們心中被發見。玆只有兩條路，依此兩路，我們能說明"經驗"與"經驗底對象之概念"間底一種必然的契合（a necessary agreement: eine notwendige Übereinstimmung）。此兩條路便是：或者經驗使這些概念（即關於經驗底對象之概念）為

· 327 ·

B 167　可能，或者這些概念使經驗爲可能。前一假設就範疇而言並不成立（就純粹的感觸直覺即時空而言亦不成立）；蓋因爲範疇皆是先驗的概念，因而也就是說，它們皆是獨立不依於經驗的，是故歸與之 "一經驗的起源" 以明其產生，這產生必是一種 "來源不明的（曖昧的）產生" (a sort of generatio aequivoca)。因此，玆只剩下第二假設（此似是純粹理性底一個新生論之系統），卽 "範疇在知性面含有一切經驗一般底可能性之根據" 這一假設。範疇如何使經驗爲可能，範疇在其應用於現象中所提供的那些經驗底可能性之原則是什麼，這將在下章論 "判斷機能之超越的使用" 中較充分地被展示。

　　在上述兩路之間，一居間之路或可被提出，卽，範疇既非我們的知識之自我所產生的（selbstgedachte）先驗第一原則，亦非從經驗而被引生出，它們但只是思想底諸主觀傾向，此諸主觀傾向乃是從我們有生那一刹那起卽被種植於我們身上者，而且是如此之爲我們的造物主所安排，以至於它們的使用是完全與自然底法則相諧和，此自然底法則卽是經驗所依以進行者——此一種想法乃是一種純粹理性底預成系統之想法。但是，且莫說這反對，卽："依據這樣一種假設，我們對於預定的傾向之承擔未來的判斷是不能置有任何限制的"，這反對，除此反對外，實還有

B 168　一種決定性的反對以反對這所提出的居間之路，此卽：「若依此居間之路之想法，範疇必喪失那種 "本質地含於其概念中" 的必然性[1]」。這樣，舉例言之，原因之概念（此概念表示在一預設條件下的一事件之必然性）必是虛假的，如果它只基於這隨意的主觀必然性上，卽 "依照因果關係底規律而連結某種一定的經驗

表象"這種"連結之"之隨意的主觀必然性上，即種植於我們身
上的一種主觀必然性上。如是，我必不能夠去說："結果"是在
對象中即必然地與"原因"相連繫，但只能去說：我是如此之被
構造成以至於我不能不如"表象之這樣被連繫起來"者來思維此
表象。此確然正是懷疑論者所最樂欲的。因為如果真是這樣，則
一切我們的洞見，即基於"我們的判斷之設想的客觀妥效性"上
的洞見，不過只是一種純然的虛幻；而亦不乏這樣的人，即"他
必應不承認這種主觀的必然性，即這種只能被感到的必然性"這
樣的人。確然，一個人不能就那"只依靠於這模式上"的東西，
即"其自身所依以被組成"的那模式上的東西，來和任何人爭辯
的。〔案意即：一個人若是這樣被組成的（生就的），則他不能
就那只依於這生就上的東西來和人爭辯。這是造物主所已安排
好的。若就此和人爭辯，那豈不是怨天尤人！〕

〔註(1)〕：案此句是依康德原文譯，*Meiklejohn* 即如此譯，最合
原文。依肯·士密斯譯則如下：「若依此居間之路之想法，範疇底必然
性（此必然性乃即屬於範疇之概念者）必被犧牲」。括弧中"屬於範疇
之概念"意即一說到"範疇"此詞（此概念），它即有必然性。*Meiklejohn*
譯"本質地含於其概念中"，"其概念"亦如此解。

此推證之簡單綱要（概觀）

此推證就是知性底純粹概念（並連同此純粹概念一切理論的

（知解的）先驗知識）之詮表（Darstellung），詮表其爲經驗底可能性之原則(1)，但此所謂原則在此是被視爲空間與時間一般中的現象之決定，而此決定，由於最後是從 "統覺底根源的綜和統一之原則" 而來者，所以轉而又被視爲知性之形式，知性是在關聯於空間與時間（感性之根源形式）中的知性，是此知性之形式。

B 169

[註(1)]：案此所謂 "原則" 是就純粹概念卽範疇而說，與下章 "原則之分解" 中所說的 "原則" 意義不同。此所謂 "原則" 卽 "根據" 義。對 "經驗底可能性" 而言是根據；對 "空間與時間一般中的現象" 而言，它又是 "現象底決定"，卽這些原則（作爲經驗底可能性之根據者）足以決定現象之確定關係。而其決定現象之決定又是從 "統覺底根源的綜和統一之原則"（肯·士密斯譯漏掉 "原則" 一詞）而來，卽依據 "此統覺之綜和統一之原則" 而然，故此 "決定" 又可被視爲知性之形式。但旣是決定現象之決定，故在此視此決定爲知性之形式不是像分解地說範疇是知性之形式概念這個意思的知性之形式，而是說此決定是那在關聯於空間與時間（感性之形式）中的知性之形式。

又三譯相較，肯·士密斯此譯爲是。 Meiklejohn 譯 "但是" 以下誤。而 *Max Müller* 則譯此句如下：「知性底純粹概念（並連同此純粹概念一切知解的先驗知識）之推證卽存於表象純粹概念爲經驗底可能性之原則，並亦存於表象經驗爲空間與時間中的現象之決定，而最後並亦存於表象此決定爲依靠於統覺底根源的綜和統一之原則上者，表象此決定爲知性之形式（知性是應用於空間與時間之知性，空間與時間乃是那作爲感性之根源形式者）。」此亦誤。

*　　　　*　　　　*　　　　*

我認以上以數目所標識的段落而成的區分（從 §1 到 §27）到此簡單綱要（概觀）爲止是必要的，因爲到此爲止，我們已討論了基本概念。 此下， 我們須去說明這些基本概念底應用， 因此，解釋可以依連續樣式而進行，而無須這樣地以號數來標識。

超越的分解

第 二 卷

原 則 底 分 解

　　普通邏輯是依據一基地性的設計而被構造成，此基地性的設計與知識底較高級機能之區分準確地相一致。知識底較高級的機能是知性，判斷性[1]，與理性。依照這些心能底作用與次序，(這些心能在流行的說法裏是綜攝在"知性"這個通稱之下的)，A131邏輯在其分解部中討論概念，判斷，與推理。

　　[註(1)]：肯·土密斯注云：此處，以及通以後各節，"判斷性"，當其依單數而這樣被使用時，是被理解為是"Urteilskraft"一詞之翻譯，這樣譯之以便指表"判斷之機能或能力"。

　　案：德文"Urteilskraft"意指判斷之機能或能力，簡言之，說"判斷力"亦可，與知性、理性相連而說，說"判斷性"亦可。若是多數，則為諸判斷，意卽指命題而言。知性機能底作用是提供概念，故普通邏輯依此心能而討論概念；判斷機能之作用提供原則，或構成一判斷，故普通邏輯依照此心能而討論判斷或命題；理性機能之作用，內在地言之，聯貫各判斷或各命題，超越地言之，順其聯貫作用而提供理念，故普通邏輯依照此心能而討論推理（三段推理）。但須知普通邏輯並無心能三分之說，只概括地名之曰"知性"。超越邏輯則必須有此顯明的三分。

B 170　　　因為此純然地形式的邏輯抽掉一切知識內容，不管是純粹的
抑或是經驗的，而且它只討論 "思想一般" 之形式（即辨解知識
之形式）， 是故它在其分解部中能綜攝（或包括）理性底規準
（Canon）。因為理性底形式有其已建立好的規律，此等規律可
先驗地被發見，即只因着把理性底諸活動分析成此諸活動底構成
成分，用不着去討論此中所包含的知識之特殊本性，而即可先驗
地被發見。

　　　可是因為超越的邏輯是被限制於一種決定性的內容上，即是
說，是被限制於那些 "是純粹的而且又是先驗的" 的知識之內容
上，是故它不能在此分中（即在此第一分即分解部中）遵循普通
邏輯之辦法而進行。因為理性之 "超越的使用" 看起來似乎並不
是客觀地妥實的，結果，它並不屬於 "真理底邏輯"，即是說，
並不屬於分解部。由於它是一種 "幻像底邏輯"，是故它要求在
經院式的大厦中有一各別的（獨立的）地位， 即在 "超越的辯
證" 之題稱下要求一各別的地位。

　　　因此，知性與判斷性在超越的邏輯中找到它們的客觀地妥實
的而且是正確的使用之規準；它們屬於此超越邏輯底分解部。但
B 171　是，另一方面，理性，依其力想就對象先驗地去決定某種東西，
A 132　因而力想去擴展知識於可能經驗底範圍之外，而言，卻全然是辯
證的。它的虛幻的肯斷不能在一種 "像分解部所意在去含有之"
的規準中找到地位。

　　　因此，"原則底分解" 將只對於 "判斷機能" 而為一種規準，

它教導"判斷機能"如何把知性之概念應用於現象，此知性之概念含有先驗規律之條件（含有爲先驗規律而備的條件）。爲此之故，雖然嚴格地言之，我採用"知性底原則"以爲我的論題，可是我將使用"判斷機能論"這個題稱，此蓋由於此題稱可更準確地指示出我們的工作之本性。

引　論

超越的判斷機能一般

　　如果知性一般須被視爲規律之機能，則判斷性將是"歸屬某物於規律下"這種"歸屬"之機能或能力，卽是說，將是"簡別某物是否處在或不處在一特定規律（causus datae legis）下"這種"簡別"之機能或能力。普通邏輯並不爲判斷能力含有規律，而且它亦不能爲判斷能力含有規律。此蓋由於以下的緣故而然，卽：因爲普通邏輯抽掉一切知識之內容，是故"剩留給它"的那唯一工作就是去對於那［表示於］概念中，判斷中，以及推理中的"知識之形式"作一分解的解釋，因而也就是去爲知性底一切使用得到形式的規律。如果普通邏輯想去給出一般的敎導，敎導我們如何去把某物歸屬於這些規律之下，卽是說，去簡別某物是否處在或不處在這些規律之下，則這只能因着另一規律而然。而這另一規律，正因爲它是一規律之故，它轉而又從判斷能力上要求指導。這樣說來，以下之情形便顯現出來，卽：雖然知性能够被敎導，而且亦能够被裝備之以規律，然而判斷能力卻是一特殊

A 133
B 172

的才能，此特殊的才能只能被訓練，而不能被教導。判斷能力是所謂"母慧"（天賦機智）的這種特殊的質性；它的缺乏，沒有學校能够補救。因爲雖然從他人底洞見而假借得來的好多規律實可以被供給於一受限制的知性，而且似亦實可以被接合於一受限制的知性上，然而"正當地使用這些規律"之能力卻必須屬於學習者自己；而若缺乏這樣一種天賦的才能，則亦沒有什麼規律，即"爲此目的（"正當地使用之"之目的）而可以規定給他"的那種規律，能保證其無錯誤的使用[a]。一醫生，一法官，或一統治者，他可有很多優異的（美好的）病理學的，法律學的，或政治學的規律「得自由使用[1]」，甚至至此程度即：他可以成爲一個深奧的"教授規律"的教師，可是縱然如此，他在應用這些規律上仍可很易陷於顚蹶（鑄成錯誤）。因爲，雖然他在知解上是可欽佩的，然而他仍可缺乏天賦的判斷力。他可以了解抽象的普遍者，但卻不能够去鑒別一個具體的事例是否可處在此普遍者之下。或不然，錯誤亦可由於"他之未曾通過事例以及實際的行動 爲此特殊的判斷活動接受適當的訓練"而致成。通過事例以及實際的行動以去磨練判斷力而使之敏銳，這確然是事例之一最大的利益。可是另一方面，這些事例又常常多或少損傷了理智的洞見之正確性與準確性。因爲這些事例（作爲術語上之事例看as casus in terminis）罕能充分地適合於或滿足於規律之需要或要求[2]。此外，事例又時常足以減弱了這種努力，即"知性所需要之以獨立不依於經驗底特殊環境，依規律之普遍性，去恰當地理解規律"這種努力，而因減弱了這樣的努力，遂使我們習慣於去使用規律以爲公式，而不是使用之以爲原則。這樣說來，事例是判斷

力底"習步車"；而那些缺乏天賦才能的人決不能廢棄之。　　　B174

(a)處，康德有底注云:

　　缺乏判斷力正恰是普通所說的愚蠢，而對於這樣一種缺點，兹並無補救或治療法可言。一個遲鈍或狹隘的人（對於這種人除適當程度的知解以及適合此知解程度的概念外，再沒有什麼是缺少的）實可通過研究而被訓練，甚至可訓練至成為一個有學問的人。但是，由於這樣的人們通常仍缺乏判斷力　　　B173
（排脫的論理學第二篇 Secunda Petri），所以去碰見這樣的有學問的人，卽"他們在應用他們的科學知識中表露出那決不能被補救的根本缺點"這樣的有學問的人，這並非是不常見的事。

　　[註(1)]: "得自由使用"（at command），康德原文為"im Kopfe"（在他的頭腦中），他兩譯皆譯為"in his head"，此已甚通，不知肯·士密斯何故要改譯為"at command"。
　　[註(2)]: "需要"康德原為"die Bedingung"，此詞普通譯為條件（conditions），他兩譯卽如此譯。但在此，如譯為"規律之條件"似乎不很通，故肯·士密斯意譯為"requirements"（需要或要求）。

　　但是，雖然普通邏輯不能為判斷力提供規律，可是超越邏輯　　A135
則完全不同。超越邏輯似乎必要有以下之工作為其特有的工作，卽它要在純粹知性底使用中，因着決定性的規律，去糾正判斷力而正確之並去確保判斷力而穩當之。因爲所謂哲學若當作一種正論（斷義）看，卽，當作一種嘗試——嘗試在純粹先驗知識之領域中去擴大知性底範圍，這樣一種嘗試看，則它決不是必要的，而且對任何這樣的目的說，它亦實是不適宜的，因爲在迄今以往一切被作成的嘗試中，很少基地或根本沒有基地曾被獲得（贏得）。可是另一方面，如果所設計的是一種批判，由此批判以防止判斷力之錯誤，卽在使用我們所具有的少數純粹知性概念中判斷力之錯誤（lapsus judicii），則這工作（卽批判工作），由於其利益此時必須只是消極的（卽只是防止錯誤），是故它是一種"需要哲學對之去盡其一切敏銳與深入之機智"的工作。

超越的哲學有這種特殊性，卽：在規律以外（或勿寧說在規律之普遍條件以外），此規律是在知性之純粹概念中被給與者，除這樣的規律以外，它亦能先驗地詳列"規律所應用於其上"的

B 175　事例。超越的哲學在這方面所有的這種好處，卽"超過一切其他斷言式的學問，唯數學是例外"的那種好處，是由於以下之事實而然，卽：超越的哲學所處理的概念乃是那些"必須先驗地關聯

A 136　於對象，因而其客觀妥效性，亦不能經驗地被證明"的概念。這些概念既必須先驗地關聯於對象，其客觀妥效性自不能經驗地被證明。因爲若是經驗地被證明，則這必只意謂完全不顧(1) 這些概念底特有的尊嚴。超越的哲學必須因着普遍的但卻是足夠的標識把那些條件，卽"在其下對象能在與這些概念相諧和中而被給與"的那些條件，程式出來。非然者，這些概念必空無一切內

容，因而也就是說，必只是一些純然的邏輯形式，而並不是知性底純粹概念。

[註(1)]：肯·士密斯注云：依 *Vaihinger*，改 "unberührt"（未觸到）為 "unberücksichtigt"（不顧）。案不改亦通。但 *Max Müller* 就原字譯為 "不影響"（would not affect……），則不通。原字在此是 "未接觸到" 的意思。*Maiklejohn* 則略而未譯。

此 "超越的判斷力論" 將以兩章來組成。第一章將討論感觸的條件，卽 "知性底純粹概念單在其下始能被使用" 的那感觸條件，卽是說，將討論純粹知性底規模性（圖式性）。第二章將討論諸綜和判斷，此諸綜和判斷在這些條件（卽感觸條件）下先驗地從知性之純粹概念而來，而且先驗地居於一切其他種知識底基礎地位——此卽是說，此第二章將討論純粹知性之原則。

超越的判斷力論

（或原則之分解）

第 一 章

知性底純粹概念之規模

在"把一個對象歸屬於一個概念下"這一切歸屬中，對象之表象必須是與那個概念爲同質的；換言之，那個概念必須含有某種東西，此某種東西是在那對象中被表象者，那對象卽是那要被歸屬在該概念之下者（必須含有某種"被表象在那'歸屬於該概念下'的對象中"的東西）。事實上，這個意思就是"一對象被含在一概念下"這個辭語所意謂者。這樣，一個圓盤底經驗概念是與一個圓圈底純粹幾何的概念爲同質的。"在圓圈之幾何概念中被思"的那圓性能在圓盤之經驗概念中被直覺[1]。

[註(1)]：肯·士密斯注云：康德原文是："在圓盤之經驗概念中被思"的那圓性能够在圓圈之幾何概念中被直覺。其他兩譯依原文譯。肯·士密斯依 *Vaihinger* 倒過來。

但是知性底諸純粹概念，由於其與經驗直覺，實在說來，與一切感觸直覺，完全爲異質的，是故它們從不能在任何直覺中被遇見（被發見）。因爲沒有人想說：一個範疇，例如因果範疇，能夠通過感取而被直覺，而且其自身卽含在現象中。然則，直覺之歸屬於純粹概念下，一範疇之應用於現象，這如何是可能的呢？正因爲這個自然而重要的問題之故，所以一"超越的判斷力論"始是必要的。我們必須能夠去展示純粹概念如何可應用於現象。這層工作在任何其他科學中皆不是必要的。此蓋因爲在這些其他科學中，這樣的諸概念，卽"通過此諸概念，對象是「在其一般的面相中」⑴而被思"這樣的諸概念，是與那些"具體地表象對象，如對象之爲所與而表象對象"的諸概念並不是如此之完全有別的與異質的，是故對於"前者之可應用於後者"之可應用性，沒有特別的討論是必要的。

B 177
A 138

[註⑴]：案此片語是肯·土密斯的增字譯法。康德原文只是"allgemein"，其意爲「一般地」，在此作副詞用，如是，"通過此諸概念，對象是一般地被思的"，此亦甚通，不必加字。"一般地被思"卽是"依一般性或普遍性而被思"。

顯然，玆必須有某種第三者，此第三者一方面與範疇爲同質，另一方面又與現象爲同質，因此，它使範疇之應用於現象爲可能。此一有媒介作用的表象必須是純粹的，卽是說，必須是空無一切經驗內容的，而同時雖然它一方面是理智的，然而它又必須在另一方面是感觸的。這樣的一種表象就是"超越的規模"。

　　知性底概念含有"雜多一般"底純粹的綜和統一。時間，由於它是內部感取底雜多之形式條件，因而也就是說，它是一切現象底連繫之形式條件，是故它在純粹直覺中含有一先驗的雜多（案即純粹雜多）。現在，時間底一種超越的決定就其是普遍的而且又基于一先驗的規律上而言，它是與範疇為同質的（範疇構成時間底超越決定之統一）。但是，另一方面，就"時間是被含在雜多之每一經驗的表象中"而言，它又是與現象為同質的。這樣說來，範疇之應用於現象是因着時間之超越的決定而始成為可能的，此"時間之超越的決定"，當作知性底概念之規模看，它居間而致成了現象之歸屬於範疇下。

B 178
A 139

　　在經過範疇底推證中所已證明的以後，我確信沒有人關於以下之問題尚遲疑不決，即：知性底這些純粹概念是否只是屬於經驗的使用，抑或不只是屬於經驗的使用，且亦屬於超越的使用；即是說，是否當作一可能經驗底條件看，它們只是先驗地關聯於現象，抑或是否當作事物一般底可能性之條件看，它們能被擴展至"對象之在其自己"，而無任何限制——限制於我們的感性：即關於這些問題，沒有人尚遲疑不決。因為我們已知：如果沒有對象被給與於這些概念，或至少被給與於"這些概念所由之以組成"的那些成素，則這些概念「必全然是不可能的」[1]，而且亦不能有意義。因此，它們不能被看成是可應於"物之在其自己"者，獨立不依於"事物是否以及如何可被給與於我們"這一切問題而為可應用於"物之在其自己"者。我們亦曾證明："對象在其中或所依以能被給與於我們"的那唯一樣式就是經由"我們的

感性之變形"之樣式（案意卽只有因着"我們的感性之變形"這
樣式對象始能被給與於我們）；而最後，也曾證明：純粹的先驗   B 179
概念，在那"表示於範疇中"的知性之功能以外，必須先驗地含有   A 140
某些一定的形式的感性之條件⑵，卽是說，含有某些一定的形式
的內部感取之條件。這些形式的感性條件構成這樣的普遍條件，
卽"單在其下範疇始能被應用於任何對象"這樣的普遍條件。此
種形式而純粹的感性之條件，知性底概念之使用所要被限制於其
上者，我們將名之曰知性底概念底"規模"（或圖式）。知性之在
這些規模中之程序（進行程序），我們將名之曰純粹知性之"規
模性"（schematism）⑶。

　　　[註⑴]：肯・士密斯注云：在　Nachträge　Lviii　中，康德已
把"必全然是不可能的"改爲"必對於我們是無意義的"。案此改
是。

　　　[註⑵]："含有某些一定的形式的感性條件，卽含有某些一定的形
式的內部感取之條件"，此中所謂"某些一定的形式的感性條件"（多
數）是指規模說，不指時間空間說，就內部感取言，當然更不指時間
說，雖然與時間有關。但若如此，則那句子底說法不好，此不是英譯的
問題，德文原文卽是如此。如此說法可令人誤會那些形式的感性條件是
感性底形式條件或內部感取底形式條件，就像吾人說時空是感性底形式
條件，或時間是內部感取底形式條件。這樣便不通。因此，那個句子似
當改爲"必須先驗地含有某些感觸性的形式條件，卽是說，必須先驗地
含有依內部感取之形式卽時間而建立的某些感觸性的形式條件。"此下
兩句中的"形式的感性條件云云"亦當照改。因爲康德視規模爲"範疇

應用於現象"之可能性之"感觸條件"(sensible condition)。那些形式條件是感觸性的形式條件，不是感性底形式條件；是依內部感取之形式即時間通過超越的想像而被形構成的某些感觸性的形式條件，不是內部感取底形式條件：它們是"範疇應用於現象"這種應用底可能性之感觸性的形式條件。

[註(3)]：Schematism（Schematismus）亦不好翻，似當譯為"規模性"或"規模程序"。此句依 *Meiklejohn* 譯是如此：「知性之"與這些規模俱"之程序，我將名之曰純粹知性之規模性或規模程序。」"與這些規模俱"或"與同着這些規模"(with these schemata)，"與俱"或"與同着"(with) 合康德原文，因為原文正是"mit"(mit diesen Schematen)。知性之與同着這些規模（或與這些規模俱）之程序就是純粹知性之規模性或規模程序。純粹知性有了這種程序，即是說，有了這種規模性，始能落實地認知現象，而其純粹概念始能落實地應用於現象。規模底形成，依下文，是發自超越的想像，即超越的想像憑依時間有形構規模之性能。規模並非發自純粹知性，但純粹知性須與規模俱而有此規模性或規模程序，即須實化於規模。規模是對應知性底概念講的，不是對應知性講的；我們只能說知性概念底規模，但不能說純粹知性底規模，然而卻可說純粹知性底規模性或規模程序，即實化於規模。純粹知性之有此規模性或規模程序是關聯着地有（關聯着想像，規模，以及其應用於現象而有），不是自身固具地有。

規模，以其自身而言，總是一種想像之產品。但是，因為想像底綜和並不意在於"特殊的直覺"，但只意在於感性底決定中的"統一"，是故規模須與"形象"(image, Bilde) 區別開。如果五個點互相靠傍地被排列起來，如這樣……，則我就有數目

五底一個形象。但是，另一方面，如果我只思及數目一般，不管
它是五，或是一百，則這種思想勿寧是一種方法之表象（藉這種
方法，一個衆多數，例如一千，可以依照一個一定的概念而被表
象於一個形象中），而不是形象自己。因爲在像一千這樣一個數
目上，形象很難被察看出，而且也很難與概念相比較。在爲一概
念供給一形象中的想像底一種普遍程序之表象，我名之曰此概念
之規模。

B 180

　　實在說來，那居於我們的純粹的感觸性的概念之下以爲其底
據的乃是"規模"，而不是"對象之形象"。（案此所云"純粹的
感觸性的概念"是指關於空間的概念或關於數量的概念而言）。
沒有形象能適當於一"三角形一般"之概念。形象從不能達到這
概念底那種普遍性，卽"足以使這形象在一切三角形上，不管是
直角三角形，鈍角三角形，抑或銳角三角形，皆妥當有效"的那
種普遍性；它總是只被限制於這範圍底一部分。三角形底規模，
除存在於思想中外，無處可以存在。在關涉於空間中的純粹圖形
中，此三角形之規模就是想像底綜和之一規律。一個經驗對象，
或此對象之形象，亦同樣不能適當於那個經驗的概念；因爲此經
驗的概念，當作我們的直覺底決定之一規律看，它總是依照某一
特種的普遍概念（意卽某一範疇）而與想像底規模發生直接的關
係。"狗"這個概念（這個經驗的概念）指示一個規律，依照此規
律，我的想像能夠依一般的樣式勾畫出一個四足動物之圖形，而
並無限制——限制於任何獨個的決定性的圖形，就像經驗所現實
地呈現者那樣的獨個的決定性的圖形，或像任何"我能具體地表
象之"的那可能的形象所現實地呈現者那樣的獨個的決定性的圖

A 141

形。在知性之應用於現象以及應用於現象底純然形式中，我們的

B 181　知性底這種"規模程序"是一種"隱藏於人類靈魂底深處"的藝
術，此種藝術底活動底眞實模式，大自然是很不願讓我們去發見
之的，而且她也很不願讓我們去把它展露於我們的注視上。我們

A 142　所能肯斷的只是這麼多，卽：形象是經驗的重現⑴想像底機能之
一產品；感觸概念底規模，就像空間中的圖形底規模，是純粹先
驗的想像之一產品，而且似亦可說是純粹先驗的想像之一單一組
合物 (a monogram)，通過此純粹先驗想像之產品或單一組和
物，而且依照此產品或單一組合物，形象本身始成爲可能的。這
些形象只有因着"它們所隸屬到"⑵的那規模始能與概念相連繫。
以其本身而言，它們從未完全地與那概念相合。另一方面，知
性底一純粹概念之規模從不能被置於任何形象中，不管是什麼形
象。它不過只是一種純粹的綜和，此純粹的綜和乃卽是依照概
念，因着範疇所表示的那種統一底規律，而被決定者。它是想
像底一種超越的產品，這一種產品乃卽是"在關涉於一切表象中
（就這些表象是依照統覺之統一，在一個概念中，先驗地被連繫
起來而言），依照內部感取底形式（時間）之諸條件而有關於
'內部感取一般'之決定"的那一種產品。

　　　[註⑴]：　"重現的"康德原文爲"產生的"，肯·士密斯依
Vaihinger 改。案改是。
　　　[註⑵]：肯·士密斯注出康德原文是" welches sie bezeich-
nen"。

現在我們可不再因着知性一般底純粹概念之超越的規模所要求的諸條件之乾燥無味的分析而多有遲延，我們將依照範疇底次序，而且在與範疇相連繫中，來說明這些超越的規模。

對(1)外部感取而言，一切量度 (magnitudes, quantorum) 底純粹形象是空間；"感取一般"底一切對象底純粹形象是時間。但是作爲知性之一概念的量度 (magnitude, quantitatis) 底純粹規模則是數目，數目是這樣一種表象，卽它包含着齊同單位底相續增加。 因此， 數目只是一同質的直覺一般底雜多之綜和之統一， 這一種統一乃卽是由於 "我之在直覺之攝取中產生時間自身" 而成的那一種統一。

B 182

A 143

[註(1)]：肯·土密斯注云：對 (for, für den) 康德原文是 "在……前"(vor dem, before)，依 *Grillo* 改。

在知性底純粹概念中，"實在"就是那 "相應於一感覺一般"者；因此，它就是那"其概念自身指點到時間中之實有"者（它就是那種東西，卽此東西之概念其自身就指點到時間中之實有）。"虛無"則是那 "其概念表象時間中之非有"者（則是那種東西，卽此東西之概念表象時間中之非有）。這樣，這兩者底對反卽基於 "同一時間之區別爲充滿的與虛空的" 這種區別上。因爲時間只是直覺之形式，因而亦就是作爲現象的那對象之形式，是故那 "在對象中相應於感覺"者並不是(1) 作爲物自身（事物本身，實在）的一切對象底超越性的物質。現在，每一感覺有一級度或量度，藉此級度或量度，在關涉於此感覺之表象一對象中（若不如此，此對象即自爲這同一者或留在同一狀態中），此感覺能使一整一而同一的時間充滿，卽是說，此感覺能多或少完整地佔有內部感取，直至其停止（消滅）而歸於虛無（＝0＝非有）。因此，在實在與虛無之間存有一種關係或連繫，或勿寧說存有一種"從實在到虛無"的過轉，此過轉使每一實在爲可表象爲一量（a quantum 強度量）者。一個實在之規模，由於它是某種東西之量（quantity），（此某種東西是就其塡滿時間而言），是故它卽恰是那時間中的實在之連續而齊一的產生，就如我們相續地從一"有某種一定的級度"的感覺下降到此感覺之消滅點，或逐步地從此感覺之非有（虛無）上升到此感覺之某種量度，那樣。

[註 (1)]：肯·士密斯注云：原文是"是"，依 *Wille* 改爲"不是"。若是"是"字，依 *Erdmann,* 此似乎大體是偏於把這全句底後半部理解爲是如此，卽："是故那在[作爲物自身]的對象中相應於感覺者乃是作爲物自身的一切對象之超越的物質"。案如此理解彆扭，改之爲是。

本體底規模是時間中的眞實物之常住性，卽是說，是那作爲"時間一般底經驗決定之基體"的眞實物之表象，因而也就是說，是那作爲"常住不變者"的眞實物之表象（當一切其他東西皆在遷轉時，而此眞實物卻常住不變，本體底規模卽是這作爲常住不變者的眞實物之表象）。那是流轉者（transitory, des Wandelbaren）的東西之存在是在時間中消逝了，但時間自身卻並不消逝。對於這個其自身是 "非流轉的" (non-transitory, unwandelbar) 而且是 "常住不逝的" 的時間，在現象〔領域〕中，那以其存在而言是 "非流轉者" 的東西，即是說，"本體"這個東西，即與之相應。只有在〔關聯於〕本體中，現象底相續與共在始能在時間中被決定。

原因 (cause, Ursache) 底規模，以及一 "事物一般" 底因果性 (causality, Kausalität) 之規模，就是這真實物，即 "當它一旦被置定時，某種其他東西即隨之而來" 這樣的真實物。因此，這一種規模即存於雜多之相續中，相續是就其服從一規律而言。

交感互通 (community) 或交互 (reciprocity) 之規模，即在關涉於諸本體底事變（偶然者）中諸本體底交互因果性之規模，即是依照一普遍規律，此一本體底諸決定與另一本體底諸決定之 "共在"。

B 184

可能性底規模是諸不同的表象底綜和與 "時間一般" 底諸條件之相契合。例如，對反的東西不能在同一時間內存 在 於 同 一物，但只能此在彼後地存在於同一物。因此，這個規模就是 "一物之在某時或另一時" 底表象之決定。

現實性底規模是在某一決定性的時間中的存在。

A.145

必然性底規模是在一切時中的一個對象底存在。

這樣，我們見到：每一範疇底規模只含有一 "時間之決定"，而且亦只使一 "時間之決定" 能夠成為一表象（成為可表象者）[1]。量度之規模是一對象之相續攝取中的時間自身之產生（綜和）。性質之規模是 " 感覺或知覺與時間底表象 " 之綜和；它是時間之充滿。關係底規模是依照一"時間決定之規律"，在一切時中，把諸知覺互相連繫起來。最後，程態之規模以及程態底三範疇之規模是時間自身之作為這決定卽"一對象是否以及如何屬於時間"這決定之"相關者"。這樣說來，四類規模不過就是依照規律而成的先驗的"時間之決定"。這些規律，在關涉於一切可能的對象中，依範疇之次序而關聯到時間系列，時間內容，時間秩序，以及最後關聯到時間之範圍（scope of time, Zeitinbegriff）。

B185

[註(1)]：肯·士密斯注云：此首句之總述是依 Adickes 之改動而造成者。可是這一改動，下面之分述，其動詞皆改成"是"字，但原文郤皆是"含有……並使……成為可表象者"。問題是出在原文開頭"每一範疇之規模"（das Schema einer jeden Kategorie）一片語無交代。肯·士密斯依 Adickes 之辦法而造句，如所譯。Max Müller 則意譯為"如果我們考察一切範疇"，提在"我們見到"以前，如此則變成受詞。Meiklejohn 則略去不譯。此兩譯於下文分述語之動詞皆如原文。此一片語根本無甚重要，略之於主要意思亦不生影響。若定要依 Adickes 之辦法，則連帶下文分述語依康德原文當嚴格地如下譯：「這樣，我們見到：每一範疇之規模只含有一"時間之決定"，並只使此一"時間之決定"為可表象者。此如量度之規模含有一對象之相續攝取中的時間自身之產生（綜和）並使此為可表象者；性質之規模含有感覺（知覺）與時間底表象之綜和，或含有時間之充滿，並使此為可表象者；關係之規模含有一切時中（卽依照一時間決定之規律）諸知覺互相間之連繫，並使此為可表象者；最後，程態之規模以及程態三範疇之規模含有時間自身之作為這決定卽"一對象是否以及如何屬於時間"這決定之"相

關者＂，並使此爲可表象者。」

因此，顯然，知性底＂規模性＂藉賴着超越的想像之綜和所作成者不過就是內部感取中一切直覺底雜多之統一，因而間接地亦就是統覺之統一，此統覺之統一，作爲一種功能，符合於內部感取之接受性（案卽與內部感取之接受性相符應，相應和）。這樣說來，知性底純粹概念之規模是這眞正而唯一的條件，卽＂在其下這些純粹概念始得關聯於對象並因而始有意義＂的那眞正而唯一的條件。因此，終歸範疇不能有經驗使用以外的任何其他可能的使用。由於範疇是一先驗而必然的統一之根據（此先驗而必然的統一在一根源的統覺中的一切意識底必然結合裏有其根源），是故範疇只能用來去把現象隸屬於綜和底普遍規律之下，因而並去使現象適合於一個整一經驗中的通貫的連繫（徹始徹終的連繫）。

A 146

一切我們的知識皆落在可能經驗底範圍之內，而那＂先於一切經驗眞理並使一切經驗眞理爲可能＂的那超越的眞理恰卽存於＂此普遍的關聯於可能經驗＂中。

但是，這亦是顯然的，卽：雖然＂感性之諸規模＂[1]（the schemata of sensibility, die Schemate der Sinnlichkeit) 首先眞實化了諸範疇，可是同時它們也限制了諸範疇，卽是說，它們把諸範疇限制於那些＂不處在知性之內（卽乃居於感性之內[2]）＂的條件上去。恰當地說，規模只是＂一個對象之在與範疇相契合中＂之現象或感觸概念。（*Numerus* est quan-

B 186

· 351 ·

titas phaenomenon 數目是現象之量，*sensatio* realitas phaenomenon 感覺是現象之實在，*constans et perdurabile rerum* substantia phaenomenon 事物之定常而持久之相是現象之常體，*aeternitas* necessitas phaenomenon 永恒常存是現象之必然，等等。）

[註(1)]: 雖依英德文皆是"感性之諸規模"，但當你想到"概念之規模"時，你馬上可以對此語生疑。爲避免誤會起見，此所云"感性之諸規模"實當理解爲"感觸性的諸規模"（sensible schemata）。

[註(2)]: 依康德原文譯，*Meiklejohn* 如此譯。*Max Müller* 譯爲"屬於感性"。肯‧士密斯譯爲 "due to sensibility"（由於感性），此則易令人生誤解，因爲若說"由於"，實由於想像也。

如果我們略去一有限制作用的條件，則我們似乎必要去擴展那"以前已限制了的"概念之範圍。從此假定了的事實而辯，我們可以歸結說：範疇，依其純粹的意義而言，離開一切感性之條件，應當"如事物之所是"而去應用於"事物一般"，而不是像規模那樣只"如事物之所現"而表象事物。我們歸結說，範疇應當去有一種"獨立不依於一切規模"的意義，而且是"更較廣濶的應用"之意義。現在，在知性底純粹概念中玆確然實仍存留一種意義，甚至在消除每一感觸條件以後，亦仍存留一種意義；但這意義是純然地邏輯的意義，它只指表"表象(1)底赤裸的統一"。此諸純粹概念不能找到任何對象，因而亦不能獲得那"可以產生一關於對象之概念(2)"的意義。舉例來說，當常住體底

A147

感觸決定被略去時，本體必只意謂一"只能被思為主詞而從不能
被思為某種別的東西之謂詞"的某物。這樣一種表象，我不能使
之有什麼用處，因為它關於那"這樣被視為一元始主詞"的東西
之本性一無告訴我。因此，若無規模，諸範疇只是那對於概念為
必要的"知性之諸功能"；它們不能表象任何對象。這種〔客觀
的〕意義（案即"表象對象"之意義）它們從感性而獲得之，此
感性即在"限制知性"之過程中實化[3]此知性。

B 187

[註(1)]：在此所謂"表象"是虛說的表象，不是感性中的實表象。
"赤裸的統一"只是空的統一。

[註(2)]："概念"，肯·士密斯注云：康德（在 Nachträge lxi
中）已改為"知識"。

[註(3)]：所謂"實化"意即不使知性蹈空，實化即是使之歸實。

A 148

超越的判斷能力論

（或原則底分解）

第 二 章

純粹知性底一切原則之系統

在前一章中，我們已只關涉着普遍條件而考慮超越的判斷能力，此所謂普遍條件乃就是這樣的條件，卽"只有在其下，超越的判斷能力在其爲綜和判斷而使用知性底純粹概念中被證明爲正當"這樣的條件。現在，我們的工作則是要在系統性的連繫中去展示"知性在此批判的先見(1)下所實際地先驗地達成"的那些判斷。在此步研究中，我們的範疇表是天然而又安全的指導，玆不能有問題。何以故？這是因爲以下的緣故而然，卽：因爲"知性

B 188 底一切純粹而先驗的知識必須被構造起來"，這乃正是通過"範疇之關聯於可能經驗"而然，是故範疇之關聯於感性一般將完整而有系統地展示知性底使用之一切"超越的原則"。

[註(1)]："批判的先見"德文原文是"kritischen Vorsicht"。英文譯爲"Critical provision"（批判的預備）

先驗原則之所以如此被名（卽被名曰超越的原則）不只是因

爲它們本身含有其他諸判斷底根據，且亦因爲它們本身並不植基
於較高而又更普遍的諸知識上。但是這一種特徵並不能把它們移
出證明底範圍之外（案卽使之可以免除證明）。實在說來，此種　　A 149
證明不能依任何客觀的樣式而被作成，因爲這樣的一些原則〔並
不基於客觀的考慮上，它們但只〕處在一切對象底知識之基礎地
位(1)。但是無論如何，這並不能阻止我們從一對象一般底知識之
可能性底主觀根源上來試作一證明。如果這些命題並不引起這懷
疑，卽"懷疑其是一些純然不正當的肯斷"之懷疑，則這樣一種
證明，實在說來，是不可缺少的。

　　〔註(1)〕：肯·土密斯注云：此句有種種修補。我大體依 Wille 而
修補。

　　其次，我們將只限於那些和範疇有關的原則。超越的攝物學
底諸原則（依照這些原則，空間與時間是一切作爲現象的事物底
可能性之條件）是並不能進入我們現在的研究底範圍之內的，而
這些原則底限制，卽"它們並不能被應用於物自身"這限制，同
樣 亦是不能進入我們現在的研究底範圍之內的。爲了類似的 理
由，數學原則亦不能形成此系統之部分。數學原則只從直覺引生
出，並不從知性之純粹概念引生出。縱然如此，因爲它們亦是　　B 189
先驗的綜和判斷，是故它們的可能性亦必須在此章中受到認可。
因爲雖然它們的正確性以及必然的確定性實在說來並不需要被建
立，可是由於它們是自明的先驗知識之實例，是故它們的可能性
必須被致使爲可思議的，而且亦必須是被推演出的。

A 150　　　嚴格言之，我們僅須討論綜和判斷之原則。可是在"分析判斷之原則與綜和判斷之原則相對比"之限度內，我們將亦須討論分析判斷之原則。此蓋因爲藉着把它們雙方互相對比，我們便可以使綜和判斷之理論免除一切誤解，並可依它們雙方各自的特殊本性使它們雙方很清楚地呈現於我們眼前。

純粹知性底原則之系統

第 一 節

一切分析判斷底最高原則

不管我們的知識之內容是什麼，亦不管知識如何可關聯於對象，一切我們的"判斷一般"底普遍的然而只是消極的條件便是它們必不可自相矛盾；因爲如果它們是自相矛盾的，則它們自身，即使沒有涉及對象，亦是空而一無所有的。但是，縱使我們的判斷不含有矛盾，可是它亦可以依一"不爲對象所支持"的樣式而把諸概念連繫起來，或不然，它亦可以依這樣一種樣式，即"對於此種樣式沒有先驗的或經驗的根據可被給與，給與來足以去證成這樣的判斷"這樣的一種樣式，而把諸概念連繫起來，因而它仍可以或是假的或是無根據的，儘管它無一切內在的矛盾。

B 190

"沒有與一物相矛盾的謂詞能屬於此物"這一命題被名曰矛盾原則，而且它是一切眞理底一個普遍的，雖然只是消極的，判準。因此之故，它只屬於邏輯。它保有知識，此知識只作爲知識一般看，並無關於內容；而且它肯斷說：矛盾可以完全取消知識而且使知識無效。

A 151

但是它亦允許有一積極的使用，即是說，不只是用之以便去驅逐假與錯誤（就假與錯誤基於矛盾而言），且亦爲"知眞理"而用之。因爲，如果判斷是分析的判斷，不管是否定的分析判斷，

抑或是肯定的分析判斷，此判斷之眞理性總是能依照矛盾原則而
適當地被知道。那"作爲概念而被含於而且被思於對象之知識中"

B 191　的東西之逆反面或背面（reverse, Widerspiel）總是可以正當
地被否決。但是因爲這概念底反面必會與這對象相矛盾，是故這
概念本身必須必然地是肯定了這對象的。

　　因此，矛盾則必須被承認爲是一切分析知識底普遍的而且是
完全充分的原則；但是超出分析知識底範圍以外，它若當作眞理
之一充足的判準看，它便沒有權威性，而且亦沒有應用之領域。
"沒有知識能够違反於矛盾原則而又不自我歸空"，這一事實卽足

A 152　使此原則成爲我們的［非分析的］知識底眞理性之一不可缺少的
（必要的）條件，但卻並不使此原則成爲此種知識底眞理性之一
有決定作用的根據（一充足的根據）。現在，在我們的批判的
研究中，那只是我們的知識之綜和部分者才是我們所要關心的；
而在關涉於此種知識之眞理性中，我們從不能爲任何積極的報告
（消息）而期待矛盾原則，雖然因爲此矛盾原則是不可違犯的，
所以我們當然必須總是要留心去依順於它。

　　雖然這個有名的原則是這樣地無內容的而且是純 然 地 形 式
的，但它有時亦不小心地依一"包含有一綜和成分"的樣式而被
程式出來，那所包含的綜和成分是一完全不必要的混雜（混雜於
其中者）。這公式是如此被表示：　"某種東西在同一時間內旣是
又不是"這是不可能的。撇開"必然的確定性，卽純由'不可能'
一詞而被表示的那必然的確定性，是多餘地被加上去的（因爲依
此命題之本性而言，此命題以其自身就是自明的）"這一事實不
必說以外，此命題還爲時間條件所限制。如是，此命題似乎是

說: 一物＝Ａ，此等於Ａ的一物是某物＝Ｂ它不能同時又是 "非 B 192
Ｂ"，但是它很可以在相續中既是Ｂ又是 "非Ｂ"。舉例言之，
一個是年青的人不能同時又是年老的，但是他很可以在此一時是
年青的，而在另一時，又是 "非年青的"，卽是說，是年老的。
但是，矛盾原則，由於它是一純然地邏輯的原則，它無論如何必 A 153
不可把它的肯斷限制於時間關係上。因此，上列的公式是完全
相反於矛盾原則之意指的。這誤解是成自我們之首先把一物之謂
詞與該物之概念分離開，然後再把此謂詞與它的反面連繫於一起
——這一種程序它從未引起〔反謂詞〕與主詞相矛盾，但只是引
起〔反謂詞〕與那 "已綜和地與該主詞相連繫於一起" 的正謂詞
相矛盾，而卽使是如此，亦只有當這兩相反的謂詞在同一時間被
肯定時，這一程序始引起反面謂詞之與正面謂詞相矛盾。如果我
說: "一個是未學的人不是有學問的"，則 "在同一時間" 這條
件必須被加上去; 因爲他在此時是未學的，很可在另一時是有學
的。但是，如果我說 "沒有未學的人是有學問的"，則此命題是
分析的，因爲 "未學" 這特性此時已造成主詞之概念，因此，這
否定判斷底眞理性，由於是矛盾原則底一個直接的後果，遂變成
自明的，而用不着要求 "在同一時間" 這個補充的條件來補充。
因此，這就是我爲什麼已更改了矛盾原則底程式之故，卽是說， B 193
我之所以更改矛盾原則之程式乃爲的是一分析命題底本性可通過
此矛盾原則而清楚地被表示(1)。

〔註(1)〕: 案康德對於矛盾原則所已更改的說法卽上文 A151 所說
的 "沒有與一物相矛盾的謂詞能屬於此物"。而當時一般混雜有綜和成

分的說法則是如此："某物不能在同一時間內既是又不是"此只能引起
"不是"（非Ｂ）與"是"（Ｂ）相矛盾，而且在"同時"之限制下引起
"非Ｂ"與Ｂ相矛盾，而不能引起"非Ｂ"與某物（主詞）相矛盾。

純粹知性底原則之系統

第 二 節

一切綜和判斷底最高原則

綜和判斷底可能性之說明是一個"普通邏輯與之毫無關係"的問題。普通邏輯甚至不需要知此問題之名。但是在超越邏輯裏，此問題是一切問題中之最重要者；而實在說來，如果在討論先驗綜和判斷底可能性中，我們也要論及先驗綜和判斷底妥效性之條件與範圍，則那問題又是超越邏輯所關心的唯一問題。因為當此步研究完成之時，超越邏輯便能够完整地去實現它的終極目的，卽 "決定純粹知性底範圍與限制" 這 "決定之" 之目的。

在分析判斷中，我們緊守着這所與的概念，而且想從這所與的概念中去提出（抽出）某種東西來。如果這所與的概念要成為肯定的（意卽以此所與的概念為主詞要作成一肯定判斷），則我只把那 "早已被思於此所與的概念中" 的東西歸屬給此所與的概念就行了。如果這所與的概念要成為否定的（意卽以此所與的概念為主詞要作成一 否定判斷）， 則我只把此所與的概念之反 面（卽相反於此所與的概念者） 從此所與的概念那裏排除去就 行了。 但是， 在綜和判斷中， 我須走出這所與概念之外， 視某種 "完全不同於那已被思於此所與概念中者"的東西為與此所與概念有關係者 。 結果， 那完全不同的某種東西與此所與概念有關

A 155

係，此所有之關係決不會或是同一性之關係或是矛盾之關係；而從這綜和判斷裏，（此綜和判斷若單只在其自身並依其自身而觀之），此關係之眞或假決不能被發見。

因此，假定我們必須走出一所與概念之外以便綜和地去把此一所與概念與另一概念相比較，則一第三者是必要的，蓋因爲唯在此第三者處，兩個概念底綜和始能被達成。現在，此一“要成爲一切綜和判斷底媒介物”的第三者是什麼呢？「它只是這樣一個整全⑴」，卽“一切我們的表象皆被含於其中”的一個整全，此卽是內部感取以及此內部感取之形式卽時間。表象底綜和基於想像；而表象底綜和性的統一（此對於一判斷而言是必要的）則基於統覺底統一。因此，我們必須在內部感取，想像，以及統覺這些機能中尋求綜和判斷底可能性；而因爲這三者皆含有先驗表象底根源，所以它們也必須說明純粹的綜和判斷之可能性。爲此之故，實在說來，對關於對象之任何知識而言，它們三者是不可缺少地必要的，那關於對象之任何知識皆完全基於表象之綜和上。

[註⑴]：“它只是這樣一個整全”依康德原文 “Es ist nur ein Inbegriff”譯，其中的“這樣”是呼應下形容語句而加者。肯・土密斯譯依 Mellin 將原文改爲 “Es *gibt* nur *einen* Inbegriff”，此不必要。依此改，譯爲英文是：“*There* is only *one* whole”（玆只有一個整全）。又 “Inbegriff” 英譯爲“whole”。此雖是一個名詞，然在這裏無多大實義，譯出來徒令人增加無謂的遐想。Max Müller 譯爲“它只能是那樣一個東西，卽……”。只如此虛籠地譯，倒反好。說實了

這個東西卽是下文所實說的"內部感取以及此內部感取之形式卽時間"。
時間自身固是一整一，但內部感取無所謂整一。故此處之 "Inbegriff"
（whole）無實義。其所以爲整一只指 "一切表象皆含於其中" 而言。

　　如果知識要有客觀實在性，卽是說，要關聯於一個對象，而
且要在關涉於對象中去獲得意義與表意，則這對象必須能够依某
種樣式而爲被給與者。非然者，概念是空的；通過概念，我們誠　　B 195
然有思想，但是在此思考中，我們實一無所知；我們只是以表
象來作遊戲。"一個對象須被給與"（假定此語不是如其涉及　　A 156
某種純然地居間性的過程而被理解，而是如其指表直覺中的直接
呈現而被理解），此語簡單地說只意謂："對象所經由之以被
思"的那些表象須關聯於現實的或可能的經驗。卽使是空間和時
間，不管它們的概念是如何地脫離任何經驗的東西，亦不管"它
們是完全先驗地被表象於心靈中"這一點是如何地確定的，如果
它們的"必然應用於經驗之對象"眞不能被建立起，則它們必
亦仍然沒有客觀的妥效性，必迷糊而無意義（senseless and
meaningless）。空間時間底表象是一純然的規模，此規模總
是和重現的想像有關係的，此重現的想像喚起並集合起經驗底對
象。離開這些"經驗底對象"，空間與時間必是無意義的。此在
每種概念上皆然。

　　依是，經驗底可能性就是那"把客觀實在性給與於一切我們
的先驗知識"者。但是，經驗是基於現象底綜和統一上的，卽是
說，是基於一種"依照一個現象一般中的對象之概念而成"的綜
和上的。離開這樣一種綜和，經驗必不會是知識，但只不過是諸

知覺底一種狂文（rhapsody），此狂文必不能配入於任何係絡

B 196　中，卽依照一完整地通貫起來的（可能的）意識之規律而成的任

何係絡中，因而也就是說，必不能符合於統覺底超越而必然的統

A 157　一。因此，經驗是依靠於經驗底形式面之先驗原則的，卽是說，

是依靠於現象底綜和中的統一底普遍規律的。由於這些規律是經

驗底必要條件，實在說來，是經驗底可能性之必要條件，是故

這些規律底客觀實在性總能被展示於經驗中。離開此種關涉或關

聯⑴ (dieser Beziehung)，諸先驗綜和原則是完全不可能的。

因爲那時它們沒有第三者，卽是說，沒有這樣的對象，卽 "依此

對象，綜和統一能够展示此統一底概念之客觀實在性⑵" 這樣的

對象。

　　　［註⑴］：關涉或關聯卽關涉於經驗之關涉或關聯於經驗之關聯，德

　　文是 "Beziehung"，與關係範疇之 "關係" 很不相同，英文俱以

　　"關係"譯。在此，若譯爲 "離開此關係"，便令人突兀。但參照德文之

　　"Beziehung" 譯爲 "離開此種關聯"，則隨上文便很易想到是指"離開

　　關聯於經驗之關聯"而言。

　　　［註⑵］：肯・士密斯注云：依 *Vaihinger*，改原文之 "Einheit

　　ihrer Begriffe objektive Realität" 爲 "Einheit die objektive

　　Realität ihrer Begriffe"。 *Meiklejohn* 譯與肯・士密斯譯同。

　　Max Müller 不改原文，那整句如此譯：「因爲它們沒有作爲媒介的

　　第三者，卽是說，沒有這樣的對象，卽 "依此對象它們的概念底綜和統

　　一能够證明它們的客觀實在性" 這樣的對象。」子句中之 "它們的" 之

　　"它們"與主詞 "它們" 同，俱指 "先驗綜和原則" 說。如此譯，"客觀

　　實在性" 是 "先驗綜和原則底客觀實在性"，而如肯・士密斯譯則是

"概念底客觀實在性"；又綜和統一是"先驗綜和原則底概念之綜和統一"，而如肯·土密斯譯則只以"綜和統一"爲子句之主詞。說"先驗綜和原則底概念之綜和統一"意卽先驗綜和原則中所用的概念（卽範疇）所形成之綜和統一，此綜和統一，若有對象，便不是空思想，因此卽能證明先驗綜和原則之客觀實在性。如此譯似亦甚通順。如肯·土密斯譯則是退而說"此統一底概念之客觀實在性"。"此統一底概念"卽是此綜和統一中所用的概念（卽範疇）。綜和統一中所用的概念（範疇）旣有客觀實在性（因綜和統一有可依以展示此概念之實在性的對象），則先驗綜和原則自然完全是可能的，卽有其客觀實在性。如此譯自亦通。但不知何以必改動原文。

雖然在綜和判斷中，我們關於空間一般以及關於產生性的想像在空間中所描畫的圖形，先驗地知道得很多，而且我們亦能得到這些判斷（卽關於空間一般以及空間圖形的判斷）而卻用不着現實地需要任何經驗（卽不需任何經驗卽可得到這一些判斷），可是卽使這種知識亦必會一無所有，不過是一種以腦筋底虛構物來玩遊戲，如果空間不被看成是現象之一條件（現象就是構成外部經驗之材料的那現象）。因此，那些純粹的綜和判斷是關聯於（雖只是間接地關聯于）可能經驗的，或勿寧說是關聯於"經驗底可能性"的；而這些純粹綜和判斷底綜和之客觀妥效性亦單只是基於這種關聯的。

依是，因爲經驗，由於它是經驗的綜和，在"這樣的經驗是可能的"之限度內，它卽是一種"能夠把實在性賦與於任何非經驗的綜和⑴"的知識，是故那"非經驗的綜和"，由於是先驗的知識，能夠得有眞理性（與對象相契合），它得有此眞理性是只

B 197

A 158　在"它所含的除那對於經驗一般之綜和統一爲必要者外再無所含"
這限度內而得有之。

　　　　[註⑴]："非經驗的綜和"肯·士密斯注出原文是 "aller anderen
　　　Synthesis"（一切其他綜和）。肯·士密斯意譯爲 "非經驗的綜和"，
　　　較好。

　　因此，一切綜和判斷底最高原則就是此義，卽：每一對象皆
處於（隸屬於）一可能經驗中的直覺底雜多之綜和統一之必然條
件下。

　　這樣，當我們把先驗直覺底形式條件，想像底綜和，以及在
一超越的統覺中的此種綜和底必然統一，關聯到 "一可能的經驗
知識一般" 時，先驗綜和判斷卽是可能的。依是，我們肯斷說：
經驗一般底可能性之條件同時亦是經驗底對象底可能性之條件，
並肯斷說：卽以此故，此等條件在一先驗的綜和判中有客觀的妥
效性。

純粹知性底原則之系統

第 三 節

純粹知性底一切綜和原則之系統的表象

"玆畢竟存有一些原則"，這完全是由於純粹知性而然。在關於那發生的東西中，知性不僅是規律之能，而且其自身就是原則之源，依照這些原則，那"當作一對象而可被呈現給我們"的每一東西皆必須服從於規律。因為若沒有這樣的規律，現象必不會給出一"相應於現象"的對象之知識。即使自然法則，若視之為知性底經驗使用之原則，它們亦帶有一種必然性之表示，因而至少亦含有從"先驗地妥當的而且是先於一切經驗"的根據而來的一種決定之提示。自然法則，實在說來，無例外，盡皆居於知性底較高的原則之下。它們簡單地只是把知性底較高原則應用於現象〔領域〕中的特殊事例上。單只這些較高的原則始供給出這概念，即"含有一'規律一般'底條件"的那概念，而且似亦可說是"含有一'規律一般'底指數"的那概念。經驗所給的是"那居於規律之下"的事例。

關於我們之誤視純然地經驗的原則為純粹知性底原則，或誤視純粹知性底原則為純然地經驗的原則，玆並不能有真實的危險。因為依照概念而有的必然性即足以使此混擾成為很容易地可阻止的，此必然性特顯純粹知性底原則，而在每一經驗命題中，不管此經驗命題之應用是如何地一般的，此必然性之缺無是顯明的。但是茲有一些純粹先驗原則，恰當地言之，我們不可以把它們歸屬給純粹知性，此純粹知性是概念底機能。因爲雖然這些純粹先驗原則是因着知性而被媒介成，然而它們卻不是從純粹概念而引生出，但只從純粹直覺而引生出。我們在數學中見到這樣的原則。但是，"這樣的原則之應用於經驗"之問題，卽是說，"它們的客觀妥效性"之問題，不，甚至"這樣的先驗綜和知識底可能性"之推證（證成），卻必須總是使我們回到純粹的知性。

A 160
B 199

因此，當我不把數學底原則包括於我的原則（卽純粹知性之原則）之內時，可是我卻將把"數學原則底可能性以及其先驗的客觀妥效性所基於其上"的那些［更根本的］原則包括在我的原則之內。這些［更根本的］原則必須被視爲一切數學原則之基礎(1)。它們是從概念進到直覺，而不是從直覺進到概念。（案超越的感性論是從直覺進到概念）。

［註(1)］：肯·士密斯注云：原文爲"原則"（Principium）。

在知性底純粹概念之應用於可能經驗中，此諸純粹概念底綜和之使用（der Gebrauch ihrer Synthesis）或是數學的或是力學的；因爲這綜和之使用一部分是有關於"一現象一般"底純然直覺，一部分是有關於現象底存在。直覺底先驗條件是任何可能經驗底絕對必然的條件；可是一可能的經驗直覺底對象之存在之條件其自身卻只是偶然的。因此，數學的使用底原則將是無條

件地必然的，即是說，是確然的 (apodeictic)。力學的使用底
原則，實在說來，亦將有先驗必然性之性格，但只在某一經驗 B 200
中，"在經驗思想底條件"下，有此性格，因此，只是媒介地而
且間接地有此性格。不管它們通遍全經驗有無疑的確定性，可是
它們將不含有那專屬於前者的直接的顯明性。但是關於這一點， A 161
我們將更能夠在此諸原則底系統之結束時去判斷之。

範疇表十分自然地是我們的原則表之構造中之指導。因爲原
則只是範疇底客觀使用之規律。因此，純粹知性底一切原則是:

1
直覺底公理

2
知覺底預測

3
經驗底類推

4
"經驗思想一般"之設準

我所以有意採用這些名稱，爲的是要着重或突出這些原則底
顯明性中的差異以及其應用中的差異。以下所說的意思不久將成
爲清楚的，即: "依照量與質之範疇（只論量與質之形式面）而 B 201
含於現象底先驗決定中"的那些原則允許有"直覺的確定性"，
就它們的顯明力（evidential force, Evidenz）說與就它們的
先驗的應用——應用於現象說，皆然，即皆有直覺的確定性。因

A 162 着此直覺的確定性，它們遂可與其他兩組原則區別開，其他兩組原則只能有一"純然地辨解的確定性"。即使當我們承認確定性在兩種情形中皆是完整的時，這區別亦仍成立。因此，我將名前兩組原則曰數學的原則，名後兩組原則曰力學的原則[a]。但是須

B 202 注意：我們很少在此一情形中（即在量與質兩組原則之情形中）論及數學底原則，亦如很少在另一情形中（即在關係與程態兩組原則之情形中）論及一般物理力學底原則。我們只論純粹知性底原則，我們之論之是依其關聯於內部感取而論之（所與的表象間的一切差異皆可不予理會）。正是通過純粹知性底這些原則，特別的數學原則以及特別的力學原則，始成為可能的。因此，我們之所以稱呼它們為數學的原則與力學的原則乃是因為它們的應用之故而這樣稱呼之，而不是因為它們的內容之故而這樣稱呼之。現在，我要進而依"它們所依以被給與於上表中"的次序去討論它們。

[a]處，康德於第二版中加一注云：

一切結合或是組合或是連繫。前者是這樣一種雜多之綜和，即，此雜多中之成分並不必然地互相隸屬。例如一方形因其對角線而被分成兩個三角形，此所分成的兩個三角形不必然地互相隸屬。凡可數學地被處理的每一東西中的"齊同者（同質者）"之綜和亦是這種綜和，此種綜和其自身又可被分成集合（aggregation）之綜和與凝合（coalition）之綜和，前者應用於廣度量，後者應用於強度量。第二種結合（即連繫之結合）其為雜多之綜和是就"此雜多中之成分必然地互相隸屬"

而言，此如偶然者必然地隸屬於某一本體，或結果必然地隸屬
於原因。因此，它是這樣一種東西之綜和，卽這些東西雖是異
質的，然而却猶可被表象為先驗地被結合者。這種結合，由於
不是隨意的，並由於有關於"雜多底存在之連繫"，是故我名
之曰力學的。這樣的連繫其自身轉而又可被分成現象相互間之
物理的連繫，以及在先驗的知識機能（能力）中現象之形而上
的連繫。

I

直覺底諸公理

此諸公理底原則是：一切直覺皆是廣度量。

［在第一版中：

直覺底諸公理

純粹知性底原則：一切現象，在其直覺中，皆是廣度量。］

證　明

（此標題為第二版所增加）

現象，依其形式面，含有一個空間與時間中的直覺，此直覺先驗地制約一切現象一無例外（另譯為：先驗地成為一切現象之基礎）。現象，除非通過雜多之綜和，即"一決定性的空間或時間之諸表象所因以被產生"的那種"雜多之綜和"，即是說，除非通過"齊同雜多"之結合以及"齊同雜多"底綜和統一之意識，它們便不能被攝取，即是說，不能被收攝入經驗意識中。現在，直覺一般中的雜多［與］⑴齊同者（或同質者）［之綜和統一］⑵之意識，在"一對象之表象首先因着此意識而始成為可能"之限度內，便即是一量度之概念。這樣，即使當作現象看的一個對象之知覺亦只有通過特定的（或所與的）感觸直覺底雜多之同樣的綜和統一而始可能，所謂同樣的綜和統一即與"雜多［與］⑶齊同者底結合之統一所因以在一量度之概念中而被思"的

B 203

那種綜和統一爲同樣。換言之，現象一切無例外皆是量度，實在
說來，皆是廣延的量度。現象，作爲空間與時間中的直覺，它們
必須通過"空間與時間一般所因以被決定"的那同一綜和而被表
象。（此首段爲第二版所增加）。

[註(1)與(3)]："與"字爲肯·土密斯所加，*Max Müller* 譯亦加
此"與"字，*Meiklejohn* 譯如原文，無。案加上"與"字，則成兩
項之綜和，反支離，因原只就"齊同雜多"即"純雜多"說。原文是
mannigfaltigen Gleichartigen（衆多的齊同者，衆多爲形容詞，
齊同者爲名詞），*Meiklejohn* 譯爲"齊同的雜多"（homogeneous
manifold），齊同爲形容詞，雜多爲名詞，意同。加"與"字成爲"雜
多與齊同者"，此是兩項，非是。

[註(2)]：肯·土密斯依 Vaihinger 而增加。案此增加可。

當部分之表象使全體之表象爲可能，因而亦必然地先於全體
之表象，當是如此時，我卽名一量度曰廣延的量度。設沒有在思
想中把一條線，無論如何小，畫出來，卽是說，設沒有從一點
起，把此線底一切部分此在彼後地產生出來，則我便不能把這一
條線表象給我自己。只有依如上所說畫出來云云或產生出來云云
之路數，直覺始能被得到。在一切時間，無論如何小，亦如此。
在這一切時間上，我只把那從此一瞬到另一瞬的相續前進思維給
我自己，因着此種相續的前進，通過時間之部分以及此部分之增
加，一決定性的時間量度便被產生出來。因爲在一切現象中純粹
直覺［底成素］或是空間或是時間，所以每一現象當作直覺看皆

A163

B204

是一廣延的量度（廣度量）；只有通過在此現象之攝取［之過程］中部分到部分之相續綜和，此現象始能被知。結果，一切現象皆是當作集合體，當作先已給與了的部分之複合體，而被直覺。並非每一種量度皆如此，但只是那些"依此廣延的樣式而被我們所表象以及所攝取"的量度才是如此。

　　空間(1)底數學（幾何）是基於"圖形之產生中創生的想像底這種相續綜和"上。這種相續綜和是諸公理底基礎，這些公理把感觸的先驗直覺之條件程式出來，只有在此感觸的先驗直覺之諸條件下，外部現象底純粹概念之規模始能發生——這樣的公理，舉例言之，如"兩點之間只有一條直線是可能的"，或如"兩條直線不能圍成一空間（圖形）"，等等便是。這些皆是公理，這些公理，嚴格言之，只關聯於諸量度本身（諸量度之卽如其爲量度）。

　　［註(1)］：肯・士密斯注云：原文是"Ausdehnung"英文爲"廣延"。案改爲"空間"較順。

　　至於關於［一特定］(1)量度，卽是說，關於這答覆，卽所給與於"一物之量度是什麼？"（"一物有多大？"）這問題之答覆，依公理一詞之嚴格意義而言，這裏是並沒有公理可言的，雖然有一些命題它們是綜和的而且是直接地確定的（indemonstrabilia 不須證明者）。"如果相等者加到相等者，則由此加和而成的兩個全體亦相等"，"如果相等者從相等者中被減去，則由此減而成的兩個剩餘者亦相等"，這類命題皆是分析命題；因爲我直接地意識到這一量度底產生（production）同一於另一量度底產

A164

B205

生。〔結果，它們不是〕公理，〔因爲公理〕須是先驗綜和命題。
〔案〔　〕號中者是肯・士密斯所加，原文只是："而公理卻必須
是先驗綜和命題"。如此亦可。〕

　　〔註⑴〕：此乃譯者所加，原文只是一個單數"量度"詞，不够顯
　明。

　　另一方面，數目關係底自明命題實是綜和的，但卻並不是一
般性的，就像幾何底自明命題那樣爲一般性的，因而它們亦不能
被叫做是公理，但只能被叫做是數目式(numerical formulas)。
"7＋5等於12"這個肯斷不是一分析命題。因爲我思數目12，
旣不是在7之表象中思之，亦不是在5之表象中思之，亦不是在
兩者底結合之表象中思之。("在此兩數底相加中，我必須思此數
目12"，這一點是不相干的，因爲在分析命題中，問題只是我是
否實際地在主詞之表象中思維謂詞。)但是，雖然這命題是綜和
的，它卻亦只是獨個的（singular）。就"我們在這裏只注意於
齊同單位之綜和"而言，那個綜和只能在一個路數中發生，雖然
這些數目之使用是一般性的。如果我肯斷說："通過三條線，此
三條線中合起來的兩條線大於第三條，通過如此之三條線一個三
角形能够被描畫出來"，則我只是表現了"產生的想像"之功能，
因着此產生的想像之功能，此三條線可被畫得較長或較短，因而
可使之在任何以及每一可能的角度中相遇。但是另一方面，數目
7只在一路數中而可能。數目12，如這樣地通過7與5之綜和而
被產生者，亦復如是。因此，這樣的命題必不可被名曰公理（因

A165

B206

爲若那樣名之，則必承認有無窮數之公理），但只可被名曰數目式。

現象底數學底這種超越的原則大大地擴大了我們的先驗知識。因爲單是這超越的原則始能夠使純粹數學依其完全的正確性而爲可應用於經驗底對象者。設無此原則，這樣的應用必不能是如此之自明的；而就這種應用說，亦實曾有許多思想之混擾。現象並不是物自身。經驗的直覺只有因着空間與時間之純粹直覺而始可能。因此，凡幾何對於純粹直覺所肯斷的亦必對於經驗直覺爲不可否決地妥當的。無謂的異論，如"感取底對象可不依順於（或符合於）空間中的構造之規律（例如可不符合於線或角之無限分割底規律)"[1]，這樣的異論必須被廢棄。因爲如果這些異論可以成立，則我們卽否決了空間底客觀妥效性，因而結果也就是說，否決了一切數學底客觀妥效性，而不再能知道數學爲何可應用於現象，卽使可應用，亦不能知道可應用至何種程度（意卽是否確實）。"諸空間"與"諸時間"底綜和，由於此綜和是一切直覺底"諸本質形式"[2]之綜和，是故它卽是那使現象底攝取爲可能者，因而結果也就是說，是那使每一外部經驗以及這樣的經驗底對象之一切知識爲可能者。凡純粹數學在關於攝取底形式之綜和方面所建立者亦必然地對於所攝取的對象這方面爲妥當而有效。

一切異論皆只是一虛假地敎導了的理性之狡辯（chicanery），此種敎壞了的理性，由於錯誤地想去把感取底對象從我們的感性之形式條件裏孤離起來，所以它不顧"對象只是純然的現象"這一事實，遂把它們表象爲"對象之在其自己"，給與於知性者。依據這種假想（臆斷），確然，關於它們（卽對象在其自己之對

A166

B207

象） 沒有任何種綜和種知識能先驗地被得到， 因而亦就是說，關於它們， 沒有什麼東西能夠通過空間之純粹概念而綜和地被知道。實在說來， 依據這種假想（臆斷）， 那 "決定這些概念（卽空間之純粹概念）"的科學， 卽， 幾何學， 其自身必不會是可能的。

[註(1)]： 那個表示異論的整句依德文原文譯， 其他兩譯皆如此譯。如此譯， 在中文更逕直。肯·士密斯譯把括弧（ ）去掉， 用"Such…as…"揉爲一整句， 也許更順合英文， 但依之而譯成中文則嚕囌。

[註(2)]： 肯·士密斯注云： 依 *Erdmann* 將原文 "der wesentlichen Form" 改爲 "der wesentlichen Formen" ， 卽 Form（形式）原爲單數， 改爲 Formen （多數）。

II

知 覺 底 預 測

關於此預測之原則是：在一切現象中，那"爲感覺底一個對象"的真實物有一強度量，卽是說，有一級度。

[在第一版中如此說：

知覺底預測

"預測一切知覺（知覺卽如其爲知覺）"的那原則是如此：在一切現象中，感覺以及那"在對象中與此感覺相應"的真實物皆有一強度量，卽是說，皆有 一級度。]

證 明

（此標題爲第二版所增加）

知覺是經驗的覺識[1]，卽是說，是這樣一種覺識，卽在此覺識中，感覺可被發見。現象，由於是知覺底對象，是故它不是純粹的，純然形式的直覺，就像空間與時間那樣。因爲空間與時間以其自身而言不能被知覺。因此，現象在直覺以外還含有某對象一般所需要之材料，因着此材料，某種存在於空間或時間中的東西可以被表象；此即是說，現象含有感覺底眞實物以爲純然地主觀的表象，此主觀的表象只給我們這意識，卽"主體是被影響的"之意識，而且我們亦須把此主觀表象關聯到一"對象一般"上去。現在，從經驗的覺識到純粹的覺識，一逐步的過轉是可能的，卽直過轉至"經驗覺識中的眞實物完全消逝，而空間與時間中的雜多之一純然地形式的先驗覺識留存下來"這一種過轉是可能的。因此，結果，從"感覺之開始於純直覺＝0"上升到任何所需要的量度以產生一感覺之量度，在此產生一感覺之量度之過程中，有一種綜和，這也是可能的。但是，因爲感覺其自身不是一客觀的表象，又因爲既非空間底直覺亦非時間底直覺可在感覺中被發見，所以感覺底量度不是廣延的，乃是強度的。這種量度是在攝取底活動中被產生，因着此攝取底活動，此量度底經驗覺識能够在一定時間內，從虛無＝0到"這"[2]特定的量度而逐漸增長。相應於這種感覺底強度，一強度量，卽是說，一級度，卽"影響於感取［卽影響於所包含的特殊的感取］"這影響勢力之級度，必須被歸給一切"知覺底對象"，在"知覺含有感覺"之限度內。（此首段文爲第二版所增加）。

[註(1)]："覺識"卽"意識"一字。就"知覺"言，譯爲意識，在中文不很通，故此處譯爲"覺識"。

[註(2)]：肯·士密斯注云：依 *Erdmann*，"這"字不指"覺識"言，乃指"感覺"言。案此說是。如是，那全句當該是如此："因着此攝取底活動，此量度底經驗覺識能够在一定時間內從［感覺之］虛無＝0到［感覺之］特定量度而逐漸增長"。

　　一切這樣一種知識，卽 "藉賴着這種知識，我能够先驗地去知道並去決定那 '屬於經驗知識' 的東西"，這樣一種知識，可被名曰一種 "預測"；而這意思無疑卽是 "伊壁鳩魯所依以使用 '$\pi\rho o\lambda\eta\psi\iota s$'（亦預測義）這字" 之意義。但是因爲在現象中有一成分（卽感覺，知覺底材料）它是從不能先驗地被知的，因此，它構成經驗知識與先驗知識間的顯著差別，所以隨之而來者便是：感覺恰是那 "不能被預測" 的成分。另一方面，我們很可以名空間與時間中的諸純粹決定，關於形狀及量度者，曰 " 現象底預測"，因爲此諸純粹決定先驗地表象那 "總是後天地可被給與於經驗中" 的東西 。但是，如果在每一感覺中，（感覺是當作感覺一般看，卽，不須有一特殊的感覺須被給與），有某種東西，此某種東西可先驗地被知，則這層意思將卽依一完全特別的意義而值得被名曰 "預測"。因爲我們一定確然要在那 "有關於那 '只是通過經驗而被得到' 的東西" 之東西中，卽是說，在那有 "有關於經驗底材料" 的東西中，而壟斷（預測）經驗，這實在看起來似乎是令人驚異的。但縱然如此，然而這卻實際上是如此，無足驚異。

　　只藉賴着感覺而成的攝取只佔有一瞬 （ instant, Augenblick ），卽是說，如果我不論諸不同的感覺之相續，那種攝取只佔有一瞬。由於感覺是現象[領域]中的那種成素，卽此一成素之攝取作用並不含有 "從部分表象進到全體表象" 的這樣一種 "相續的綜和"，是故感覺並沒有廣度量。在此一瞬中感覺之不存在必包含着此一瞬之表象爲空，因而也就是說，爲 = 0 。現在，那在經驗直覺中相應於感覺者是實在 (realitas phaenemenon)；

那相應於感覺之不存在者是虛無＝０。但是，每一感覺是能够減 B 210
銷的，因而它可以遞減而且可以逐漸消滅。因此，現象［領域］
中的實在與虛無之間有一種連續[1]，卽許多可能的居間感覺之連
續，這些居間感覺中的任何兩個居間感覺間的差異總是較小於某
一所與感覺與零或完全虛無間的差異。換言之，現象［領域］中
的實在物總是有一量度。但是因爲此實在物之攝取，卽因着純然
的感覺而成的此實在物之攝取，是發生於一瞬間，而並不是通過
諸不同感覺之"相續的綜和"而發生，因而亦就是說，它並不是
從部分進到全體，是故「此實在物之量度須只在此實在物之攝取
中被發見」[2]。因此，此實在物有量度，但其所有的卻不是廣延
的量度。

[註(1)]: "連續"，肯·士密斯注云: 原文是"連續性的連繫"（a
continuous connection, *"ein kontinuierlicher Zusammenhang"*
）。

[註(2)]: 肯·士密斯注云: 原文是"此實在物之量度不是在此實在
物之攝取中被發見"，正好相反，意義頂撞，依 *Wille* 改。案其他兩
譯皆照原文不改，故不順。

一個這樣的量度，卽"此量度只當作單一而被攝取，而且在
此量度中，複多是只通過漸接近於虛無＝０始能被表象"，這樣
的一個量度，我名之曰強度量。因此，現象［領域］中的每一實
在皆有一強度量，或可說皆有一級度。如果這種實在被看成是原
因，或爲感覺之原因，或爲現象［領域］中的某種其他實在如變

化之原因，則此作爲原因的實在之級度即被名曰一動率，即吸方

A 169　率（或重力率）。它之所以如此被名是因爲以下之理由，即：此
實在之級度只指表那種量度，即此量度之攝取不是相續的，但只
是頓時的。但是這點我只是順便及之；因爲我現在並不是討論因
果性。

B 211　　　因此，每一感覺，同樣，每一現象〔領域〕中的實在，不管
它是怎樣小，它總有一級度，即是說，總有一強度量，此強度量
總是可被減小的。在實在與虛無之間，有可能的諸實在之連續以
及可能的諸較小的知覺之連續。每一顏色，例如紅色，皆有一級
度，此級度，不管它是怎樣小，它總不會是最小的；熱度、重力
率，等等，亦皆如此。

　　　諸量度底這樣的特性，即“由此特性，諸量度中沒有一部分
是最小的可能的，即是說，沒有一部分是單純的”，這樣的特
性，即被叫做是諸量度底連續性。空間與時間是連續量，因爲其
部分除如被圈在諸限端（諸點或諸瞬）間那樣，因而也就是說，
除只依這樣式，即“這部分其自身復仍是一空間或仍是一時間”
這樣式，它們便不能被給與。因此，空間只由許多空間而組成，
時間只由許多時間而組成。點與瞬只是一些限端，即是說，只
是一些“限制空間與時間”的位置。但是這些位置總預設着一些
直覺，這些直覺即是這些位置所限制的，或是這些位置所想去限

A 170　制的；而從純然的位置中（如若這些位置被視爲構成成分而可以
先於空間或時間而被給與），既沒有空間能被構造出，亦沒有時
間能被構造出。這樣的諸量度亦可被名曰“流”，因爲“包含在
此諸量度底產生中”的那創生的想像底綜和是時間中的一種進

程，而時間之連續性通常是爲"流"或"流過去"這字所指表。　B212

如是，一切現象皆是連續性的量度，依這些現象底直覺之爲廣度的而言，以及依這些現象底純然的知覺（感覺以及同着感覺的實在）之爲強度的而言，皆同樣是連續性的量度。如果現象底雜多之綜和被隔斷，則我們此時卽只有一種諸不同現象之聚和（集合 aggregate），但卻不能有現象之爲一眞正的量度。這樣的一種聚和並不是因着連續而不破裂的一種創生的綜和而被產生，但只是通過"一種時常老是停止的綜和"之重複而被產生。如果我叫十三個銀圓爲貨幣之量，設若我的意向是想說好的銀色之價值，則我這樣名之自必是正確的。因爲這一貨幣之量是一連續性的量度，在此連續性的量度中，沒有一部分是最小的，而且在此連續性的量度中，每一部分皆能構成一點銀幣，此一點銀幣總含有仍可再小的銀幣之材料。但是，如果"十三個圓的銀圓"這片語，我理解之爲許多錢，完全不管"它們的銀標是什麼"之問題，則我之使用"銀圓量"一詞語便是不適當地使用之。此時，"十三個圓的銀圓"只應當被叫做是一"聚和"，卽是說，只應當被名爲"一堆錢數"。但是因爲統一性必須在一切數中被預設，所以　A171
當作統一性看的一個現象是一量度，而因爲它是一量度，所以它總是一連續量。

因爲一切現象在它們的廣度面以及在它們的強度面皆同樣是連續量，所以以數學的確定性去證明這命題，卽："一切更變　B213
（一物從此一狀態轉到另一狀態）是連續的"，這似乎也可以是一容易的事。但是"一更變一般"之因果性，由於它實預設經驗原則，它完全處於一超越哲學底範圍之外。因爲關於"一個原因，即 '能改變一物之狀態，即是說，能把一物決定至一所與狀態之反面' 的那個原因，是否是可能的" 這個問題，先驗的[1]知性是並不能照明之的；而其所以不能照明之，不只是因爲它沒有洞見以深入於此原因之可能性（這樣的洞見在許多其他先驗知識之情形中對於我們皆是缺無的），而乃根本是因爲 "可更變性" 是只有在現象底某些決定中始可被發見，而且亦因爲，當［事實上］"這些決定" 底原因處於 "不可更變者" 中時，單只經驗始能告訴我們這些決定是什麼。由於在我們現在的研究中，我們除只是 "一切可能經驗" 底純粹基本概念可資使用外（在這些純粹概念中必須絕對沒有什麼是經驗的東西），我們再沒有其他基件（data）可資使用，是故我們不能够預測一般的自然科學而沒有毀壞了我們的系統之統一性，一般的自然科學是基於某些一定的基本經驗上的。

A172

[註(1)]：肯·士密斯與 *Max Müller* 譯，"先驗的" 俱譯作形容詞，此似不很通。*Meiklejohn* 譯作副詞，乃形容動詞者，較通順。據查原文，此處是作副詞用者。若然，則該句當該是 "知性是並不能先驗地照明之的"。當然，"先驗的知性" 實意卽知性之先驗的使用，如前 B 202 注語中 "先驗的知識能力"。

可是同時，這亦並不缺乏證明（卽有充分的證明），證明我們的原則有重大價值，卽在其能使我們去預測知覺這方面有重大價值，而且甚至在其有幾分能使我們去彌補知覺之缺無，卽因着防止一切那些 "可以從知覺之缺無而抽引出" 的假推理，而彌補知覺之缺無，這方面，亦有很大的價值。

如果知覺中的一切實在皆有一級度（強度量），在此級度 B214 與虛無之間存在有一無限數的小而又小的程度等級，又如果每一感取必須同樣亦有某種特殊的"感覺底接受性之級度（卽限度）"，則沒有那種知覺，因而結果也就是說，沒有那種經驗，卽"它直接或間接地（不管推理可是如何遠）能證明現象[領域]中的一切實在之完全不存在"，這樣的知覺或經驗是可能的。換言之，一虛空的空間之證明或一虛空的時間之證明從不能從經驗中被引生出來。因為第一點，"實在之完全不存在於感觸直覺中"其自身從不能被覺知；第二點，亦沒有任何現象（不管是什麼現象）以及任何現象底實在性之級度中的差異，"實在之完全不存在"可以由之而被推斷出。去設定"實在之完全不存在"以便去解明任何差異，這甚至亦不是合法的。蓋縱使某一決定性的空間或時間底整全直覺全部是眞實的，卽是說，雖然其中沒有一部分 A173 是空的，縱然如此，然而因為每一實在皆有其級度，此級度能够通過無限數的程度等級而減低至虛無（虛空）而卻亦並沒有改變現象底廣度量，所以這必須有一無限數差別不同的級度，依此無限數差別不同的級度，空間與時間可以被填滿。強度量能够在不同的現象中為較小或較大，然而直覺底廣度量則總保持其為同一。

讓我們舉一個例子。幾乎一切自然哲學家，由於他們一方 B215 面因着引力或重力底動率，一方面因着"對反於其他運動中的物質"這對反（或抵阻）之動率，而觀察到：那些"有同一容量或體積"的諸物體中的各種不同的物質量有很大的差異，是故他們異口同聲地歸結說: 「這容量或體積（現象底廣度量）, 必須在一切物質的物體中是空的, 雖然它有種種不同的量度（量度之種種變化）」[1]。 有誰曾夢想相信這些自然哲學家（他們大部分從事於數學中之問題以及力學中之問題）竟會把這樣一個推斷（結論）只基於一個形而上的預設上（這形而上的預設是 "他們所堅決地想去避免之" 的一種假定）？ 他們假定: 空間中的眞實者（在這裏, 我不必名之曰不可入性或重力, 因爲這些是經驗概念）到處是一律的（齊一的）, 而且只在廣度量卽數量方面有變化。現在, 對於這種預設（他們不能在經驗中爲此預設找到支持, 因此, 此預設是一純粹地形而上的預設）, 我以一超越的證明對反之或對抗之, 此超越的證明實並不解明 "空間底充滿" 中之差異, 但它卻完全毀壞了上述預設, 卽 "差異只依 ‘空的空間’ 之假設而被解明" 這預設之設想的必然性。我的證明至少有解放知性底功績, 這樣, 知性可以自由地依某一其他樣式去思考這種差異, 設若見到某種別的假設對自然現象之說明爲必要的時。 因爲旣如此, 則我們可以承認: 雖然兩個相等的空間能够完全以各種不同的物質來塡滿, 塡滿之以至於不管在這一空間中抑或在另一空間中皆沒有一個點位, 物質可以不存在於其處, 可是縱然如此, 然而每一實在, 當其自持其質而不變時, 皆有某種特殊的級度 （抵阻力或重力之級度）, 此特殊的級度在其歸於虛空因而消逝而不存在以前, 能够無限地成爲較小而又較小的, 而卻並沒有減少它的廣度量或數量。這樣, 那"塡滿一空間"的放射, 此如熱力之放射, 以及同樣, 現象 ［領域］中的每一其他種實在, 皆能依其級度而無限減小下去, 而並沒有把這空間

A174

B216

底最小部分遺置於或付之於絲毫的虛空中。熱力放射之類可以完全以這些較小的級度來填滿空間，此恰如另一種現象可以完全以較大的級度來填滿空間。我決無意想去說：當物質的物體依其特殊的重力而有差別時，以上所說的情形是那實際上所發生者，但只想依一"純粹知性之原則"去確立：我們的知覺之本性實可允許這樣一種說明，並去確立：我們並無理由假定現象中的眞實者在級度方面是齊一的，而只在"集合"（aggregation）與"廣度量"方面始有差別，而且亦去確立：當我們宣稱如這假定所作的這樣的解釋能够基於知性底一個先驗原則上時，我們尤其錯誤。

A175

[註(1)]：那一整句依康德原文譯。依肯•士密斯譯是如此："此容量或體積，構成現象底廣度量者，必須在一切物質物體中於種種不同的級度裏而爲空的"。此譯把原文"雖有種種不同的量度"句中之"雖"字略去（其他兩譯皆有雖字），而改爲"於種種不同的級度裏"，這已語意不很順，最重要的是把"種種不同的量度"中之"量度"譯爲"級度"（Max Müller 亦如此譯），這可令人誤會爲指強度量而言。實則原文是"Maβe"，等於英文的"measure"，卽量度義，是指容量或體積卽廣度量而言，並不是那個說強度量的"級度"（Grad, degree）字。Meiklejohn 譯爲"種種不同的比率"卽指量之或大或小之變化而言，而且保存原文之"雖"字，能表示此"雖"字句是指容量或體積卽廣度量而言。故此整句實以 Meiklejohn 譯爲最恰合。蓋依那些自然哲學家之假定，現象中之眞實者，或空間中之眞實者，是齊一的，只在廣度量方面有變化，而此廣度量（容量或體積）雖有變化，卻是空的，卽所謂"空的空間"也。籠總地說，是"空的空間"，落實說，卽是容量或

體積，卽廣度量（或廣延量）。

B 217　　　但是，［我所說的］⑴這種知覺之預測，對於任何“訓練於超越的反省⑵”的人，以及對於那“因着超越的反省這樣的敎導而被訓練成愼重”的任何研究自然的人，必總是有點現爲奇怪。說“知性可以預期（或宣告）⑶這樣一種綜和原則（命題），可以把一種級度歸給現象中一切是眞實者，因而遂可以肯斷感覺自身（抽掉其經驗性質的感覺自身）中的一種內在的差別之可能性”，這種說法實可以引起懷疑與困難。因此，“知性如何能依先驗的樣式這樣綜和地對於現象有所斷定或宣告，而且它又實能對於那種‘其自身只是經驗的而又只是有關於感覺’的東西有所預測”，這一問題並非是一個不值得解決的問題。

　　　　［註⑴］：是譯者所加。
　　　　［註⑵］：肯·士密斯注云：依 *Erdmann*，“超越的”後加“反省”（Überlegung 探究）一字。
　　　　［註⑶］：肯·士密斯注云：依 *Hartenstein* 加“預期”一動詞。案 *Meiklejohn* 譯加“宣告”一動詞。實則如肯·士密斯譯，後面“歸給”、“肯斷”兩動詞亦是增加的。此一整句，*Max Müller* 如此譯：「而我們亦可自然地驚異於：“知性必能去預測一‘關於現象中一切是眞實者之級度’的綜和命題，因而也就是去預測一‘關於感覺自身（離開其經驗性質的感覺自身）底一種內在的差異之可能性’的綜和命題”。」*Meiklejohn* 亦如此譯。若如此譯，則只加“預測”或“宣告”一動詞。

　　感覺底性質，例如在色、香、味、觸等情形中者，總只是經驗的，而且不能先驗地被表象。但是那“相應於感覺一般”的眞實者，由於它相反于“虛無＝０”，是故它只表象那“其概念卽包含有實有”的某種東西，而且它除指表一經驗覺識一般中的綜和外，它實一無所指表。經驗覺識能夠在內部感取中從０升到任何較高的級度，如是則直覺底某種一定的廣度量，例如一發光平面底廣度量，可以引起一感覺，其所引起之感覺之大（強度量之大）是與較少發光的許多平面之結合起來的聚和體所引起者爲同樣的大。因此，〔因爲現象底廣度量是這樣獨立地有變化，是故〕我們能完全把現象底廣度量抽掉，而仍可在純然的感覺中，卽在此感覺底諸動率之任一動率中的純然感覺中，表象一種綜和，此綜和齊一地從０起向前進，進到那特定的經驗覺識止。結果，雖然一切感覺，卽如其爲感覺而觀之，只是後天地(1)被給與，然而它們之“有一級度”這種特性卻能先驗地被知。可注意的乃是：關於量度一般，我們所能先驗地知道的只這一簡單的性質，卽“連續性”這一性質，而在一切“質”(2)（現象中的眞實者）中，我們所能先驗地知道的，除〔關於〕它們的強度量外，實一無所知，卽是說，我們只能先驗底知道“它們有一級度”。除此以外，任何別的東西皆須留給經驗。

A176

B218

　　〔註(1)〕：德文原文自第一版至第六版皆爲“先驗地”，至第七版始改。肯·士密斯注云依 *Mellin* 改。

　　〔註(2)〕：“質”卽質範疇所意謂的“質”，故注之以“現象中的眞實者”，與連續性那一簡單性質之“性質”不同。原文皆是“quality”。故於此只譯爲“質”，而不譯爲“性質”。

III

經 驗 底 類 推

諸類推底原則是：經驗只有通過知覺底必然連繫之表象才是
可能的。

［在第一版中：

經驗底類推

A177

諸類推底一般原則是：一切現象，就它們的存在而言，是先
驗地服從一些規律，此等規律決定它們的在一整一時間中的相互
關係。］

證 明

（此標題為第二版所加）

B219

經驗是一經驗的知識，卽是說，是一種"通過知覺而決定一
對象"的知識。它是一種"知覺底綜和"，此綜和不含在知覺中，
而是其自身在一整一意識中就含有知覺底雜多之綜和統一。此綜
和統一構成任何"感取底對象之知識"中的那基要者，卽是說，
構成"經驗"中的那基要者，此所謂經驗乃是與"純然的直覺"
或"感取之感覺"爲有別者。但是，在經驗中，諸知覺只依偶然的

秩序而聚和於一起，旣如此，則沒有"決定諸知覺底連繫"的那必然性被顯露於或可被顯露於諸知覺自身中。蓋因爲攝取只是把經驗直覺底雜多置放於一起；而我們亦不能在攝取中找到任何必然性之表象，此所謂任何必然性乃卽是"決定這樣結合起來卽如攝取所置放於一起這樣結合起來的現象 ── 決定之使其有空間與時間中的相連繫的存在"這樣的必然性：我們在攝取中決找不到這樣的必然性之表象。但是，因爲經驗是一種通過知覺而成的"對象之知識"，所以那"〔含於〕雜多底存在中"的關係必須被表象於經驗中，其被表象於經驗中不是如"其要在時間中被構造⑴"那樣而被表象於經驗中，而是如"其客觀地存在於時間中"那樣而被表象於經驗中。但是，因爲時間其自身不能被知覺，所以時間中的對象底存在之決定只能通過對象之在時間一般中的關係而發生，因而也就是說，只能通過那些"先驗地連繫它們"的概念而發生。 因爲這些概念其自身總是帶有必然性， 所以隨而可說：經驗只有通過知覺底必然連繫之表象才是可能的。（此首段爲第二版所增加）。

〔註⑴〕：肯·士密斯注云：德文原文是"wie es in der Zeit *zusammengestellt* ist"。案其他兩譯爲"如其在時間中被置放於一起那樣"。肯·士密斯譯爲"被構造"，此譯是。蓋此語意在簡別類推爲關於現象之"存在"者，並非爲關於現象之"量"者。量可構造，"存在"不可構造，如後文所說。

時間底三相是持久，相續與共在。因此，關於時間中的現象底一切關係，這將有三種規律，而這三種規律將先於一切經驗而存在，而且實在說來，它們亦使經驗爲可能。藉賴着這些規律，每一現象底存在能夠在關涉於一切時間底統一中而被決定。

B 220 　　三種類推底一般原則基於統覺底必然統一，卽在關涉於每一時間〔瞬〕上的"一切可能的經驗覺識"卽"一切知覺"中而基於統覺之必然的統一上。而因爲這種統一是先驗地居在經驗覺識之基礎地位，是故：以上所說的那個一般原則（三種類推底一般原則）是基於一切現象（就其在時間中的關係說）底綜和統一上。因爲根源的統覺是關聯於內部感取（一切表象底綜集）的，實在說來，是先驗地關聯於內部感取之形式的，卽是說，是先驗地關聯於衆多經驗覺識之時間秩序的。一切這些衆多的經驗覺識，就其時間關係說，必須被統一於根源的統覺中。這一點是爲"統覺之先驗的超越的統一"所要求，"凡是隸屬於我的知識（卽隸屬於我的統一起來的知識），因而能對於我而爲一個對象"的每一東西皆必須依順於（或符合於）這種"統覺之先驗的超越的統一"。一切知覺底時間關係中的這種綜和統一，如這樣先驗

A 178 地被決定了的者，就是這法則，卽：一切經驗的"時間決定"皆必須處在普遍的"時間決定"底諸規律之下。我們現在所要討論的"經驗底類推"必須就是普遍的時間決定底諸規律。

　　這些〔類推底〕[1]原則有這種特殊性，卽：它們不是有關於"現象"以及"現象底經驗直覺之綜和"，但只有關於現象底"存

B 221 在"以及就其存在而有關於其相互間的關係。"某種東西所依以在現象中被攝取"的那樣式能夠如此先驗地被決定，以致"現象底綜和"[2]之規律能夠在那"經驗地來到我們眼前"的每一事例

中卽刻把"先驗直覺"［這成素］給出來，卽是說，能够卽刻使它出現。但是，現象底"存在"則不能這樣先驗地被知；卽使承認：我們依任何先驗的樣式能設法去推斷說"某種東西存在"，我們也不能決定地知道"某種東西存在"，卽是說，我們不能預測那種特徵，卽"某種東西底經驗直覺所經由之以有別於其他［東西之經驗］⑶ 直覺"的那種特徵。

[註⑴]：爲譯者所加。

[註⑵]："現象底綜和"，英譯是 "its synthesis"（它的綜和），德文原文是 "ihrer Synthesis"（它的綜和），此"它的"依德文文法，當該是指"現象"說，但在英文的 "its" 很難看出是指現象說，故依德文實譯爲"現象底綜和"。此綜和是就"量"說。此綜和之規律能够在經驗事例中卽刻把先驗直覺這成素卽時空這成素給出來。先驗直覺亦曰純粹直覺。

[註⑶]：爲譯者所加。肯·土密斯譯無，其他兩譯有。光說"其他直覺"不明，可令人生誤會。當然此處所謂"其他直覺"卽是其他東西之經驗直覺。但不明說，則可生誤會。

前兩種原則，卽，由於其足以使"數學之應用於現象"爲有理，故我名之曰數學的原則者，它們涉及現象之可能性，而且就現象之直覺以及就現象之知覺中的眞實者這兩方面而言，它們亦敎告我們"現象如何能依照一數學綜和底諸規律而被產生出來"。這兩種原則使我們有理由去使用數目性的量度，因而也能使我們去決定現象爲一量度。例如，我能因着結合月光底約 200,000 的照度而先驗地決定卽先驗地構造日光底感覺之級度。因此，這首

A179

兩種原則可以被叫做是 "構造的"。

B222   至於那些 "想去把現象底存在置於先驗的規律之下" 的原則則完全不同。蓋因爲存在不能被構造，是故這些原則只能應用於存在底關係上，而且它們亦只能成爲軌約的原則。因此，在這裏，我們既不能期望有公理，亦不能期望有預測。但是，如果一個知覺在其依一時間關係而關聯於某一其他知覺中而被給與，則卽使此某一其他知覺是不決定的，因而結果我們也不能裁決 "它是什麼"，或裁決 "它的量度可是什麼"，卽使是如此，可是我們仍然可以肯斷說：在其存在方面，它是必然地在此時間樣式中（在此時間關係中）與那被給與的知覺相連繫。在哲學中，類推所指表的十分不同於其在數學中所表象的。在數學中，類推是一些公式，此等公式表示兩個量的關係之相等，而且它們總是構造的；這樣，如果比例中底三項（原文爲兩項）已被給與，則第四項（原文爲第三項）亦同樣可被給與，卽是說，亦同樣能被構造起。但是在哲學中，類推不是兩個量的關係之相等，而是兩個

A180 質的關係之相等；而從三個所與項中，我們能得到先驗知識只是 "關聯於一第四項" 之先驗知識，而不是第四項本身之先驗知識。但是"關聯於一第四項"之關聯可以給出一規律以備在經驗中尋求第四項，它並可給出一記號，因着此記號，第四項能被檢查出來。因此，一"經驗底類推"只是一個規律，依照此規律，一種經驗底統一可以從知覺中而發生。此經驗底類推並不告訴我們純然的知覺或經驗直覺一般其自身如何能發生。它不是對象（卽現象）之構造意義的原則，但只是一軌約意義的原則。關於 "經驗

B223 思想一般" 之設準亦可這樣說，這些設準關涉於純然直覺之綜和

（即現象底形式之綜和），知覺之綜和（即知覺底材料之綜和），以及經驗之綜和（即這些知覺底關係之綜和）。它們亦只是一些軌約原則，而且是與數學原則有別的（數學原則是構造原則），其與數學原則有別，實在說來，不是在"確定性"上有別（它們與數學原則皆有先驗的確定性），「而是在顯明性之樣式上有別，即是說，就那"於顯明性中是直覺的"者說有別（案意即數學原則之顯明性是直覺的，而它們則否），因而也就是說，亦在證明之樣式上有別」[1]。

[註(1)]：此句依康德原文譯。肯·士密斯譯如下：「而是在它們的顯明性上有別，即是說，就那"專屬於數學原則"的直覺因素（因而亦就是證明因素）之性格而說它們與數學原則有別」。案此譯不很通順。*Max Müller* 譯如原文，惟 "樣式" 改爲性格。*Meiklejohn* 譯略"直覺" 一層；否則其譯爲最合原文。

「但是，關於一切綜和原則所已說者，以及那在此必須特別地被着重者，是這一點，即：」[1] 這些類推只作爲知性底經驗使用（不是超越使用）之原則始有意義與妥實性；只能如其作爲知性底經驗使用之原則那樣它們始能被建立；並且，因此，現象不是簡單地（逕直地）被歸屬在範疇之下，而是必須被歸屬在範疇底規模之下。因爲，如果這些原則所關聯到的對象眞是"事物之在其自身"，則 "想先驗綜和地去知道這些對象之任何事"這必完全是不可能的。但是，這些對象除是現象外，不能是任何東西；而對於這些對象之全部知識，（一切先驗原則最後皆必須歸結於

A181

B224

這種知識⑵），就只是我們之對於這些對象之可能經驗。因此，
這些原則除"只意在爲現象底綜和中的經驗知識底統一之條件"
這目的外，不能有其他目的。「適所謂現象底綜和，這種綜和
是只在知性底純粹概念之規模中被表象，而範疇則含有那種綜和
（作爲綜和一般的綜和）底統一之功能，此功能不爲感觸條件所
限制。」⑶如是，因着這些原則，我們有理由只依照那不過是一
種"類推"者，以概念之邏輯的而且是普遍的統一性，去把現象
結合起來。在原則自身中，我們實使用範疇，但是在"應用範疇
於現象"中，我們以範疇之規模代範疇，代之以爲範疇底應用之
鑰匙，或這樣說更好，卽：靠傍着範疇而置下規模以爲範疇之限
制條件，而且以之作爲那可被名曰範疇之"公式"者。

　　［註⑴］：依德文原文譯，其他兩譯皆如此譯。肯・士密斯譯把"以
及"（and）字去掉，以"必須特別被着重"作爲"所已說者"之述語，
成爲一句，又把"是這一點，卽："字樣去掉，而以"卽是說"接下文。
其譯如此："依此而言，關於一切綜和原則所已說者必須特別被着重，
卽是說，……"。如此譯，語意不顯豁，亦不甚通順。

　　［註⑵］：依康德原文譯。*Max Müller* 譯文："一切先驗原則最
後皆必須關聯於這種知識"，他是把動詞 auslaufen 譯爲"關聯於"，
近之，但亦不恰。而肯・士密斯則譯爲"先驗原則底唯一功用最後必須
卽存于這種知識之促進"，這是把動詞譯錯了，而又於先驗原則加上
"唯一功用"字樣，又不表明是增補字，好像不是加字似的。

　　［註⑶］：那一整句依 *Max Müller* 譯而譯，語意甚顯。他是依原
文不加不改而譯。依肯・士密斯譯如下：「但是，這樣的統一只在知性
底純粹概念之規模中始能被思。範疇表示一種"不爲感觸條件所限制"

的功能，而且它包含着這種規模之統一是只在"這規模是'一綜和一般'底規模"之限度內始包含之。」案此譯首句主詞是"這樣的統一"，是指上句中的"經驗知識底統一"說。但依 *Max Müller* 譯，則是"此種綜和"，是指上句中的"現象底綜和"而說，*Meiklejohn* 亦如此譯。說"現象底綜和"是在規模中被表象，這是直接顯明而通順的；但說"經驗知識底統一"只在規模中被思，雖非定不可通，但至少亦迁曲，平常不這樣說。而且下句說範疇包含着"這種規模之統一"，"這種規模"肯·士密斯注云是依 *Kehrbach* 改原文之deren 爲 dessen,就 dessen 而說者，可是原文則只如此說："範疇含有那種綜和（作爲綜和一般的綜和）底統一之功能，此功能不爲感觸條件所限制"。因有此改，故說"範疇包含着此規模之統一是只在'這規模是一綜和一般底規模'之限度內始包含之"，"只在"……"之限度內"等字樣是增加的。"這規模是一綜和一般底規模"，"一綜和一般"是指範疇底綜和說，規模即作爲此"綜和一般"之規模。在此限度內，範疇始包含有"規模之統一"。如此譯，雖非不可通，但既動手術而又迁曲而囉嗦。 故 不 從。 如 *Max Müller* 譯已很明白了。

A

第一類推

本體底常住之原則

在一切現象底變化中，本體是常住的；它的在自然中的量既不增亦不減。

［在第一版中：

A

第一類推

常住之原則

一切現象含有常住者（本體）作為對象自身，並含有流轉者（transitory: das Wandelbare）作為此常住者底純然的決定，即是說，作為"對象所依以存在"的路數（或樣式 way, mode: eine Art）。］

證　明

（此標題為第二版所加）

一切現象存在於時間中；而亦只有在時間之為基體（為內部

直覺之恒常形式）中，共在與相續始能被表象。這樣，時間，卽 B225
"一切現象底變化所依以被思"的那時間，它留存自若而且並不有
變。因爲時間是那 "相續或共在單在其中始能被表象"者，而且
它亦是那"相續或共在只作爲其決定而被表象"者。（案意卽：時
間是如此者，卽單在時間中，相續或共在始能被表象，而且相續
或共在只作爲時間底決定而被表象。）現在，時間其自身不能被
覺知。是故在知覺之對象中，卽是說，在現象中，必須被見有托
體（基體 Substratum），此托體表象時間一般；而一切變化或
共在，就其被攝取而言，必須依此托體，而且通過現象之關聯於
此托體，而被覺知。但是，一切眞實者之托 體，卽是說，一切
屬於"事物之存在"者之托體，就是"本體"；而一切屬於存在
者亦只能被思爲本體之一決定。結果，這樣的常住者，卽"現象
底一切時間關係唯在關聯於此常住者中始能被決定"，這樣的常
住者，便是現象[領域]中的本體，卽是說，是現象中的眞實者，
而且由於它是一切變化底托體，是故它總是那同一者。因此，由
於它在其存在方面是不可更變者，是故它的自然中的量旣不能被
增加亦不能被減少。

案：此爲第二版之首段文。第一版之首段文如下：

此第一類推之證明

一切現象存在於時間中。時間能決定現象爲依兩種樣式而
存在者， 或是決定之爲在互相相續中者， 或是決定之爲共在

者。就前者說，時間被視為時間系列；就後者說，時間被視為時間容量（time-volume: Zeitumfang）。

我們的"現象底雜多之攝取"總是相續的，因而亦總是在變化中的。單只通過這種攝取，我們從不能決定這種雜多，作為經驗底對象，是否是共在的抑或是相續的。就這樣的決定說，我們需要有一底據，此底據存在於一切時間，即是說，需要有某種永久而常住的東西，一切變化與共在只是此永久而常住者底如許多的路數（如許多的時間樣式），此常住者即存在於這些路數中。而由於同時與相續是時間中的唯一關係，是故只有在常住者中，時間底關係才是可能的。換言之，常住者是時間自身底經驗表象之基體；只有在此基體中，時間底任何決定才是可能的。常住體，由於它是一切現象底存在之永久的相關者，是一切變化底永久的相關者，並是一切"同時共變"底永久的相關者，是故它表示"時間一般"。蓋因為變化並不影響時間自身，但只影響時間中的現象。（共在不是時間自身底一個樣式；因為沒有時間底部分是共在的；時間底部分盡皆存在於互相相續中。）如果我們把相續歸給時間自身，我們必須又要思維另一時間，在此另一時間中，相承續才會是可能的。只有通過常住者，時間系列底不同部分中的存在始能獲得一量度，此量度可被名曰"久歷"（持久 duration）。因為在赤裸（純然）的相續中，存在總是在消逝中，而且總是在重新開始中，它從不能有絲毫量度。因此，若無常住者，這便不能有時間關係。現在，時間其自身不能被覺知；因此，現象中的常住者是時間底一切決定之基體，因而同時亦即是

諸知覺底一切綜和統一底可能性之條件，即是說，是經驗底可能
性之條件。這樣，時間中的一切存在以及一切變化必須被看成只
是那"留存而持續着"的東西底存在之一樣式。在一切現象中，
常住者是"對象自己"，即是說，是作爲一現象的那本體；另一
方面，那"有變化或能夠有變化"的每一東西皆只屬於這路數，
即"本體或諸本體於其中或所依以存在"的那路數，因而亦就是
說，皆只屬於"本體或諸本體底一些決定"。

　　我見出在一切時代中，不只是哲學家，且甚至是普通的理
解，皆已承認："這個常住體是現象底一切變化之基體"，而且
他們總是認定這是不可爭辯的。在此事上，普通理解與哲學家間
的唯一差別乃是哲學家多或少較能更確定地表示其自己，此蓋由
於他肯斷說："通貫世界中的一切變化，本體留存不變"，並肯
斷說："只偶然者在變"。但是，關於這個顯然地綜和的命題，
我卻無處見到一個證明，甚至試想對之作一證明之試想我也無處
見到。實在說來，很少見到有把這個綜和命題放在那些"是純粹
的而又完全是先驗的"的自然法則之首位的，儘管它實屬於這首
位。"本體是常住者"這個命題確然是套套邏輯的命題。因爲這
個常住體是"本體範疇應用於現象"之唯一根據；而我們亦應當
首先把以下之原則證明過，即："在一切現象中有某種東西是常
住者，而那流轉者則不過是此常住者底存在之決定"。但是，這
樣一種證明不能獨斷地被展開，即是說，它不能只從概念而被展
開，因爲它有關於一個先驗綜和命題。但是，因爲沒有人知道這
樣的命題只有在關聯於可能經驗中才是妥當的，因而亦只有通過
經驗底可能性之推證始能被證明，所以我們也不必驚異：雖然上

B227

A184

B228

A185

面那個原則（即所應當首先被證明的那個原則）總是被設定爲
居於經驗底基礎地位（因爲在經驗知識中此原則之需要已被覺察
到），可是其自身從未被證明過。

當一個哲學家被問烟有多少重量時，他作答說：從被燒的木
頭之重量中減去所剩下的灰之重量，你即可得烟底重量。這樣，
他預設以下之情形爲不可否決者，即：即使在火燒中，物質（本
體）亦不消逝，但只接受了一種形態之改變。"沒有東西從無而
生"這個命題仍然是"常住原則"底另一後果，或勿寧說是主詞
當身底永久存在（在現象中的永久存在）之另一後果。因爲如果
那在現象〔領域〕中我們所名之曰本體者須成爲一切時間決定底
基體當身，則以下所說必須隨之而來，即：一切存在，不管是在
過去時中者抑或在未來時中者，只有在這基體中，而且亦只有因
着這基體，始能被決定。因此，我們所以能給一現象以"本體"
之名是恰因爲這理由，即：我們預設本體底存在通貫一切時，而
這個意思不能恰當地（充分地）爲"**常住**"這個字所表示，"常
住"一詞主要地是應用於未來時。（案我們說在某地可以長期居
留，即指未來可以無限期地永久住）。但是，因爲"持續存在"底
內在必然性是不可分離地與"總已存在"底必然性緊連於一起，
是故"常住"這個詞語仍可維持。"沒有東西從無而生"（Gigni
de nihilo nihil），"沒有東西能復歸於無"（in nihilum nil
posse reverti），這兩個命題，古人總是把它們連繫於一起，
但是現在它們有時卻又錯誤地被分開，其所以被分開是由於這想
法，即：它們可應用於"物自身"，而第一個命題則必違反於"世
界（甚至就其本體而言的世界）之依待於一最高的原因"。（案

B229

A186

卽違反上帝從無而造，而上帝所造的是物自身，故又想那兩個命
題可應用於物自身。旣應用於物自身，而第一命題又違反上帝從
無而造，是故那兩個命題須被分開。但這是一種錯誤。）但是這
樣的顧慮是不必要的。因爲我們在這裏只須去處理“經驗領域”
中的現象；而如果我們眞想要去允許新的事物，卽新的本體，能
够隨時出現於世，則經驗底統一決不會是可能的。因爲若那樣，
則我們必喪失那“唯一能表象時間之統一”者，卽是說，必喪失基
體之同一性，單只在此基體之同一性中，一切變化始有通貫的統
一。但是，這個常住只是這模式（或樣式），卽“我們於其中或
所依以把現象［領域］中的事物之存在表象給我們自己”的那模
式。

　　一本體底諸決定，卽，“不過是此本體所依以存在的特殊路
數”的那諸決定，被名曰“偶然者”（accidents）[1]。此諸決
定總是眞實者，因爲它們有關於本體之存在。（否定或虛無只是
“肯斷本體中的某物之非存在”的那種決定）。如果我們把一種
特殊的存在歸給本體中的眞實者（例如歸給運動，作爲物質底一　　　B 230
種偶然者的運動），則這特種的存在卽被名曰“附着”（依屬
inherence），以有別於那被名曰“自存”（subsistence）的
“本體之存在”。但是這個說法引起許多誤解；去把一個“偶然者”　　　A187
描述爲只是本體底存在所依以積極地被決定的路數，這是較嚴格
而又較正確的說法。但是，因爲，由於我們的知性底邏輯使用之
條件之故，以下之情形乃是不可避免的，卽：“好像是眞要去把
那在一本體之存在中能够有變化的東西分離出來，而本體則仍存
而不變，並且好像眞要在關聯於這眞正常住而基本的東西中去看

這可變的成分"，這乃是不可避免的，因爲是如此云云，所以本
體這個範疇必須被派給一地位於關係範疇間，但是其被指派給一
地位勿寧因爲它是"關係底條件"而被指派給一地位，而不是因
爲"它自身含有一種關係"而被指派給一地位[2]。

[註(1)]："偶然者"意卽流轉者，是對"本體常住"而言。在這裡
並不對必然存有而言。必然存有是其非有不可能，此如上帝。偶然者，
就其所指之事本身而言，就是流轉者，卽從其有轉至非有之流轉者，此
亦可曰隨時出現或不出現者，亦可曰"事變"。名之曰"偶然者"並非
謂其有或非有爲無原因者，爲不在因果關係中者。西方哲學，傳統上名
此種事曰"Accidents"，而一般亦從字面上譯爲"偶然者"，實則譯爲
"適然者"也許較好。

[註(2)]：若說本體是"自存"，諸決定（眞實者）是"附着"，此
卽示"本體自身含有一種關係"，卽含有一種"自存——附着"之關係。
康德說"本體"是一個範疇，是知性底邏輯使用之一條件；說它於"關
係"範疇間有一地位，是因爲它是"關係底條件"，而不是因爲"它自
身含有一種關係"，如"自存——附着"之關係，故以"自存"與"附
着"說本體與諸決定間的關係可引起許多誤會，卽不善了解康德所說本
體爲範疇之義。

更變 (alteration: Veränderung) 底概念之正確的理解亦
是基於這個常住體[之承認]上。出現（有存在）與消滅（停止存
在）並不是那"有存在或停止存在"的東西之更變。更變是一個
對象底一種"存在底路數"，此一"存在底路數"是隨此同一對

象底另一"存在底路數"而來。一切有更變的東西持續永存，只
是此有更變者底狀態在遷轉。這樣說來，因爲這遷轉（change:
Wechsel） 只有關於諸決定， 此諸決定能夠停止存在或開始存
在， 所以我們可使用那"似乎有點是一弔詭的詞語"之詞語而說：
只有這常住者（本體）是更變了（意卽更變了其存在之路數）[1]，　　　B231
而那流轉者則不能容受有更變，但只能容許有一種 "遷轉"，因
爲某些決定停止存在而其他決定則開始存在之故。

〔註(1)〕： "本體更變了"是更變了其存在之樣式（路數亦卽其諸決
定），不是說改換了一個本體。依康德此段文，本體不能有存在或不存
在，亦不能說這個本體沒有了，換上另一個本體，因而亦就是說，本體
不能有遷轉。"遷轉"是用於本體底"狀態"， "諸決定"，卽用於那
"流轉者"，此則始可有存在與不存在。更變用於本體，是說持續常住的
本體有存在樣式之不同；"本體更變了"是更變了它的存在之樣式。"常
住者有更變"， 此似乎有點弔詭。但流轉者不更變，只有遷轉，這也有
點弔詭。就此遷轉者而言，懷悌海亦說："事件從未變，但只有流轉"，
這也是一種弔詭。在時間中，有遷轉，有流轉。去掉時間，流轉者不
流，遷轉者不遷，此卽僧肇之"物不遷義"。

因此， 更變只在本體中始能被覺知。一個 "有存在"或"停止　　　A188
存在"者，它若不只是常住者之一決定，而卻是絕對的，則它從
不能是一可能的知覺。因爲這個常住者是那唯一能使"從此一狀
態轉到另一狀態"之表象以及"從非有轉到有"之表象爲可能者。
這些過轉只當作是那常住者底一些遷轉的（變化的）決定始能
經驗地被知。如果我們認定"某種東西其開始存在是絕對地開始

存在"，則我們必須有一個時間點，在此時間點上，它不曾有存在。但是，如果我們不把這個時間點附屬於那早已存在着的東西上（卽早已存在着的狀態上），我們把它附屬於什麼東西上呢？因爲一個先行的虛空時間並不是知覺底一個對象。但是，如果我們把"出現"（有存在）和這樣的事物相連繫，卽這些事物先已存在着，而且它們在存在方面持續存在着，持續至此一"出現"（此一"有存在"）出現之時爲止，則此一"出現"必須只是那常住者之一決定，此常住者卽是在那"先於此一出現"之狀態中的常住者[1]。關於消滅（不存在）亦同樣是如此；消滅預設這樣一個時間，卽"在此時間中一現象不再有存在"，這樣一個時間之經驗的表象。

[註(1)]: 肯·士密斯注云：依原文直譯是如此：「則此一"出現"必須只是前者（卽先已存在着而且持續存在着，持續至此一出現出現之時爲止者）之一決定，一如其爲那常住者之一決定。」案 Max Müller 是如原文直譯。肯·士密斯譯有修改，較好。Meiklejohn 則如此譯：「則此一開始出現者只能是作爲常住者的前者之一決定。」案此譯誤。須知所謂"前者"卽指上句"先已存在着而且持續存在着……"的東西說，此先已存在者不是指常住的本體說，乃是指先行的狀態說，此不能作爲常住者。但若如此，則原文"是前者之一決定"不甚通，如勉強說，此是因果決定，與"如其爲常住者之一決定"不同，但總是隱晦。故肯·士密斯改之。

在現象[領域]中的諸本體是時間底一切決定之基體。如果這些本體中某幾個本體能够有存在而另一些本體不存在，則時間底經驗統一性這唯一獨一條件必被移除。這樣，現象必關聯於兩個不同的時間，而存在亦必在兩個平行的流中流——此是悖理的。 B232
這只有一個整一的時間，一切不同的時間必須被定位於這一整一時間中，不是當作共在的而被定位於其中，而是當作在互相相續 A189
中者而被定位於其中。

這樣，常住體是一必要的條件，單在此條件下，現象始當作一可能經驗中的事物或對象而為可決定的。在下文（B250 以下），我們將有機會去作這樣的一些觀察，卽如那些或可"在關於此必要的常住體之經驗的判準（Criterion 判斷之標準）中，因而也就是說，在關於現象底實體性之經驗的判準中"，似乎是必要的者，那樣的觀察。

B

第二類推

依照因果法則時間中相續之原則

一切更變皆依照原因與結果底連繫之法則而發生。

［在第一版中：

產生之原則

每一發生的東西，卽是說，每一開始有存在的東西，皆預設某種東西，卽"此發生的東西依照一規律隨之而來"的那某種東西。］

證　明

　　（前第一類推之原則已表明：時間中的相續底一切現象盡皆只是一些更變，卽是說，只是持久常住的本體底諸決定之相續的有（存在）與非有（不存在）；因此，“本體之有之爲隨其非有而來，或本體之非有之爲隨其有而來”，這是不能被允許的，換言之，這並不能有本體自身之“出現”或“消逝”。此原則尙可另樣表示之，卽：現象底一切“遷轉”（相續）只是“更變”。（案意卽只是本體底存在樣式之更變）。本體之“出現”或“消逝”並不是本體之 “更變”[1]，因爲 “更變”之概念預設同一主詞爲具着兩相反的決定而存在着者，因而亦就是說，預設同一主詞爲持久常住者。以此預先的提示作序說，我們轉至第二類推底原則之證明。）

B233

　　［註(1)］：案於本體根本不能說“出現”（有存在）或“消逝”（不存在）。卽使這樣說之，這也不是本體之“更變”——更變預設同一主詞。說本體有存在或消逝而不在，這是違反本體之常住性的，是自相矛盾的。本體是現象領域中的常住體，是知識中關係底條件。它亦不違反上帝從無而造，因爲上帝從無而造者是“物之在其自己”，並不是這常住體。常住體本無今有，或今有而歸無，這便不是常住。故於常住體根本不能說出現或消逝，卽使說之，這亦不是本體之更變，這只是它的有無。更變只是常住體底存在樣式。常住者有更變，而更變自身是流轉者，不能再說更變，只可說遷轉或遷易，“易”者換也（日月輪替爲易），從此一狀態換成另一狀態，或流轉爲另一狀態，只是兩個不同的狀態之

相續，於此任一狀態自身不能再說同一狀態有不同樣式之更變，此與狀
態之存在或不存在相違反。故於狀態之相續，你說它們不變而只是流轉
可，此如懷悌海之所說；若除掉時間，在般若實照下，你說它們不流不
轉，亦可，此如僧肇之物不遷論之所說。此後一義，若依康德，便是歸
於"物之在其自己"，旣不可說常體，亦不可說因果等等。

　　我覺知現象彼此相隨，卽是說，在此一時間中有一事物之狀
態，此一狀態之反面曾存在於「前一時間中」[1]。這樣，我實是
將時間中的兩個知覺連結起來。現在，連結不是純然的感取與直
覺之工作，而是在這裏是想像底一種綜和能力之產品（成果），
此想像底綜和能力在關涉於時間關係中決定內部感取。但是想像
能够在兩個路數中連結這兩個狀態，旣如此，則或是此一狀態在
時間上爲先行，或是彼一狀態在時間上爲先行。此蓋因爲時間，
以其自身而言，不能被覺知，因而什麼東西先行以及什麼東西隨
來，此亦不能因關聯於時間而在對象中經驗地被決定。我只意識
到我的想像把這一狀態置於前，把另一狀態置於後，而卻並沒有
意識到此一狀態在對象中先於另一狀態。換言之，"現象彼此相
隨"底客觀關係並不是通過純然的知覺而爲被決定了的。要想使　　B234
這種關係被知爲是決定了的，則兩狀態間的關係必須是如此被思
想，卽："兩狀態中那一個狀態必須被置於前，那一個狀態必須
被置於後，而且它們不能被置於逆反關係中（不能倒轉地被
置）"，這是因着它們間的關係而被決定爲是必然的。但是，那
"帶有綜和統一底一種必然性"的概念只能是一純粹概念，此純粹
概念處於知性中，並不處於知覺中；而在兩狀態間的關係之情形

中，此純粹概念就是“原因與結果底關係”之概念，此關係中之前者（原因）決定時間中之後者（結果），是把這後者當作它的後果而決定之，不是當作在如此一承續中者，卽那種“只在想像中可發生（或全然不可以被覺知）”的承續中者，而決定之。這樣，經驗自身——換言之，現象底經驗知識——只有在“我們把現象底相續，因而也就是說，把一切更變，隸屬於因果法則”這限度內，才是可能的；因而同樣亦可說：現象，作為經驗底對象，其自身只有在依順於（或符合於）法則中才是可能的。（以上兩段爲第二版所增加）。

　　〔註 ⑴〕：肯·土密斯註云：原文爲“曾存在於「前一狀態中」 (im vorigen Zustande)”，依 Wille 改。

　　現象底雜多之攝取總是相續的。諸部分底表象彼此相隨而來。但是“是否此諸部分亦在對象中彼此相隨而來”，這是“需要進一步的反省”的一點，而且這亦是“並非因着上語（諸部分底表象彼此相隨而來一語）而卽可被裁決”的一點。每一東西，甚至每一表象，在“我們意識及之”之範圍內，皆可被名對象。但是，在關於現象中，當這些現象不是在“它們（作為表象）是對象”之限度內而被視，而是只在“它們代表⑴一對象”之限度內而被視時，“對象這字應當去指表什麼”，這是一個需要深入研究的問題。現象，在“它們只因着是表象而爲意識之對象”之限度內，它們無論如何決不是與“它們底攝取”有別的，卽是說，決不是與它們底接受，卽在想像底綜和中的接受，有別的；因此，

B235
A190

我們必須同意: 現象底雜多總是相續地被產生於心中。現在,如果現象真是"事物之在其自己",則因為我們只須去處理我們的表象,所以我們決不能從表象底相續中決定: "此諸表象之雜多如何可以在對象中被連結起來"。"事物在其自身,離開表象(通過這些表象,事物影響我們),是如何",這是完全在我們的知識範圍之外的。但是,不管這事實,即: "現象並不是事物之在其自己,但它們卻又是那唯一能被給與於我們而為我們所要去知之的東西"這事實,亦不管這事實,即: "現象底表象,即在攝取中的表象,總是相續的"這事實,我必須去表明: 什麼樣一種時間中的連繫屬於現象自身中的雜多。舉例言之,例如: 一所立於我眼前的房子底現象中的雜多之攝取是相續的。如是,這問題便發生,即: 是否這房子底雜多其自身也是相續的。但是,這卻是沒有人願意去承認之的。現在,一旦我展露我的關於一個對象底諸概念之超越的(超絕的)意義時,我即刻見到這所房子不是一物之在其自己,但只是一現象,即,只是一表象,此表象底超越的(超絕的)對象是不被知的。然則,"雜多如何可在現象自身中被連結起來,而這現象自身卻又不是什麼在其自身的東西",這問題是什麼意思呢?那處於相續的攝取中者在此是被看成是表象,而那"給與於我"的現象,儘管它不過只是這些表象底綜集,然而它亦被看成是這些表象底對象;而我的概念,即我從攝取底表象中所引生出的那概念,則必須與此對象相契合。因為真理即存於"知識之契合於對象"中,是故以下所說將即時可以被看出,即: 「我們在此只能就著經驗真理底形式條件作研究,而現象,在與"攝取底表象"相對比中,能被表象為一個對象而不同於"攝

B236

A191

取底表象"，其被表象爲一個對象而不同於攝取底表象是只當此現象居於一規律之下時始可如此被表象，此現象所居於其下的那規律把此現象彰顯出來以有別於每一其他攝取，而且它把"雜多底某種特殊的連繫"必然化而使之有必然性。」對象卽是那在現象中含有攝取底這種必然規律之條件者。

　　[註(1)]：肯·士密斯注云：原文爲 "bezeichnen"。案其他兩譯或譯爲"指示"(indicate) 或譯爲"指表" (signify)，而肯·士密斯則譯爲"代表"(stand for)。

　　現在讓我們開始進行我們的問題。"某種東西發生"，卽是說，"那先前不曾存在的某種東西或某種狀態現在開始有存在"，

B237　這並不能經驗地被覺知(1)，除非此某物或某狀態爲如此之一現象所先，卽此一先行之現象其自身並不含有此某物或此某狀態。因爲一個"定須隨一空的時間而來"的"事件"(event, 實在 Wirk-

A192　lichkeit)，卽是說，一個 "不爲任何事物之狀態所先"的"開始有存在"，其很少可能被攝取，一如空的時間自身很少可能被攝取。因此，一個事件 (an event: einer Begebenheit) 底每一攝取皆是"隨着另一知覺而來"的一個知覺。但是，因爲，如我上面因着涉及一所房子之現象所已描述者，這種情形 (卽每一知覺皆隨着另一知覺而來之情形) 亦同樣發生於一切攝取之綜和中，是故一個事件底攝取並不是因着這種情形卽可與其他種攝取區別開。「 但是我也提及：如果在一 "含有一生起事" 的現象中，我名知覺底先行狀態曰A，名其繼起的狀態曰B，則知覺

B只能在攝取中隨A而來，而知覺A則不能隨B而來，但只能先於B。」(2)例如，我看見一船順流而下。我的關於船底較低位置之知覺是隨着船底在水流中的較高位置之知覺而來，而"在此現象之攝取中，船定須先被覺知為在水流中較低下，然後再被覺知為較升高"，這必是不可能的。"知覺所依以在攝取中彼此相繼而起"的那次序在此事例中是被決定了的，而攝取則須被約束於這種次序中。在先前房子之例子中，我的知覺能從屋頂底攝取開始，而終止於屋基，或從下面屋基開始而至上面屋頂而止；而 B238
且我同樣亦能或從右到左或從左到右來攝取經驗直覺底雜多。如 A193
是，在這些知覺底系列中，實不曾有一決定性的次序足以確定我必須在什麼點上開始，以便經驗地去連結這雜多。但是，在一事件底知覺中，總是有一種規律，此規律可以使"諸知覺（在此現象底攝取中的諸知覺）所依以彼此相隨而來"的那次序為一必然的次序。

[註(1)]：德文原文有"經驗地"一副詞，肯・士密斯依 *Mellin* 刪去此副詞。當然刪去亦可，可是不刪亦可。

[註(2)]：那一整句依德文原文譯，其他兩譯皆如此譯。肯・士密斯譯改變句法，反不通順，故不從。其譯如下：「但是，如我也察覺，在一"含有一生起事"的現象中（知覺底先行狀態我們可名之曰A，而繼起的狀態可名之曰B），B只能被攝取為隨A而來者；知覺A不能隨B而來，但只能先於B。」

因此，在此情形中，我們必須從現象底客觀相續引申出攝取底主觀相續。非然者，攝取底次序是完全不被決定的，而且它亦不能區別開此一現象與另一現象之不同。因為主觀的相續，以其自身而言，全然是隨意的，是故它關於"雜多所依以在對象中被連結"的那樣式不能證明任何事。因此，客觀的相續將即存於現象底雜多底那種次序中，即"依照此次序，在符合於一規律中，那'現在發生'的東西之攝取隨着那先行的東西之攝取而來"，這樣一種次序中。只有這樣，我始能有理由不只是對於我的攝取〔而說一種相續被發見於該次序中〕[1]，而且是對於現象自身而說一種相續可被發見於該次序中。這說法只是"除卽依這種相續排列我的攝取外，我不能有別法排列之"這一說法底另一種說法。

　　〔註(1)〕：爲譯者所補。

　　在符合於這樣一種規律中，玆必在那"先於一事件而存在"的東西中存有一個規律之條件，依照此條件，這個現在的事件不易地（在一切時總是 jederzeit）而且必然地相繼而起（意卽隨被先行者而來）。我不能逆反這次序，從現在發生的這事件向後返，後返而通過攝取以去決定那先行者。因為現象從來不會從時間之後繼的點位回到時間之先行的點位，雖然它實與時間之某一先行的點位有關係。另一方面，從一特定所與的時間進到那隨之而來的決定性的時間，這一種前進是一必然的前進。因此，因為玆確有繼起的某種東西〔卽那被攝取爲繼起者的某種東西〕，所以我必須必然地把這繼起的某種東西關涉到某種別的東西上，此某種別的東西先於這繼起的東西，而這繼起的東西依照一規律，

B239

A194

卽必然地，亦必隨那某種別的東西而來。這樣，這繼起的事件，由於它是這被制約者，是故它對於某一能制約之的條件供給一可靠的證據，而這個能制約之的條件就是那決定這繼起的事件者。

　　讓我們設想：玆並沒有什麼＂先於一事件，而此一事件亦必須依照規律隨之而來＂這樣的一種東西。如是，一切知覺底相續必只存在於攝取中，卽是說，必只是主觀的，而且亦必不能使我們客觀地去決定那一些知覺是那些實是先行者，那一些是那些隨後而來者。如是，我們必只有一種表象底遊戲，此表象底遊戲並不關聯於對象；那就是說，＂通過我們的知覺，就着時間之關係，去把這一現象與另一現象區別開＂，這必不會是可能的。因爲在我們的攝取中的相續必總是同樣的，而且在現象中，亦必沒有什麼東西它如此決定這相續以便某種一定的承續可被弄成客觀地必然的。如是，我不能肯斷說：兩個狀態在現象中彼此相隨，但只能說：此一攝取隨另一攝取而來。＂此一攝取隨另一攝取而來＂，這只是某種純然主觀的東西，它並不能決定任何對象；因此，它亦不可被視爲任何對象底知識，甚至不可被視爲現象［領域］中的一個對象之知識。

　　依是，如果我們經驗到＂某種東西發生＂，則在如此經驗中，我們總是預設＂某種東西先於這眼前發生的東西而存在，這眼前發生的東西依照一規律隨那先行的某種東西而來＂。非然者，我必不能說及對象而謂對象相隨而來。因爲我的攝取中的純然相續，（如果沒有一個規律在關聯於某種先行的東西中足以決定這相續），並不能使我有理由認定[1]任何對象中的相續。只有因着涉及一個規律（依照此規律，現象，在它們的相續中，卽是說，

B240

A195

當它們發生時，爲先行的狀態所決定），我始能使我的 "主觀的攝取之綜和" 成爲客觀的。一個事件底經驗，卽是說，任何作爲生起事的東西之經驗，只有依據［發生的東西依照一規律爲先行狀態所決定］這個預設，其自身才是可能的。

［註(1)］："使我有理由認定"，肯·士密斯注云："認定"字原文無，依 *Erdmann* 於 berechtiget（有理由）上增補"anzunehmen"（不定式的 "認定" 字），譯成英文造句卽爲 "使我有理由認定"。但 *Meiklejohn* 依原文譯："並不足以使 '對象中的相續' 爲有理"亦通。

此義似乎與迄今以往關於我們的知性之程序所已被敎說的那一切相衝突。一般公認的想法是如此，卽：只有通過知覺並通過 "依一齊一的樣式屢次重複地隨先行的現象而來" 的諸事件之比較，我們始能去發見一個規律，依照此規律，某些一定的事件總是隨着某些一定的現象而來，而且此卽是 "我們所依以首先被引導着去爲我們自己構造一原因之概念" 之道路。現在，"原因" 這概念，如果它是這樣形成的，它必只是經驗的，而它所供給的規律，卽"每一東西其發生皆有一原因"這規律，亦必是偶然的，其爲偶然一如其所基於其上的經驗之爲偶然。因爲這規律底普遍性與必然性必不會是先驗地有根據的，但只是依據歸納而然，是故這必然性與普遍性必只是虛構的，而且亦並無眞正普遍的妥效性。這規律底普遍性與必然性之情形同於其他純粹先驗表象之情形——例如空間與時間之情形。我們之所以能從經驗中抽引出這些先驗表象底清楚概念，只因爲我們已把它們置放於經驗中，

B241

A196

因而亦因爲經驗自身只有藉賴着它們始可被使成其爲經驗（被使爲可能）。確然，一個規律，卽“作爲一原因之概念[1]，決定事件之系列”的那一個規律，其表象之邏輯的清晰性只有在“我們已使用這規律（這原因之概念[1']）於經驗中”以後才是可能的。但縱然如此，這規律（這原因概念[1']）之承認（認可），（由於這規律，這原因之概念[1']，是時間中的現象底綜和統一之條件），卻已是經驗自身之根據，因而亦就是說，它已先驗地先於經驗而存在（在經驗以前就已先驗地有此規律之認可）。

[註(1)]： “作爲一原因之概念”一片語， 德文原文有， *Max Müller* 譯亦有，肯・土密斯 譯與 *Meiklejohn* 譯俱略，玆據補。因爲這是就“原因”概念說規律，不是泛說規律。(1')處亦是據補。

如是，在所考慮之情形中，我們必須表明：除當有一作底據的規律它迫使我們去遵守知覺底這種次序而不遵守任何其他種次序時，我們決無法（卽使在經驗中）把這相續（卽先前不曾存在的某事件之發生）歸給對象，並因而把這相續與我們的攝取中的“主觀承續”區別開；不，我們必須表明：所謂“有一作底據的規律它迫使我們”云云，這種“迫使”實是那首先使“對象中的相續之表象”爲可能者。

我們有在我們之內的表象，而且我們亦能意識到這些表象。但是，不管這種意識可擴展到如何遠，亦不管這意識是怎樣的仔細與精密，這些表象卻仍然只是表象，卽是說，只是我們的心靈

B242

A197

之在這時間關係或那時間關係中之內部的決定。然則，"我們爲這些表象置定一對象，並因而在它們之作爲心靈之變形之主觀實在性以外，復把某種神秘的（一種我所不知的 ich weiss nicht, was für eine）客觀實在性歸給它們"，這一點如何能出現（作到）呢？客觀的意義不能存於"關聯於另一表象"中（所謂另一表象卽我們所欲名之曰對象者之另一表象），因爲在那種情形中，以下之問題復又發生，卽：這後一種表象（所謂另一表象）如何能越出其自己，在其主觀意義之外，復能獲得一客觀的意義呢？（此主觀意義之屬於此另一表象是由於此另一表象是心靈底狀態之一決定而屬之）。如果我們研究"關聯於一個對象"能以什麼新的性格賦給我們的表象，而我們的表象因此賦給復又獲得什麼尊嚴，則我們見出：此新的性格或尊嚴只在"把這些表象隸屬於一個規律之下"之情形中始結成，因而也就是說，只在"迫使我們依某一特殊樣式去把這些表象連結起來"之情形中始結成，

B243　反過來，亦可這樣說，卽：只當我們的表象就它們的時間關係被迫使必然地存在於某種一定的次序中時，它們始獲得客觀的意義。

A198　　　在現象底綜和中，表象之雜多總是相續的。現在，沒有對象可以因表象是相續的而被表象，因爲通過這種相續（這種相續共同於一切攝取），沒有東西能與任何別的東西區別開。但是一旦當我覺知或認定：在這種相續中，有一種關聯 —— 關聯於先行狀態之關聯，此表象依照一規律隨彼先行狀態而來，當我一旦覺知或認定這種狀況時，我卽可把某種東西表象[1]爲一事件，爲某種發生的東西；那就是說，我了解了（認知了 erkenne）

這樣一個對象，即"我必須把時間中某一決定的位置歸屬給它"，這樣一個對象，此一決定的位置，因爲先行狀態之故，乃不能不如此被指派者（乃不能更變者）。因此，當我覺知"某種東西發生"時，這一表象首先含有［這意識］，即："有某種先行的東西存在"［這意識］，因爲只有因着涉及那先行者，這現象始獲得它的時間關係，即，"在一'它自己不曾存在於其中'的那先行時間之後而存在着"這一種"存在着"之時間關係。但是，這現象能得到這時間關係中的這種決定的位置，是只在"某物在先行狀態中被預設，這現象不易地，即依照一規律，隨彼先行狀態而來"這限度內，它始能得到此決定的位置。由此一義，遂結成兩重後果。第一，我不能逆反這序列，把現在發生者置於它所隨之而來者之前。第二，如果那先行的狀態被置定，則此決定的事件（即眼前發生者）即不可避免地而且必然地相隨而來。這樣，這情況是如此，即：在我們的表象中，有一種次序，依此次序，這現在者（就其發生而言）把我們指向到某一先行的狀態以爲那現在被給與的事件之一相關者；而雖然這相關者，實在說來，是不決定的，可是縱然如此，它對於作爲其後果的事件總有一決定作用的關係，而且它在時間系列中，依必然的關係，把這事件與它自己連結於一起。

B244

A199

［註(1)］：肯・土密斯注云：原文是"某種東西被表象爲一事件，爲某種發生的東西"，依 *Erdmann* 改爲"我表象某種東西爲一事件，爲某種發生的東西"，即將原文之 "stellt sich" 改爲 "stelle ich"。*Max Müller* 照原文譯。

依是，如果"先行的時間必然地決定後繼的時間"（因為除通過先行的時間我不能進到後繼的時間）是我們的感性之一必然法則，因而亦就是說，是一切知覺之一形式條件，則 "過去時底現象決定後繼時中的一切存在者[1]，而此後繼時中之一切存在者，當作事件看，亦只有在 '過去時底現象決定其時間中的存在，即是說，依照一規律而決定它們' 這限度內，始能發生" 這層意思亦是時間系列底經驗表象之一不可缺少的法則。因為只有在現象中，我們始能經驗地了解（認知 erkennen）諸時間底連繫中的這種連續性。

[註(1)]："一切存在者"（all existences: jedes Dasein），因為是多數，指存在的東西即事件或發生的東西說，故加 "者" 字，否則與下文 "決定其時間中的存在" 之 "存在" 相重沓。

對一切經驗以及經驗底可能性而言，知性是必要的。知性底基本供獻並不在於使對象底表象清楚而分明，但在於使 "一對象底表象" 為可能。它之使"一對象底表象"為可能，是因着把 "時間秩序" 拉進現象以及現象底存在中而使之為可能。因為它通過 "關聯於先行的現象"，把一個在時間中先驗地決定了的位置指派給那些被視為一後果的現象之每一個。非然者，此諸現象必不會與時間自身相符順（相一致），此時間自身乃即先驗地決定時間底一切部分之位置者。現在，因為絕對時間不是知覺底一個對象，是故此種位置底決定不能從 "現象之關聯於絕對時間" 而被引申出來。反之，諸現象必須互相決定它們各自的時間中的位

B245

A200

· 420 ·

置，並且使它們的(1)時間秩序爲一必然的秩序。換言之，那相隨而來或發生的東西必須依照一普遍的規律隨那"已含於先行的狀態中"者而來。這樣，現象底一種系列便出現，這一種系列，以知性之助，足以產生可能知覺底系列中的秩序與連續性的連繫，並且使這種秩序與連續性的連繫成爲必然的，這種可能知覺底系列中的秩序與連續性的連繫是同於那在時間中，在內部直覺底形式中，所先驗地被發見者，在此內部直覺底形式中，一切知覺皆必須有一位置。

[註(1)]: "它們的"，肯·土密斯注云: 原文爲 "dieselbe"，指它們各自的位置而言。依 Görland 改爲 "dieselben"（它們的），"它們"指現象而言。他兩譯皆依原文譯: "並且使這些位置（它們各自的位置）在時間秩序中成爲必然的"。亦通。

因此，"某物發生"是一個"屬於一可能經驗"的知覺。當我視現象爲依其時間中的位置而爲決定了的時，因而也就是說，當我視之爲一個"總可依照一規律而被發見於知覺底連繫中"的對象時，這可能經驗便變成現實的。 上語中所謂"依照一規律"，此規律即是這樣一個規律，即因着此規律，我們依照時間之相續而決定某物。此規律就是這情形，即: 那能制約的條件，即在此條件下，一個事件不易地而且必然地相隨而來，這樣的條件，必須在那"先於此事件"的東西中被發見。這樣說來，充足理由原則(1) 就是可能經驗底根據，即是說，是現象底客觀知識之根據，此所謂現象即是就它們的時間秩序中的關係而說的現

B246

A201

• 421 •

象。

[註(1)]: 案此說充足理由原則是從時間中先行的事件之為能制約後繼的事件之條件而說。充足理由者"有之卽然"之謂，卽是現象領域內的因果關係，不必溯至第一因為充足理由。

此充足理由原則之證明基於以下之考慮（considerations: Momenten 基要）。一切經驗知識包含有因着想像而成的"雜多之綜和"。此種綜和總是相續的，卽是說，其中的諸表象總是互相隨從的。在想像中，這種相隨從，在其秩序方面，卽關於"什麼東西必須先行，什麼東西必須後繼"這種秩序方面，無論如何，並不是決定了的，而相隨從的諸表象之系列亦可不相干地（無差別地）或依後返的秩序而被理會，或依前進的秩序而被理會。但是，如果這綜和是一所與的現象底雜多之攝取(1)底綜和，則這秩序是在對象中為決定了的，或更正確地說，這秩序是一個"決定一對象"的相續綜和之秩序。依照這種秩序，某物必須必然地先行，而當此先行者一旦被置定時，則某種別的東西必須必然地相隨而來。這樣，如果我的知覺須含有一個事件之知識，卽，須含有如現實發生的那樣的某種東西之知識，則我的知覺必須是一經驗的判斷，在此經驗的判斷中，我們思維這"相隨從"為決定了的；那就是說，我的知覺預設時間中的另一現象，它依照一規律必然地隨此另一現象而來。倘若我的知覺不是如此，倘若我置定了先行者，而這事件真不曾必然地隨之而來，則我一定要視此"相續"為我的幻想之一純然主觀的遊戲；而如果我仍然

B247

要把這"相續"當作某種客觀的東西表象給我自己，則我定須名　A202
此曰只是一個夢。這樣，當作"可能知覺"看的諸現象間之關係
（依照此關係，後繼事件，即眼前發生的事件，就其存在說，是
必然地依照一規律在時間中爲某種先行的東西所決定）——換言
之，原因對於結果之關係——就是在關於知覺之系列中，我們的
經驗判斷底客觀妥效性之條件，因而也就是說，是經驗判斷底經
驗的眞理性之條件；那就是說，它是經驗底條件。因此，在現象
底相隨從中的因果關係之原則對於處在相續底條件下的一切"經
驗底對象"也是有效的，因爲這原則其自身就是這樣的經驗底可
能性之根據。

　　[註(1)]: "攝取底綜和"，"攝取"（apprehension）恐是"統
　　覺"（Apperzeption）之誤。關此肯·士密斯注云: *Wille* 提議以"統
　　覺"代"攝取"，此恐是對的。案 *Max Müller* 卽譯爲"統覺底綜和"。

　　在此點上，有一困難發生，我們必須卽刻討論之。現象間的
因果連繫之原則在我們的程式中是限於現象底系列性的相續的，
而當原因與結果是同時的時，它亦應用於現象底共在。例如，房
間是溫暖的，而外面的空氣是冷的。我四周找尋這原因，我見到　B248
一燒熱的火爐。現在，作爲原因的火爐是與它的結果，房間底
熱，爲同時，在這裏，並沒有原因與結果間的時間中之系列性的
相續。它們是同時的，而法則卻仍有效。大多數有因致力的自然　A203
原因是與它們的結果同時的，而它們的結果之在時間中的相隨從
是只由於這事實而然，卽: 原因不能在一瞬刻中達成它的全部結

果（完整結果）。但是，在＂結果於其中開始出現＂的那一瞬中，此結果總是不易地與其原因之因果性爲同時。如果原因在一瞬前不曾存在，則結果亦決不會開始出現。現在，我們必不可不注意：我們所要去計算的是時間底秩序，而不是時間底流過；縱使沒有時間曾流過，關係仍在。在＂原因之因果性＂與＂此原因之直接結果＂間的時間可以消失不見（不見有時間量），而這樣，它們亦可是同時的；但是＂這一個之關聯於另一個＂這種關聯之關係將總仍然在時間中是可決定的。如果我視這樣一個球，即＂當它放在一個裝好的坐褥上，它便壓成一個凹洞＂，這樣一個球，爲一原因，則這原因即與結果爲同時。但是我仍然可以通過原因與結果底力學連繫之時間關係而把原因與結果這兩者區別開。因爲，如果我把這球放在坐褥上，一個凹洞即隨前時的平坦面而

B249　來；但是，如果（因某理由故），坐褥上先存有一個凹洞，則一鉛質的球卻不能隨之而來。

　　這樣，時間中的＂相隨從＂就是一個在＂關聯於其先行的原因之因果性＂中的結果之唯一經驗的判準。一個［充滿之以水的］

A204　玻璃杯是＂水上升至其水平面以上＂底原因，雖然這兩個現象是同時的。因爲一旦當我從一較大的器皿中抽出水而注入玻璃杯時，則某種情形即直接相隨而來，即是說，＂從水當時所曾有的水平位置更變到其在玻璃杯中所承擔的凹形＂，這一種更變即直接相隨而來。

　　因果性引至＂活動＂之概念，而此活動之概念復轉而引至＂力＂之概念，而因着力之概念，復引至＂本體＂之概念。由於我的批判設計（此只有關於先驗綜和知識之根源）必不可因着分析之介

入而弄成複雜的（分析之目的只意在概念之釐清，而不在概念之擴張），所以我把我的諸概念之詳細的解釋留給 "將來的純粹理性之系統(1)" 去作。這樣的一種分析實早已在現有的教科書中以可觀的詳細而被展開。但是在 "本體似乎不是通過現象底常住而顯現其自己，但卻是較適當地而且較容易地通過活動而顯現其自己" 這限度內，我不能不考慮 "一本體之經驗的判準"。

[註(1)]：案純粹理之 "批判" 不是純粹理性之 "系統"，此在序文中已表明。但此一系統之工作，康德亦始終未作，實亦不須去作。

不管什麼地方，只要那裏有活動——因而也就是說，只要那裏有活動性與力——那裡亦有本體，而現象底這個有成果的根源其所在亦必須單是在本體中被尋求。這話，到這裏為止，自是不錯；但是當我們想去解明所謂本體究竟是什麼意思，而在作這樣的解明時，我們又很小心地想去避免循環推理之謬誤，當我們想如此云云時，一個解答底發見卻並非易事。我們如何能從 "活動" 直接地歸結到那在活動着的東西之 "常住"？因為常住是當作現象看的本體底一個本質的而又完全獨特的特徵。但是，雖然依照通常的辦法（此通常辦法依純粹分析的樣式處理概念），這個問題必完全是不可解決的，然而依我們所已陳說的立場觀之，這個問題卻並沒有這樣的困難。活動指表 "因果性底主體之關聯於其結果"。現在，因為每一結果皆存於那發生的東西中，因而也就是說，皆存於 "流轉者" 中（in the transitory: im Wandelbaren），（此流轉者依時間底相續之性格指表時

B 250

A 205

間），所以此等結果底終極主體，由於是每一在遷轉⑴的東西之基體，它就是這"常住者"，卽是說，它就是本體。因為依照因果性原則，諸活動總是現象底一切遷轉之首要根據，因而它們不能在一"其自身在遷轉"的主體中被發見，因為若是在一"其自身在遷轉"的主體中被發見，則其他諸活動以及另一主體必又是需要的，需要之以去決定"其自身在遷轉"的主體之遷轉。為此之故，要想去建立［一主體底］⑵本體性，活動就是一充足的經

B 251　驗判準，用不着通過知覺底比較，首先去探索此主體底常住性。此外，因着這樣的［比較之］方法，我們亦不能達到"這本體概念底量度（卽在自然中不增不減的量度）與嚴格的普遍性"所需要的那種完整性。"一切出現與消滅（存在與不存在）底因果性之終極主體其自身，在現象底領域中，不能再有出現與消滅（存在與不存在）"，這一點是一個有保證的結論，此結論足以引至

A 206　存在中的經驗的必然性與常住性［之概念］，因而亦引至當作現象看的本體之概念。

　　　［註⑴］：案"遷轉"（change）與"更變"（alteration）不同，此當覆看前 B231 及 B233 中之正文與注語。

　　　［註⑵］：肯·士密斯注云："一主體底"（eines Subjektes），原文無，依 Wille，補。案亦不須補。原文只說以活動作經驗的判準卽可建立"本體性"，用不着通過知覺底比較先去探索"此本體性底常住性"。若補說"一主體底本體性"，則下句必須為"此主體底常住性"。先探索"本體性底常住性，由此以說明本體，等於以本體說本體，此卽此段開頭所謂循環推理。但 Wille 提議補"一主體底"亦有理由。蓋原文下句說"本體性之常住性"，指"本體性"的那個字為"desselben"，

此字於文法上不能指陰性名詞"本體性"說，故須補一"主體"字而指主體說。否則，"desselben"當改爲"derselben"。

當某種東西發生時，只這純然的"開始有存在"（出現），不管一切關於"那所要出現者是什麼"之問題，其自身早已就是一種待研究的事。從一狀態之非有轉到此狀態〔之爲有〕，縱使假定此狀態，〔如其發生〕於現象〔領域〕中者，不曾顯示任何性質，只此"過轉"本身就需要研究。這個"開始有存在"（出現），如我們前文在第一類推中所已表示的，並不有關於本體（本體並不出現），但只有關於本體底狀態。因此，它只是"更變"，並不是一"出自虛無"的出現。因爲如果"出自虛無的出現"被看成是"一個界外原因(1)"底結果，則它須被名曰創造物，而創造物不能被承認爲是現象間的一個事件，因爲卽此創造物之純然的可能性亦必會破壞經驗底統一。另一方面，當我視一切事物不是視爲現象，而是視爲"事物之在其自己"，而且是視爲純然知性底對象時，則縱使它們是本體(2)，可是就其存在而言，它們亦可被視爲依靠一"界外原因"者。但是，若如此，則我們的諸詞語必具有完全不同的意義，而且亦不能應用於那作爲"經驗底可能對象"的現象。

B 252

〔註(1)〕："一界外原因"（a foreign cause），"界外"是現象界以外的，卽隱指上帝而言。普通譯爲"外來原因"亦可，但因"外來"嫌泛，故譯爲"界外"。佛敎天台宗說"界外"是指三界以外的說，"界外"可用，但不可混。

[註(2)]：康德視本體（常體）爲現象中者；自知性概念而言，"本體"是一個範疇，只應用於現象。上帝創造"物自身"，不創造現象，亦不創造此本體。此本體在現象領域中常存，不能有存在與不存在，亦不能出自虛無而開始出現。如果我們視一切事物不爲現象，而爲事物之在其自己，或純然知性之對象（不通過感性而被給與），則卽使說它們是"本體"，它們亦是依靠一界外原因（卽上帝）之創造而始有存在，此時本體不是一範疇，亦不是現象領域中者，不可當作現象看。如是，我們的詞語之意義便完全不同了。若問：上帝創造"物之在其自己"，則此"物之在其自己"已開始有存在了，卽已從無而有了，然則它是否可以不有？卽是說，它是否有生滅？曰：此時任何什麼皆不能說，因爲時間空間以及範疇皆不能應用，亦無所應用，因而亦無所表象故。此處須仔細理會，否則不知其所說的是什麼。

康德說本體（常體，常住體）是順亞里士多德說本體爲一範疇之思想而來，是屬於知識範圍內之"表象的思想"者。笛卡爾說心物兩本體亦可屬於"表象的思想"者。來布尼玆從"心子"說本體，此是純然知性之對象。佛家說常斷之"常"倒可以與康德所說之常住體相通，但眞常之常則不與此常住體相通。儒家所說之本體（如道體、性體、心體、知體等等）亦非此常住體。康德不以本體說物自身，說上帝，不滅的靈魂，以及自由的意志等，凡此等彼皆名曰智思物。當然，本體既是一範疇，你可以到處用之以作思，但用於此等等處，則空無內容，亦無所表象。

A 207　　　一物如何能被更變，又"一個反面的狀態可以在次一刹那中隨一特定所與刹那中的一個狀態而來"這如何必是可能的，關於這種問題，我們不能先驗地有絲毫概想。對於這種問題，我們需要有關於"現實的力"之知識，此種知識只能經驗地被給與，例

如，關於"運動力"之知識，或與此相類者，如關於"某種相續
的現象"之知識，這些相續的現象，當作運動看，即指示這樣的
力〔之現存〕。但是，不管"更變底內容可是什麼"，即是說，
不管"那被更變了的狀態可是什麼"，這每一更變底形式，這條
件，即"當作另一狀態底出現看的‘更變’單在其下始能發生"
的那條件，因而也就是說，諸狀態自身之相續（即生起[1]之相
續），卻仍然可以依照因果性之法則以及時間之條件而先驗地被
考慮[a]。

(a)處，康德注云：必須小心注意：我並不說某種關係一般
之更變，但只說狀態之更變。這樣，當一物體等速地運動時，
它無論如何沒有更變它的狀態（它的運動之狀態）；只當它的
運動加速或減緩時，它的運動狀態始有更變。

[註(1)]：肯·士密斯注云：依 *Vaihinger*，以"生起"(the hap-
pening: das Geschehen) 代原文之"已生起者" (das Gescheh-
ene: that which has happened)。案 *Müx Maller* 依原文譯。
"生起"即"生起事"。又"諸狀態自身之相續"，*Max Müller* 譯爲
"諸狀態之相續自身"，此較好。

如果一個本體從一狀態 a 過轉到另一狀態 b，則此第二狀態　　B 253
底時間點是不同於第一狀態底時間點的，而且它亦隨着第一狀態
底時間點而來。同樣，作爲現象〔領域〕中的實在的第二個狀態
是不同於第一個狀態的，在此第一個狀態處，此第二個狀態不曾

有存在，因為 b 從零起。此即是說，縱使狀態 b 只在量度上不同

A208　於狀態 a，［而這亦有更變，而］(1) 這更變必應就是 "b-a" 之出現（開始有存在），此 "b-a"（b 而非 a）不曾存在於前一狀態中，而在關聯於此 "b-a" 中（或就此 "b-a" 而言），那前一狀態＝o。(2)

［註(1)］：為譯者所補。

［註(2)］："那前一狀態＝o"，意即 a 或 "a—b" ＝o，意即 "b—a" 出現，"a—b"即消滅，即以是故，b 從零起。

因此，這問題便發生，即：一物如何從此一狀態＝a 過轉到另一狀態＝b。兩瞬之間總有一時間，而兩瞬中的任何兩個狀態之間總有一個差異，此差異有量度。因為現象底一切部分其自身總皆是量度。因此，一切 "從此一狀態過轉到另一狀態" 之過轉是發生於一時間中，此一時間是含在兩瞬之間的，此兩瞬中之第一瞬決定 "事物所由之以發生" 的那狀態，而第二瞬則決定 "事物所過轉入其中（或所過轉至）" 的那狀態。依此，第一、二瞬這兩者是 "一個遷轉" 底時間之範圍，因而亦就是說，是兩狀態間的居間狀態之範圍，而即如此，此兩者遂形成 "這一整更變" 底部分。現在，每一更變皆有一原因，此原因表明此更變之在一整全時間中的因果性，此一整全時間就是 "更變所發生於其中" 的那整全時間。因此，這個原因並不是忽然間引起更變，即是說，並不是一下子或在一瞬間引起更變，但是在一段時間中引起

B254　更變；這樣，當時間從始瞬 a 起逐漸增加，增加至其在 b 瞬中之

完整時，"b-a"這個實在之量度亦依同樣方式通過那些"包含在第一級度與最後級度之間"的一切較小的級度而被產生出。因此，一切更變只有通過因果性之一連續的活動才是可能的，此一連續活動，就其是齊一的而言，它即被名曰"動率"（moment）。更變並不是由這些動率而組成，但只是因着這些動率而被產生，產生出來以為這些動率之結果。　　　　　　　　　　　A.209

　　這即是一切更變底連續性之法則。此連續性法則之根據是如此，即：時間及時間中的現象皆不是由最小可能的部分而組成，而縱然如此，一物之狀態亦可在此物之更變中通過一切這些部分作為成素而過轉到此物之第二狀態。在現象〔領域〕中，沒有實在物（the real）底差異是最小的差異，此恰如在諸時間底量度中，亦沒有時間是最小的時間；依此，實在物⑴（reality）底新狀態是從"此實在物已不存在於其中"的第一狀態開始，通過一切無限數的級度而繼續向前進行，這無限數的級度(程度等級)其互相間之差異盡皆較小於 o 與 a 間的差異。

　　〔註⑴〕：案此 "reality" 不可譯為實在性，其意指實即是"實在物"，與 "the real"（實在者，真實者，實亦即實在物）同。如鬆泛地譯為 "實在"，亦是指 "實在物" 而言。

　　雖然我們並不關心于去探討這個原則在自然底研究中所可有的利益是什麼，可是那實迫切地需要研究者卻是這問題，即：這樣一個原則，即它似乎要去擴張我們的自然之知識（關於自然之知識），這樣一個原則，如何能是完全先驗地可能的。這樣的一

種探討不能被廢棄，雖然直接的檢查可以表示這原則是正確的而

B255　且是［經驗地］眞實的，又雖然"這原則如何必是可能的"這問
題因而亦可以被視爲是多餘的。［雖然如此云云，這樣的一種探
討終不能被廢棄。］⑴蓋因爲有如此多無根據的要求，要求於通
過純粹理性而擴大我們的知識，此無根的要求之多多到如此之程
度以至於我們必須認以下所說者爲一普遍的原則，卽：任何這樣
的要求（虛僞要求）其自身就是"其總是爲不足信者"之一根

A210　據，而且若無爲一徹底的推證（超越的推證）所供給的證據，我
們便不可以相信而且認定這樣的諸要求之正當性（合法性），不
管它們底獨斷的證明可以顯現爲是如何地清楚的。

　　　　［註⑴］：此是譯者所補，蓋爲順通文氣故。又肯・士密斯譯此以上
　　　以"雖"字起句，*Max Müller* 依原文句法如此譯：「關於此原則在
　　　自然科學中（在自然硏究中）可有什麼利益，這在現在並不與我們有
　　　關。但是，"這樣一個原則，卽它似乎很要擴大我們的自然之知識，這
　　　樣一個原則，如何能是先驗地可能的"，這一個問題卻需要一仔細的硏
　　　究，雖然我們能看見這個原則是眞實的而且是正確的，而這樣，我們亦
　　　可想像："這原則如何是可能的"一問題是不必要的（多餘的）。」如
　　　此譯，倒反直白。*Meiklejohn* 譯亦大體同此。

　　經驗知識中的一切增益以及知覺底每一步前進，不管對象可
是什麼，是現象，抑或是純粹直覺（如數學對象），這一切增益
以及每一步前進沒有別的，不過就是內部感取底決定之**擴張**，卽
是說，不過是時間中的前進。這種時間中的前進決定每一東西，

而其自身卻不是通過任何別的東西而爲被決定的。那就是說，此時間中的前進底諸部分只是在時間中被給與，而且亦只通過時間之綜和而被給與；它們並不是先於這種綜和而被給 與。 爲 此 之故，知覺中的每一過轉，卽過轉到那 "在時間中相隨而來" 的某種東西上，這種過轉，它就是時間之一決定，卽通過此知覺之產生而爲時間之一決定，而因爲時間總是一量度，而且它在一切它的部分中亦是一量度，是故這種過轉同樣亦是當作一量度看的一個知覺之產生，卽這種過轉通過一切級度（其中無一是最小者），從零起上升至一知覺之決定性的級度止，而爲當作一量度看的一個知覺之產生。這層意思顯示"先驗地知更變底法則"之可能性，卽 "就更變之形式而先驗地知更變底法則" 之可能性。我們只預測我們自己所有的攝取，此攝取底形式條件，因爲它先於一切被給與的現象而卽居於我們之內（不居於我們之外，意卽居於我們心中），是故它必須確然是能夠先驗地被知者。

　　「因此，依此同樣的樣式，就如(1) "時間含有存在者之連續前進進至那相隨而來者這種連續前進底可能性之感觸 的 先 驗 條件" 這同樣的樣式，知性，藉賴着統覺之統一，通過原因與結果之系列，就是此時間中的諸現象上之一切位置之一連續決定底可能性之先驗條件，所謂通過原因與結果之系列，此中原因不可避免地引至結果底存在，因而逐使時間關係底經驗知識爲於一切時皆是妥實有效的（爲普遍地妥實有效的），因而亦就是說，爲客觀地妥實有效的。」（此整句依康德原文譯）。

[註(1)]：依康德原文爲"就如"，肯・士密斯與 *Max Müller* 所譯皆不如此，語意不明。此一長句，主句是在"知性是此時間中的諸現象上之一切位置之一連續決定底可能性之先驗條件"，知性之所以是此云云之先驗條件，是依這同樣的樣式，就像"時間含有存在者之連續前進進至那相隨而來者這種連續前進底可能性之感觸的先驗條件"這同樣的樣式，而然。依此，此一長句可依康德原文拆開重述如下：「因此，時間旣含有存在者之連續前進進至那相隨而來者這種連續前進底可能性之感觸的先驗條件，是故知性卽依這同樣的樣式，就像"時間含有云云之可能性之感觸的先驗條件"這同樣的樣式，而卽是此時間中的諸現象上之一切位置之一連續決定底可能性之先驗條件，其爲此云云底可能性之先驗條件是藉賴着統覺之統一，通過原因與結果之系列，而爲此云云底可能性之先驗條件，所謂通過原因與結果之系列，此中原因不可避免地引至結果底存在，因而此原因遂使時間關係底經驗知識爲於一切時皆是妥實有效的（爲普遍地妥實有效的），因而也就是說，爲客觀地妥實有效的。」

Meiklejohn 譯大體得之，但於起句處稍有刪改，其譯如下：「這樣，就像"時間含有'那存在者之連續前進進至那隨之而來者'這一種連續前進底可能性之感觸的先驗條件"那樣，知性，藉賴着統覺之統一，亦含有一切現象之時間中的位置之一連續決定底可能性之先驗條件，而其含有此云云者是經由原因與結果之系列而含有之，原因與結果之系列中之原因迫使結果之相隨爲必然者，因而遂使時間關係底經驗知識爲普遍地妥當的而且是於一切時上爲妥當的，因而也就是說，爲客觀地妥當的。」案此譯直接以"就像"起句，把"依同樣樣式"字樣刪去，復把"知性是云云底可能性之先驗條件"，改爲"知性含有云云底可能性之先驗條件"，如此，則爲同一動詞，此與原文句法是兩個動詞不合，但於義理無違，故云大體得之。此可說是一種簡單化的意譯。雖有不合，

但甚通順，亦不能說錯。

肯・士密斯譯如下：「因此，依這同樣樣式，即"時間於其中或所依以含有……"的那同樣的樣式，知性，藉賴着統覺之統一，通過原因與結果之系列，就是……」。此譯把原文"就如"稍變一下，雖不能說誤，然譯成中文，語意不顯，故照原文譯。 *Max Müller* 譯同于肯・士密斯譯。

C

第三類推

依照交互或交感互通之法則而來的
"共在之原則"

一切本體，在"其能被覺知爲共在於空間中"之限度內，皆存在於通貫一切的交互中。

在第一版中：

交感互通之原則

一切本體，就其共在而言，皆處於通貫一切的交感互通中，即是說，皆處於相互影響（交互作用）中。」

證　明

事物，當在經驗直覺中它們底知覺（知覺它們之知覺）能交
B 257　互地互相相隨時，它們是共在的，此共在者，如在第二類推底原
則之證明中所已展示的，不能發生於現象底相續中。這樣，我可
把我的知覺首先引向到月亮，然後再引向到地球，或反之，首先
引向到地球，然後再引向到月亮；而因為這些對象底知覺能交互
地互相相隨，所以我說這些對象是共在的。現在，"共在"是同
一時間中的雜多之存在。但是，時間自身不能被覺知，因此，我
們無法只從置於同一時間中的事物去推想這些事物底知覺能交互
地互相相隨。

攝取中的"想像底綜和"必只顯示：當別的知覺不存在於主
體中時，此一知覺存在於主體中，或此一知覺不存在於主體中
時，別的知覺存在於主體中，但不能顯示：諸對象是共在的，即
是說，不能顯示：如果這一個對象存在，其他一個對象也同時存
在，也不能顯示：只因此諸對象這樣共在着，所以諸知覺始能交
地互相相隨。結果，在互相外在地共在着的事物之情形中，關於
此諸事物底諸決定之"交互相承"底一個純粹概念是需要的，倘
若我們能夠去說：諸知覺底交互相承是植根於對象時，因而也就
是說，倘若我們能夠去表象"共在"為客觀的時。

B 258　　但是，這樣的諸本體底關係，即"在此關係中，此一本體含
有一些決定，此諸決定之根據是含在另一本體中"這樣的諸本體
之關係，即是影響底關係；而當每一本體交互地含有決定之根據

於其他本體中時，則此關係卽是交感互通之關係或交互之關係。這樣，空間中的諸本體之共在，除基於此諸本體底交互作用（交互影響）之假設上，不能在經驗中被知。因此，諸本體底交互作用是作爲經驗底對象的"諸事物本身"（不是"事物之在其自己"）底可能性之條件。（案以上三段原文爲一整段，爲第二版所增加。）

事物，就其存在於同一時間而言，它們是共在的。但是我們如何知道它們存在於同一時間？我們之如此知之，是當"雜多底攝取之綜和"中的次序是不相干之事時，卽是說，不管這次序是從A通過B，C，D到E，抑或反之，這次序是從E到A，皆無不可時，始可如此知之。因爲如果諸事物眞是在時間中互相相續，其相續例如說是依這樣的次序，卽此次序是始於A而終於E者，如是，則"我們一定要自E之知覺中的攝取開始而後返地進到A"，這便是不可能的，蓋因爲A屬於過去時，而且它亦不能再是攝取底一個對象。

現在，如果我假定：在作爲現象的衆多本體中，每一本體皆是完全孤立的，卽是說，沒有一個本體能影響任何其他本體而且轉而又接受交互的影響，（接受從其他本體而來的影響），如是，則我可說：此諸本體底共在必不能是一可能知覺底一個對象；而此一本體底存在亦不能因着任何經驗綜和底途徑而引至另一本體底存在。因爲如果我們記住"（由於它們完全孤立），它們必應爲一完全空的空間所分離"這一點不忘，則那"在時間中從此一本體進到另一本體"的知覺，藉賴着一相繼而來的知覺，它自必實可決定這另一本體底存在，但它卻決不能去顯著出是否此另一

A 212

B 259

本體是客觀地相隨第一本體而來，抑或是否它不寧是與第一本體為共在的。（案意即在此情形下，那知覺只能決定另一本體之存在，但決不能決定此另一本體是客觀地相隨第一本體而來呢，抑或是與第一本體為共在呢？注意本體是作現象看的本體，此所謂本體卽是有自體的個體物，每一個體物是一自體物，因此說"衆多本體"，或"一切本體"，或"諸本體"。此所謂本體不是分解地抽象的表示的與屬性為對立的那個本體，乃是帶着屬性而具體地說的有自體的個體物。當然它更不是一般所說的形而上的本體。）

因此，在純然的A與B之存在外，必存有某種東西，通過此某種東西，A為B決定其時間中的位置，並反過來，B亦為A決定其時間中的位置，因為只有依據此條件，此諸本體始能經驗地被表象為"共在者"。現在，只有那為另一東西之原因者，或為另一東西底諸決定之原因者，它始決定另一東西在時間中之位置。因此，每一本體（因為只在關涉於此本體底諸決定中，此本體始能是一結果）必須在其自身中卽含有另一本體中的某些決定底因果性，而同時亦含有另一本體底因果性之結果；此卽是說，諸本體必須直接或間接地處於動力學的交感互通中，倘若它們的共在要在任何可能經驗中成為被知的時。現在，在關涉於經驗底諸對象中，任何這樣的東西，卽"若無之，這些對象底經驗其自身必不是可能的"這樣的東西，卽是必要的東西。因此，這是必然的，卽：現象［領域］中的一切本體，就其共在而言，它們定須處於通貫的"交互影響之交感互通"中。

A213

B260

"Community (Gemeinschaft)"這字，在德國語言裏，

是含混不定的（有雙重意義的）。它可以意謂拉丁字的 "Com-munio"，亦可意謂拉丁字的 "Commercium"。我們在這裏是依後一義使用之，因爲此後一義指表一動力學的交感互通（交互影響），此義，若無之，則甚至地區的團聚（local community, communio spatii）亦決不能經驗地被知。依我們的經驗，我們可容易承認：只有空間底一切部分中的連續影響始能把我們的感取從這一個對象引至另一個對象。那在我們的眼與天體間起作用的光在我們與天體間產生一居間的（媒介性的）交感互通，而且因此交感互通，這光把 "我們與天體共在" 表示（證明）給我們。除非空間底一切部分中的物質使 "我們自己的位置" 之知覺對於我們爲可能，否則，我們不能經驗地變換我們自己的位置，而且我們亦不能經驗地覺知這變換。因爲只有這樣藉賴着物質底諸部分之交互影響，此物質底諸部分始能確立（表明）此諸部分底同時存在，並因着這同時存在而確立（表明）此諸部分底共在，雖只是間接地確立（表明）之，此間接地確立（表明）此諸部分之共在甚至可以表明（確立）到那最遼遠的對象上去。設無交感互通，則空間中的一個現象之每一知覺是與每一其他知覺脫 A 214 了節的，而經驗的表象之鍊鎖，卽是說，經驗，必應須完全重新以每一新的對象開始，而與先行的表象無絲毫連繫，而且對之亦無任何時間關係。我無意想因着這種論證去否證 "空的空間"， B 261 因爲空的空間可以存在於知覺所不能及之處，因而亦就是說，存在於那沒有 "共在之經驗的知識"（沒有 "經驗的共在之知識"）處。但是，這樣一種空間對於我們並不是任何可能經驗底一個對象。

　　以下的解說在[我的論證之進一步的]說明中或可是有助的。在我們的心靈中，一切現象，因爲它們含於一可能經驗中，是故它們必須處於統覺底團聚（Community＝Communio）中，而在"對象要在互相連繫中被表象爲共在者"之範圍或限度內，它們（諸現象）亦必須相互地決定它們的在一整一時間中的位置，而因此決定，它們遂構成一"全體"。如果這種主觀的團聚（統覺之團聚）要基於一客觀的根據上，卽是說，要握有作爲本體的現象，則此一本體底知覺必須作爲根據使另一本體底知覺成爲可能，反之亦然——所以要這樣，乃爲的要使那"總是見之於知覺（作爲攝取的知覺）中"的相續可以不被歸屬給對象，而正相反，所以要這樣，乃爲的要使這些對象可被表象爲"共在者"。但是，這種互爲根據以使對方底知覺爲可能正是諸本體間的交互影響，卽是說，正是諸本體間的一種眞實的交感互通（Com-

A 215　munity＝Commercium）；若無這種眞實的交感互通，共在底經驗關係必不能被見（met with, stattfinden）於經驗中。通過這種交感互通（Commercium），現象，就其互外而又相連繫而

B 262　言，卽構成一組和體（a composite＝compositum reale），而這樣的組和體可依許多不同的路數而爲可能的。依此，三種動力學的關係，一切其他關係皆由之而生者，卽是附着關係（inherence 此指本體屬性而說），承續關係（consequence 此指因果關係說），與組和關係（composition 此指交感互通說）。

*　　　　　*　　　　　*

　　這三種動力學的關係卽是三種"經驗底類推"。簡單地說，

它們只是依照時間底三種模式而成的 "時間中的現象底存在之決定" 之原則，所謂時間底三種模式（時間三相）卽是：作爲一 "量度"（存在底量度，卽 "久歷"）看的關係于時間之自身；作爲 "一相續的系列" 看的時間中的關係；最後，作爲 "一切同時的存在之一綜集" 看的時間中的關係。這種 "時間決定"（就時間而說的決定）所成之統一全然是力學的。蓋因爲時間並不是被視爲是那種東西，卽 "在其中，經驗直接地爲每一存在決定其位置" 的那種東西。這樣的決定是不可能的，因爲絕對時間不是知覺底一個對象，「因着此對象，現象可被聚合於一起[1]。」那 "爲每一現象決定其時間中之位置" 者乃是知性之規律，只有通過這種規律，現象底存在始能就時間底關係獲得綜和的統一；因而結果也就是說，那種規律是〔依一〕先驗的而且是在每一時間上皆妥當有效的〔樣式〕來決定每一現象之時間中的位置。

〔註(1)〕：依康德原文譯。肯・士密斯譯爲 "現象可以與之相對質者" （with which appearances could be confronted），此與原文不合。依原文，當該是："因着此對象（知覺之對象卽絕對時間），現象可被聚合於一起（zusammengehalten）"。*Max Müller* 譯爲 "因着此對象，現象可被執持於一起"。而 *Meiklejohn* 則譯爲 "藉賴着此對象，現象可互相被連繫起來"。此兩譯合。不知何故肯・士密斯那樣譯。此句是說絕對時間不是知覺底一個對象，因爲時間自身不能被覺知故；因此，"它不能是知覺底一個對象，因着此對象，現象而可以被聚合於一起"（它不能是知覺底一個對象現象可因之而被聚合於一起者。）

所謂"自然"，依其經驗的意義而言，我們理解之爲現象底連繫，現象是就現象底存在，依照必然的規律，卽是說，依照法則，而說的現象，我們理解自然爲現象底連繫卽是理解之爲如此這般的現象之連繫。茲實有一些"首先使自然爲可能"的法則，而這些法則是先驗的。經驗的法則只能通過經驗而存在，而且亦只能通過經驗而被發見，而實在說來，亦只由於那些根源法則之故，它們始能通過經驗而存在以及被發見，所謂那些根源法則卽是"通過它們，經驗自身始首先成爲可能的"那些根源法則。依此，我們所說的"經驗底類推"實是在某種指數下，依一切現象底連繫，摹寫出"自然之統一"，此所謂某種"指數"（exponents, exponenten）其所表示的沒有別的，不過就是時間（在其綜攝一切存在之限度內）之關聯於"統覺之統一"，此統覺之統一只有在綜和中依照規律始成爲可能的。這樣，三種類推，綜起來一起了解之，它們只是宣布這意思，卽：一切現象皆處於而且必須處於一整一的自然中，因爲若無這種先驗的統一，沒有經驗底統一，因而也就是說，沒有經驗中的對象底決定，會是可能的。

關於"我們在這些超越的自然法則中所已使用之"的那證明之模式，以及關於這些超越的自然法則之特殊的性格，一種省察必須被作成，這省察必須同時亦是十分重要的，因爲它可提供一個規律，此規律是在每一其他試想中，卽試想去證明那些"是理智的而同時又是綜和的"先驗命題，這種每一其他試想中，所須遵循的規律。假定我們已試想獨斷地去證明這些類推；那就是說，假定我們已試想只從概念上去表示："每一存在着的東西是

只有在那是持久常住的東西中被發見"，並去表示："每一事件皆　B 264
預設先行狀態中的某種東西，此每一事件皆依照一規律隨那先行　A 217
狀態中的某種東西而來"，最後並去表示："在共在的雜多中，
諸狀態依照一規律 在互相關聯中而共在， 因而皆處於 交感互通
中"： 假定我們已企圖獨斷地卽只從概念上想去證明此等等，則
一切我們的勞力皆必已成白費。因爲通過這些事物之純然概念，
無論我們怎樣分析這些概念，我們決不能從這一對象以及此一對
象底存在進到另一對象底存在或進到另一對象底存在之模式。但
是，這裏卻有另一種方法，卽，"去研究當作一知識看的經驗底
可能性"之方法，在此當作一知識看的經驗中，一切對象——假
定這些對象底表象對於我們要有客觀實在性時——最後皆必須能
够是被給與於我們者。在這個第三者〔卽媒介〕中，卽"其本質
形式卽存於一切現象底統覺之綜和統一"這個第三者中，我們已
爲現象〔領域〕中的一切存在發見了時間底完整而必然的決定之
先驗條件，若無此先驗條件，卽使是時間之經驗的決定亦必應是
不可能的。 在此第三者中， 我們也發見了先驗的綜和統一底規
律，藉賴着這種規律，我們能預測經驗。因爲缺乏了這種方法，
並由於這錯誤的假定，卽"綜和命題（知性底經驗使用提薦這些
綜和命題以爲其原則）可以獨斷地被證明"這錯誤的假定，是故　B 265
"試想去得到充足理由原則之證明"這種試想已屢次被作成，雖　A 218
然總皆是無效的。又，因爲範疇之指導線索迄今以往皆缺如（只
有此指導線索能够在關於概念以及關於原則方面顯露出知性中的
每一裂縫，並使這每一裂縫成爲可注意的），所以沒有人甚至曾
想及其他兩種類推（案卽本體常住與共在這兩種類推），雖然已

默默地使用了它們[a]。

(a)處，康德有底注云：

"世界全體"底統一（在此統一中，一切現象必須被連繫起來）顯然只是"一切共在的本體之交感互通"這默默被認定的原則之一後果。因為如果諸本體是孤立的，則它們必不能作為部分來構成一全體。又，如果它們的連繫（眾多本體底交互影響）不是早已因為它們的共在而成為必然的，則我們亦決不能從它們的共在（此是一純然理想的關係）辯論到它們的連繫（此是一真實的關係）。但是，在本文裏，我們已表示：交感互通是"共在"底經驗知識底可能性之根據，並已表示：此中之推斷，如正當地視之，只是從"共在"底經驗知識推到交感互通以為其條件。

IV

"經驗思想一般"底設準

1.那與經驗之形式條件相契合的東西，卽是說，與直覺之條件以及概念之條件相契合的東西，是可能的東西。

2.那與經驗之材質條件緊繫於一起的東西，卽是說，與感覺緊繫於一起的東西，是現實的東西。　　　　　　　　　　　　B 266

3.那在其與現實的相連繫中依照經驗之普遍條件而爲被決定了的東西是必然的東西（卽是說，它當作必然的東西而存在着）。

說　明

諸程態範疇有這特點，卽：在決定一對象中，它們並不能絲　　A 219
毫擴大這概念，卽"它們當作謂詞所附隨於其上"的那個概念。
它們只表示這個概念之關聯於知識之機能。卽使當一物之概念是
十分完整的，我仍然可以研究這個對象是否只是可能的，抑或亦
是現實的，抑或如果是現實的，是否它不亦是必然的。沒有額
外的決定可因着這種研究而被思於對象自身中；這問題只是：對
象，連同對象之一切決定，如何關聯於知性以及此知性之經驗的
使用，如何關聯於經驗的判斷力（judgment, Urteilskraft），
以及如何關聯於理性（應用於經驗的理性）。

　　亦 正因此故， 諸程態之原則亦不過只是經驗使用中的可 能 性， 現實性， 以及必然性這三個概念之說明； 同時， 諸程態之原 則把一切範疇限制於它們的純然地經驗的使用， 並不贊同或允許 它們的超越的使用。 因爲如果這一切範疇要不是只有一純粹邏輯 的意義， 要不是分析地只表示思想之形式， 且要涉及事物之可能 性， 現實性， 或必然性， 則它們必須有關於可能的經驗以及此可 能的經驗之綜和的統一， 只有在此可能的經驗中， 知識底對象始 能被給與。

B 267

A 220

　　事物底可能性之設準需要： 事物之概念定須與 "一經驗一般 之形式條件"相契合。 但是一經驗一般之形式條件， 經驗一般之 客觀形式， 含有對象底知識上所需要的一切綜和。 一個 "含有一 種綜和"的概念須被看成是空的， 並須被看成是不關聯於任何對 象的， 倘若這綜和（此概念所含有的綜和）不是由於 "此概念從 經驗而引生出"而屬於經驗（ 在 "此概念從經驗而引生出"之情 形中， 此概念是一經驗的概念）， 或不是由於 "此概念是一先驗 的條件， 卽 '經驗一般自其形式面說所必基於其上'的那先驗條 件 "而屬於經驗（ 在 " 此概念是自形式面說的經驗一般所基於 其上的那先驗條件"之情形中， 此概念是一純粹概念）。 在此後 一情形中， 此概念（雖是一純粹概念）仍然屬於經驗， 因爲它的 對象須只在經驗中被發見。 因爲， 我們將從何處引生出一個 "通 過一綜和性的先驗概念而被思"的對象底可能性之性格， 倘若不 從那 "足以構成對象之經驗知識底形式"的綜和處引生出？ "可 能者之概念必須不含有任何矛盾"這自是一必要的邏輯條件； 但 這決不足以決定這概念之客觀實在性， 卽是說， 決不足以決定如

B 268

"經由這概念而被思者"這樣一個對象之可能性。如是，在一個
"圍在兩條直線內"的圖形之概念中，是並沒有矛盾可言的，因
爲"兩條直線"之概念以及"它們的會合於一起"之概念並不含
有一圖形之否定。這"不可能"並不發生自這概念之自其本身而 A221
言，但只發生自"這概念之與其空間中的構造相連繫"，卽是說，
發生自空間之條件以及空間底決定之條件。而因爲這些條件其自
身先驗地含有"經驗一般"底形式，所以它們有客觀的實在性；
卽是說，它們可應用於可能的事物。

　　我們現在將進而去展示這個"可能性之設準"之更深遠的利
益與影響。如果我把這樣一個東西，卽"此東西是持久常住的，
因而其中在變化着的每一東西皆只屬於此常住的東西之狀態"這
樣一個東西，表象給我自己，則我決不能只從這樣一個概念卽可
知道：這類的一個東西（卽持久常住的東西）是可能的。又，如
果我把這樣的某種東西，卽"此某種東西是如此之被構造成以至
於如果它一旦被置定，某種其他東西經常而不可避免地必隨之而
來"這樣的某種東西，表象給我自己，則這某種東西確然可以
這樣被思而無矛盾；但是這種思想卻供給不出"去判斷這種特性
（因果性）是否可在任何可能的事物中被發見"這判斷之 之方
法。最後，我能把這樣諸不同的事物（諸本體），卽"此諸不同 B269
的事物是如此之被構成以至於這一個事物（本體）底狀態可以帶
着另一個事物（本體）底狀態中之某種後果與之俱，而這種情形
是交互地如此的"這樣的諸不同的事物，表象給我自己；但是我
決不能只從這些概念（這些概念只含有一純然隨意的綜和）來決
定：這類的一種關係（卽交互之關係）是否能屬於任何［可能的］

事物。 只有通過這事實， 卽 "這些概念先驗地表示每一經驗
中的知覺底關係" 這一事實， 我們始能知道這些概念底客觀實
在性， 卽是說， 知道它們的超越的眞理性， 而這種超越的眞理
性 （客觀實在性） 實是獨立不依於經驗的， 雖然不是獨立不
依於 "關聯於經驗一般底形式" 這一切關聯，以及 "關聯於綜
和統一"這一切關聯（只有在此綜和統一中，對象始能經驗地被
知）。

但是，如果我們一定要想只從知覺所呈現給我們的材料來構
成本體，力，交互影響這些完全新的概念，而卻沒有經驗自身以
給出"它們的連繫"之事例，則我們必是只從事於純然的空想，
關於這些空想之可能性是並沒有驗證之標準的，因爲我們旣未曾
[直接地]從經驗中借得這些概念，亦未曾在這些概念之形成中以
經驗作爲我們的女導師。這樣一些虛構的概念，其獲得可能性之
性格與範疇不同，它們之能獲得其可能性之性格，不是當作 "一
切經驗所依於其上"的條件，依先驗的樣式而獲得，但只如其是
一些 "通過經驗自身而被給與"的概念那樣，依後天的樣式而獲
得。結果，它們的可能性必須或者是後天地而且經驗地被知，或
者其可能性畢竟不能被知。一個 "自應持久地現存於空間中但卻
沒有充塞空間" 這樣的本體（此如有人所欲引出的那居於物質與
思維主體之間而爲居間物的那一種存在），或者 "直覺地預測未
來（而非只推斷未來）" 這麼一種特殊的終極的心力（案此如佛
家所說的宿命明），或者最後，使思想與他人（不管如何遠方的
他人）交感互通這麼一種力量（案此如佛家所說的他心通）——
凡此皆是一些 "其可能性皆全然是無根據的"概念，因爲這些槪

念不能基於經驗上，亦不能基於經驗底已被知了的法則上；而既無這樣的穩固性，則它們只是思想底隨意的結合，這些隨意的結合，雖誠然可免於矛盾，但它們卻不能要求有客觀實在性，因此，關於如"我們這裏所想以這些概念去思之"的這樣一個對象之"可能性"，這些隨意的結合亦不能對之有要求。關於"實在性"，設不求經驗以爲我們之助，我們顯然不能具體地思之。因爲實在性是與感覺，經驗底材料，緊繫於一起的，不是與那種"關係底形式"，卽"關於這關係底形式，如果我們願意時，我們能憑藉或訴諸一種遊戲性的發明以發明之"這樣的關係底形式，緊繫於一起的。

但是現在我可以把任何這樣的東西，卽"其可能性只能從其經驗中的現實性而被引申出"這樣的東西，置諸不論，我在此只把那通過先驗概念而來的"事物之可能性"放在心裏（只以這爲目的）；而且我主張以下之正題，卽：此諸事物之可能性決不能只從這樣的諸概念，卽"依其自身而且因着其自身而視之"的這樣的諸概念，而被建立，但只當這些概念被視爲是"經驗一般"之形式的而且是客觀的條件時，此諸事物底可能性始能被建立。 B 271

實在說來，一個三角形之可能性似乎可只從"此三角形之概念之依其自身而且因着其自身"而被知（此概念確然是獨立不依於經驗的），因爲事實上我們能完全先驗地給此概念以對象，卽是說，我們能構造它。但是因爲此三角形之概念只是一對象之形式，是故它必應仍是一純然的"想像之產品"，而它的對象之可能性必仍然是可疑的。想要去決定它的對象之可能性，需要某種 A 224

更多一點的東西，卽是說，需要這樣的一個圖形之被思是只有在那些 "一切經驗底對象所基於其上" 的條件下而被思，除在此等條件下被思外，它不能在任何其他條件下而被思。現在，空間是外部經驗底一個形式的先驗條件，又 "我們所經由之以在想像中構造一三角形" 的那種形構的綜和確然同於 "我們在一現象之攝取中所運用之以便爲我們自己去製造此現象之經驗的概念" 的那種綜和：凡此皆是這樣的一些考慮，卽單只這些考慮始能使我們去把這樣一個東西（三角形）底可能性之表象與它的概念連繫於一起。同樣，因爲 "連續量度"，不，實卽 "量度一般" 之諸概念，一切盡皆是綜和的，是故這樣的諸量度之可能性從不會只從此等概念自身而成爲清楚的，但只當此等概念被看成是經驗一般中的諸對象底決定之形式條件時，這樣的諸量度之可能性始成爲清楚的。實在說來，如果不在經驗中（只有通過這經驗，對象始能被給與於我們）尋求與這些概念相對應的對象，我們必應在何處尋求呢？實在說來，我們實能先於經驗自身，單只因着涉及這樣的諸形式條件，卽 "在其下，經驗中的任何東西能被決定成爲對象" 這樣的諸形式條件，卽可知道事物之可能性而且可表徵事物之可能性（表現事物之可能性之特徵），因而亦就是說，我們實能完全先驗地知之而且表徵之（表徵事物之可能性，表現事物之可能性之特徵，意卽事物之可能性不只是不矛盾之形式的可能性而已。）但卽使是如此，這也只有在關聯於經驗中以及在經驗底範圍內始是可能的。

　　那 "有關於當作 '現實的' 看的事物底知識" 的那設準，實在說來，並不要求對象之直接的知覺（對象是 "其存在可被知"

的對象），因而也就是說，並不要求對象之感覺（感覺是"我們
所意識及"的那感覺）。但是，我們所需要的乃是對象與某一現
實的知覺之相連繫，這相連繫乃是依照經驗底類推而然者，類推
卽是"規定（define, darlegen 展示）經驗一般中的一切眞實的
連繫"的那類推(1)。

[註(1)]：肯·士密斯有注云："此段首句我於詞語之次序採用了一
種改變，如 Valentiner 所提示者。案依其他兩譯，此段原文似爲
一整句，主要的語脈是說事物底現實性之設準並不要求對象之直接的知
覺，因而亦就是說並不要求對象之感覺，但只要求對象與某一現實的知
覺之相連繫。其他皆是插進去的形容語句(或片語或子句)。肯·士密斯
拆爲兩句，第二句以"我們"爲主詞，其實原文主詞只是"設準"。當然
"我們所需要的"云云亦卽"事物底現實性之設準"所要求的。其他兩譯雖
爲一整句，同一主詞，然諸詞語間亦有不諦處。

在一物底純然概念中，並無此物底存在底記號可被發見。因
爲雖然這個概念可以是如此之完整以至於在"思考此物連同此物
之一切內部決定"上所需要的東西一無缺乏，然而"存在"卻仍
與這一切無關，但只與這問題有關，卽：如此之一物是否可如此
地被給與於我們以至於此物底知覺總能先於此概念（如果需要它
先於此概念時）。因爲"概念先於知覺"，這只指表概念之純然
的可能性；"把內容提供給概念"的那知覺乃是現實性底唯一記
號。但是，我們也能先於此事物之知覺，因而也就是說，比較地
言之，依一先驗的樣式，而知道事物之存在，只要這事物是依照

B 273

知覺底經驗連繫之原則（類推）而與某些一定的知覺緊繫於一起。因為事物之存在既是這樣地在一可能經驗中與我們的某些知覺緊繫於一起，是故我們能够在可能知覺底系列中以及在類推底指導下去作這過轉，卽 "從我們的現實知覺過轉到我們所欲論及的事物" 這過轉。這樣，從有吸引力的鐵銼之知覺中，我們知道遍於一切物體的電磁質素之存在，雖然我們的器官之構造截斷了關於這種媒介物（這種質素 dieses Staffs）底一切直接的知覺。因為，依照感性底法則以及我們的知覺之係絡，假定我們的感取更為精緻一點，我們在一經驗中一定也能遇見關於這媒介物底直接的經驗直覺。我們的感取之粗略無論如何並不裁決 "可能經驗一般" 之形式。（*Meiklejohn* 譯：感取之遲鈍並無影響於而且亦不能改變可能經驗一般之形式。*Max Müller* 譯：感取底現實上的遲鈍並無關於可能經驗一般之形式。）依是，我們的關於事物底存在之知識只能達至如此之遠，就如知覺以及知覺之依照經驗法則而前進之前進 (advance, Fortgang) (1)所能擴展至者那樣遠。如果我們不自經驗開始，或如果我們不依照現象底經驗連繫之法則而進行，則我們的關於任何事物底存在之猜測或研究將只是一空洞的虛飾或偽裝。但是，觀念論提出了那種主張，卽 "對於間接地證明存在這證明上所需的這些規律是一種嚴重的抗議" 的主張；而這裏便是反駁觀念論之適當的地方。（案此句以及此下 "對於觀念論之反駁" 為第二版所增加。）

[註(1)]：案康德原文是 Anhang（行列），肯·士密斯依 *Wille*

改爲 Fortgang（前進）。*Max Müller* 依原文如此譯：“因此，知覺以及知覺之行列依照經驗法則所能至的地方，我們的關於事物底存在之知識亦能至之”。不改亦通。

*   *   *

對於觀念論之反駁

觀念論（我意謂材質的觀念論）是這樣一種學說，卽：它宣稱在我們外的那空間中的對象之存在或只是可疑的而且是不可證明的，或只是虛假的而且是不可能的。前說是笛卡兒底或然的觀念論，此或然的觀念論主張說：只有一個經驗的肯斷是不可反駁地確定的，此卽“我在”是。後說是巴克萊底獨斷的觀念論。巴氏主張：空間，連同這一切事物，卽“空間是其不可分離的條件”的那一切事物，皆是這樣一種東西，卽“以其自身而言它是不可能的”這樣的一種東西；因此，他視空間中的事物爲純然地想像的東西（imaginary entities, Einbildungen）。 如果空間被解釋爲一種“必須屬於物自身”的特性，則獨斷的觀念論是不可避免的。因爲在那種情形中，空間，以及這每一東西，卽“空間對之充作條件”的那每一東西，皆是一“非實物”（non-entity, Unding）。 這種觀念論所基於其上的那根據早已在“超越的攝物學”中爲我們所摧毀。或然的觀念論（此或然的觀念論並不作這樣的肯斷［如獨斷的觀念論所作者］，但只辯說： 通過直接

B275

的經驗，除我自己的存在外，不能證明任何存在），在“它不允許有決定性的判斷直至充分的證明被發見”這限度內，它是合理的，而且是符合於一徹底的而且是哲學的“思想模式”的。因此，這所需要的證明必須表示：我們實有對於外物底經驗，而不只是有對於外物底想像；而這一點看起來似乎不能被達到，除非因着證明以下一點而被達到，即證明：甚至我們的內部經驗（此在笛卡兒是不可爭辯的）亦只有依據外部經驗底假設才是可能的。

論　題

　　單只是這純然的，但卻是經驗地決定了的“我自己的存在之意識”即足證明在我以外的空間中的對象之存在。

證　明

　　我意識到我自己的存在爲時間中的決定了的存在。時間底一切決定預設某種在知覺中是持久常住的東西。「但是，這持久常住者不能是某種在我之內的東西，因爲只有通過這持久常住者，我的時間中的存在其自身始能被決定」。〔案康德在第二版序文BXL 一長注中已指出此語必須修改如下：“但是，這持久常住者不能是在我之內的一個直覺。因爲我的存在底決定之一切根據（原因）而可以在我之內被發見者只是一些表象；而由於是表象，是故此諸表象其自身即需要一不同於它們自身的持久常住者，在關聯於此持久常住者中，此諸表象底變化，因而亦就是說，我的時間中的存在（此諸表象即在我的時間中的存在處起變化），始可被決定"。]這樣，這持久常住者之知覺是只有通過在我之外的一個"事物"才是可能的，而不是通過在我之外的一個事物之"純然的表象"才是可能的；結果，我的時間中的存在之決定是只有通過"我在我之外所覺知"的那些現實物之存在才是可能的。現在，［我的］時間中的［存在之］意識是必然地與"此時間決定"底可能性［之條件］之意識緊繫於一起；因此，它亦必然地與"在我之外的事物之存在"，作為時間決定之條件者，緊繫於一起。換言之，"我的存在"之意識同時亦即是在我之外的其他事物底存在之一直接的意識。

B 276

　　註解1：　我們可以看出：　依以上的證明，　觀念論所玩的遊戲已轉而反對其自己，　而且是以較大的公平（更充分地足以）轉而反對其自己。觀念論認定：那唯一直接的經驗是內部經驗，並認定：從內部經驗，我們只能推斷外部的事物——而這種推斷復又只是依一不可信賴的樣式而推斷，就像在一切"我們從所與的結果推斷到決定的原因"的情形中之依不可信賴的樣式而推斷。在此特殊的情形中（即"從結果推原因"之特殊的情形中），表象底原因，我們所歸給於，或許是錯誤地所歸給於，外部事物者，很可以處於我們自己中。但是，在以上的證明中，我們已表示出：外部經驗實是直接的[a]，並表示出：只有憑藉外部經驗，內部的經驗（實在說來，不是"我自己的存在"之意識，但只是"我自己的時間中的存在"之決定）始是可能的。"我在"這個表

B 277

象，它表示"能伴同一切思想"的那個意識，它誠然於其自身中直接地包含有一主體之存在；但是它卻並不直接地包含有對於該主體底任何知識，因而也就是說，它並不包含有關於該主體底經驗知識，即是說，並不包含有關於該主體底經驗。就經驗或知識說，在"某物存在"之思想外，我們還需有直覺，而在此情形中（即在"我在"之情形中），則需要有一內部的直覺，在關涉於此內部直覺中，即是說，在關涉於時間中，這主體必須是被決定了的。但是要想這樣去決定它，外部對象是完全不可缺少的；因此隨着可說：內部經驗其自身只是間接地可能的，而且只有通過外部經驗才是可能的。

(a)處，康德有底注云：

在前列"論題"中，外物底存在之直接意識並不是被預設了的，而是被證明了的，不管此意識之可能性已被我們所了解或未被我們所了解。關於此意識底可能性之問題必應是這個問題，即：是否我們只有一內部感取，而並無外部感取，但只有一外部的想像。但是，顯然，甚至要想只去想像某物為外部的，即是說，只去把某物呈給或送給直覺中的〔內部〕感取，我們亦必須早已有一外部的感取，而且必須因此外部感取直接地把一外部直覺底純然接受性與那"標識每一想像活動"的自發性區別開。因為，設若我們只想像一外部感取，則那"須被想像機能所決定"的直覺機能其自身必歸空無。

註解2：我們的經驗中的認知機能底一切使用，在時間底決

B 277

定中，皆完全契合於此論題（卽上面所列之論題）。不只是除通過外部關係中的變化（運動），卽相對地關聯於空間中之持久常住者這外部關係中的變化（例如太陽相對地關聯於地球上的對象而動之運動），我們不能覺知時間底任何決定，亦不只是除只有 B 278 "物質"爲持久常住者外，我們也並無什麼是持久常住者（此持久常住者卽是那 "當作直覺，我們能把一本體之概念基於其上" 的那持久常住者）；而且甚至此常住體也不是從外部經驗中而被得到，但只是先驗地被預設爲時間底決定之一必要的條件，因而也就是說，被預設爲內部感取底決定 "之" [1] 一必要的條件（內部感取是關於 "通過外部事物之存在而來的我自己的存在 ［之決定］" 的那內部感取）。在 "我" 這個表象中的 "我自己" 之意識（卽意識到 "我自己" 這個意識）並不是一直覺，但只是一思維主體底自發性之純然理智的表象。因此，這個 "我" 沒有絲毫的 "直覺之謂述"（從直覺而引生出的謂詞），此所無之直覺之謂述，當作持久常住者看，它可以充作內部感取中的時間底決定之 "相關者"——其充作時間底決定之相關者是依這樣式，卽，"例如不可入性在我們的對於物質之經驗的直覺中所依以充作物質之相關者" 那樣式，而充作時間底決定之相關者。

［註(1)］: *Max Müller* 譯指出原文爲 "als"，當改爲 "der"。吾卽依此改而譯。改了以後便是 "因而也就是說，被預設爲內部感取底決定之一必要的條件"。*Meiklejohn* 亦如此譯。肯・土密斯未注意及此，依原文之 "als" 而譯，如是，遂只成以下之句子，卽: "因而也就是說，復亦被預設爲內部感取之一決定"，而非 "被預設爲內部感取底

決定之一必要的條件"。此則於理不通。
. . . .

註解 3：從這事實，即："外物底存在爲自我底一決定性的
意識之可能性所需要"這一事實，並不隨而即可說：外物底每一
直覺的表象皆包含着這些外物之存在，因爲這些外物底直覺表象
很可只是想像之產品（此如在夢中以及在妄念或癲狂中）。這樣
的表象只是「前時外部知覺底重現」⁽¹⁾，這些前時的外部知覺，
如所已表示，是只通過外部對象底實在性才是可能的。在這裏一

B 279　切我們想去證明的是：內部經驗一般只有通過外部經驗一般才是
可能的。這個或那個設想的經驗是否不是純然地想像的東西，此
則必須依它的特殊決定，以及通過其與一切眞實的經驗底判準相
適合，而被確定。〔第二版增加文至此止。〕

〔註(1)〕：肯·士密斯如此譯似乎不很够。依其他兩譯當該是如此：
"這樣的表象只是通過前時的外部知覺底重現而結成的一個結果"。光說
是 "前時外部知覺之重現"，不表示它不包含着 "外物之存在"，只是
眼前不存在而已，但仍是實的，不只是想像之產品。

　　　　　　　*　　　　　　　　*　　　　　　　　*

　　最後，至於第三設準，它有關於存在中的"實際的必然性"，
而並無關於概念連繫中的 "純然形式的與邏輯的必然性"。因爲
感取底任何對象之存在不能完全地先驗地被知，但只能比較地先

A 227　驗地，相對地關聯於某一其他前時被給與的存在，而被知；而又

因為，即使是如此，我們亦只能達到這樣一個存在，就像那"必須是含在經驗底係絡 （context, Zusammenhange） 中之某處"那樣的存在（所謂經驗底係絡即是"所與的知覺是其中之一部分"的那經驗底係絡），因為以上兩層緣故，所以存在底必然性決不能只從概念而被知， 但總只是依照經驗底普遍法則， 從"與那被覺知的東西相連繫"中而被知。

現在，除依照因果法則，從所與的原因而來的結果之存在以外，再沒有存在能被知為是必然的，即在其他所與的現象之條件（制約）下而為必然的。因此，我們所能知其為"必然的"者並不是諸物（諸本體）底存在，但只是諸物（諸本體）底狀態底存在；而此諸物（諸本體）底狀態底存在底必然性，我們也只能依照經驗的因果法則從其他狀態（給與於知覺中者）而知之。 依 B 280 此，必然性底判準只處於可能經驗底法則中，即"每一發生的東西皆是通過其現象［領域］中的原因而為先驗地被決定了的"這法則中。

這樣，我們知道必然性只是自然中的那些結果，即"其原因是給與於我們"的那些結果，底必然性，而存在中的必然性底性格（character, Merkmal） 亦不能擴展至可能經驗底領域以外，而即使在此可能經驗領域內，它亦不是可應用於那作為本體的東西之存在， 因為本體從不能被視為是經驗的結果 —— 即是說，被視為是"生起者"與"開始存在者"。必然性只有關於依 A228 照力學的因果法則而來的"現象底關係"，以及有關於基於因果法則上的這可能性，即"從一所與的存在（一原因）先驗地推斷到另一存在（結果）"這種推斷底可能性。 "每一發生的東西是假然地必然的”是一個原則，此原則把世界中的更變（變化）隸屬到一個法則上去，即是說，隸屬到關於“必然的存在”底一個規律上去，設無此規律，必沒有什麼東西可以被名曰“自然”者。

因此，“沒有東西通過盲目的機遇而發生”（in mundo non datur casus）這個命題是一個先驗的自然法則。“沒有自然中的必然性是盲目的，但總是一受制約的因而亦是可理解的必然性”（non datur fatum）這個命題亦是一先驗的自然法則。這兩個命題皆是這樣的法則，即通過此等法則，諸變化底遊戲皆可使之成為隸屬於“事物之本性”（即作為現象的事物之本性）者，或者說，隸屬於與這事物之本性相等的東西，即隸屬於“知性之統一”者，只有在此“知性之統一”中，諸變化始能屬於一個整一的經驗，即是說，屬於“現象底綜和統一”。這兩個命題皆屬於力學原則一類的。第一個命題實是因果原則之一後果，因而亦屬於“經驗之類推”。第二個命題則是一個關於程態底原則；但是此程態，當它把必然性之概念加到因果的決定上時，它本身即居於知性底一規律之下。

連續性原則禁止現象底系列中，即變化底系列中，有任何跳躍（in mundo non datur saltus）；就空間中的一切經驗直覺底綜集說，它亦禁止兩個現象間有任何裂縫或罅隙（non datur hiatus）；因為有這樣禁止，我們始可表示以下之命題，即：沒有什麼“證明虛空”的東西，或“甚至承認虛空為經驗綜和之一部分”的東西，能進入於經驗中。就那“可被思議為在可能經驗底領域之外，即是說，在世界之外”這樣一種虛空而言，則這樣虛空問題並不能進入純然的知性底法權之內——此純然知性底法權只裁決那些 "有關於使用所與的現象以得到經驗知識" 的問題。在世界之外這樣一種虛空之問題是那 "理想性的理性" 上的一個問題，此理想性的理性(ideal reason, die idealische Vernunft) 乃卽是那 "走出可能經驗底範圍之外，並且想去判斷 B 282 那環繞着可能經驗而且限制着可能經驗的東西" 的理性；因此，在世界之外這樣的虛空之問題亦是一個將須在 "超越的辯證" 中被思量的問題。

這四個命題 (in mundo non datur hiatus 兩現象間無罅隙, non datur saltus 現象系列中無跳躍, non datur casus, 無經由盲目的機遇而發生者, non datur fatum 沒有自然中的必然性是盲目的)，就像一切屬於"超越的起源"的那些原則一樣，我們很容易能依其次序，卽依照範疇之次序，而陳列之，因而亦可以派給它們每一個以恰當的地位。但是讀者現在已有充分的習練可以自作此事，或很易發見出指導原則以自作此事。這四個命題在以下一點上皆完全一致，卽：它們不允許在經驗的綜和中有什麼東西可以侵犯或傷害到知性，並侵犯或傷害到一切現象底連續連繫，那就是說，侵犯或傷害到知性底概念之統一。因爲只有 A230 在知性中，經驗底統一才是可能的，在此經驗底統一中，一切知覺皆必須各有其地位。

[案 以上關於必然性之設準原文爲一整段，太長，爲便於領悟，分成六段。]

　　去研究可能性底領域是否較大於那 "含有一切現實性" 的領域，而此現實性底領域是否又較大於那 "是必然者" 之綜集，這是要引起一些多或少是精微的問題的，這些精微的問題要求一綜和的解答，然而它們卻猶單是處在理性底法權之下者。因爲這些問題就等同於究問：當作現象看的事物是否盡皆屬於一單獨的經驗之綜集與係絡（在此單獨的經驗中，每一所與的知覺皆是其中之一部分，因而其爲部分再不能與任何其他現象 ［系列］ 相連

B 283 　繫），抑或我的諸知覺，在其一般的連繫中，是否尚可屬於多過一種可能經驗者（意卽不只屬於此種可能經驗，且還可屬於另種可能的經驗）。

　　知性，依照感性底主觀而形式的條件以及統覺底主觀而形式的條件，它先驗地把諸規律規劃給經驗一般，單只這些規律才使經驗爲可能。直覺之於其空間與時間之形式以外的其他形式，知性之於其"思想底辨解形式"，或於其通過概念而來的知識之 "辨解形式"，以外的其他形式，縱使這些其他形式是可能的，可是無論如何我們也不能使它們對於我們自己爲可思議的以及可理解的；卽使假定我們能使之爲可思議與可理解，它們仍然不會屬於經驗——這經驗是這唯一的一種知識，卽 "在其中對象被給與於

A 231 　我們" 的那唯一的一種知識。在那些 "屬於我們的全部可能經驗" 的知覺以外的其他知覺，因而也就是說，一完全異樣的物質領域，是否可以存在，知性是不能去裁決的。知性只能有事於 "那被給與的東西" 之綜和。

　　復次，這樣的慣常的推理，卽，"經由這慣常的推理，我們敞開一較大的可能性之領域，凡是現實者（經驗底對象）則只是

其中一小部分"，這種慣常的推理，其爲貧乏是皦然地顯明的。
凡是現實的是可能的；依照邏輯的換位規律，從此命題，我們自
然可推出"有些可能的是現實的"這一純然地特稱的命題；而此　　　B 284
特稱命題似乎必要意謂：有好多是可能的東西而並不是現實的。
這看起來似乎很像是依據"某種東西必須被加到可能的東西上以
去構成現實的"這根據，我們眞有理由去擴展可能的東西之數目
以超出現實的東西之數目以外。但是，"把某種東西加到可能的
東西上"這種［被認爲確實的］增加之程序，我拒絕去承認。因
爲那種"在可能的東西以上以外而要被加到可能的東西上"的東
西必應是不可能的。那能够被加上去的東西只是一種關係被加到
我的知性上，卽是說，在契合於經驗底形式條件以外，玆一定要
有"與某一知覺相連繫"一情形。但是，凡依照經驗法則而與知
覺相連繫的東西便是現實的，縱然它不是直接地被覺知的。可是
若說"尙有另外一現象系列以與那被給與於知覺中的東西有一通
貫的連繫是可能的"，因而結果也就是說，"一個無所不包的經　　　A 232
驗以外的經驗亦是可能的"，這並不能從那被給與的東西中被推
出；而任何這樣的推斷亦不能獨立不依於任何被給與的東西而被
抽引出——因爲若無材料（material, Stoff），沒有東西（不管
是什麼）能被思想。凡是可能的，若只在這樣的條件下，卽"此
等條件其自身又只是可能的"這樣的條件下，而爲可能，則其
爲可能便不是在一切方面爲可能。但是在一切方面爲可能這樣的
［絕對的］可能性，當問及"事物底可能性是否能擴展至經驗所
能達到的以外"時，是很有問題的。

［案 以上三段原文為一整段，為易領悟，分為三段。］

B285　　　我提及這些問題只爲的不要把通常被計算於知性之概念中者略去任何事。但是事實上，絕對的可能性，卽在一切方面皆妥實有效的那可能性，並不是一個純然的知性之概念，而且亦不能經驗地被使用。它專屬於理性，此理性超越知性底一切可能的經驗的使用。因此，我們已以若干純然地批判的解說來滿足我們自己；非然者，此"絕對可能性"一事必須聽任其留在隱晦不明中，直至我們達到適當的機緣以進一步地討論之。

　　　在結束此第四節（案卽此"經驗思想一般之設準"一節）而且同時亦結束"純粹知性底一切原則之系統"以前，我必須解明我爲什麼名程態底原則曰"設準"。我解釋設準一詞不是依這樣

A233　的意義，卽"某些近時哲學的寫作者從此詞之固有的數學意義强奪過此詞來所給與於此詞"的那意義，卽依"所謂設定（去設定某某）必意謂去視一命題爲直接地確定的，而用不着證成或證明者"這樣的意義，而解釋之。因爲，在處理綜和命題中，如果我們只依據此等綜和命題自己的要求底顯明性而去承認它們爲獨立不依於"推證"而卽具有無條件的妥當性者，則不管它們是如何之顯明，一切"知性之批判"皆須被放棄。而因爲並不缺乏大膽的要求，而這些要求又爲公共的信念所支持（雖然這公共的信念對於這些要求之真理性並無可信任之憑據），所以知性遂可以允

B286　許任何幻想（易爲每一幻想所侵入），而它又無法不贊許那樣的一些肯斷，卽"這些肯斷雖然不合法，而卻又在同樣自信的語氣中把它們的要求，要求被承認爲現實的公理之要求，壓在我們身

上”，這樣的一些肯斷。因此，不管什麼時候，只要當一先驗的決定是綜和地被加到一物之概念上時，則“至少這樣一種肯斷底合法性之推證（如果不是一種證明）必須被提供”這一點乃是不可缺少的。

但是，無論如何，程態底原則不是客觀地綜和的。因爲可能性、現實性、必然性這三種謂詞並不能絲毫擴大“它們所肯定者（所謂述者）”之概念，而且它們亦並不能把某種東西加到對象之表象上。但是，因爲雖如此，它們亦是綜和的，所以它們之爲   A234
綜和的只是主觀地綜和的，卽是說，它們把認知的機能加到一物（某種眞實的東西）之概念上去，非然者，它們對此一物之概念卽無所說。（所謂“把認知的機能加到一物之概念上”，此中所謂“認知的機能”卽是此物之概念所由之以湧現出者，而且亦卽在此認知的機能中，此物之概念有它的地位。）這樣，如果此物之概念只是與經驗之形式條件相連繫，因而亦就是說，它只存在於知性中，則它的對象卽被叫做是“可能的”。如果它與知覺相連繫，卽是說，與那當作爲感取所供給的材料看的“感覺”相連繫，而且它通過知覺，藉賴着知性而爲被決定了的，則這對象是“現實的”。如果它通過依照概念而成的諸知覺之連繫而爲被決定了的，則此對象卽被名曰“必然的”。這樣，程態之原則除謂述   B287
“一概念所經由之以被產生出”的那知識底機能之活動外，對於一概念實一無所謂述。現在，在數學中，一個設準是意謂這樣的一個實際命題，卽此實際命題除含有一種綜和外實一無所含有，而其所含有的綜和卽是這樣的綜和，卽經由此綜和我們首先把一個對象給與於我們自己，而且經由此綜和我們產生此對象之概念。舉例言之，用一條所與的線，從一所與點去在一平面上畫一個圓圈，這一種動作即是這樣一種實際的命題。這樣的一種命題實不能被證明，因為它所要求的程序確然即是"我們經由之以首先產生這樣一個圓形之概念"的那程序。以此確然同樣的權利，我們可以設定程態之原則，因為程態之原則並不增加我們的"事物之概念"[a]，但只表示這樣式，即"事物之概念所依以與知識底機能相連繫"的那樣式。

A 235

(a)處，康德有底注云：

通過一物之現實性，我確然置定了比一物之可能性更多一點的東西，但却並不是於此物本身多有置定。因為一物決不能在其現實性中含有比那"含在其完整的可能性中"者為更多的東西。但是雖然可能性只是在關聯於知性（經驗使用的知性）中置定一物，而現實性却同時亦是此物之與知覺相連繫。

B 288

原則底系統之通注

（此段文至本章之終結為第二版所增加）

"一物之可能性不能單從範疇來決定"，又"要想去展示知性底純粹概念之客觀實在性，我們總必須有一直覺"，凡此云云乃是一十分值得注意的事實。設以關係範疇為例。我們不能只從純然的概念來決定：(1)某物如何能只作為主詞而存在，而不是作為其他物底一純然的決定而存在，即是說，一物如何能是一本體，或

(2)如何因為某物存在，所以某種其他東西亦必存在，因而亦就是
說，一物如何能是一原因，或(3)當若干物存在時，如何因為它們
中底這一個存在，是故某種東西在關於其他個中亦隨之而存在，
反之亦然，卽，因為它們中底其他個存在，是故某種東西在關於
這一個中亦隨之而存在，而且如何卽依此路玆可有諸本體間底交
感互通（交互影響）。此義同樣亦應用於其他範疇；例如，一物
如何能等於若干物之聚在一起，卽是說，如何能是一量度。只要
當直覺缺如之時，我們不能知道：是否通過範疇我們是在思考一
對象，而且實在說來，是否在任何處能有一對象適合於 這 些 範
疇。如是，依一切這些情形而言，我們得到這確信，卽：範疇以
其自身而言實不是知識，但只是思想之形式，用以從所與的直覺
中造成知識。

依此同一理由，這意思亦相隨而來，卽：沒有綜和命題能够   B 289
從純然的範疇而被作成。例如，我們不能說：在一切存在中，玆
存有一本體，卽是說，存有某種東西它只能當作主詞而存在，而
不能當作純然的謂詞而存在；我們亦不能說：每一東西是一量
度，等等。因為，如果直覺缺如，這便沒有什麼東西能够使我們
去走出一所與概念之外，並去把另一東西拿來和此所與的概念相
連繫。因此，在只從知性之純粹概念以證明一綜和命題中，例
如，證明"每一偶然地存在着的東西皆有一原因"，沒有人曾
經成功過。一切我們所曾能證明過的只是這一點，卽："設無此
關係或關聯 (this relation, diese Beziehung, 意卽因果之關
聯)，我們不能去了解偶然物之存在，卽是說，不能够通過知性
先驗地去知道這樣一種偶然物之存在"，除此以外，我們從來未

曾得有更進一步的證明； 但是， 從以上所曾證明的那一點， 以下一義並不能隨之而來， 卽： 此關聯亦是事物本身底可能性之條件。 （案意卽： 無因果之關聯， 我們固不能了解或領悟偶然物之存在，但只由此義亦並不能證明此關聯是偶然物這樣的事物本身底可能性之條件。 ） 如果讀者回顧我們的關於因果原則之證明——即關於"每一發生的東西，卽每一事件，皆預設一原因"這原則之證明——他將見我們之能去證明此原則是證明它只是關於"可能經驗底對象"之原則； 而卽使是如此， 亦不是從純粹的概念去證明它，但只是把它當作經驗底可能性之原則而證明它， 因而亦就是說，把它當作"給與於經驗直覺中"的一個對象底知識之可能性之原則而證明它。我們實不能否認： "每一偶然

B 290　　的東西必須有一原因"這一命題，從純然的概念上說，對於每一人皆是顯明的。但是，依此情形而言，則偶然物之概念是被理解爲並非含有程態之範疇者（並非被理解爲某物其"非有"可被思想者，意卽非必然的存有如上帝），但只是被理解爲含有關係底範疇者（被理解爲某物它只能當作某種別的東西底後果而存在，意卽在因果關係中的某物）； 這樣，"每一偶然物必須有一原因"這一命題當然是一自同的命題——那只能當作後果而存在者必有一原因。事實上， 當我們需要去引證偶然存在之事例時， 我們定常不易地總是要訴諸或依賴於變化，而不是只訴諸或依賴於"在

B 291　　思想中存想對反者"之可能性[a]。現在， 變化是這樣一種事件，卽，這事件就其爲事件而言，它只有通過一原因始是可能的，因此，此事件之"非有"依其自身而言亦是可能的。換言之，我們承認偶然是依以下之事實而且通過以下之事實而承認之，卽： 某

物只能當作是一原因之結果而存在，因此，如果一物被認定爲是偶然的，則說 "它有一原因"，這自是一分析命題。（案這只是從關係範疇之純然的概念上說，這不能證明什麼。）

(a)處，康德有底注云：

我們很易想 "物質之非存在"。但是古人並不曾從 "物質之非存在" 推斷物質之偶然性。即使 "一物底特定狀態之從有變到非有" 這種遷轉（一切變化皆存於此遷轉）亦並不依據此狀態底反面底實在性之根據證明此狀態之偶然性。「舉例來說，"一物體在曾經運動以後定須歸於靜止"，此並不因爲運動是靜止狀態之反面而證明運動之偶然性。」［Max Müller 譯："舉例來說，一物體之靜止，隨一物體之運動而來者，並不因爲靜止是運動之反面而證明運動之偶然性。"案此譯是，肯·士密斯譯非。］蓋因爲此反面之對反於另一面只是邏輯地對反之，而不是真實地（現實地）對反之。要證明一物體底運動之偶然性，我們定須去證明："代替前一刹那中的運動，此物體即在其運動時曾經靜止過，這已是可能的"，而不是去證明："代替前一刹那中的運動，此物體此後是靜止"；因爲在此後一情形中，相對反的兩個反面是完全互相順合（一致）的。

譯者案：從正文 "我們實不能否認" 云云句起，至此注止，康德是說 "偶然" 有兩個意義，一是含有程態範疇的偶然，一是含有關係範疇的偶然。前者是說一物其非有是可能者，即能在思想中被思者；它的有與非有之對反是邏輯的對反，不是變

化中實狀的對反，故不在時間關係中。此種偶然之意義乃對
"必然者"（必然的存有）而言。"必然的存有"意卽其非有乃
不可能者，此如上帝便是。至於那含有關係範疇的偶然，如
"每一偶然者必須有一原因"，此中所示之"偶然"卽是因果關
係中的偶然，亦卽是隨時生起者或緣起者，它是在時間承續中
者，故當屬於"變化"。兹亦以"偶然"說之，只是表示因果
系列中的每一事件是隨時緣現的，偶發的，所謂"適然"耳。
雖是適然耳，但旣在因果關係中，它亦必須有一原因。當然，
此適然的偶然者，如反省地邏輯地思之，說其"非有"是可
能的，這也是可許的，此時它卽含有程態範疇之意義，它卽是
程態範疇中的偶然物，意卽非"必然的存有"如上帝。但現
在是在因果關係中說者，故它屬於時間中的變化。凡變化必有
一原因。從有轉到非有，或從此一狀態轉到其相反之狀態，此
中之對反乃是實狀之對反，是在時間承續中者，卽是說，是在
因果中者，不是邏輯的對反，不只是"在思想中存想對反者"
這種"存想之"之可能。康德於此加注云："我們很容易想物
質之非存在，但古人並不從物質之非存在推斷物質之偶然性"。
"很易想物質之非存在"卽是"在思想中存想物質之存在之反
面"是很可能的，這種反面之對反是邏輯的對反。但古人並不
從此邏輯的對反說明"物質之偶然性"。若以邏輯的對反說偶
然性，那是程態範疇中的偶然性。古人是從因果關係中的變化
說"物質之偶然性"。這樣，偶然者便落實於時間中，而不只
是在思想中。"一物之特定狀態之從有遷轉到非有"是時間中
之遷轉。這種遷轉（一切變化皆存於此）實證明此特定狀態之

偶然性，但却並不是依據此特定狀態底反面之實在性(可能性)
而證明其偶然性；這種遷轉之足以證明某狀態之偶然性實只是
訴諸時間中的實變化。 "一物體在曾經運動以後定須歸於靜
止"，此實足以證明運動之偶然性，但亦並不因為靜止是運動
之反面而證明運動之偶然性。靜止是運動之反面，這反面之對
反另一面是邏輯地對反，而不是現實實狀地對反。因此，康德
最後歸於說：「要證明一物體底運動之偶然性，我們定須去證
明："代替前一刹那中的運動，此物體卽在其運動時曾經靜止
過，這已是可能的"，而不是去證明："代替前一刹那中的運
動，此物體此後便是靜止"；因為在此後一情形中，相對反的
兩反面（兩對反者）是完全互相一致的。」此最後一長句，
康德說的十分曲折。 "代替前一刹那中的運動，此物體卽在其
運動時曾經靜止過，這已是可能的"。此說法有時間性，故足
證明運動之偶然性。但若說："代替前一刹那中的運動，此物
體此後便是靜止"，這說法無時間性，其所示之偶然是程態範
疇中的偶然，是邏輯地說動靜之對反，只是在思想中存想動靜
之相對反，故不足以證明因果關係中的偶然。 "因為動靜相對
反這兩對反者是完全互相一致的"。此所謂 "互相一致" 意卽
靜是動之反面，動亦是靜之反面，此完全是在概念中說，不是
在時間中的因果關係中說，故不足以說明因果關係中的偶然，
因而亦不足以說明一綜和命題，例如： "每一偶然地存在着的
東西皆有一原因"。這樣的綜和命題是不能只從知性之純粹概
念來證明的，此如本段正文之所說。由此說到 "我們實不能否
認" 云云，此則再轉進一層說；由此而牽涉到 "偶然" 之兩義。

此亦如本段正文之所說，須仔細看。

但是又有更值得注意的事實，此即是：要想去理解“事物與範疇相符順”之可能性，並因而去證明範疇之客觀實存性，我們不只需要直覺，且需要直覺在一切情形中皆是外部的直覺。舉例來說，當我們取用純粹關係概念時，我們首先見到：要想去得到直覺中的某種持久常住的東西以相應於本體之概念，因而並想去證明此本體之概念底客觀實在性，我們需要一個空間中的直覺（物質底直覺）。因為單只是空間始是被決定為持久常住者，而時間，因而亦就是說，那存在於內部感取中的每一東西，則是存在於經常的流變中。其次，要想去展示“變化”為“相應於因果概念”的直覺，我們必須取用運動，即空間中的變化，以為我們的例證。只有依此路數，我們始能得到“變化”底直覺，此所謂變化是這樣的，即其可能性從不能是經由任何純粹知性而被領悟者。因為變化是同一物底存在中的“矛盾地相反的決定”之結合。現在，“從一物之一所與的（特定的）狀態那裡，一相反的狀態定須隨之而來而為其結果”這如何是可能的，此不只是若無一事例，不能為理性所思議，而且若無直覺，亦實是對於理性為不可理解的。此所需要的直覺就是空間中的一個點位底運動之直覺。不同地位中的一個點位之存在（當作諸相反決定底一種承續看）就是那唯一首先把一“變化之直覺”給與於我們者。因為要想此後我們可以使內部的變化亦同樣為可思議者，我們亦必須圖形地表象時間（內部感取底形式）為一條線，並且通過這條線之描畫來表象內部的變化（運動），因而即依此樣式，藉賴

B 292

着外部的直覺，我們可使不同狀態中的"我們自己"之"相續的存在"爲可理解。何以必須要如此云云，其理由是如此，卽：一切變化，如果它要被覺知爲變化，皆預設直覺中的某種持久常住的東西，而在內部感取中，卻並沒有持久常住的直覺可被發見。最後，交感互通（交互影響）這範疇之可能性不能單只通過純然的理性而被理解；結果，它的客觀實在性是只有通過直覺而可被決定，實在說來，是只有通過空間中的外部直覺而可被決定。因爲，當若干本體物存在時，我們如何去思以下所說爲可能呢？卽："從這一個本體底存在，某種東西（作爲結果）能够在關涉於其他個本體底存在中隨之而來，而從其他個本體底存在，某種東西（作爲結果）能够在關涉於這一個本體中隨之而來"；或換言之，"因爲在這一個本體中有某種東西，所以在其他個本體中也必須有某種東西，此其他本體中所有的某種東西不是只從這些其他個本體之存在而卽爲可被理解者"：我們如何能去思維這種情形爲可能呢？因爲要想諸本體間存有交互影響，以上所說之情形是所需要者；交互影響不是可思議爲執持於那些"每一個通過其自存而皆處於完全孤立中"的事物之間者。因此之故，來布尼茲，當其把一"交互影響"歸屬給世界中如此之諸本體，卽如其只通過知性而被思者時，他便要訴諸一神體之居間的參與。因爲如他所已正當地承認的，諸本體底交互影響是完全不可思議爲單從諸本體之存在而發生者。但是，我們卻能使交互影響（卽當作現象看的諸本體底交互影響）之可能性完全爲可理解，如果我們在空間中，卽是說，在外部直覺中，把諸本體表象給我們自己。因爲空間或外部直覺其自身早已先驗地含有形式的外部關係以爲

B 293

主動與反動底眞實關係之可能性之條件，因而亦就是說，爲交互影響底可能性之條件。

同樣，"當作量度看的事物底可能性，因而亦就是說，量範疇底客觀實在性，只有在外部直覺中始能被展示"這是能夠很容易被表示的，而"只有通過外部直覺之媒介，量範疇始能亦被應用於內部感取"，這亦是能夠很容易被表示的。但是，爲避免冗長，我必須讓讀者去提供其自己的關於這方面之例證。

以上那些注說是十分重要的，其爲重要不只是在穩固我們前文對於觀念論之反駁中爲重要，且當我們因着純然的內部意識，即是說，因着"我們的本性底決定"而無外部的經驗直覺之助，來討論"自我知識"時，這些注說且甚至尤爲重要——由於它們把這種自我知識底可能性之限度展示給我們而更爲重要。

B 294

因此，這一全節（即"純粹知性底一切綜和原則之系統的表象"這全部第三節）底最後成就是如此，即：純粹知性底一切原則沒有別的，不過就是經驗底可能性之先驗原則，而一切先驗綜和命題亦單只是關聯於經驗——實在說來，它們的可能性自身就完全基於這種關聯上。

超越的判斷能力論

（原則底分解）

第 三 章

一切對象一般區分爲感觸物（法定象）
與智思物（本自物）之根據

　　現在，我們不只已探究了純粹知性之領域，並很謹愼地已通盤檢查了（通覽了）此領域之每一部分，而且亦衡量了此領域之範圍，並亦指派給此領域中的每一東西一正當的地位。這一個領域是一個孤島，爲自然自身所包圍，包圍在不可更變的範圍內。它是＂眞理之土＂（迷人的名稱！），周圍爲一廣漠而有風暴的海洋所環繞，這個廣漠而有風暴的海洋是＂虛幻之故鄉＂，那裏有許多霧峯，並有許多可迅速溶化掉的冰山，這些霧峯與冰山給出＂更遠的海岸＂之騙人的現象，它們永遠一再地以空洞的希望來誘騙着冒險的航海家，並使這航海家從事於＂他從不能放棄而又永不能達至完整之境＂的企業。在我們想在此海洋上冒險，以便在各方面去探究此大海洋，「並且去得到保證是否對於這樣的希望可有任何根據」[1]，以前，最好先開始對於我們正想要去離開的那陸地（眞理之土）底地圖去作一鳥瞰，並且首先去研究：是否我們總不能滿足於此陸地所含有的東西——實

B 295

A 236

· 475 ·

在說來，是否我們被迫着（意卽必然地）必不滿足於此陸地所含有的東西，倘若沒有其他領土我們可安居於其上時；其次，要去研究：甚至依什麼權利，我們可佔有這個領域，並能認我們自己已保險了，安全了，足以對抗一切相反的要求。雖然在分解部之行程裏，對於這些問題，我們早已給了一充分的答覆，然而對於分解部中的解答作一綜括的叙述實可有助於加強我們的信念，卽，因着把各種考量（論證）集中於其有關於現前的問題上，而可有助於去加強我們的信念。

[註(1)]：此句，*Meiklejohn* 如此譯："並且確定地去達到是否在這裏有任何東西可被發見"。*Max Müller* 如此譯："並且去找出是否在這裏有任何東西可被期望"。

我們已見到："知性從其自身所引生出"的每一東西，雖不是從經驗假借得來，然而卻是由知性來處分專爲使用於經驗。純粹知性底諸原則，不管它們是先驗地構造的原則，就像數學原則那樣，抑或只是軌約的原則，就像力學原則那樣，它們所含的沒有別的，不過就是那些"可被名曰可能經驗底純粹規模"的東西。因爲經驗之得到其統一是只從那種綜和統一而得到其統一，所謂那種綜和統一卽是"知性根源地而且卽以其自身所賦與於那關聯於統覺的想像底綜和"的那種綜和的統一；而現象，由於它們是一可能知識之與料，是故它們必須早已先驗地和那種綜和統一有關係，而且先驗地和那種綜和統一相契合。但是，雖然這些知性底規律不只是先驗地眞的，而且實是一切眞理（卽我們的知

B 296

A 237

· 476 ·

識之與對象相契合）之源，因爲它們自身卽含有經驗底可能性之
根據（經驗卽被視爲一切知識之綜集的那經驗，而卽在此一切知
識之綜集卽經驗處對象始能被給與於我們），然而我們卻並不以
只是解釋那是眞的者爲滿足，且亦同時要求對於那些"我們所想
要去知之"的東西有一說明。因此，如果從此批判的研究中，我
們所學得的不過就是那些東西，卽"在知性之純然地經驗的使用
中，我們所必已習行過，但只並無任何這樣精微的研究"的那些
東西，則從此批判研究中所引生出的利益似乎並不足以補償所耗
費的勞力。〔對此疑慮〕，我們確然可以這樣答覆，卽：在努力於
去擴張我們的知識中，一種愛管閒事式的好奇，其爲損害遠不及
在進入任何研究之前，"總是堅持於先行證明研究之利益"這種　　B 297
"堅持"之習慣之爲損害大，須知這種"堅持"是一悖理的要求，
因爲在研究完成以前，我們決無法去形成"這種利益"之些微概
念，縱使這種利益眞已擺在我們眼前。但是，茲有另一種利益，
我們可使之成爲可理解的，而且是很有趣的，甚至對於最倔強而
不情願的學習者亦可使之成爲可理解而且很有趣，此利益就是：　　A 238
雖然這樣的知性，卽"只從事於其經驗的使用，而卻並未反省其
自己所有的知識之根源"，這樣的知性，實可以十分滿意地進行
其工作，然而茲猶有另一種其所不能勝任的工作，卽，"決定它
的使用底範圍"之工作，以及"知道那在其自己的恰當範圍內者
與範圍外者是什麼"之工作。這種工作正恰恰要求那些深入的研
究，卽我們所已組構成的那些深入的研究。如果知性在其經驗的
使用中不能辨別某些問題是否處於它的範圍內抑或不處於它的範
圍內，則它在關於它的要求或它的所有物方面決不能是被保證了

的，它必須準備應付如許"有貶抑作用"的破幻解迷之來臨，只要當它，如不可避免地而且經常地所必須發生的那樣，踏出它自己的領域之限制之外，而且喪失其自己於無根而足誤引人的意見之中時。

如果這肯斷，卽"知性能使用它的種種原則以及它的種種概念是只依一經驗的樣式而使用之，而從不能依一超越的樣式而使用之"這個肯斷，是一個"可以確定地被知"的命題，則它將產生一些重要的後果。任何原則中的一個概念之"超越的使用"是此概念之應用於"事物一般"與"事物之在其自己"；而經驗的使用則是此概念之只應用於現象，卽是說，只應用可能經驗底對象。"只有概念之後一種應用才是可行的"，這一點從以下之考慮看來是甚爲顯明的。我們在每一概念中首先要求"思想一般"底一個概念之邏輯形式，其次，則要求"給與此概念一個它可以應用於其上的對象"這"給與之"之可能性。如無這樣的對象，則此概念便沒有意義，而且它是完全缺乏內容的，雖然它仍可含有邏輯的功能，此邏輯的功能卽是"從那可被呈現的任何與料中製造出一個概念"這種製造上所需要的一種功能。現在，對象除在直覺中可被給與於一概念外不能有別法可被給與於一概念；因爲，雖然一個純粹直覺實能先驗地先於對象而存在，然而卽使是這種直覺亦只有通過經驗直覺（純粹直覺是此經驗直覺底純然形式）始能獲得其對象，因而也就是說，始能獲得其客觀妥實性。因此，一切概念，以及隨同着此一切概念，一切原則，甚至就像那些是先驗地可能的那樣的概念與原則，皆須關聯於經驗的直覺，卽是說，皆須關聯於一可能經驗之與料。若

離開了這種關聯，它們便沒有客觀的妥實性，而在關涉於它們的
表象中（或就它們的表象而言），它們亦只是想像底純然遊戲或
知性底純然遊戲。舉例言之，試以數學底概念爲例，對此等數學 B 299
概念，首先是在它們的純粹直覺中考慮之。空間有三度；兩點間
只能有一條直線，等等。雖然一切這些原則，以及“這門科學所 A 240
從事”的那對象之表象，是完全先驗地被產生於心中，然而假定
我們不能够於現象中，卽是說，於經驗的對象中，去呈現它們的
意義，則它們必一無所意謂。因此，我們要求：一個純然的概念
（赤裸的概念，“離開一切感取底成素”的概念）須使之成爲
“感觸的”，卽是說，一個與此概念相應的對象須被呈現於直覺
中。非然者，這個概念，如我們所說的，必無所取義，卽是說，
必無意義。數學家因着一圖形之構造而遇見這種要求，這個圖
形，雖然它是先驗地被產生的，然而它卻是呈現於感取上的一個
現象。在這同一科學中，量度之概念是在數目中尋求它的支持者
以及它的感觸的意義，而數目又轉而在手指頭中，在算珠中，或
在那“能被置於我們眼前”的一筆一畫或點數中，找尋它的支持
者與它的感觸的意義。如此之概念其本身在根源上總是先驗的，
而從這樣的諸概念所引生出的諸綜和原則或諸程式（公式）亦同
樣是先驗的；但是此諸綜和原則或程式之使用以及它們之關聯於
其專有的對象最後終於除在“經驗”中被尋求外，無處可被尋
求，此所謂“經驗”就是其可能性之形式條件乃是此諸綜和原則
或公式所含有者，卽此諸綜和原則或公式卽含有經驗底可能性之
形式條件。

　　“以上所說之義，在一切範疇以及由之而引生出的一切原則 B 300

· 479 ·

方面亦皆然"，此可由以下之考慮而顯現。我們不能依任何「眞實的」⑴ 樣式來界定任何一個範疇，「卽是說，我們不能使範疇底對象底可能性爲可理解」⑵，設若不卽時下降到感性之條件，因而亦就是說，下降到現象之形式（現象由於是範疇之唯一的對象，是故範疇必須被限制於這些現象）。因爲，如果此條件被移除，則一切意指，卽是說，關聯於對象，必失落而不見；而我們亦不能通過任何例證來使"何種東西要爲這樣的一個概念所意指"這句話對於我們自己爲可理解。

　　　　［註⑴及⑵］：皆爲第二版所增加。

　　　　［此下第一版中有一段，爲第二版所刪，如下：］

　　　　在前文關於範疇表之陳述裏，我們曾解除"界定每一範疇"這種界定之工作，因爲我們的目的（此目的只有關於諸範疇底綜和使用），原不曾需要這樣的定義，而我們現在亦不至於被請求去員任何責任，卽通過"我們所能由之以被豁免"的那不必要的工作而被請求去員任何責任。只要當我們以一概念底諸特性之一特性或其他特性卽能達到我們的主要目的，而無需把那些"足以構成這完整概念"的一切東西作一完整的列舉時，則"不要去從事於定義之工作，藉以試想或聲言去達到一概念之決定中的完整性與準確性"這警戒便不是一種逃避，而乃是一種重要的審慎性的格言。但是我們現在覺察出這種"警戒"底根據仍還有處在更深處者。我們覺察到：縱使我們願意想去

界定那些範疇, 我們亦不能够去界定它們[a]。 因為, 如果我們
移除了一切那些 "感性底條件", （這些條件足以標識出或指
示出諸範疇為屬於 "可能的經驗使用" 之概念）, 而把諸範疇
視為關於 "事物一般" 之概念, 因而也就是說, 視為屬於 "超
越使用" 之概念, 則一切我們用此範疇所能作的就是去把判斷
中的邏輯功能 ［範疇所表示者］ 視為事物本身底可能性之條
件, 絲毫未能表示出: "範疇如何能够有應用, 應用於一個對
象", 即是說, 絲毫未能表示出: "在純粹知性中, 離開了感
性, 它們如何能有意義與客觀的妥實性"。

A 242

(a)處, 康德有底注云:

　　這裏, 所謂界定, 我意謂真實的定義。此真實的定義不只
是以其他更可理解的字來代替一物之名, 而是含有一清晰的特
性, 因着此清晰的特性, 這被界定了的 "對象" 總能確定地被
知, 而且此清晰的特性復能使這被解明了的概念在應用中為合
用的。真實的解明必是那 "不只是使這概念為清楚者, 而且亦
使這概念底客觀實在性為清楚者" 的解明。 "依照着概念, 在
直覺中呈現對象" 的那些數學的解明就是此種真實的解明。

A 242

　　"量度一般" 之概念, 除因着以下之說法外, 決不能被解明,
即: 它是一物之決定, 因着此決定, 我們能够去思維有多少次的
單位可被置定於其中（即可被置定於此量度之概念中）。但是這
個 "多少次" 是基於 "相續的重複" 上的, 因而也就是說, 是基
於時間以及時間中同質者之綜和上的。實在, 依其相對反於否定

（虛無）而言，其能被解明是只當我們思維時間（由於其含有一切存有）或思之為充滿之以存有者或思之為虛空者時，它始能被解明。如果我丟棄"常住"而不顧（常住是一切時間中的存在），則在本體之概念中除只是一主詞之邏輯表象外，便什麼也沒有留存下來，此所謂邏輯表象即是"我努力想去真實化之"的一種表象，即因着"把那只能作為主詞而存在而從不能作為謂詞而存在的某物表象給我自己"而努力想去真實化之的一種表象。但是，在此邏輯表象之情形中（此語依 *Max Müller* 譯補，肯·士密斯譯無），不只是我對於任何條件，即"在其下這個邏輯的優越者（即主詞之概念）可以屬於任何東西（意即可以有所屬）"的那任何條件，一無所知；我且不能使這樣一個概念有任何使用，亦不能從它那裏抽引出絲毫的推斷。因為在那種情形中，沒有對象可因主詞之邏輯表象而被決定，即為此主詞概念之使用而被決定，而結果我們也不能知此主詞概念是否能指表任何東西，不管是什麼東西。如果我從原因之概念中把時間省略去，（時間就是"在其中某種東西依照一規律隨從某種別的東西而來"的那時間），則在純粹的原因範疇中，我所能見到的不過就是："茲有某種東西，從此某種東西，我們能歸結到某種別的東西之存在"，除此以外，我不能再見到任何更進一步的東西。在這種情形中，不只是我們必不能把原因與結果互相區別開，且因為"能去引出這樣的推斷（即從原因推斷結果之推斷）"這"引出之"之力量是需要條件的，而此所需要之條件，我們卻對之一無所知，因為是如此云云，所以這原因之概念必不能給出任何指示，指示"它如何可應用於任何對象"。所謂"每一偶然的東西皆有一原因"這個原則實可有點莊重而傲然地呈現其自己，因爲依其自己的高度尊嚴而言，它是自認爲足夠的。但是，如果我們所謂"偶然者"是何意義，你答曰："其非有是可能者"，則我很願意知道：你如何能決定"其非有"之可能性，如果你不在現象底系列中表象一種相續，而且你不在這相續中表象一個"隨着非有而來"的實有，或一個"隨着實有而來"的非有，卽是說，如果你不表象一種遷轉。因爲去說"一物之非有並不自相矛盾"，這乃是一跛脚的訴請──訴請於一邏輯的條件，此邏輯條件雖然對於這概念是必要的，然而對"眞實的可能性"而言卻甚爲不足夠。我可以在思想中移除"每一存在着的本體物"而並沒有使我自己有矛盾，但我不能從這一點就可以推斷出諸本體物之存在中的"客觀的偶然性"，卽是說，我不能從這一點推斷說：諸本體物底"非存在"是可能的。就"交互"之概念說，我們亦易見出：旣然本體與因果這兩個純粹範疇不能允許有任何解明足爲對象之"決定者"（不能有"決定其對象"的解明），所以任何這樣的解明亦不能對於本體互相間底關係中之交互的因果性（交互影響）而爲可能的〔任何這樣的解明亦不能應用於本體互相間底關係中的交互的因果性（交互影響）。──依 *Max Müller* 譯。〕只要當可能，存在，必然，此三者之定義只在純粹知性中被尋求時，則此三者除通過一顯明的同語重複而被解明外，它們不能有別法被解明。因爲以"概念"之邏輯的可能性（卽此概念不自相矛盾）代替"事物"之超越的可能性（卽一對象相應於這概念）這只能欺騙頭腦簡單的人，而且只能使頭腦簡單的人滿足。*a

A 244
B 302

［此下第一版有一段文爲第二版所刪，而代之一底注 a ］

a 處，康德有底注云：

總之，如果一切感觸直覺，卽我們所有的唯一的一種直覺，被移除時，則這些概念中沒有一個能依任何樣式證實其自己，證實之以便去表示其真實的可能性。如是，所剩下的只有邏輯的可能性，卽是說，這概念或思想是可能的。但是，這邏輯的可能性不是我們現在所正要討論的，我們現在所正討論的乃是這概念是否能關聯到一個對象以及因而是否能指表某物。

（肯·士密斯注云：此底注是第二版所增加，大概用以代替所刪去之一段文。）

B 303

＊所刪去之第一版中之文如下：

在這肯斷中，卽“必有一個概念它有一意義而却又不可能有任何解明”這肯斷中，似乎有某種奇怪而且甚至是悖理的東西。但是，範疇有此專屬的特徵，卽：只有藉着感性底一般條件，此諸範疇始能有一決定性的意義以及有一種“關聯於任何對象”之關聯。現在，當這條件從純粹範疇中被略去時，則此範疇所含有的不過是這邏輯功能，卽用以“把雜多置於一概念下”的那邏輯功能，除此以外，再不能含有任何什麼東西。因着此邏輯功能，或說因着概念之形式，因而此功能或形式卽以其自身而被取用，我們決不能知道而且區別什麼對象可歸屬於此範疇之下，因為我們已抽掉了感觸的條件，只有通過此感觸的條件，對象始可歸屬於範疇之下。結果，諸範疇，在

A 245

〔其為〕知性底純粹概念之外，還需要有如此之諸決定，即關
於"其應用於感性一般"之諸決定（即諸規模或圖式）。離開
這樣的應用，它們便不能是那種概念，即"通過它們，一個對
象可被知而且可與其他對象區別開"的那種概念，此時，它們
但只是"為可能的直覺思考一對象"這思考上的許多模式，並
且只是在所需要的進一步的條件之下，依照知性底某種功能，
"給所思考的對象一意義"這給以意義上的許多模式，即是說，
只是"界定這對象"這界定上的許多模式。但是，它們自身却
不能被界定。諸判斷一般底諸邏輯功能，如單一性與眾多性，
肯斷與否決，主詞與謂詞等，皆不能被界定而無循環或不繞圈
子，因為定義自身亦必須是一判斷，因而亦必須早已含有這些
功能。純粹範疇沒有別的，不過就是"事物一般"底表象，其
為"事物一般"之表象是就"此諸事物之直覺之雜多必須通過
這些邏輯功能底此一個或彼一個而被思"而言。"量度"就是
那"只能通過一具有量的判斷而被思"的一種決定；"實在"
是那"只能通過一肯定判斷而被思"的一種決定；"本體"則
是那"在關聯於直覺中它必須是一切其他諸決定底最後主詞"
的那個東西。但是，那"要求這些功能中底這一個而不要求另
一個"的東西是什麼樣一種東西，這是全然存而不決的。這樣
說來，諸範疇，若離開感觸直覺之條件（範疇含有一種把感觸
直覺綜和起來的綜和作用），它們不能有"關聯於任何決定性
的對象"之關聯，因而亦就是說，它們不能界定任何對象，因
而其自身亦不能有客觀性的概念底妥效性。

A246

B 303　　　從上面所說的這一切，那不可爭辯地隨之而來者便是：知性底純粹概念從不能允許有"超越的使用"，但只允許有"經驗的使用"，而純粹知性底諸原則亦只能在一可能經驗底普遍條件之下應用於感取底對象，從不能應用於"事物一般"而不顧那模式，即"我們在其中或所依以能夠去直覺事物"的那模式。

　　　依此，"超越的分解"引至這個重要的結論，即：知性所能先驗地達成的至多是去預測"一可能經驗一般"之形式。而因為那不是現象者便不能是經驗底一個對象，所以知性從不能超越那

A 247　　些感性底限制，只有在感性底限制範圍之內，對象始能被給與於我們。知性底原則只是"現象底解釋"之規律；而一個存有論，即它專斷地宣稱要在系統性的學理方式中去提供關於"事物一般"之先驗的綜和知識（例如因果原則），這樣一個存有論之驕傲的名字必須讓位給"一純然的純粹知性之分解"這個較謙遜的名稱。

B 304　　　思想是"把所與的（特定的）直覺關聯到一個對象上去"的活動。如果此直覺底模式（mode, Art）總不被給與，則對象只是"超越的"，而知性底概念亦只有"超越的使用"，即是說，這使用是只當作"一雜多一般"之思想之統一看 (1)。這樣說來，沒有對象是通過一純粹範疇而可被決定，在此純粹範疇中，我們抽掉了感觸直覺底每一條件（感觸直覺是唯一的一種對於我們是可能的直覺）。如是，一純粹範疇只依照不同的模式表示"一對象一般"之思想。現在，一個概念底使用包含有一"判斷力之功能"，因着(2)此判斷力之功能，一個對象可被歸屬於這個概念之下，因而這一概念之使用至少亦包含有這形式條件，即"在其下某物能被給與於直覺中"的那形式條件。如果判斷力底這

種條件（卽規模）是缺無的，則一切歸屬便成為不可能。因為在
那種情形中，沒有東西被給與而可被歸屬於該概念之下。因此，
範疇底 "純然地超越的使用" 實在說來畢竟是一無使用(3)，而且
它亦無決定性的對象，甚至亦無一個 "依其純然的形式而為可決　　　A 248
定的" 那樣的對象。因此，那隨之而來者便是：純粹的範疇對於
一先驗的綜和原則並不足夠，純粹知性底原則只是屬於經驗使用
的原則，從不會是屬於超越使用的原則，而超出可能經驗底領域　　　B 305
之外，這亦不能有先驗的綜和原則。

　　　[註(1)]：此句，*Meiklejohn* 如此譯："而知性之概念亦只是超越地
被使用，卽是說，被使用來以便去產生'一雜多一般之思想'中的統一"。
Max Müller 如此譯："而知性之概念亦只允許有一超越的使用，使用
之以產生一種 ' 雜多一般之思想 ' 中的統一"。

　　　[註 (2)]： <u>肯·土密斯</u>注云： 依 Erdmann, 改 worauf 為
wodurch ，改 "依據" 或 "基於" 為 "因着"。

　　　[註 (3)]： <u>肯·土密斯</u>注云：康德在 Nachträge CXXVii 中
於 "畢竟一無使用" 後加上 "對知道任何東西而言" 一片語。如是，那
個句子當該是如此： "因此，範疇底純然地超越的使用實在說來對知道
任何東西而言實畢竟一無使用"。

　　　因此，把這意思表示為如下，這或許是適當的。純粹範疇，
若離開感性底形式條件，它們只有 "超越的意義"； 縱然如此，
它們也不可超越地被使用，蓋以這樣的使用其自身是不可能的，
因為在諸判斷中（in Urteilen）的任何使用底一切條件對於它

們是缺無的，即是說，"把任何可指而名之的對象（ostensible object, angeblichen Gegenstand）歸屬於這些概念下"這種歸屬底形式條件對於它們是缺無的。如是，因爲，只作爲純粹範疇，它們不是經驗地被使用，而且它們又不能超越地被使用，是故當它們與一切感性分離時，它們不能依任何樣式（不管是什麼樣式）而被使用，即是說，它們不能被應用於任何可指而名之的對象上。它們只是在關涉於"對象一般"中知性底使用之純粹形式，即是說，只是思想底純粹形式；但是因爲它們只是知性底使用（或思想）之純粹形式，所以只通過它們，沒有對象可被思想或被決定。

　　〔此下第一版有七段，爲第二版所刪，而代之以四段。玆分兩欄並譯如下。以第二版爲準故，先列第二版者，次列第一版者。〕

第 二 版

　　但是，在這裏，我們要遭遇到一種很難逃避的幻像（易受到一種很難逃避的幻像的支配）。範疇：就它們的根源說，並不是基於感性的，就像直覺底形式（空間與時間）那樣；因此，它們似乎可允許一

第 一 版

　　顯現的東西（現象 appearances），就其依照範疇之統一而被思爲對象而言，它們即被名曰"法定象"（phaenomena, 感觸物 sensible entities）。〔案 appearances 與 phaenomena 此兩詞普通

A 249

種 "擴展至一切感取底對象之
外" 的應用。 但事實上， 它
們不過是思想底諸形式，此諸
形式只含有 "把給與於直覺中
的雜多先驗地聯合統一於一個
整一意識中" 這種聯合統一之
純然地邏輯的機能； 因此，若
離開了那唯一 "對於我們是可
能的" 的直覺，則它們甚至比
純粹的感觸形式更少有意義。
通過這些純粹的感觸形式（空
間與時間）， 一個對象至少可
被給與， 但是一種 "結合雜
多" 底模式——特屬於我們的
知性的一種模式——在缺乏那
種直覺， 即 "只在其中雜多
始能被給與" 的那種直覺時，
以其自身而言， 實一無所指
表。 同時， 如果我們名某些
對象，當作顯現者看，曰 "感
觸物"（現象，法定象），則
因為我們把那 "我們於其中直
覺這些被名曰感觸物的對象"
的模式與那 "屬於這些對象之

俱以現象譯之，很難造兩個不
同的名詞以區別之。但依康德
此處所表示，當該有個分別。

appearances 比較是停於主
觀狀態中，因此譯為 "顯現的
東西"（現象）。現於感性主
體者即為顯現的東西。當依範
疇而思之時，則即客觀化而為
一決定了的對象， 此 即 名 曰
phaenomena， 因此，此詞譯
為 "法定象"， 即為法則性的
概念所決定的對象，故比較是
客觀的。此只是隨康德此處之
語而方便如此譯。"法定象"在
第二版中康德亦名之曰 "感觸
物"。〕但是，如果我設定一
些東西，它們只是 知 性 底 對
象，縱然如此，它們卻又能即
如其為知性之對象而被給與於
一種直覺，雖然不是被給與於
感觸的直覺——因此可說是
被給與於智的直覺 （coram
intuitu intellectuali）——
則這樣的東西必應被名曰 "智

在其自身"的本性區別開，是
故此種區別就函着：我們把這
些對象之在其自身（依它們自
己之本性而論，雖然我們不能
如其本性而直覺之），或我們
把其他可能的東西（這些其他
可能的東西不是我們的感取之
對象，但只通過知性而被思為
對象），置於與那些被名曰感
觸物的對象相對反的地位，而
在這樣置對中，我們名這些對
象之在其自身或這些其他可能
的東西曰"智思物"(本自物)。
如是，我們的知性之純粹概念
在關於這些智思物方面是否有
意義，因而亦就是說，是否能
是"知道它們"底一種道路，
這問題便發生。

但是，即在此開始之時，
我們便遭遇了一種"可以引起
嚴重誤解"的模稜歧義。知
性，當它在[某種一定]關係中
名一對象曰"純然的現象"（法
定象）時，同時，若離開那種

思物"（noumena, intelli-
gibilia）。

現在，我們必須把以下所
說牢記於心中，即：現象（顯
現的東西之概念，如超越的攝
物學中所限定的，早已以其自
身即確立了"智思物"底客觀
實在性，並早已使對象之區分
為法定象（感觸物）與智思物
為正當，因而亦就是說，使世
界之區分為感取世界（感觸
界）與知性世界（智思界）為
正當，而這一層實在說來是依
這樣式而被作成，即：這種區
別並非是只涉及我們的對於同
一物底知識之邏輯形式，即比
照此知識之為分明的或不分明
的而只涉及此知識之邏輯形式
（如來布尼玆之所想），但卻
是涉及"這兩個世界所依以首
先能被給與於我們的知識"的
那樣式之差別，而依照此種差
別，也涉及"這兩個世界自身
所依以在種類上互相區別"的

關係，它即形成 "一對象在
其自身" 之表象，並因而歸
於去表象其自己為亦能够去形
成這樣的對象 （即 "對象之
在其自己" 之對象） 之概念
者。而因為知性不能產生出一
些其他概念以為有加於範疇者
（意即除範疇外不能再產生其
他概念），是故它（知性）亦
設想： "對象之在其自身" 必
至少亦可以通過這些純粹概念
（即範疇）而被思想，因而它
遂被誤引去視一智思物之完全
不決定的概念，即一 "外於我
們的感性" 的 "某物一般" 之
完全不決定的概念，為這樣一
個物，即 "依一種［純粹智思
的］樣式，因着知性，而可為
被知的" 這樣一個物之決定的
概念。

　　如果由所謂 "智思物"，
我們意謂之為一物 是就 其 不
是我們的感觸直覺之一對象而
意謂之，這樣我們便抽掉了我

那樣式。因為如果感取把某種
東西只 "如其所現" 而表象給
我們，則此某種東西亦必須在
其自身即是一物，而且即是一
"非感觸直覺"底一個對象，即
是說，是知性底一個對象。換
言之，這樣一種知識必須是可
能的，即在此知識中並沒有感
性，而且單只是這種知識始有
絕對地客觀的實在性。通過這
種知識，對象將 "如其所是"
而被表象，而在我們的知性之
經驗的使用中，事物將只 "如
其所現" 而被知。如果情形真
是如此，則以下所說似乎必應
隨之而來，即：我們不能如我
們自始迄今所已執持者而肯斷
說：為我們的知性所產生的諸
純粹知識決不會是別的，不過
就是現象底解釋（詮表）之原
則，而這些原則即使在它們的
先驗應用中，它們也只關聯於
"經驗底形式的可能性"。反
之，我們定須去承認：在範疇

B 307

A 250

們的 "直覺之" 之模式，如是
則此所謂一智思物便是依 "智
思物" 一詞之消極意義而為一
智思物。但是，如果所謂智思
物我們理解之為一個 "非感觸
直覺" 之對象，則我們因如此之
理解便須預設一特種的直覺，
卽智的直覺，此智的直覺不
是我們所有的那種直覺，而我
們甚至也不能理解此智的直覺
之可能性。如此理解之智思物
必應是依 "智思物" 一詞之積
極的意義而為一智思物。

關於感性之主張同時亦卽
是關於消極意義的智思物之主
張，卽是說，關於這樣一種
東西，卽 "知性所必須思之
而卻沒有涉及我們的直覺之模
式，因而也就是說，所必須
不是只當作現象而思之，但卻
是當作‘物之在其自己’而
思之" 這樣的一種東西之主
張。同時，知性也很知道：設
若依這種樣式看事物，視之為

之經驗的使用以外，（此 經
驗的使用被限制於 感 觸 的 條
件），必同樣亦有一種純粹的
而卻又是客觀地妥實的使用。
因為一個 "完全不同於感取底
領域" 之領域在此必開顯給我
們，此領域是這樣一個世界，
卽 "似是在神靈中被思想（或
甚至或許可被直覺）" 的一個
世界，因此，此世界對知性而
言，必是一種遠較高貴（不是
較少高貴）的"默識之對象"。

一切我們的表象實是因着
知性而涉及某一對象；而因為
現象不過是表象，是故知性把
現象（顯現的東西）關涉到一
個 "某物"，以此某物為感觸
直覺之對象。但是此某物，這
樣思之，只是"超越的對象"；
而此超越的對象則是意謂 "一
某物＝X"，關於此某物 X，
我們一無所知，而以我們的知
性之現有的構造而言，我們對
之也不能有所知，但是由於它

B 308　這樣離開我們的直覺之模式者，則知性對於範疇不能作任何使用。因為範疇只在關聯於空間與時間中的直覺之統一中始有意義；而甚至範疇能決定這種統一，卽藉賴着一般的，先驗的，有連繫作用的概念而決定這種統一，其所以能這樣決定之，也只因為空間與時間底"純然觀念性"之故始能這樣決定之。（案此須明了超越的攝物學中關於時空之超越的觀念性與經驗的實在性之說明。）在不能見有此時間底統一之情形處，因而也就是說，在智思物之情形中，範疇底一切使用，實在說來，範疇底全部意義，必完全消逝；因為在那種情形中，我們無法決定"與範疇相諧和"的事物是否甚至是可能的。關於此點，我只須請讀者參看附在前章末的"通注"之開首幾句便可。

（案附在前章末"原則系統之

是統覺底統一之一"相關者"，是故它只能為感觸直覺中的雜多之統一而服務。藉賴着此統一，知性把雜多結合於"一對象之概念"中。此超越的對象不能與感觸的與料分離開，因為若分離開，便沒有什麼東西被遺留下來，此超越的對象可 A 251以經由之而被思想。結果，此超越的對象其本身不是知識底一個對象，但只是在"一對象一般"之概念下的現象之表象──這一個"對象一般"之概念乃卽是"通過這些現象之雜多而為可決定的"一個概念。

正為此故，範疇不表象特殊的對象，以之單給與於知性，但只是用來去決定"超越的對象"（此是"某物一般"之概念），卽通過那給與於感性中者而去決定這超越的對象，因着如此決定之，以便在對象之概念下去經驗地知道現象。

（案以上兩段說"超越的對

· 493 ·

通注"開首句子是如此: "一物底可能性不能只從範疇來決定, 又要想去展示知性底純粹概念之客觀實在性, 我們必須有一直覺, 凡此云云乃是一十分值得注意的事"。) 一物之可能性從不能只從"它的概念不自相矛盾"這事實便可被證明, 但只有通過"它的概念之為某種相應的直覺所支持"始能被證明。因此, 如果我們一定要想把範疇應用於那些"不被視為是現象"的對象上去, 則我們必須要去設定一種"不同於感觸直覺"的直覺, 而若這樣, 則對象必應是一積極意義的智思物。但是, 因為這樣的一種直覺, 即智的直覺, 並不能形成我們的知識機能之一部分, 是故範疇底使用從不能比其擴展至經驗底對象還有更進一步的擴張 (從不能擴展至經驗底對象範圍以外)。實在說來, 玆確有智思物以相應於

象", 此不是"智思物", 此下說智思物與感觸物之分。)

我們之所以不以"感性基層"為滿足, 因而也就是說, 我們之所以要把"只純粹知性所能思之"的智思物加到感觸物 (法定象) 上, 其原因只是如下所說。感性 (以及感性之領域, 即現象之領域) 其自身是在這樣一種樣式中而為知性所限制, 即: 它無關於"事物之在其自身", 但只有關於那模式, 即"由於我們的主觀構造之故, 事物在其中或所依以顯現"的那模式。全部"超越的攝物學"中之所說已引至此結論; 而此同一結論自然也隨"一現象一般"之概念而來; 即是說, 那個"其自身不是現象"的某物必須相對應於現象。因為現象若越出我們的表象底模式之外, 其自身什麼也不是 (不能是任何東西)。因此, 除非我們永遠要轉圈子, 否

感觸物；也可以有智思物，我們的感觸的"直覺機能"對之無任何關係；但是，我們的知性之諸概念，由於其只是爲我們的感觸直覺而效用的"思想之形式"，是故它們決不能絲毫應用於那些智思物。因此，我們所名曰"智思物"者必須被理解爲只依一消極意義而爲一智思物。

則，現象一詞必須被承認爲早已指示一"關聯於某物"之關聯，此某物底直接表象實是感觸的，但此某物，即使離開我們的感性之構造（我們的直覺之形式即基於此感性之構造上），其自身也必須是某物，即是說，必須是一"獨立不依於感性"的對象。

這樣，這裏便結成了一"智思物"之概念。這個概念無論如何實不是積極的，而且它亦不是關於任何東西底一種決定的知識，但只指表"某物一般"之思想，在此思想中，我抽掉了那"屬於感觸直覺之形式"的每一東西。但是要想一個"智思物"可以指表一眞正的對象，此眞正的對象是可以與一切"法定象"（感觸物）區別開者，則"我把我的思想從一切感觸直覺底條件中解脫出來"，只這一點，這並不足夠；我必須同樣也要有根據以認定另一種直覺，此另一種直覺是不同於感觸直覺者，在此另一種直覺中，這樣一個"眞正的對象"可以被給與。因爲若不然，我的思想雖實可無矛盾，然亦總是空的。我們實不能證明感觸直覺是唯一可能的直覺，但只能證明感觸直覺對於我們[人類]而言是唯一可能的直覺。但是，我們同樣也不能證明另一種直覺是可能的。結果，雖然我們的思想能抽去一切感性，然而"一智思物之觀念是否不是一個概念之一純然的形式，而當這種分離（案卽抽去一切感性所示之分離）被作成時，是否還有任何對象遺留下來"，這仍然是一存而未決的問題。

A 253

我把"現象一般"關聯到一個對象上去，此所關聯到的對象是"超越的對象"，卽是說，是完全不決定的"某物一般之思想"。此不能被名曰"智

思物"；因為我對於"此智思
物其自身是什麼"一無所知，
而且除它只作為"感觸直覺一
般"底對象外，因而也就是
說，除它對於一切現象而為那
同一者之外，我對於它亦無任
何概念。我不能通過任何範疇
而思之；因為一個範疇只對經
驗直覺而有效，此蓋由於範疇
把這經驗直覺帶到(或置之於)
一"對象一般"之概念下之故。
範疇之一種純粹的使用自是
〔邏輯地〕可能的，卽是說，是
並沒有矛盾的；但此種純粹的
使用卻並沒有客觀的妥效性，
因為在那種純粹使用中，範疇
並不是被應用於任何直覺的，
應用之以便去把"一對象之統
一"賦與於此直覺。因為範疇
只是思想之功能（形式），沒
有對象是通過此思想之功能而
可被給與於我，我只是因着此
思想之功能而思那"可以被給
與於直覺中"者（或思那"可

以在直覺中被給與於我"者）。

[附註]: 案此第一版文有"超越的對象"（某物＝X）一詞，而此又不能被名曰"智思物"。此與第一版的"範疇之超越的推證"中所說的"超越的對象＝X"相呼應。我曾在"智的直覺與中國哲學"一書中有詳細的討論。以此詞故，康德弄的十分混雜而隱晦，第二版的修改文刪去之，並非無故。

　　如果我從經驗知識中移除一切思想（通過範疇而表現的思想），則無有任何對象之知識可以留存。因為通過純然的直覺，沒有東西是被思想的，而"此感性底感應存在於我之內"這一事實［其自身］亦並不等於"感性底感應這樣的表象之關聯於任何對象"。但是，另一方面，如果我撇開一切直覺，思想底形式仍然可以留存——即，"為一可能直覺底雜多決定一對象"這"決定之"之模式仍然可以留存。依此而言，範疇便比感觸直覺有更進一步的擴張，因為它們思及"對象一般"，而卻並沒有顧及"這些對象在其中可以被給與"的那特殊的感性模式。但是它們並不能因此即可決定一較大的對象範圍。因為我們不能認定這樣的對象可被給與，設不預設另一種"不同於感觸直覺"的直覺之可能性；而我們卻決無理由去作這樣的預設。

如果一個概念底客觀實在性無論如何總不能被知，而這個概
念卻又不含有矛盾，而且同時它亦與其他諸知識相連繫（這其他
諸知識包含着一些特定所與的概念，這些特定所與的概念是該概
念所要去限制的），如是，我即名那個概念曰"或然的"。一"智
思物"之概念——即是說，一個"不被思爲感取底對象但只通過
純粹知性而被思爲一物之在其自己"這樣一個東西之概念——無
論如何不是矛盾的。因爲我們不能對於感性直覺肯斷說：它是唯
一可能的一種直覺。復次，要想去阻止感觸直覺之被擴展到"物
自身"，因而亦就是說，要想去限制感觸知識底客觀妥實性，一
智思物之概念亦是必要的。"感觸直覺所不能應用於其上"的那
些其餘的東西卽被名曰"智思物"，所以這樣名之，乃爲的是想
要去表示感觸知識不能把它的領域擴展到知性所思的每一東西上
去。但是，縱然如此，我們也不能理解這樣的智思物如何能是可
能的（案此"可能"是指眞實的可能說，不指形式的卽邏輯的可
能說），而那"擺在現象範圍之外"的領域對於我們而言是空的。
那就是說，我們有一種"或然地更向前擴展一步"的知性，但是
我們卻沒有這樣一種直覺，實在說來，甚至亦沒有這樣一種可能
的直覺之概念，卽"通過此種直覺或此可能的直覺，在感性領域
以外的對象可被給與，而且通過此種直覺或此可能的直覺，知性
能夠實然地被使用以越過那感性領域"這樣的一種直覺，或這樣
一種可能的直覺之概念。這樣，一智思物之概念只是一"限制概
念"，此限制概念之作用卽是去抑制感性底虛僞要求；因此，一
智思物之概念是只屬於消極的使用的。但同時，它決不是一隨意
的發明；它是與感性底界限（限制）有密切的關係，雖然它不能

在感性領域之外肯定任何積極性的東西。

因此，對象之分為感觸物（法定象）與智思物（本自物），世界之分為感取底世界（感觸界）與知性底世界（智思界），依積極意義而言（此片語為第二版所增加），這是完全不可允許的，雖然概念之區分為感觸的與理智的卻確然是合法的。蓋因為對於理智的概念而言，沒有對象可被決定，因而結果，這些理智的概念亦不能被肯斷為客觀地妥實的。如果我們捨棄了感取，"我們的範疇，（此時範疇必應是唯一為智思物而剩留下的概念），仍然還定要繼續去指表某物"，我們將如何能使這為可思議的呢？因為對範疇之關聯於任何對象而言，比"只是思想之統一"為更多一點的東西必須被給與，即是說，在"思想底統一"之外，一可能的直覺必須被給與，被給與以便範疇可以應用其上。縱然如此，如果一智思物之概念只依一純然或然的意義而被取用，則它不只是可允許的，而且因為它把限制置放於感性上，是故它同樣亦是不可缺少的。但是，若這樣，則一個智思物對於我們的知性而言便不是一特種的對象，即，一種"智思的對象"；而此智思物所可屬於的那種知性其本身即是一問題。因為我們絲毫不能把這樣一種知性，即 "它不是通過範疇辨解地知道它的對象，但卻是在一非感觸的直覺中直覺地知道它的對象" 這樣一種知性之可能性表象給我們自己。我們的知性通過此智思物之概念所獲得的只是一消極的擴張；即是說，知性不是通過感性而為被限制了的；反之，它自己因着把"智思物"一詞應用於"物之在其自己"（即不被視為現象的事物）而限制了感性。但是，在它如此限制感性中，它同時亦把限制置於其自己，此蓋由於它承認: 它不能通過範疇中之任何一個範疇而知道這些智思物, 因此, 它必須只在 "一不被知的某物之名稱" 下來思維這些智思物。

在現代哲學家之作品中, 我見有感取底世界與知性底世界 (感觸界與智思界 mundus sensibilis and *intelligibilis*) [a] 這兩詞, 在他們的作品中此兩詞之被使用是用一種 "完全不同於古人使用之所用的意義" 之意義而使用之, 這一種完全不同於古義的意義乃是一種很容易被了解的意義, 但它卻只是在一種空玩字眼中而結成。 依照這種使用, 有些人很想在 "現象是被直覺的" 這限度內, 去名 "現象之綜集" 曰感取底世界, 而在 "現象底連繫是依照知性之法則而被思" 這限度內, 則又名此 "現象之綜集" 曰知性底世界。觀察性的天文學, 它只敎告天體之觀察, 此必應是論述 "感取底世界" 的; 另一方面, 理論性的天文學, 由於它是依照哥白尼系統或依照牛頓之攝引律而被敎, 是故它必應是論述 "知性底世界", 卽論述一 "智思界" 的。 (案: "觀察性的" 與 "理論性的" 兩形容詞, 康德原文倒置, 肯·士密斯依 *Wille* 正過來。*Max Müller* 譯未正。) 但是這樣一種攪繞字眼只是一種詭辯的遁辭; 它想因着 "改變一痲煩問題之意義以適合我們自己之方便" 而去避免這痲煩的問題。知性與理性, 實在說來, 固是在處理現象中被使用的; 但是那須要被解答的問題乃是: 當對象不是一現象或法定象 (卽, 是一智思物) 時, 知性與理性是否尚有另一種使用 (案意卽不同於處理現象中的使用之使用); 而當對象被思爲只是智思的, 卽是說, 被思爲單只被給與於知性, 而不被給與於感取時, 則這對象之被認取乃

A 257

B 313

正是依一智思物之意義（卽依其不是一現象之意義）而 被 認 取
者。因此，此問題乃是：在知性之經驗的使用以外 —— 甚 至 在
牛頓式的宇宙結構之論述中的知性之使用以外——是否尚有一種
"超越的使用"亦同樣是可能的，此超越的使用乃卽是那 "與作爲
一對象的智思物有關" 的一種使用。關於此問題，我們已作否定
的答覆。

　　(a)處，康德有底注云：

　　　我們必不可使用 "一理智的世界" 一詞以代替 "知性底世
　　界"（智思界 mundus intelligibilis）一詞，就像德人的解釋
　　（German exposition, deutschen Vortrage)中所常作的
　　那樣。因為只有諸知識才或是理智的或是感覺的（sensuous,
　　sensitiv）。那 "只能是這一種直覺或另一種直覺之一對象"
　　的東西必須被名曰智思的或感觸的(intelligible or sensible,
　　intelligibel oder sensibel)，不管這樣名之是如何的刺耳。

　　［案：肯·士密斯以 "知性底世界" 譯拉丁語 "mundus
　　intelligibilis"。此拉丁語如譯為 "intelligible world"，
　　則中文當譯為"智思的世界"，卽純智所思及的世界。譯為 "知
　　性底世界" 亦是沒有感性單只是純粹知性所思的世界。"智思
　　的" 與 "感觸的" 相對，此從對象方面說。"理智的" 與 "感
　　覺的" 相對，此從主觀方面說，康德說為是從諸知識方面說。
　　依此，前文所謂 "intelligible entities" 與 "sensible enti-
　　ties" 必須譯為 "智思物" 與 "感觸物"。］

因此，當我們說：感取表象對象是 "如其所現" 而表象之，　　　B 258
知性表象對象是 "如其所是" 而表象之，當我們如此說時，此
後一陳述（卽 "如其所示" 一陳述）並不是依諸詞之超越的意義
而被理解，但只是依諸詞之純然地經驗的意義而被理解，此卽是
說，此後一陳述當該如此被理解，卽如其意謂： "這些對象必須
當作經驗底對象，卽，當作在通貫的互相連繫中的現象，而表被　　A 314
象" 那樣而被理解，而不是如 "這些對象，當作純粹知性之對
象，可以離開其關聯於可能經驗，因而結果也就是說，離開其關
聯於任何感取" 那樣而被理解。純粹知性底這樣的諸對象總是不
被知於我們的；我們甚至亦從不能知道這樣的一種超越的或 "例
外的"⑴ 知識是否是在任何條件下而爲可能的——至少我們不能
知其是否與那種"處於我們的通常範疇下"的知識爲同類者。知性
與感性，在我們這裡，只當它們在結合中(或聯合地)被使用時，
它們始能決定對象。當我們分開它們而孤離之時，我們卽有直覺
而無概念，或有概念而無直覺——在這兩種情形裡，我們決不能
去把表象關涉到⑵任何決定性的對象上去。

　　〔註⑴〕：　肯・士密斯注云：原文是 "超常的" (ausserordent-
liche)，依 *Vaihinger* 改爲 "例外的" (aussersinnliche)。案
不改亦可。
　　〔註⑵〕：　"關涉到"，"關涉"康德 原文爲 "beziehen"。*Max
Müller* 譯爲"refer"，是；肯・士密斯與 *Meiklejohn* 俱譯爲 "apply"
（應用），非。

經過一切這些說明之後，如果有人仍然遲疑不決，遲疑於去放棄範疇之"純然地超越的使用"，則讓他試一試從範疇去得到一綜和"命題"⑴〔看是否可能〕⑴。一分析"命題"⑴不能使知性前進一步；何以故如此，這是因為以下的緣故而然，即：因為分析命題只有關於那早已被思於概念中者，是故它讓以下之問題為存而不決者，即"這概念本身是否對於對象有任何關係，抑或只指表'思想一般'之統一（思想一般完全抽掉"一對象所依以被給與"的那模式）"這問題，它讓其為存而不決者。即因此故，分析命題不能使知性前進一步。知性〔在其分析的使用中〕⑵只想去知那處於概念中者；至於關於這對象，即"概念所可應用於其上"的那對象，知性是不關心的。因此，〔在範疇之純然地超越的使用中，要想試一試從範疇去得到綜和命題〕⑶，這試一試之試驗之被作成必須用綜和的而又"居然"（professedly, vermeintlich）是超越的原則（Grundsatze），即如"每一東西它存在，它或是作為本體而存在，或是作為附着於本體中的一個決定而存在"，又如"每一偶然的東西其存在是作為某一其他東西之一結果而存在，即是說，是作為它的原因（為其原因者）之一結果而存在"，這樣的原則，來作成。現在，我問：〔在用這樣的原則以作試驗，試想從範疇去得到一些綜和命題中〕⑷，知性何由而能得到這些綜和命題，當概念之被應用不是依其關聯於可能經驗而被應用，而是依其關聯於物自身（智思物）而被應用時。在這裡，那作為第三者之某物存在於何處？此一第三者之某物對一綜和命題而言總是需要的，需要之以便，因着它的媒介作用，那"沒有邏輯的（分析的）親和性"的諸概念可以被帶

A 259

B 315

入於（或被置於）互相連繫中。 設若不去訴諸知性之經驗的使
用， 因而設若不去完全離開（或棄絕）那純粹而非感觸的判斷
（Urteile）， 那需要一第三者的綜和命題決不能被建立，不，
甚至任何這樣一種純粹的肯斷（命題）底可能性亦不能被展示。
這樣說來， "純粹的而又是純然地智思的對象"之概念完全缺乏
那 "可使它的應用為可能"的一切原則。因為我們不能思維有任
何路數， 這樣的智思的對象可依之而被給與。 或然的思想， 卽
"為這些智思的對象留下一餘地"的那或然的思想， 它如一空
的空間一樣，只用來為經驗原則底限制而服務，其本身並不包含
有或顯露出任何其他 "知識之對象"， 卽超出那些經驗原則底範
圍之外的任何其他 "知識之對象"。

A 260

[註⑴]： "命題"原文為 "肯斷"（Behauptung）。三英譯皆改
為命題。"看是否可能"一語為譯者所加。

[註⑵]： 此為肯·士密斯所加。

[註⑶]： 此為譯者所加，因本段開頭說試一試，至此復歸於說試一
試，隔的太遠，須重提故。

[註⑷]： 此為譯者所加，因為若不然， "知性何由而能得到這些綜
和命題"，此中 "這些綜和命題"一語無根故。

附　錄

由知性之經驗的使用之與知性
之超越的使用相混擾而生的
諸反省概念（der Reflexionsbegriffe）之歧義

　　"反省"並不有關於對象自身以便從此對象直接地引生出概念來，它但只是那種心靈狀態，卽在此心靈狀態中，我們首先使我們自己去發見出那主觀條件，卽"單在其下我們始能達到概念"的那主觀條件。它是"所與的表象之關聯於我們的不同的知識根源"之意識；而亦只有經由這樣的意識，諸知識根源之互相關聯始能正當地被決定。在對於我們的諸表象有進一步的處理以前，以下之問題必須首先被問及，卽：我們的諸表象是在我們的諸認知機能之那一個機能中而一起被連繫起來？ "我們的諸表象所因以被結合或被比較"的那個機能是知性乎？抑是感取乎？好多判斷是由於習慣而被承認，或不然，它們亦只是植基於性好（inclination, Neigung）；但是因為沒有反省先於此類判斷，或至少沒有一個判斷是批判地隨此反省而來，所以此類判斷遂被視為起源A261於知性。一種"省察"（卽我們的注意之指向於"一判斷底眞理性之根據"），實在說來，並不是在每一情形中皆是需要的；因為，如果這判斷是直接地確定的（例如"兩點間只有一條直線"B317

這判斷），則對於此判斷之眞理性並不能有比這判斷自身爲更好的明據（案意卽此判斷自身卽是其眞理性之明據，除此以外，並不能有其眞理性之更好的明據）。但是，一切判斷，實在說來，一切比較，皆需要一種"反省"，卽"所與的概念所屬之認知機能"之區別。一種動作，卽因此動作，我使"表象之比較"與其所屬之認知機能相碰面，並藉賴着此動作，我鑑別這些表象之互相被比較是否是如其屬於純粹知性那樣而互相被比較，抑或是如其屬於感觸直覺那樣而互相被比較，這樣一種動作，我卽名之曰"超越的反省"。現在，"在一心靈狀態中的諸概念於其中或所依以能互相隸屬（或互相對顯）"的那些關係卽是同與異之關係，契合與對反之關係，內部與外部之關係，以及最後"可決定者"與"決定者"（材料與形式）之關係。關係之正當的決定是依靠於以下問題之解答，卽："這些概念(1) 在那一個知識機能中主觀地彼此相隸屬，它們是在感性中主觀地彼此相隸屬，抑或是在知性中主觀地彼此相隸屬"，這問題之解答。因爲機能間的差異對於這模式，卽"我們於其中或所依以去思考這些概念(2)"的那模式，造成很大的差異。

[註(1)]： "這些概念"，康德原文是個多數代詞 sie，指上句中的"諸概念"說。依肯·士密斯譯，亦是多數代詞，卻是指上句中的"那些關係"說。上句中的"關係"原文是單數，係主詞，但動詞是多數，故肯·士密斯譯依 Hartenstein 將單數"關係"改爲多數，如是，那代詞遂可指"那些關係"說，但這于理不通。實則"關係"一詞爲多數或單數並無緊要。但原文之代詞指概念說甚顯。

[註(2)]：此依原文亦當是 "這些概念"，而肯・士密斯譯則卻明說爲 "這些關係"。機能間的差異"，"機能" 原文是 "後者"，即指上句中感性或知性這些機能說。"所依以去思考這些概念" 中的 "概念" 原文是"前者"，即指上句中的 "概念" 說。肯・士密斯譯把此 "前者" 說爲關係，故知依其譯法，上句中的代詞是指 "那些關係" 說，這便不通。

在構造任何客觀的判斷以前，我們比較諸概念以便爲了全稱 A 262 判斷去在這些概念中找出同一性（在一個概念下許多不同表象底 同一性），爲了特稱判斷去在這些概念中找出差異性，爲了肯定 B 318 判斷去在這些概念中找出契合性，爲了否定判斷去在這些概念中 找出違反性，等等。爲此之故，我們似乎應當名上說的諸概念曰 "比較中之概念"（concepts of comparison, Vergleichungs-begriffe: conceptus comparationis）。但是，如果問題不是 關於 "邏輯形式" 之問題，而是關於 "概念之內容" 之問題， 即是說，問題是：是否事物其自身是同一的抑或是差異的，是 相契合的抑或是相違反的，等等，則因爲事物對於我們的知識 機能能有一雙重關係，即既對於感性有關係（關聯於感性）， 又對於知性有關係（關聯於知性），是故就此而言，事物所屬 之地位便決定這模式，即 "事物於其中或所依以互相隸屬" 的那 模式。爲此之故，所與的諸表象之交互關係其能被決定是只有通 過 "超越的反省"，即是說，通過 "這些表象之關聯於兩種知識 中之此種知識或彼種知識" 這種關聯 ［之意識］，始能被決定。 事物是否是同一的抑或是差異的，是相契合的抑或是相違反的，等等，這並不能只因着比較，從概念自身中，即可立刻被確立，但只因着超越的考慮（反省），通過事物所屬之認知機能之區別，始能被確立。因此，我們可以說："邏輯的反省"只是一純然的"比較之動作"；蓋因爲我們並沒有計及所與的諸表象所屬之知識機能是什麽，所以這些表象，就其心靈中的地位而論，必須被視爲盡皆屬於同一層序者。但是另一方面，"超越的反省"，因爲它有關於對象自身，所以它含有諸表象互相間底客觀比較底可能性之根據，因而也就是說，它是全然不同於前一類反省的。實在說來，這些表象甚至並不屬於同一知識機能。這種超越的考慮（反省）是一種義務，沒有想對於事物去作任何先驗判斷的人能要求免除此義務。現在我們將盡此義務，而在盡此義務中，對於決定知性之眞實事業我們將得到不少的幫助或指導。

(1)同一與差異。如果一個對象雖依不同的機緣但卻總是以同一的內部決定（質與量）而被呈現給我們，如是則如若它被視爲純粹知性之對象，則它總是同一的，只是一物(numerica iden-titas)，而非多物。但是，如果它是現象，則我們並不關心於去比較概念；縱使就概念而言，玆並無什麽差異可言，然而在同一時間中的空間位置之差異仍然是對象（即感取底對象）底"數目的差異"之一足夠的根據。這樣，在兩滴水之情形中，我們能完全抽掉一切內部的差異（質與量底差異），而"此兩滴水已在不同的空間位置中同時地被直覺"這一事實卽足以證明"執持它們爲數目地不同的"爲正當。來布尼玆視現象爲物自身，因而也就是說，視現象爲智思物，即，爲純粹知性之對象（雖然因爲我們的關於它們的表象之混闇性格之故，他仍然給它們以現象之名），而依據"視現象爲物自身"這一假設(臆斷)，他的"不可辨異者底同一性之原則"(principium identitalis indiscernibilium)確然是不能被爭辯的。 但是， 因爲那些現象是感性之對象， 在關聯於這些感性之對象中， 知性之使用不是純粹的使用， 但只是經驗的使用，所以衆多性以及數目的差異性是早已因着空間自己， 卽因着外部現象之條件， 而被給與於我們。 因爲空間之此一部分雖然完全相似於而且相等於另一部分，然而它卻仍然是在其他部分之外的，而亦正因此故， 它是一不同於其他部分的部分， 此其他部分， 當與它相加時， 便與它連在一起構成一較大的空間。那一切在不同的空間位置中同時地存在着的事物皆必須同樣是如此，不管那些不同的空間位置中的事物在另一方面是如何之相似與相等。

　　(2)契合與違反。如果實在是只因着純粹知性而被表象（是智思之實在 realitas noumenon），則沒有 "違反" 可在諸實在間被思議， 卽是說， 諸實在間沒有這樣一種關係， 卽： "當諸 　A 265
實在被結合於同一主詞中時，它們互相消除了每一其他實在之後果， 而有一像 3 － 3 ＝ 0 之形式"，這樣的一種關係，可被思議。可是，另一方面，現象中的眞實者（realitas phaenomenon）確然可允許有 "違反"。當這樣的諸實在被結合於同一主詞中時， 　B 321
這一實在可全部或部分地毀壞了另一實在之後果，此如在同一直線中兩個運動力之情形便是如此， 卽，當此兩運動力在相反方向中吸引一個點或推逼一個點時便是如此， 又或如"快樂平衡痛苦"之情形亦然。

(3)內部與外部。在純粹知性底一個對象中，唯那是內部的者（就其存在而論）始對於任何不同於其自己的東西沒有任何關係。但是就空間中的一個"現象性的本體"（Substantia phae-nomenon）而言，情形卻完全不同；現象性的本體底內部的諸決定不過只是一些關係，而此現象性的本體其自身亦完全是由純然的關係而構成。我們之切知空間中之本體是只有通過"力"而切知之，這些力是此空間或彼空間中的主動者，它們或是把其他對象帶到此本體上（此名曰吸引），或是阻止其他對象滲入於此本體（此名曰反斥與不可入性）。我們並不切知那"構成本體之概念"的任何其他特性，所謂"本體之概念"，此中之本體乃是那顯現於空間中者，且亦卽是我們所名之曰"物質"者。但是，另一方面，由於本體是純粹知性之對象，是故每一本體皆必須有"屬於其內部實在"的那內部的諸決定與諸力量。但是，除只是

A 266 "我的內部感取所呈現給我"的那些偶然者（事件）外，還有什麼內部的偶然者（事件）我能在思想中思之呢？如是，這些內部的偶然者（偶發的事件）必須是這樣的某種東西，卽，此某種東西它或者其自身就是一種思維體（a thinking, ein Den-ken），或者它是可類比於思維體者。爲此之故，來布尼玆，由於他視諸本體爲智思物，如是，他遂因着"他所依以思議此諸本

B 322 體"的樣式，把那"可以指表外部關係"的任何東西，因而也包括組和物在內，從那諸本體上剝奪下來，因此，他遂使諸本體，甚至物質之構成成分，一切皆成爲單純的主詞而具着表象之力量（表象力）———一言以蔽之，皆成爲單元（心子Monads）。

(4)材質與形式。此兩概念形成一切其他反省之根據，因而也

就是說，它們是不可分離地與知性之一切使用緊繫於一起。材質指表"可決定者"一般，形式則指表此"可決定者"之決定——兩者皆依其超越的意義而說， 抽掉那被給與的東西中的 一 切差異， 並抽掉"那被給與的東西所依以被決定"的那模式。邏輯學家以前曾把"材質"之名給與於"普遍者"，把"形式"之名給與於"特殊的差異"。在任何判斷中，我們可名所與的概念曰邏輯的材質 (卽判斷所需之材質)， 名概念之關係(由係詞而成者)曰判斷之形式。在每一"存有"中，此"存有"之構成成分 (要素 essentialia) 是材質， "此構成成分所依以被結合於一物中"的那模式則是本質性的形式。又就事物一般而言，"無限制的實在"被視爲"一切可能性"底材質，而此"無限制的實在"之限制 (否定) 則被視爲是形式，因着此形式，一物可依照超越的概念而與其他物區別開。知性，要想它可依一定的樣式而能去決定任何事， 它要求某種東西必須首先被給與， 至少在概念中被給與。結果，在純粹知性底概念中，材質先於形式；而爲此之故，來布尼玆遂首先假定了諸事物 (諸心子或單元)，並在此諸事物內假定了一種"表象之力量"， 假定此表象之力量，以便此後好去把此諸事物底外部關係以及此諸事物底諸狀態 (卽諸表象) 之交互共在基於此表象之力量上。這樣，依此觀點，空間與時間，前者通過諸本體之關係而成，後者通過諸本體底諸決定互相間之連繫而成， 其爲可能就像"根據與後果"那樣而爲可能。 此事實上自必是如此，如果純粹知性能夠直接地被引向於對象，又如果空間與時間眞是"物自身"底諸決定。但是，如果空間與時間只是感觸直覺 [之形式](1)， 在此形式中(2)， 我們決定一切對象

A267

B323

是只當作現象而決定之，如是，則此直覺之形式（作爲感性底一個主觀特性）是先於一切材質（感覺）的；空間與時間先於一切現象而有，並先於一切經驗底與料而有，而且實在說來它們是那使＂經驗底與料＂爲可能者。理智主義者的哲學家，依據＂我們直覺事物是如事物所實是者而直覺之（雖然事物之所實是是在混闇或混雜的表象中）＂這假設而言，自不能忍受＂去思維形式爲先於事物本身者，並爲決定事物本身底可能性者＂——這不能忍受所示之抗拒是一完全正當的抗拒(3)（Criticism，Zensur）。

A 268
B 324
但是，因爲感觸直覺［之形式］(4)是一全然特殊的主觀條件，此主觀條件先驗地居於一切知覺(5)之基礎地位而爲一切知覺之根源的形式，所以隨之而來者便是：此形式是以其自身而被給與（卽以其自身而有），而材質（或那顯現着的事物本身）則遠不足以充作基礎（就像如果我們遵循純然的概念，我們所必應去判斷——判斷材質爲基礎者那樣而充作基礎），以至於正相反，材質自己的可能性卽預設一＂形式的直覺＂(6)（時間與空間）以爲先行地被給與者。

［註(1)］：［之形式］爲譯者所補，康德原文無，三英譯亦無。

［註(2)］：＂在此形式中＂，若依原文，當爲＂在此感觸直覺中＂。

［註(3)］：此一整句依原文是如此：理智主義者的哲學家自不能忍受＂形式先于事物本身並決定事物本身底可能性＂；這不能忍受所示之抗拒（Zensur）是一完全正當的抗拒，如果他假定我們直覺事物是如其所實是者而直覺之（雖然其所實是是在混闇或混雜的表象中）。

［註(4)］：［之形式］亦爲譯者所補。

　　〔註(5)〕："知覺"，在此，是當作現象看。每一知覺是一經驗了的現象。

　　〔註(6)〕："形式的直覺"一詞參看 B160 頁康德之底注。

對於諸反省概念之歧義

之注說

讓我名我們所派給一概念的地位，或是感性中的地位，或是純粹知性中的地位，曰概念之 "超越的位置"。這樣，關於這地位卽 "依照概念之使用中的差異而屬於每一概念" 的那地位之裁決，以及 "依照一規律而為一切概念決定其地位" 這決定上的指導，是一"超越的論題"。此一學理，由於它區別這認知的機能，卽 "概念在每一情形中所正當地歸屬到之" 的那認知的機能，故它將供給一安全的防護足以對抗純粹知性之不正當的使用以及由此不正當的使用而發生的幻像。我們可名那 "各項知識所歸屬於其下" 的每一概念或每一條項（標題）曰" 邏輯的位置"。亞里士多德所說的 "邏輯的論題" 卽基於此 "邏輯的位置" 上，教師及演說家可以利用此邏輯的論題，利用之以便在特定的 "思想底標題" 下去找出那最適合於手中的材料者，並因而以某種通貫性底樣相（風采）去辯說之或雄辯之。

另一方面，超越的論題其所含有者不過就是上文所提及的關於一切比較與區分之四類標題。這四類標題是因以下之事實而與範疇區別開，卽：它們並不依照那"構成對象之概念"的東西（如量，實在等）來呈現這對象，但只足以在對象之一切雜多中去描寫 "表象之比較"，此種比較乃是先於"事物之概念者"。但是，此種比較首先需要有一反省，卽是說，需要有一"位置之決定"，卽 "被比較的「諸事物之表象」所歸屬之"的那位置之決定，卽是說，這些被比較的 "事物之表象"是否是因着純粹知性而爲被思的抑或是因着感性而爲在現象中被給與的。

概念可邏輯地被比較而無須我們討論概念之對象屬於那一種機能這種討論之麻煩，卽是說，無須討論概念之對象是否是對知性而爲智思物抑或是對感性而爲感觸物（現象）這類問題之麻煩。 但是， 如果我們想以這些概念而進至於對象， 則我們必須首先依靠於一 "超越的反省"，以便去決定這些對象是對那一種知識機能而爲對象，是對純粹知性而爲對象抑或是對感性而爲對象。若無這樣的一種反省，這些概念底使用是非常不安全的，它可產生一些被當作確實看的綜和原則，批判的理性並不能承認這些綜和原則，而這些綜和原則不過是基於一種 "超越的歧義"，卽是說，基於一種"純粹知性底對象之與現象相混雜"。

由於無這樣的 "超越的論題"， 並因而由於爲諸反省概念之歧義所欺騙，所以那有高名的來布尼玆遂建造起一個關於世界底理智系統，或勿寧說，他相信他能因着把一切對象只與知性相比照， 並只與知性底思想之分離的（separated, abgesonderten 抽象的）， 形式的概念相比照，而卽可得到事物底內部本性之知識。我們的 "諸反省概念之表列" 把這想不到的利益，卽 "足以把他的系統之在其一切部分中之顯著的特徵，並同時亦把此特殊的思考路數之主要根據（此特殊的思考路數實不基於任何東西但只基於誤解），擺在我們眼前"，這種想不到的利益給與於我們。他只藉賴着概念把一切事物互相比較，而且自然地他亦發見不出

・517・

其他的差異，除只是那些差異外，卽"知性通過此等差異足以使
知性之純粹概念互相區別開"的那些差異外。感觸直覺底諸條件，
此則其自身卽有其自己的差異者，他並不曾視之爲根源的，蓋由
於感性，自他視之，只是一"混闇的表象模式"，而並不是一各
別的表象根源。現象，依他的觀點而言，乃是"物自身"之表

A271
B327
象。這樣的表象，如他所承認的，在"邏輯形式"上，實是不
同於通過知性而成的知識，因爲，由於此表象之經常缺乏分析之
故，此表象把某種伴同的表象之混雜介入於事物之概念中，這一
種混雜乃是"知性知道如何去把它與事物之概念區別開"的一種
混雜。總之，來布尼茲把現象"理智化"，恰如陸克，依其"概
念發生（noogony）"之系統（如果允許我使用此詞時），他把
一切知性之概念"感性化"，卽是說，他把它們解釋爲不過只是
一些經驗的概念或一些抽象的"反省概念"（反省上之概念）。
這兩個偉大的人物，他們不在知性與感性中尋求兩種"表象之根
源"（此兩種表象之根源，當完全不同時，它們能供給客觀地妥
效的事物之判斷是只有在它們兩者互相結合時始能供給之），如
是，他們兩人遂皆只執持這兩種機能中之一種，視其所執持的那
一種機能爲直接地關聯於"物自身"者。如是，其他一種機能則被
視爲只足以去混雜或去排列此所擇取的機能所產生的諸表象[1]。

[註[1]]：案來布尼茲擇取知性爲準，視感性爲只足以去混雜或混闇
　　知性所產生的諸表象。陸克擇取感性爲準，視知性爲只足以去排列感性
　　所產生的諸表象。

因此，來布尼玆只就知性把感取之對象來互相比較，視此等對象爲事物一般。

第一，他比較此等對象是當此等對象爲知性所判斷，判斷之爲同一的抑或是差異的時，他始比較之。而因爲他只有此等對象之概念在他眼前，而並無此等對象之直覺中的位置在其眼前（須知單只在直覺中對象始能被給與），並且他把這些概念之"超越的地位"（卽對象是否應被計算入現象抑或應被計算入物自身）完全置諸不顧，所以那不可避免地隨之而來者便是：他一定要把他的"不可辨異者底同一性之原則"（此原則只在"事物一般"之概念上有效）擴張到亦去籠罩感取之對象（現象界 mundus phaenomenon），而且他必相信在如此擴張中他已大大地推進了我們的"自然之知識"。確然，如果我依一滴水之一切內部決定而知一滴水是當作一物自身而知之，又如果任一滴水之全部概念是同一於每一其他一滴水之全部概念，則我自不能允許任一滴水不同於任何其他一滴水。但是，如果這一滴水是空間中的一個現象，則它不只在知性中（在概念下）有其位置，且亦在感觸的外部直覺中（在空間中）有其位置，而在這裏所有的諸物理的位置在該滴水處對於事物之內部決定是完全不相干的。一位置 b 能含有一事物它完全相似於並相等於一位置 a 中的另一事物，此點之易而無難恰像是"事物常是內部地如此之差異者"之易而無難。諸位置底差異，不須有任何進一步的條件，它卽可使作爲現象的對象之衆多性與差別性不只是成爲可能的，且亦成爲必然的。結果，上面所說的所謂法則（卽"不可辨異者底同一性之原則"之爲法則）並非是"自然底法則"。它只是對⑴"通過純然的概念而成的事物

A 272
B 328

之比較"而爲一分析的規律。

[註⑴]: <u>肯·士密斯</u>注云: 原文是 "oder"（或）, 依第四版改爲 "der"。此 "der" 在此譯成英文爲 "for"（對）。如依 "oder" 譯, 則如此: "它只是一個分析的規律, 或只是通過純然的概念而成的事物之比較"。*Max Müller* 卽如此譯, 此不甚通。如依改爲 "der" 譯, 則亦可如此譯: 它只是通過純然的概念而成的事物之比較這比較上的一個分析的規律", 或逕直地是如此: "它只是通過純然的概念而成的事物之比較之一分析的規律"。

A273
B329　　第二, "諸實在（當作純粹的肯斷看）從不邏輯地互相衝突" 這一原則, 若就概念之關係而言, 它自是一完全眞的命題, 可是若就 "自然" 或就任何 "在其自己" 的東西（關於此 "在其自己" 的東西我們不能有任何概念）⑴ 而言, 它並無絲毫的意義。因爲眞實的衝突確然是可以發生的; 玆確有一些情形是如此, 卽在此等情形處, a － b ＝ o, 卽是說, 在此等情形處, 結合於一同一主詞中的兩個實在互相消除另一實在之結果。這一事實是因着自然中的阻碍作用以及對抗作用而可經常地擺在我們眼前, 這阻碍作用與對抗作用, 由於其依靠於力量, 必須被名曰 "現象性的實在"（realitates phaenomena）。一般的機械力學實能在一先驗的規律中給出這種衝突之經驗的條件, 因爲它論及力之方向之對反（die Entgegensetzung der Richtungen）: 這一個經驗的條件（力之方向卽是一經驗的條件）乃是實在之超越的概念所完全不理者（對之一無所知者）。雖然來<u>布尼兹</u>先生實不曾以一新

原則之壯觀 (with all the pomp of a new principle) 來宣布上面所說的那個命題（卽 "諸實在當作純粹的肯斷看從不邏輯地互相衝突" 這個命題），然而他卻爲一些新的肯斷而使用之，而他的後繼者（追隨者）又顯明地把它組織於他們的 "來布尼玆—沃爾夫系統" 中。這樣，依照此原則，一切罪惡只是被造的存有底限制之後果，卽是說，只是一些否定，因爲單只是否定始與實在相衝突。（此就一物一般之純然概念而言實是如此，但就作爲現象的事物而言則不如此。）同樣，"去把一切實在結合於一同一存有中，而無懼於任何衝突"，他的弟子們認此不只是可能的，且甚至是自然的。因爲他們所承認的那唯一衝突便是矛盾之衝突，因着此矛盾之衝突，一物之概念其自身卽被消除。他們不承認交互傷害之衝突，在此交互傷害之衝突中，兩個眞實的根據中之任一個根據皆足毀壞另一個根據之結果，這一種衝突乃是我們只藉賴着在感性中所呈現給我們的條件始能把它表象給我們自己者。

B 330
A 274

[註(1)]：（ ）號中之注語，康德原文有，其他兩英譯亦有，肯·士密斯譯略去。案此注語不能略去。那個原則就 "自然" 言或就 "在其自己" 的任何東西言無絲毫的意義。就 "自然" 言是就現象言，就此而言，其爲無意義乃是因爲現象實可有衝突。就 "在其自己" 的任何東西（卽 "物自身"）而言，其爲無意義乃是因爲 "對於'物自身'我們不能有任何概念"；既無任何概念，自然不能說它們衝突不衝突。若物自身在智的直覺面前如如呈現，則亦是一如平鋪，亦無所謂衝突不衝突，說它們從不邏輯地互相衝突亦無意義。故那個原則只就概念之關係言始成立。因爲單從純然的概念看實在，不從感性上具體地看實在，則諸實在只是一些正面的肯斷，而並無否定，此自不能有邏輯的衝突。因爲單只

是否定始與實在相衝突。來布尼玆只承認邏輯的衝突，即矛盾之衝突，不承認有交互傷害之衝突，即現象中相抵消之衝突，因爲他不能正視感性爲一獨立的各別的"表象之根源"故。

第三，來布尼玆的單元論，除他的"只在關聯於知性中表象內部與外部之區分"這種"表象之"之模式外，並無任何基礎。諸本體一般必須有某種內部的本性，因此，此內部的本性是解脫了一切外部的關係的，結果亦就是說，是解脫了一切組合的。因此，單純者就是"那在諸物自身中爲內部的者"之基礎。但是那在一本體之狀態中爲內部的者不能存於地位，形狀，接觸，或運動中（因爲這些決定盡皆是外部的關係），因此，我們不能把任何其他內部狀態指派給本體，除那種內部狀態外，即"我們自己所經由以內部地決定我們的感取"的那種內部狀態外，即是說，除"諸表象之狀態"這種內部狀態外。因此，這一點遂完成單元之概念，此等單元，雖然它們須充作全部宇宙之基礎材料，然而它們實無任何其他活動力，除那只存於諸表象中的活動力外，而那只存於諸表象中的活動力之效應，嚴格言之，實只封限於此等單元之自身內。

B 331
A 275
正以此故，他的"諸本體間的可能的交互影響"之原則須是一"預定的諧和"，而不能是一物理的影響。蓋因爲每一東西只是內部，即是說，只是有關於本體自己的表象，所以此一本體底諸表象之狀態不能和另一本體底諸表象之狀態有任何有效的連繫。玆須有一第三者作原因，此第三者運用其影響力於一切本體(1)，並因而使諸本體底狀態互相應和，諸本體底狀態之互相應和實不是因着每一各別情形中的湊巧的特殊配稱的援助⑵(systema assistentiae) 而互相應和, 而是因着一個 "對一切本體皆有效" 的原因之理念之統一而互相應和, 而在此原因之理念之統一中, 此 等本體必須盡皆得到其存在以及其常住性, 因而結果亦就 是 說, 依照普遍的法則, 亦得到其交互的相應和。

[註⑴]: "運用其影響力於一切本體", 此依其他兩英譯而譯。肯・士密斯譯為 "決定一切本體", 在此用 "決定" 不很好。康德原文無 "決定" 字樣。

[註⑵]: "配稱的援助"(angebrachten Beistand), 肯・士密斯譯為 "介入干涉"(intervention), 不恰。

第四, 來布尼玆之有名的 "時間與空間之主張" (在此主張中, 他把感性底形式理智化), 亦完全源於此同一的 "超越的反省上之謬誤"。如果我企圖因着純然的知性去把事物之外部關係表象給我自己, 則這只能藉賴着 "事物之交互作用" 之概念而被作成; 又如果我想去連結同一物之兩個狀態, 則這只能依根據與後果之秩序而被作成。因此, 來布尼玆遂思議空間為 "諸本體底交互作用 (交感互通)" 中的一種秩序, 而思議時間為諸本體底狀態之力學的相承。那 "空間與時間似乎要去有之以為專屬於空間與時間自身而獨立不依於事物" 者, 他把它歸屬於空間與時間底概念中之 "混擾", 此種混擾已引我們去視那只是力學關係之一純然形式者為一特殊的直覺, 自存而先於事物本身者。(案此是來布尼玆之所以反對時空絕對說)。這樣, 空間與時間, 在

B 332
A 276

他看來，便是諸事物（諸本體以及諸本體之狀態）自身（諸物自身）底連繫之"智思的形式"；而諸事物則是"智思的本體"（intelligible substances, substantiae noumena）。而因為他不允許感性有一種直覺模式專屬於感性本身，他但只在知性中尋求對象之一切表象，甚至是經驗的表象，而他所留給感取者没有別的，不過就是"去混雜並去歪曲知性底表象"這種可鄙的"混雜之並歪曲之"之工作，因為是如此云云，所以他除"去視〔理智化了的〕概念為在現象上亦同樣是有效的"以外，別無他法。

但是，縱使我們因着純粹知性關於"物自身"能綜和地說任何事（須知此是不可能的），可是那所說的任何事仍不能被應用於現象，現象並不表象物自身。在處理現象中，我將總是被迫着在超越的反省中，只在感性底條件下，去比較我的概念；而因此，空間與時間將不會是物自身底諸決定，但只是現象底諸決定。物自身是什麼？我並不能知之，我亦不須去知之，因為一物除在現象中來到我面前外，決不能有別法來到我面前。

A 277
B 333

其餘的諸"反省概念"亦必須以同一樣式處理之。"物質"是一現象性的本體（Substantia phaenomenon）。那內部地屬於此物質者，我在此物質所佔有的空間底一切部分中尋求之，並在此物質所操作的（所產生的）一切結果中尋求之，雖然這些結果顯然只能是外部感取底現象。因此，我並沒有什麼是絕對地內部的者，但只有那是比較地內部的者，而此比較地內部的者其自身復又是以外部關係而組成。物質之絕對地內部的者，如其必應須被純粹知性所思議那樣的絕對地內部的者，沒有別的，不過只是一幻像（phantom, Grille）；因為物質並不是純粹知性底諸

對象中之一對象，而那 "或可是我們所名之曰物質的這個現象之
根據" 的那超越的對象（超絕的對象）只是一純然的某種東西，
關於此某種東西，我們定不能了解 "它是什麼"，縱使有人能够
告訴我們 "它是什麼"，我們也不能了解之。因爲我們只能了解
那種東西，卽那 "在直覺中以此超絕的對象帶來某種東西以相應
於我們的語言" 的那種東西。（案此簡單地說，卽是我們只能了
解物質，而不能了解那作爲物質之超越的根據的超絕的對象。物
質在直覺中憑依此超絕的對象帶來一些現象卽所謂"某種東西"以
相應於我們的諸詞語，否則，我們的詞語或語言是空的，卽等於
無所說，因而亦等於無所知。）人們可抱怨說：這樣，我們便沒
有任何種洞見，洞見到事物之內部的［本性］。如果這抱怨是意
謂：我們不能因着純粹知性來理解或領悟[1] 那 "顯現於我們" 的
事物在其自身是什麼，則這抱怨便完全是不合法的，而且是不合
理的。何以故這便不合法而且不合理？因爲那所要求的乃實是這
一點，卽：我們定能沒有感取而卽可去知道事物，因而也就是
說，去直覺事物，因此，我們必有一種知識之機能它全然不同於
人類的知識機能，而此不同於人類的知識機能的知識機能其不同
不只是在程度上不同，而且就直覺說，亦同樣在種類上不同，換
言之，我們定須不是人類，而乃是這樣一種存有，卽，關於此種
存有，我們不能說它們是否甚至是可能的，至於它們是如何被構
造成的，這尤其不能說。通過現象之觀察與分析，我們滲透到或
深入到自然之內部的深處，沒有人能說這種知識在時間中可擴張
至如何遠。但是，以一切這種知識，而且縱使自然之全部已被顯
露給我們，我們必仍然不能够去答覆那些超出自然之外的 "超越

A 278
B 334

問題"（超絕問題）。所以不能之理由是如此，即："用內部感取底直覺以外的任何其他種直覺去觀察我們自己的心靈"，這並不是可給與於我們的；而我們的感性底根源之秘密卻又確然正是位置於此心靈中。"感性之關聯於一對象"以及"此［客觀的］統一之'超越的根據'[2]可是什麼"，這無疑是如此深深被隱蔽的事，以至於我們，（這我們就是那"甚至知道我們自己亦究竟只有通過內部感取而知之，因而也就是說，只當作現象而知之"的我們），決不能有理由視感性為一適當的研究之工具以去發見現象以外的東西，除仍然總是發見另一些現象外——然而我們卻又熱心於去探究這些現象之"非感觸的原因"。

［註(1)］："理解或領悟"，康德原文是"begreifen"，其他兩譯譯為"comprehend"，是理解或領悟義，肯·士密斯譯為"conceive"，此詞通常譯為"思議"，較鬆，當取"理解"義。若譯為"思議"，則人們可說我們很能以純粹知性思議物自身是什麼而無矛盾，而這並非是不合法與不合理，而且亦不能表示出"無感取而知事物或直覺事物"如下"因為"句之所說。故此詞譯為"comprehend"為是。

［註(2)］：此"超越的根據"亦當是"超絕的根據"，並不是範疇之超越的推證中所說的"超越的根據"，那超越的根據就是統覺與範疇，此並不是"深深被隱蔽的事"。又"感性之關聯於對象"此一項亦並不是"深深被隱蔽的事"。"感性之關聯於對象"就是"客觀的統一"，此皆已為"超越的推證"所證明，其超絕的根據（絕對的內部，非感觸的原因）才是"深深被隱蔽的事"。康德此句的主詞是兩項（"感性之關聯於對象"以及"此客觀的統一之超絕的根據可是什麼"），表示的不清楚，這其中有多層的曲折。

那使"只基於反省底動作上的諸論斷之批判"爲如此非常有用者乃是這一點，即：這批判可使那關於這樣的對象，即"只在知性中被互相比較"的這樣的對象的一切論斷之空洞無物爲顯然的，而同時它又穩固了我們的主要的爭論點，即：雖然現象並不是當作物自身而被包括在純粹知性底諸對象之間，可是它們卻又是這唯一的對象，只關於這類的對象，我們的知識始能有客觀的實在性，即是說，只關涉於這類的對象，茲始有一直覺以相應於概念。

A 279
B 335

如果我們依一純然邏輯的樣式作反省，則我們只在知性中把我們的概念互相比較，比較之以便去發見：兩個概念是否有同一內容，它們是否是矛盾的抑或不是矛盾的，某物是否被含在這概念內抑或是由外而來的一個增加物，此兩者何者是被給與的，何者只應充作"思維那被給與者"這"思維之"之模式。但是，如果我把這些概念應用於"一對象一般"（超越意義的對象一般），而沒有決定這對象是否是感觸直覺底一個對象抑或是智的直覺底一個對象，如是，「則一些限制即刻被顯示於此種對象之概念中，這些限制禁止這些概念底任何非經驗的使用」[1]，而即因此事實，這些限制復證明：當作"一物一般"看的一個對象之表象不只是"不足够的"，且當此一對象之表象無感觸的決定，獨立不依於任何經驗的條件，而被取用時，它亦是"自相矛盾的"。結論是如此，即：我們必須或者抽掉任何對象以及每一對象（此如在邏輯中即是如此），或者，如果我們許有一對象，則我們必須在感觸直覺底條件下來思維此對象。因爲智思物必應需要一完全特殊的直覺，此特殊的直覺，我們並不能有之，而在此特殊直覺之缺無中，那智思物對於我們畢竟什麼也不是，是無；而另一方

B 336
A 280

面，現象不能是"對象之在其自己"，這亦是顯明的。如果我只把"事物一般"思維給我自己，則此等事物之外部關係中的差異不能構成事物本身中之差異；反之，事物之外部關係中的差異須預設事物本身中之差異。而如果在此一物之概念與另一物之概念之間沒有內部的差異，則我只是把同一物置定於不同的關係中。（案此就同一與差異說）。復次，一純然的肯定（實在）之增加到另一個肯定（實在）上實增加了此兩肯定（兩實在）中之正面的東西；此中沒有什麼東西是被撤消了的或被禁止了的；依此，事物中的眞實者不能是自相衝突的。（案此就契合與違反說）。其他等等（案如內部與外部，材料與形式）例此可知。

[註(1)]：案此句中"禁止"句，肯·士密斯注云：依 *Vaihinger* 改原文 "empirischen……verkehren" 為 "nicht empirischen……verwehren"。案 *Meiklejohn* 依原文如此譯："如是，則某些限制卽呈現其自己，這些限制禁止我們去越過這些概念以外，並使這些概念底一切經驗的使用為不可能"。*Max Müller* 依原文如此譯："如是，則某些限制卽刻顯現出來，這些限制警告我們不要走出這些概念以外，並傾覆這些概念底一切經驗的使用"。此兩譯義同。依此而譯，原文是從局守於"對象一般"而立言，故不可能有概念之一切經驗的使用，此似是順來布尼玆之思路說。依肯·士密斯之遵從改動而譯，則似是從康德之立場說，故不允許概念有"非經驗的使用"。我看依原文不改反好，因為這是承上文"如果"說下來：如果那樣，則一方面顯示只局守於概念本身，而無任何經驗的使用，另一方面亦足證明在此情形下，一對象之表象不只是不足够，且亦自相矛盾，卽表象而無表象。如是，則或者根本不涉及對象，只是邏輯（來布尼玆實只是如此，他的一切理智

化實根本不能給我們以對象之知識），或者如要涉及對象，則必須有感
觸直覺，而不能只憑純粹知性之思"對象一般"而爲言。如此亦甚順。
Vaihinger 之改動未必妥貼，因爲那改動太多了，康德措辭時未必如
此之疏忽。故此句當以 *Max Müller* 譯爲準。

*   *   *

如我們所已表示者，諸反省概念，由於某種誤解之故，已發
揮了如此大的一種影響於知性之使用上，以至於它們甚至把一切
最敏銳的哲學家中之一（如來布尼玆）亦誤引之而入於一虛假的
理智知識之系統中，此一虛假的理智知識之系統想無來自感取的
任何幫助（無感取之介入 ohne Dazukunft der Sinne）而卽
承擔去決定其對象。爲此之故，那在這些概念底歧義中是欺騙性
的東西（足以引起這些虛假的原則的欺騙性的東西）者底原因之
解釋是有極大的功用的，因爲這解釋是"決定並保證而穩固知性
之範圍"之一可信賴的方法。

"凡普遍地與一概念相契合或相矛盾者必亦與那含在此概念 B 337
下的每一特殊者相契合或相矛盾"（dictum de omni et nullo A 281
曲全公理），這自是眞的；但是若去更變這邏輯原則而這樣說：
"凡不含在一普遍概念中者亦不包含在那處於此普遍概念下的諸
特殊概念中"，這卻必是背理的。因爲這些特殊的概念之所以爲
特殊正因爲它們在其自身中包含有比那在普遍概念中被思的東西
爲更多的東西。縱然如此，可是來布尼玆底全部理智系統卻正是
基於此後一原則上者；而隨同此後一原則之爲背理，故其全部理

· 529 ·

智系統亦隨而倒塌，其倒塌是連同由此後一原則而發生的一切曖昧含糊（知性底使用中的曖昧含糊）而一起倒塌。

"不可辨異者底同一性之原則"實是基於這預設；卽：如果某種區別不能被發見於 "一事物一般" 之概念中，則它亦不是可被發見於事物本身中者，因而結果亦就是說，一切事物，卽 "在它們的概念中不是可以互相區別開（在質或量中互相區別開）" 的那一切事物，皆完全是同一的（numero eadem）。因為在 "一事物一般" 之純然的概念中，我們是抽掉了這事物之直覺之許多必要的條件，這些我們所已抽掉的條件，以此奇異的假設故，是被視為全然不存在者，而且在那被含於此事物之概念中者以外，再沒有什麼東西可被允許於此事物。（案此就同一與差異說）。

B 338

A 282

"一立方尺空間" 之概念，不管我是如何以及到處屢次思維之，此概念自身始終是同一的。但是，縱然如此，兩個立方尺總可只因着它們的位置之差異（numero diversa）而可在空間中被區別開；這些位置便是直覺底條件，而卽在此直覺中，此概念之對象始可被給與；但是，這些位置並不屬於概念，但只完全屬於感性(1)。同樣，在一物之概念中，茲亦無衝突可言，除非一否定陳述與一肯定陳述相結合；純然地肯定的諸概念，當其被結合時，並不能產生任何消除。但是，在感觸直覺中（在此感觸直覺中，實在，例如運動，始可被給與），茲卻有一些條件（如相反的方向），此等條件乃卽是在"運動一般"之概念中已被略去者；而此等條件卻正是使一衝突（雖實不是一邏輯的衝突），卽如"從那完全是正面的東西中產生一個零（＝０）"那樣的衝突，爲可能者。因此, 我們不能說: "因爲衝突不是可以在實在之槪念中被發見的, 所以一切實在皆是互相契合者"[a]。 (案此段是就契合與違反說)。

[註(1)]: "但只完全屬於感性", 肯・土密斯注出康德原文是 "zur ganzen Sinnlichkeit"(屬於全部的感性)。

(a)處, 康德有底注云:

如果在此我們想依靠常用的遁辭, 就"諸智思的實在" (realitates noumena) 而主張說:"至少它們並不互相對反地活動著", 那麼, 則"去提出一個例證, 即關於'這樣純粹而非感觸的實在'的一個例證, 以便可以去鑑別這樣一個槪念是否能表象某物抑或一無所表象", 這乃必應是我們所理應爲之事。但是, 沒有例證能夠不從經驗而從其他辦法而被得到, 而經驗則從未給出比現象更多的東西。因此, 這個命題 (即遁辭以說的那個命題) 並無更進一步的意義, 即比"一個「只包含有肯定」的槪念不包含有否定"這一命題爲更進一步的意義, 而此後者乃是一個"我們從未懷疑之"的命題。

B 339

依照純然的槪念而言, 內部者是一切關係性的決定或外部的決定之基體。 因此, 如果我把直覺底一切條件皆抽掉, 而且把我自己圍限於"一事物一般"之槪念中, 則我能把一切外部關係皆抽掉, 而玆必仍然遺留下一"某物之槪念", 此某物之槪

B 339
A 283

念不指表關係，但只指表內部的決定。如是，以下之義似乎隨此而來，卽：在凡是一物（一本體）中，茲存有某種東西，此某種東西是絕對地內部的，而且它先於一切外部的決定而存在，因爲它是那首先使外部的決定爲可能者；因而結果也就是說，此基體，由於在其自身中不再含有任何外部的關係，故它卽是"單純的"（因爲諸物質的東西除只是關係外，至少除其互相外在的部分之關係外，它們不能是任何東西）；而因爲除那些通過我們的內部感取［而被給與］的內部決定外，我們不知道還另有其他絕對地內部的諸決定，是故此基體不只是單純的，且（類比於我們的內部感取）它同樣亦是通過"表象"而爲被決定了的，那就是

B 340　　說，一切事物實盡皆是單元（monads），卽盡皆是賦之以諸表象的"單純的存有"。如果在"一物一般"之概念外，不復有

A 284　　進一步的條件（單在此進一步的條件下，外部直覺底對象始被給與於我們，而這些進一步的條件卻正是此純粹概念所已把它們抽掉者），則以上那些爭論（說法）必應完全是正當的。可是[1]，如我們所見，在那個純粹概念所已把它們抽掉的那些進一步的條件之下，一個空間中的常住的現象（不可入的廣延）只能含有關係，而畢竟並不能含有什麼是絕對地內部的者，雖然如此，然而它卻又是一切外部知覺底根本基體。通過純然的概念，我實不能沒有思及某種是內部的者而卽可思考那是外部的者；而此一義正因此充足理由而然，卽：諸關係之概念必預設那絕對地［卽獨立地］被給與的東西，若無這些絕對地［獨立地］被給與的東西，那些關係之概念是不可能的。「但是，因爲那被含在直覺中的某種東西它並不存在於一物之純然的概念中，又因爲

那正是此某種東西它給出這基體，此基體決不能通過純然的概念
而被知，卽是說，那被含在直覺中的某種東西是一空間，此空
間，連同着一切它所包含的，是只由形式的關係，或亦可說由眞
實的關係，而組成，因爲是如此云云，所以我不能說: 因爲若無
一絕對地內部的成素，一物便決不能爲純然的概念所表象，是故
在那被歸屬在這些概念下的事物本身中，以及在此事物本身之直
覺中，也不能有那 "在任何完全內部的東西中無基礎" （某種絕
對內部的東西並不爲其根據）的某種外部的東西。」[2] 一旦我們
把直覺底一切條件皆已抽掉，我承認，玆便沒有什麼東西在純然
的概念中被遺留下來，除內部者一般以及其交互的關係外，單只   B 341
通過此所剩下的內部者一般以及其交互的關係，那外部者才是可
能的。但是這種必然性（它只基於抽象）並不發生在這樣的事
物上，卽如 "連同着諸決定而被給與於直覺中" 那樣的事物上，   A 285
這樣 "連同着諸決定而被給與於直覺中" 的事物，其所連同着
的諸決定只表示純然的關係，而且此諸決定亦並無任何內部的東
西以爲其基礎; 因爲這樣的事物並不是 "事物之在其自己"，但
只是現象。一切我們所知於物質者盡皆只是一些關係（我們所名
曰 "物質之內部的決定" 的那東西其爲內部的只是比較意義的內
部的），但是在這些關係間，有些關係是自存的而且是常住的，
而通過這類自存而常住的關係，一決定性的對象始可被給與於我
們。這一事實，卽: "如果我抽掉這些關係，玆便沒有什麼更
多的東西爲我留下來以備我去思之" 這一事實並不排除 "一物爲
現象" 這概念，實在說來，亦不排除 "一對象在抽象中" 這概
念。它所排除的乃是通過純然的概念而爲可決定的這樣一個對象

之一切可能性，卽是說：它所排除的乃是“一智思物”之一切可能性。說“一物須被視爲全由關係而組成”，這確然駭人聽聞。但是，這樣的一物是純然的現象，而且它不能只⑶通過純粹的範疇而被思；這樣的一物其自身只存於"某物一般之關聯於感取"這純然的關係中⑷。同樣，如果我們以純然的概念開始，我們不能

B 342

有別法以思抽象中的事物之關係，除以“視此一物爲另一物中的諸決定之原因”之方式去思之，因爲這方式就是我們的知性如何思議關係者。但是，因爲在那種思之之方式中，我們忽視了（抽掉了）一切直覺，所以我們已排除了任何種特殊模式之認可（在此特殊模式中，雜多之不同的成素決定每一其他成素之位置），卽是說，已排除了感性之形式（空間），但是此感性之形式卻是

A 286

被預設於一切經驗的因果性中（先於一切經驗的因果性而存在）。〔案此一大段是就內部與外部說。〕

　　〔註(1)〕：“可是”，肯·士密斯譯爲“因爲”（For）。以“For”起句不順，依其他兩譯皆有一轉的意思，故改之。

　　〔註(2)〕：這一長句依康德原文句法譯，是一整句，其他兩譯皆如此譯。此中有主句的“因此，所以”，復有一副屬句的“因此所以”。肯·士密斯譯把它拆開了，只有一層“因此所以”。依其譯而譯當如下：「但是，那被含在直覺中的某種東西它並不是可在一物之純然的概念中被發見的；而此某種東西卽給出這基體，此基體決不能通過純然的概念而被知，卽是說，此某種東西是一空間，此空間，連同着一切它所包含的，是只由形式的關係，或可說亦由眞實的關係，而組成。因爲，若無一絕對地內部的成素，一物便從不能爲純然的概念所表象，我不可以因此便宣稱：在那被歸屬在這些概念下的事物本身中，以及在此事物本身之直

覺中，也沒有那 "在任何完全內部的東西中無基礎" 的某種 外 部 的 東西。」案此譯自亦能達意，但並不比原文句法更順而顯明，故不從。

〔註(3)〕："只"字不可少，<u>肯・土密斯</u>譯無，其他兩譯有。

〔註(4)〕：此句依康德原文譯。依<u>肯・土密斯</u>譯當如下：「這樣的一物其自身之所存繫而成其爲這樣的一物者乃卽是 "某物一般之關聯於感取，這純然的關係"」。此當然亦可，但迂曲。此句， *Meiklejohn* 譯得之。 *Max Müller* 譯則如此：「這樣的一物其自身是由 "某物一般之關聯於感取" 這純然的關係而構成」。此誤。

如果所謂 "純然地智思的對象"，我們意謂之（理解之）爲那些東西，卽 "無任何感性之規模（圖式），只通過純粹範疇而「被思」(1)" 的那些東西，則這樣的對象便是不可能的。因爲一切我們的 "知性之概念" 之客觀的使用之條件只是 "我們的感觸直覺" 之模式，經由此感觸的直覺，對象始是被給與於我們的；如果我們抽掉這些對象，概念便不能有關聯於任何對象。縱使我們想去假定一種 "不同於我們的感觸直覺" 的直覺，我們的思想之功能在關涉於此另一種直覺中必亦仍然是無意義的。但是，如果所謂 "純然地智思的對象"，我們只意謂(2) （或理解）它們是 "一非感觸直覺" 底對象(2)，在關涉於此種對象中，我們的範疇明白地不是有效的，因而也就是說，對於此種對象，我們決不能有任何知識（旣不能有直覺亦不能有概念），則此純然消極意義的 "智思物" 實必須被承認。因爲這樣理解之無異於說：我們的這種感觸直覺並不能擴張至一切事物，但只能擴張至 "我們的感取" 之對象，因而結果亦就是說， 我們的這種感觸直覺之客觀的妥

B 343

效性是有限制的，而因此，一個地位是爲另一種直覺保留下來，因而亦爲那"作爲此另一種直覺之對象"的事物保留下來。 但是，在這種情形中，"智思物"之概念是或然的，卽是說，它是這樣一種事物之表象，卽"關於此事物，我們旣不能說它是可能的， 亦不能說它是不可能的"， 這樣一種事物之表象；因爲除我們自己的感觸直覺這一種直覺外，我們不能切知於另一種直覺， 而除範疇外， 我們亦不能切知於另一種概念， 而無論感觸直覺或範疇，它們皆不是適合於"一非感觸的對象"者。因此，我們不能積極地把我們的思想底對象之範圍擴張至我們的感性底條件以外， 並亦不能積極地在現象以外認定還有純粹思想之對象， 卽是說， 認定還有"智思物"，因爲這樣的對象並沒有可指派的積極意義。因爲就範疇而言，我們必須承認：這些範疇其自身並不是適合於"物自身"之知識者， 並亦必須承認：若無感性之與料，這些範疇必應只是知性底統一之主觀形式，而無任何對象。"思想"，以其自身而言，實非感取之所產生，而卽此而言，"思想"亦不是爲感取所限制者；但我們不能因此便說：思想不爲感性所幫助而有屬於其自己底一種純粹的使用，因爲若這樣，它便是沒有對象的。我們不能認爲智思物就是這樣的一個對象 （案意卽不能以智思物爲思想之純粹使用之對象）； 蓋因爲智思物， 由於它實只指表這樣一個對象之或然的概念， 卽一完全不同於我們的直覺之直覺以及完全不同於我們的知性之知性這種直覺與知性上的一個對象之或然的概念， 由於其是如此，所以其自身就是一問題。因此，智思物之概念並不是"一個對象"之概念， 但只是一個 "不可免地與我們的感性之限制有密切關

係＂的問題， 這一問題乃卽是關於 ＂是否不可以有一些對象它
們完全脫離了任何這類感觸的直覺＂ 之問題。 這一問題乃是一
個 ＂只能依一不決定的樣式而被解答＂的問題， 卽此問題只能
因着如此說， 卽： ＂由於感觸直覺並不能無分別地擴張至一切事
物，是故一個地位可爲其他而且另樣的對象保留下來＂這說法，
依一不決定的樣式， 而被解答； 而結果也就是說， 這些其他而
另樣的對象必須不能絕對地被否決，雖然它們亦不能被肯斷爲我
們的知性之對象， 所以不能如此被肯斷， 是因爲我們對於它們
無決定性的概念故，所以對于它們無決定性的概念乃是因爲沒有
範疇能適合此目的（或達此目的）故。

A 288

　　[註⑴]： 「被思」，肯・士密斯注云: 在 *"Nachträge,* CL" 中，
康德已把＂被思＂改爲＂爲我們所知＂。如是，則爲 ＂只通過純粹範疇
而爲我們所知＂。案此改較好。蓋 ＂無感性之規模，只通過純粹範疇而
爲我們所知＂，這樣的智思的對象才是不可能的。若只 ＂被思＂，那對
象不必是不可能的。（這可能當然只是形式的空洞的可能，不是眞實的
可能）。

　　[註⑵]： 意謂或理解純然智思的對象爲 ＂一非感觸直覺＂底對象，
由此說消極意義的智思物，此與 B 307 處所說不一致，那處正是由 ＂一
非感觸直覺＂底對象說積極意義的智思物，由 ＂不是我們的感觸直覺底
一個對象＂說消極意義的智思物。那處說消極是很消極的，此處如此說
消極還帶有一點積極的意義。此處之所以如此說或許是由於對首句 ＂無
任何感性之規模，只通過純粹範疇而爲我們所知＂這樣不可能的積極意
義的智思物而說。這樣說的積極意義是順批評來布尼兹說下來的。這樣
的積極意義旣不可取，則於消極意義如此說當亦無過。

又意謂或理解之爲 "一非感觸直覺" 底對象，康德原文是 "意謂或
理解"字 (verstehen)，肯·士密斯譯爲 "have in mind" (牢記着)，
此不顯明，故不從，故仍照原文譯爲 "意謂" 或 "理解"，其他兩譯皆
如此譯。又此說意謂或理解是順首句理解 "純然智思的對象" 而說，故
須重提 "純然智思的對象"。肯·士密斯譯無此重提，只譯爲 "我只牢
記着"，便無順承，來得突兀。*Max Müller* 譯亦無此重提，但譯爲
"我只意謂"，人尚可以看出是順承首句說，但畢竟隔的太遠，亦不甚
顯。只 *Meiklejohn* 譯有此重提字樣，原文原有此字樣。

　　依此而言，知性限制了感性，但是知性並不因此即可擴張其
自己之範圍。在警告感性說: 你必不可擅自要求應用於物自身，
但只可應用於現象，在如此警告之進行中，知性實可爲其自己思
考 "一對象之在其自己"，但其思此 "對象之在其自己" 只能當
作 "超越的對象" （超絕的對象）而思之，此超越的對象是現
象之原因， 因此， 其自身並不是現象， 而它既不能被思爲量，
亦不能被思爲質， 亦不能被思爲本體， 等等 （因爲這些概念總
是需要有感觸性的形式， 在此感觸性的形式中， 它們決定一對
象）。 此超越的對象是否是在我 們之內被發見的抑或是在我 們
之外被發見的， 是否它必應隨同感性之停止而立即被消除， 抑
或是否在感性之缺無時它仍然應留存， 關此， 我們是完全無知
的。如果我們以 "此對象之表象不是感觸的" 之故而樂意名此對
象曰 "智思物"， 則我們很可自由如此名之。 但是， 因爲我們
不能把我們的知性之概念之任一個應用於此對象，所以此對象之
表象對於我們固仍自是空的， 而且此對象之表象除去標識我們的

B 345

A 289

感觸知識之範圍以及去留下一空地（此空地我們旣不能通過可能經驗以塡充之，亦不能通過純粹知性以塡充之）外，它亦無其他用處。

依此，"此純粹知性"之批判並不允許我們去創造一新的"對象領域"以越出那些"當作現象而可被呈現給知性"的對象以外，並因而去流蕩或迷失於智思的世界中；不，它甚至亦並不允許我們去懷有這類對象之概念。〔去創造一新的對象領域並因而去流蕩或迷失於智思的世界中，這是一種錯誤的冒進。〕[1]那"顯然是此錯誤的冒進[2]之原因，而且亦實求諒那錯誤的冒進然而不能使那錯誤的冒進爲正當"的那種差謬實處於"違反知性之天職（分定）而超絕地使用知性"中，並亦處於"使對象，卽是說，使可能的直覺，符合於概念，而並不使概念符合於可能的直覺（概念底客觀妥效性單只基於此可能的直覺）"中。這種"超絕地使用知性並使對象卽可能的直覺符合於概念而不使概念符合於可能的直覺"之差謬轉而復亦由於這事實，卽："統覺，以及隨同此統覺的思想，先於諸表象底一切可能的決定性的安排或序列而存在"這事實，而然。結果，我們所作的是要去思考"某物一般"；而雖然一方面我們依感觸的樣式決定此"某物一般"，可是另一方面我們又把那"被表象於抽象中"的普遍的對象與"直覺此某物一般"這"直覺之"之模式區別開〔而脫離此"直覺之"之模式〕[3]。如是，所留給我們的乃是"單以思想來決定對象"這一"決定之"之模式，這一模式乃是一純然地邏輯的形式而無內容者，但是這一模式對於我們似乎又是這樣一種模式，卽"在此模式中，對象在其自己而存在着（作爲一智思物而存在着），而並

B 346

沒有顧及直覺（此直覺是被限制於我們的感取的直覺）"，這樣
的一種模式。

　　[註(1)]: 此一句爲譯者所補，康德原文及三英譯皆無。

　　[註(2)]: "錯誤的冒進"亦是肯·士密斯的意補，康德原文只是"引
　　至此"之"此"，其他兩譯皆如此譯。這個 "此" 字卽指 "創造新的對
　　象領域" 這種冒進說。旣已意譯爲 "錯誤的冒進"，卽須先補述一句。

　　[註(3)]: 此句亦爲譯者所補，康德原文及三英譯皆無。只是 "區別
　　開" 不够，依此下 "如是" 句觀之可知。

　　　　　　　　　*　　　　　　　*　　　　　　　*

A 290　　　　在我們離開 "超越的分解" 以前，我們必須再增 加 一 些 解
說，這些解說其自身雖不是特別重要的，然而卻可被視爲是系統
底完整上之所需要者。通常所用以去開始一超越的哲學的那首出
的概念是一種區分，卽分成可能的與不可能的這種區分。但是因
爲一切區分皆預設一被區分的概念，是故一更較高的概念是需要
的，而此更較高的概念是 "一對象一般" 之概念，此 "對象一般"
之概念是或然地被理解者， 它是否是某物抑或什麼也不是， 是
無，這是未曾被裁決的。由於範疇是唯一 "涉及對象一般" 的概
念，所以一對象之辨別，辨別它是否是某物抑或什麼也不是，是
無，將依照範疇之次序並在範疇之指導下而進行。

B 347　　　　(1)對於 "一切"，"許多" 以及 "一" 之概念，有一與之
相對反的概念，此一概念消除每一東西，卽是說，它是 "無一"

(none 沒有任何一個) 之概念。這樣，一個 "沒有任何可指派的直覺與之相應" 的概念底對象便是等於 "無"。那就是說，它是一個無對象的概念 (ens rationis)，此如智思物，此等智思物不能被算在諸可能者中，然而它們卻亦必須不因此之故便被宣布爲是不可能的；又如某種新的基本力量，此等力量雖在思想中懷有之（思之）而並無矛盾，然而它們卻又是在我們的 "思維之" 之思維中不爲從經驗而來的任何例證所支持者，因此，它們不能被算作是可能的。

　　⑵實在是 "某物"；否定是 "無物"，卽是說，是 "一對象之缺無" 之概念，此如影子，冷等 (nihil privativum)。

　　⑶直覺之純然的形式，此並無實體 (substance)，依其自身而言是沒有對象的，它但只是一對象（作爲現象）之純然地形式的條件，此如純粹空間與純粹時間便是 (ens imaginarium)。此純粹空間與純粹時間，由於它們是直覺之形式，它 們 實 是 某物，但它們自身卻並不是被直覺的對象。（案意卽它們並不是爲感觸直覺所直覺的那作爲現象的對象，蓋因爲它們可是形式直覺底對象，此其所以又被名爲純粹直覺故）。

　　⑷一個自相矛盾的概念之對象其自身是 "無物"，因爲這概念是無物，是不可能的，例如一個雙邊的直線的圖形 (nihil negativum)。

　　因此，"無"底概念底這種區分之表列必須被排列如下。（與此相對應的 "某物" 之區分直接地隨 "無" 之區分而來）。

A 291

B 348

A 292

無

1

沒有對象的空洞的概念

（如智思物之概念）

(ens rationis)

2

一概念之空無對象

（如否定）

(nihil privativum)

3

沒有對象的空洞的〔純粹〕直覺

（如純粹空間與時間）

(ens imaginarium)

4

沒有概念的空無對象

（以概念不可能而無對象，如自相矛盾的概念）

(nihil negativum)

　　由上表，我們看出⑴ "沒有對象的空洞的概念"(ens ratio-
nis, Gedankending 被思的物) 與 ⑷ "沒有概念的空無對象"
(nihil negativum, Undinge 無物) 是有別的，其所以有別是
因爲前者不是可被算在諸可能中者，因爲它是純然的虛構（雖不
是自相矛盾的），而後者則是相反於可能者，其所以相反於可能
是因爲概念除消其自己（因爲概念自相矛盾而消除其自己）。但
是，此兩者皆是空概念。〔案雖皆是空概念，但前者是邏輯地可

B 349

能的（不是自相矛盾的），只是沒有對象與之相應而為空，故此空概念之空是空洞義，不是空無義。而後者之為空概念是因為邏輯的不可能而為空，故此空是空無之空。〕另一方面，⑵ "一概念之空無對象"（nihil privativum）與⑶沒有對象的空洞的〔純粹〕直覺"（ens imaginarium）此兩者在概念上皆是空無"與料"的。如果光明不被給與於感取，我們不能表象黑暗；如果廣延的存有不被覺知，我們不能表象空間。 "否定"以及直覺之純然形式"，在某種真實的東西之缺無下，皆不是對象。〔案"否定"只是實在之被抹去，其本身只代表虛無，故不能是一對象，並無一對象名曰"虛無"，此如取消了光明，便無所謂黑暗，黑暗不能作一有自性的對象而被表象，黑暗只是光明之否定，否定了光明，便什麼也沒有，並沒有一個真實的與料與此否定相應，以此故，故無對象。直覺之形式，如純粹空間與時間，其自身只是形式，並沒有一個真實的與料與此形式（純直覺）相應，以此故，故無對象。 "如果廣延的存有不被覺知，我們不能表象空間"，意即不能把空間移於現象上作為被表象的對象。但它們本身卻猶可是形式直覺底對象，此又與 "否定"不同。否定無對象，而其本身亦不能是對象；直覺之形式無對象，但其本身卻又可以是對象，是形式直覺底對象。〕

牟宗三先生著作目錄：

國家圖書館出版品預行編目資料

康德：純粹理性之批判

牟宗三譯註. – 修訂再版. – 臺北市：臺灣學生，民 75-77
冊；公分

ISBN 978-957-15-0422-3(平裝)

1. 康德（Kant, Immanuel, 1724-1804） – 學識 – 哲學
2. 哲學 – 德國 – 18 世紀

147.45　　　　　　　　　　　　　　　81004339

康德：純粹理性之批判 (上冊)

譯　註　者：牟　　　宗　　　三
出　版　者：臺 灣 學 生 書 局 有 限 公 司
發　行　人：楊　　　雲　　　龍
發　行　所：臺 灣 學 生 書 局 有 限 公 司
　　　　　　臺北市和平東路一段七十五巷十一號
　　　　　　郵 政 劃 撥 帳 號：00024668
　　　　　　電　話：(02)23928185
　　　　　　傳　眞：(02)23928105
　　　　　　E-mail : student.book@msa.hinet.net
　　　　　　http : //www.studentbooks.com.tw
本書局登
記證字號：行政院新聞局局版北市業字第玖捌壹號

印　刷　所：長 欣 彩 色 印 刷 公 司
　　　　　　中 和 市 永 和 路 三 六 三 巷 四 二 號
　　　　　　電　話：(02)22268853

定價：平裝新臺幣四五〇元

西 元 一 九 八 一 年 三 月 初 版
西 元 一 九 八 一 年 十 月 修 訂 再 版
西 元 二 〇 一 〇 年 八 月 再 版 四 刷